Joachim Küchenhoff (Hg.)

# Selbstzerstörung und Selbstfürsorge

Reihe »edition psychosozial«

Joachim Küchenhoff (Hg.)

# Selbstzerstörung und Selbstfürsorge

Psychosozial-Verlag

Bibliografische Information der Deutschen Nationalbibliothek
Die Deutsche Nationalbibliothek verzeichnet diese Publikation in der Deutschen
Nationalbibliografie; detaillierte bibliografische Daten sind im Internet über
<http://dnb.d-nb.de> abrufbar.

© 1999 Psychosozial-Verlag
E-Mail: info@psychosozial-verlag.de
www.psychosozial-verlag.de
Umschlagabbildung: Mathias Prechtl, Adams Wunde
Umschlaggestaltung: Atelier Warminski, Büdingen.
Printed in Germany
ISBN 978-3-932133-87-9

# Inhaltsverzeichnis

# Einleitung

## Joachim Küchenhoff

Selbstzerstörung und Selbstfürsorge – zwischen den beiden im Titel genannten Begriffen spannt sich die Thematik des vorliegenden Buches auf.
Sie handelt von zwei grundlegenden Aspekten des Selbstbezugs, dem destruktiven und dem liebevoll-fürsorglichen. Beide Aspekte stehen nicht isoliert nebeneinander, die Kopula „und" verbindet die Begriffe nicht im Sinne
einer bloßen Aufzählung; vielmehr werden sie ins Verhältnis zueinander
gesetzt. Dieses Verhältnis ist in erster Annäherung beschreibbar als die Polarität zweier grundlegender Kräfte bzw. als ihr Mischungsverhältnis, als das
Verhältnis von Liebe und Haß, Eros und Thanatos, und zwar in Bezug auf
die eigene Person. Das Verhältnis ist aber komplexer zu denken, nicht als
Widerstreit voneinander unabhängiger Kräfte, sondern als Verhältnis wech-
selseitiger Vermittlung. Selbstzerstörung steht der Selbstfürsorge nicht bloß
gegenüber, sie kann auch – in erst einmal paradox anmutender Weise – zum
Ausdruck der Selbstfürsorge werden. Umgekehrt kann Selbstfürsorge sich in
sich radikalisieren und umschlagen in eine destruktive Qualität.

Das solcherart komplexe Wechselverhältnis von Selbstfürsorge und
Selbstzerstörung ist der Fokus dieses Buches. Er wird von vielen Diskursen
beleuchtet und erhellt; die Thematik schreibt sich in eine Vielzahl theoretischer und klinischer Zusammenhänge ein. Daß sie gehaltvoll ist, zeigt sich
gerade an der Möglichkeit, sie unter verschiedenen Perspektiven zu sichten.
Andererseits stellt die Perspektivenvielfalt auch einen Anspruch: das Thema
kann nicht anders als interdisziplinär bearbeitet werden. Der Fokus erscheint
in den Schnittlinien interdisziplinärer Beiträge mit größerer Intensität; die
unterschiedlichen Perspektiven erhellen sich, ihren je spezifischen Zugang,
wechselseitig und umkreisen zugleich in im Fortgang der Auseinandersetzung schärfer werdender Zuspitzung das Thema. Schon hier sei allen Autorinnen und Autoren, die ihre Sichtweise aufs Thema beigetragen haben,

herzlich gedankt; ohne jeden einzelnen wäre das ganze Buch ärmer geworden.

„Not lehrt Denken" – auch klinische Not. Die Thematik hat sich aus dieser aufgezwungen. Menschen, die sich selbst schädigen, z.b. indem sie sich selbst durch Schnitte oder Verbrennungen die eigene Haut verletzen, stellen ebenso wie suizidale Menschen oder Menschen, die Drogen einnehmen, vor besonders schwierige therapeutische Aufgaben. Der Psychiater oder Psychoanalytiker hat es schwer, mit Menschen umzugehen, die sich selbst Leid zufügen; schwer verständlich bleibt oft, welche Motive sie leiten; schwer ist es auch, ein Verhalten in den eigenen Gegenübertragungs-Gefühlen zu ertragen, das provokativ, schockierend und nicht selten auch entmächtigend ist: der Therapeut, der zum Helfen und Heilen aufgerufen ist, wird – wenn Patienten in einer Klinik oder Praxis sich verletzen – in eben dieser Funktion in Frage gestellt. Die psychoanalytische Reflexion erlaubt es, diese Gegenübertragungsgefühle nicht nur zu ertragen, sondern sie auch ins Verhältnis zur Not des Patienten zu setzen – ein erster Schritt heraus aus der empfundenen Ohnmacht. Der nächste schließt sich an: einen Verstehenshorizont zu entwerfen, in dem sich die Verhaltensweisen verorten lassen, in Verbindung gesetzt werden können zu Beziehungserfahrungen, Traumatisierungen, Phantasien und Affekten. So entsteht ein Rahmen, der es erlaubt, die Quellen und die Ziele der Destruktivität zu benennen, die Wendung gegen das eigene Selbst zu erfassen und schließlich auch zu überprüfen, ob denn dem destruktivem Verhalten nicht auch protektive Intentionen zugrunde liegen. In diesem Rahmen lassen sich dann – der dritte Schritt – therapeutische Vorgehensweisen definieren. Auf diese Weise wird die erste – psychiatrisch-psychoanalytische und psychologische – Perspektive aufs Thema in den Beiträgen von Battegay, Böni Wymann und Olshausen, Bürgin, Fithal, Küchenhoff, Raguse und Rauchfleisch durchgearbeitet.

Aber schon bei ihrer Lektüre wird sich zeigen, daß sie sich nicht völlig auf diese Perspektive beschränken lassen; die klinische Fragestellung weist über sich hinaus und auf die anderen, notwendig mit der Thematik verbundenen Perspektiven hin. Beispielhaft soll nur auf den Beitrag von Raguse hingewiesen werden, der seine psychoanalytischen Gedanken nicht an einem klinischen Fallbeispiel erläutert, sondern sie in Auseinandersetzung mit einem literarischen Text, dem „Anton Reiser" des K.P.Moritz, entfaltet.

An diese Perspektive kann ein weiterer literaturwissenschaftlicher Beitrag anknüpfen. Pestalozzi befaßt sich mit Goethe, v.a. dem „Wilhelm Meister", und stellt den einen Leitbegriff, den der Selbstfürsorge, in einen ungewohnten und erhellenden Zusammenhang, indem er ihn mit dem Konzept der Entsagung im Spannungsverhältnis von Eros und gesellschaftlichen Pflichten kontrastiert.

Damit ist bereits die nächste Betrachtungsebene angesprochen: Selbstfürsorge und Selbstzerstörung sind nicht allein individualpsychologischen Bereitschaften oder Verhaltensmöglichkeiten zuzurechnen; in mindestens zwei Hinsichten spielen gesellschaftliche, soziale und politische Faktoren eine Rolle. Gesellschaftliche Entwicklungen fördern oder hemmen zum einen selbstfürsorgliches Individualverhalten oder entbinden destruktive Kräfte. Zum anderen bestimmen die Rechtsnormen einer Gesellschaft darüber, ob und in welcher Weise selbstschädigendes Verhalten, insbesondere der Suizid, kriminalisiert werden kann und soll. Der Blick auf die Geschichte der Kriminalisierung schädigenden Verhaltens zeigt die Zeitgebundenheit dieser Normen auf. Diesen soziologischen, sozialgeschichtlichen und rechtswissenschaftlichen Fragen widmen sich die Texte von Mäder, Simon-Muscheid und Stratenwerth.

Der Perspektivenwechsel geht weiter; der geschichtliche Horizont der Thematik ist nicht nur literatur- oder sozialgeschichtlich präsent, sondern auch ideengeschichtlich. Es ist kein Privileg der Gegenwart, sich mit dem Verhältnis von Selbstfürsorge und Selbstzerstörung zu befassen. Bereits in der Antike finden sich kontroverse Haltungen in der Beurteilung des Selbstmords und des Rechts auf denselben, und ihre Begründungen haben uns heute noch etwas zu sagen. Mit dieser Auseinandersetzung beginnt das Buch (Visser); sie wird wieder aufgenommen durch die philosophische Diskussion der Frage nach der ethischen Rechtfertigung des Suizids (Pieper). Den Bogen vom für die Antike zentralen Begriff der Selbstsorge zu heute diskutierten philosophischen und pädagogischen Konzepten (Hügli) zu schlagen, erweist sich als fruchtbar in einzelnen Beiträgen, aber auch in der wechselseitigen Ergänzung der Kapitel.

Der erschließende Wert der beiden der Thematik des Buches zugrundeliegenden Grundbegriffe erweist sich in besonders eindrücklicher Weise dort, wo sie auf die Motive neuzeitlicher Subjektivitätsphilosophie

(Angehrn) bezogen werden. Hier wird die Verklammerung der Begriffe und v.a. der Übergang von Selbstfürsorge in Destruktivität deutlich, und zwar als Konsequenz von in der Aufklärung formulierten Entwürfen der Subjektphilosophie. Die begriffliche Dualität wird zugleich in eine Trias von „Selbsterhaltung – Selbststeigerung – Selbstzerstörung" eingeschrieben. Auch der theologische Beitrag erweitert die Thematik in einer bestimmten Richtung: Selbstfürsorge wird ins Verhältnis zu Fremdfürsorge gesetzt, also zum christlichen Gebot der Nächstenliebe (Grözinger). Die aus Luthers Briefen zu entnehmenden seelsorgerischen Empfehlungen, in einer Zeit vor der Ausdifferenzierung von Theologie und Psychologie entstanden, lassen sich mit Gewinn auf den zeitgenössischen psychotherapeutischen Diskurs beziehen – ein weiteres Beispiel für eine wechselseitige Erläuterung der Perspektiven.

Das Buch ist entstanden aus einer Ringvorlesung, die im Wintersemester 1997/98 und im Sommersemester 1998 an der Universität Basel durchgeführt wurde. Mein Dank gilt den Autorinnen und Autoren, die an ihr teilgenommen und ihr Manuskript zur Publikation zur Verfügung gestellt haben. Er gilt ebenso sehr meiner Mitarbeiterin Frau lic.phil. Claudia Kern, die alle Texte in Absprache mit den Autorinnen und Autoren und dem Verlag durchgesehen und formal überarbeitet hat. Er richtet sich schließlich an Herrn Priv.Doz. Dr. H.J. Wirth und seine Mitarbeiter vom Psychosozial-Verlag, die das Buch ins Verlagsprogramm aufgenommen und seine Publikation verlegerisch begleitet haben.

„Der Selbstmord ist ein Ereignis der
menschlichen Natur, welches, mag auch
darüber schon so viel gesprochen und gehandelt sein als da will, doch einen jeden
Menschen zur Teilnahme fordert, in jeder
Zeitepoche wieder einmal verhandelt
werden muß."

Goethe, Dichtung und Wahrheit, 3, 13

# Der Selbstmord im Denken der Antike

## Edzard Visser

In der Bewertung der Selbsttötung weist die Antike einen kategorialen Unterschied zum abendländischen Denken des Mittelalters und der Neuzeit auf,
nämlich die fehlende Eindeutigkeit eines Verbots, wie es durch die christliche Religion ausgesprochen wurde.[1] Die damit gegebene Möglichkeit, den
Selbstmord ohne eindeutige Vorgaben zu bewerten, hat eine Fülle von verschiedenen Einstellungen evoziert, von denen im folgenden die wichtigsten
dargestellt werden sollen;[2] in einem zweiten Teil wird ein bestimmter

---

[1]  Augustinus, *De civitate dei* I 20; vgl. auch Laktanz, *Institutiones divinae* III 18.

[2]  Eine vollständige statistische Aufarbeitung für die Antike bei A. van Hooff, From autothanasia to suicide, New York 1990; für den römischen Bereich mit gleicher statisti-
scher Präzision, aber genauer in der Frage der Motive und Konsequenzen: Y. Grisé, Le
Suicide dans la Rome antique, Paris 1982. Genauer zu einzelnen Epochen: H. Aigner,
Der Selbstmord im Mythos: Betrachtungen über die Einstellung der Griechen zum Phänomen Suizid von der homerischen Zeit bis in das ausgehende 5. Jahrhundert v. Chr.,
Graz 1982; E. Garrison, Groaning Tears. Ethical and Dramatic Aspects of Suicide in

Selbstmord in der Literatur genauer analysiert werden, der des griechischen Heroen Aias in der Sophokleischen Tragödie gleichen Namens.

Vor dem Versuch, einen Überblick über die Bewertung der Selbsttötung in der alltäglichen Anschauung, der Theologie, der Literatur und vor allem der Philosophie der Antike zu geben, sind zwei Vorbemerkungen zu machen. Zum einen ist eine Eingrenzung im Hinblick auf die verschiedenen Formen des Selbstmords vorzunehmen. Eine vollständige Analyse würde eine Darstellung all dessen erfordern, was Griechen und Römer in der Zeit zwischen 700 v.Chr. und 500 n.Chr. über den Tod dachten, und das hieße nichts anderes, als den Umriß für eine antike Kulturgeschichte zu entwerfen. Als Eingrenzung bietet sich in diesem Zusammenhang an, unter Selbstmord die Vernichtung der eigenen physischen Existenz mit dem ausschließlichen Ziel eben dieser eigenen Existenzvernichtung verstanden wird, m. a. W.: sterben, um nicht leben zu müssen. Um in diesem Zusammenhang von einem Selbstmord sprechen zu können, bedarf es zweier Bedingungen:
1. der bewußte Entschluß, seinem Leben ein Ende zu setzen;
2. der Verzicht darauf, durch seinen Tod irgendwelchen höheren Zielen zu dienen, seien sie nun in einem objektiven oder subjektiven Sinne höhere Ziele. Weder Sokrates noch Decius Mus, ein römischer Winkelried,[3] sind hiernach als Selbstmörder zu bezeichnen. Entsprechend der Klassifizierung von J. Baechler (Les suicides, Paris 1975), werden also nur die „suicides escapistes" behandelt, also die Selbsttötungen, die geschehen, weil man die Konsequenzen von etwas, was geschehen ist, nicht mehr ertragen kann oder will, und nicht die Selbsttötungen, die geschehen, damit etwas Bestimmtes verhindert wird.[4]

---

Greek Tragedy, Leiden 1995; M. Griffin, Philosophy, Cato and Roman Suicide, Greece and Rome 33, 1986, 64-77; 192-202; H.-H. Eckert, Weltanschauung und Selbstmord bei Seneca und den Stoikern, in antiker Mystik und Christentum, Diss. Tübingen 1951.

[3]   Seine Geschichte wird berichtet bei Livius, *Ab urbe condita* VIII 8; in gleicher Weise opferten sich auch Decius' Sohn und Enkel für ihr Heer (Livius, *Ab urbe condita* XXVIII 15-16; Cicero, *De finibus bonorum et malorum* II 61).

[4]   Diese 'Selbstmorde mit dem Ziel des Entkommens' sind bei Baechler weiter differenziert in die Gruppen *fuite* und *deuil et châtiment*.

Zweitens: Man darf annehmen, daß in der Zeit, da in Griechenland und Rom das sog. mythische Denken ausschließlich vorherrschte, also etwa in der Zeit vor 600 v.Chr. bzw. vor 400 v.Chr., der Selbstmord generell so betrachtet wurde, wie in anderen vorliterarischen Kulturen auch: Man vermutet, die Tat des Selbstmörders werde durch eine Art von Dämon ausgelöst, dessen gefährliche Kraft es zu bannen gelte. Um dies zu tun, muß der Leichnam verstümmelt werden.[5] So haben wir für das Ende des 4. vorchristlichen Jahrhunderts bei dem athenischen Redner Aischines einen Beleg, daß Selbstmördern die rechte Hand abgetrennt und separat beerdigt wurde (*oratio* 3, cap. 244); in Plutarchs Lebensbeschreibung des Themistokles, entstanden um 100 n.Chr., ist davon die Rede, daß in Athen Kleider und Schlinge von Gehenkten in eine Grube geworfen wurden, wohl um die Gegenstände, mit denen der Tote in direktem Kontakt stand, aus der menschlichen Gesellschaft zu entfernen (cap. 22).[6] Unter der Oberfläche von philosophischer, literarischer und theologischer Auseinandersetzung dürfte diese Scheu vor dem Selbstmörder und seiner Tat in weiten Schichten der Bevöl-

---

[5] Vgl. dazu Louis-Victor Thomas, L'Anthropologie de la mort, Paris 1975. Hier findet sich eine ausführliche Darstellung dazu, in welcher Form die Leichen von Selbstmördern in Afrika verstümmelt wurden. Die Notiz bei Plinius, *Naturalis Historia* 36, 107, daß Tarquinius Superbus die Leichen derer, die sich aus Protest gegen seine Willkürherrschaft getötet hatten, kreuzigen ließ, ist problematisch. Vielleicht handelt es sich hier nur um einen alten Brauch, der irgendwann einmal aufgegeben wurde, später aber dem Tyrannen Tarquinius zugeschrieben wurde.

[6] Daß man in der boiotischen Stadt Theben den Selbstmördern die Totenehrung versagte, war innerhalb Griechenlands offenbar das Extremum unter den Sanktionen, da sich hieran das Sprichwort 'im Theben zum Halbgott werden' (als Euphemismus für die Selbsttötung) knüpfte (Zenobios, *Proverbia* VI 14; auf das Sprichwort verweisen sowohl Platon als auch Aristoteles). Auch hier deutet der Wortlaut darauf hin, daß sich die Sanktionen nur den allgemeinen kultischen Bereich betrafen; von einer klaren juristischen Stellungnahme mit entsprechender Strafandrohung ist keine Rede.
In einem ähnlichen Bereich bewegte sich auch im römischen Bereich die Reaktion auf Selbstmord; es sind auch hier vor allem rituelle Einschränkungen hinsichtlich der Bestattung des Leichnams zu erkennen (s. dazu Grisé [Anm. 2] 127-164).

kerung die wohl überwiegende Einstellung gewesen,[7] von der sich aber die Gesetzgebung freihielt.

Die *per se* erstaunliche Tatsache, daß ein Mensch es fertigbringt, das, was nach allgemeiner Erfahrung als sein Kostbarstes gilt, seine physische Existenz, aus psychischer Not heraus aufzugeben, spielte offenbar bereits im vorliterarischen Mythos der Griechen, also in der Zeit vor dem Einsetzen der Schriftlichkeit im Laufe des 8. Jahrhunderts. Das ist nicht weiter bemerkenswert, da sich der Heroenmythos immer um ungewöhnliche Begebenheiten rankt. Details zu Motiven und Bewertungen innerhalb dieser Mythen können wir erkennen; da aber der Mythos wesentlich nur in seiner Struktur festgelegt war, nicht aber in den Einzelheiten, ist zu vermuten, daß die jeweiligen Erzähler jeweils verschiedene Bewertungen vorgenommen haben, wenn auch eine Beeinflussung durch den Schauder vor dem Selbstmord vermutet werden darf.

Mit den ersten Texten setzt die Fixierung bestimmter Themen ein und damit auch die Möglichkeit, diese nunmehr fixierten Themen in Motiven und Ursachen immer wieder neu auszugestalten. Der erste Selbstmord in literarischer Festlegung tritt uns in Homers Odyssee entgegen, Buch 11, V. 271ff. Hier ist von Epikaste, der Frau und Mutter des Ödipus, die Rede (der Name taucht in der Tragödie des 5. Jahrhunderts als Iokaste auf), die sich, nachdem sie von dem Inzest mit ihrem Sohn erfahren hat, umbringt. Eine Bewertung ihrer Tat wird, wie der Wortlaut dieser Stelle zeigt, nicht vorgenommen:

Die Mutter des Ödipus sah ich (Sprecher ist der in den Hades hinabgestiegene Odysseus), die schöne Epikaste, die eine mächtige Tat ausführte mit Unwissenheit in ihrem Geist und sich ihrem Sohn vermählte. Der hatte sie, nachdem er den Vater erschlagen, geheiratet. Bald aber machten die Götter dies den Menschen allgemein bekannt. Und er: unter Schmerzen im vielgeliebten Theben herrschte er weiter über die Kadmeier auf Grund der verderblichen

---

[7] Das wesentliche Argument gegen den Selbstmord war vermutlich die Tatsache, daß man den Selbstmord im Tierreich nicht beobachten konnte; vgl. dazu Bemerkung bei Flavius Iosephus, *Bellum Iudaicum* III 8, 5. Insofern ist die Bemerkung bei Garrison (Anm. 2) 12 („very little odium or repulsion") etwas zu positiv; ihr Argument, man hätte die Körper der Selbstmörder ja immerhin als normale und nicht als abnormale Körper behandelt, ist m.E. nicht besonders beweiskräftig; immerhin fand ja doch eine Art von Verstümmelung bzw. Ausgrenzung aus dem 'Normalbereich' statt.

Pläne der Götter; sie aber ging ins Haus des torbewachenden mächtigen Hades, nachdem sie sich in die jähe Schlinge gehängt hatte herab vom hohen Dach, von ihrer Pein ganz eingenommen; dem aber hinterließ sie Schmerzen in großer Fülle, wie sie Rachegeister einer Mutter herbeiführen.

Dagegen ist dieser Textabschnitt im Hinblick auf die Motive aufschlußreich. Homer sagt ausdrücklich, Epikaste sei ganz von ihrer seelischen Pein (ἄχος) eingenommen worden, ihr Denken wurde also vollständig vom Bewußtsein ihrer Schande bestimmt, während Ödipus zwar Kummer empfindet, doch sind dies ἄλγεα, Schmerzen, wie sie auch durch körperliche Verwundungen hervorgerufen werden;[8] er kann als König weiter regieren. Anders als bei Epikaste tritt also bei Ödipus kein völliger psychischer Zusammenbruch ein, ein Hinweis darauf, daß man im Mythos Männern eine größere psychische Robustheit zugesteht als den Frauen. In der Tat kennt der Mythos den Selbstmord der Frauen häufiger als den der Männer.[9]

Neben dem Abschnitt über Epikaste ist in den homerischen Epen allerdings noch vom Selbstmord eines Mannes die Rede, dem Selbstmord des homerischen Helden Aias, des zweitbesten griechischen Kämpfers vor Troia. Nachdem der größte Kämpfer Achilleus gestorben ist, streitet sich Aias mit Odysseus um Achilleus' göttliche Waffen, und obwohl Aias' Ansprüche wohl doch begründeter sind, erhält Odysseus die Waffen. In einem Wahnsinnsanfall versucht Aias daraufhin, die Anführer des griechischen Heeres zu töten, was ihm freilich nicht gelingt: statt über die Krieger fällt er über eine Herde von Schafen her. Aus seinem Wahn aufgewacht, tötet er sich selbst, aus dem Gefühl heraus, die Schande über sein Handelns nicht

---

[8] Vgl. dazu Lexikon des frühgriechischen Epos, s.v. ἄλγος bzw. ἄχος.

[9] Hier nur die bekanntesten mythologischen Selbstmorde von Frauen: Deianeira (aus Verzweiflung über die unwissentliche Tötung ihres Mannes Herakles), Laodameia (aus Trauer über den Tod ihres Mannes Protesilaos), Phaidra (aus verletztem Ehrgefühl wegen der Abneigung ihres Stiefsohnes Hippolytos), Hekabe (aus Trauer über die Vernichtung Troias und damit auch ihrer Familie), Kreons Frau Eurydike (aus Trauer über den Selbstmord ihres Sohnes Haimon); eine vollständige Diskussion der Selbstmorde in den erhaltenen Tragödien bei Garrison [Anm. 2)]. Dementsprechend gilt die Härte der Klytaimnestra, die es fertigbringt, sich an ihrem Mann Agamemnon für die Opferung ihrer Tochter Iphigenie zu rächen, als im negativen Sinne ganz untypisch für eine Frau (vgl. dazu Odyssee, 11. Buch, V. 432-434).

ertragen zu können. Hier der Wortlaut; es handelt sich wiederum um die Odyssee, Buch 11, Vers 541ff.:

> Die anderen Seelen der abgestorbenen Leichen
> traten heran, bekümmert; eine jede erzählte von ihren Sorgen.
> Allein die Seele des Telamonsohnes Aias,
> stand in Entfernung abseits, voll Zorn wegen des Sieges,
> 545 den ich errungen hatte, mit Richterspruch bei den Schiffen,
> um die Waffen des Achilleus. Ausgesetzt hatte sie die erhabene Mutter,
> die Kinder der Troer fällten den Spruch und Pallas Athene.
> Oh hätte ich doch nicht gesiegt in jenen Wettstreit.
> Wegen diesen beherbergte die Erde einen solchen Menschen,
> 550 den Aias, der an Gestalt und an Taten überlegen war
> allen Danaern nach dem untadligen Peliden Achilleus.

Genaueres zu den Umständen von Aias' Tod wird hier nicht ausgeführt; warum Homer aber diese Begegnung in seine Darstellung einfügt, läßt sich unschwer aus dem Kontext erkennen. Unmittelbar vor der Begegnung mit Aias trifft Odysseus auf Achilleus, und der preist in beredten Worten den höheren Wert selbst des erbärmlichsten Lebens gegenüber dem Tod (V. 488-503); Aias hat dagegen den anderen Weg gewählt. Diese Verbindung deutet darauf hin, daß der Odysseedichter die Entscheidung, wie Aias sie im Mythos trifft, für einen Fehler hält, und für diese Deutung spricht der gesamte Charakter der Odyssee, die geradezu als Hymnus auf die Bedeutung der physischen Existenz des Menschen angesehen werden kann.

Nach diesen beiden Belegen aus dem Epos zu urteilen, müßte Selbstmord im oben definierten Sinne vor allem in Verbindung mit einer extremen psychischen Notlage stehen, doch haben diese Stellen für die Lebenswirklichkeit des 8. Jahrhunderts wenig Aussagekraft. Bestimmender für das Alltagsleben ist sicherlich der Bereich sozialer Not gewesen.[10] Die z.T. extrem ärmlichen Lebensumstände als Auslöser für den Wunsch nach einem selbstgewählten Lebensende haben auch ihren Niederschlag in der Literatur gefunden, in einem Abschnitt aus einer Spruchsammlung, die unter dem Verfassernamen eines Theognis von Megara überliefert ist und etwa auf die

---

[10] Hierzu bildet neben des Sprüchen des Theognis vor allem das Lehrgedicht „Werke und Tage" des Boioters Hesiod, das in etwa in die Zeit Homers zu datieren ist, die wesentliche literarische Quelle.

Mitte des 6. Jahrhunderts v.Chr. zu datieren ist. Dort heißt es in den Versen 173-176:

> Von allem am meisten zerbricht auch einen guten Mann die Armut,
> auch als das graue Alter und mehr als periodisches Fieber,
> Auf der Flucht vor ihr muß man sich ins von Ungeheuern bewohnte Meer
> stürzen und von steilen Felsen.

Man sollte diese Stelle nicht als direkte Aufforderung zum Selbstmord verstehen, wie dies Rudolf Hirzel in einer 1908 erschienenen, umfassenden Studie zum Selbstmord in der Antike[11] getan hat. Es geht Theognis wohl eher darum, zu zeigen, wie wichtig es ist, sich gegen die Armut zur Wehr zu setzen, da sich in sozialer Not so etwas wie menschliche Tugend nicht verwirklichen läßt.

Ein vergleichbarer Beleg, der zwar keinen *suicide escapiste* beschreibt, aber doch mit Selbsttötung zu tun hat, findet sich an einer Stelle des um die Zeitenwende lebenden Geographen Strabon. Er führt in Buch X 5, 6 (cap. 486) aus, daß in alter Zeit auf der Kykladeninsel Keos in jedem Jahr alle 60-jährigen Selbstmord begingen, möglicherweise auf staatlichen Druck hin, da sie zur Ernährung der Bevölkerung nichts mehr beitragen konnten. Dieser Brauch war freilich in dieser institutionellen Form offenbar singulär, da diese Verfügung als Gesetz von Keos bei den Griechen sprichwörtlichen Charakter erreichte. Immerhin ist aber ein vergleichbarer Selbstmord zumindest einmal auch in der römischen Geschichte belegt: Nach Aussage des augusteischen Geschichtsschreibers Livius sollen im Jahr 400 v.Chr. einige von Hunger gepeinigte Plebeier ihre Häupter verhüllt und durch einen Sprung in den Tiber Selbstmord begangen haben.[12]

Auch wenn diese Belege nicht zu dem Typus des Selbstmords gehören, wie er zu Beginn festgelegt wurde, sind sie in anderer Hinsicht doch von Bedeutung für den hier darzustellenden Zusammenhang. Es ist hier nämlich

---

[11] In: Archiv für Religionswissenschaft 11, 1908, 75-104; 243-284; 417-476; zusammengefaßt in dem Buch „Der Selbstmord in der Antike" (Bonn 1967).

[12] *Ab urbe condita* IV 12, 11. Es gibt noch eine Stelle bei dem Grammatiker Festus (frg. 66 L.), in der ein Wortlaut „sexagenarios de ponte" erkennbar ist; aber diese Stelle bezieht sich möglicherweise auf den Brauch von Keos und nicht auf einen Brauch in der italischen Welt.

von moralischen oder theologischen Einwänden nirgendwo die Rede, und wenn es sich hierbei nicht um einen Zufall handelt, bemißt sich in dieser Zeit die Bewertung des Selbstmords nach der Nähe des Todes in der Gesellschaft allgemein. Wo eine einzige Mißernte zur Katastrophe für die Gemeinschaft werden kann und daher auch der Gedanke an einen selbstgewählten Tod nicht gänzlich fernliegend ist, bildet sich auch kein ideologisches System, das ein Verbot festlegen kann.

Das Fehlen eines Selbstmordverbots für die griechische Frühzeit kann daher zu einem wesentlichen Teil aus den Lebensumständen abgeleitet werden, allerdings ist die Tatsache, daß die „offizielle" Theologie nicht nur in der griechischen Frühzeit, sondern bis zum Ende der paganen Zeit in dieser Frage stumm bleibt, auffällig. Dieser Befund ist aus dem Wesen der polytheistischen Religion zu erklären. Das Grundprinzip des antiken Polytheismus liegt in der Annahme, daß die Götter Hypostasen menschlicher Verhaltensweisen sind. Wenn es unter den Menschen Königsherrschaft gibt, wird für diese politische Form ein allgemeinverbindliches Vorbild gebraucht. Es muß demnach auch ein Herrscher unter den Göttern existieren; dieser Herrscher heißt Zeus. Hypostasen für handwerkliche Intelligenz sind Athene und Hephaistos, für künstlerische Intelligenz Apollon, für Krieg Ares, für weibliche Schönheit Aphrodite, für Verführung durch diese Schönheit Eros und so weiter. Eine Hypostase für den Tod, durch die dann auch 'richtiges' und 'falsches' Sterben determiniert würde, kann es aber in einem Polytheismus, in dem der Mensch fest in göttliche Strukturen eingebettet ist, nicht geben. Vielmehr sind die Menschen in diesem Bereich gezwungen, ihre eigenen Antworten zu finden, und wenn soziale Not den Selbstmord nahelegt, kann die Theologie kein metaphysisches Argument dagegen setzen. Dementsprechend können die sozialen Bedingungen in Griechenland und auch in Rom bestimmen, wie sich das Individuum zur Selbsttötung stellen kann, und je nach dem Wohlstand einer Polis werden auch verschiedene Antworten gefunden.

Etwa ab der Mitte des 6. Jahrhunderts wird die Bewertung des Selbstmords von metaphysischen Überlegungen erreicht, und zwar durch die jetzt aufkommende Lehre von der Seelenwanderung.[13] Wohl aus Indien gekommen, hat sich dieser Gedanke von einer Wanderung der Seele in zwei eng verwandten geistigen Richtungen manifestiert, der Orphik und dem Pythagoreismus. Die Orphik war eine religiöse Bewegung, die sich auf den Sänger Orpheus berief, der von seinem Versuch, Eurydike aus der Unterwelt zurückzubringen, Kunde vom Weiterleben der menschlichen Seele in anderer Gestalt erhalten hatte. Inhaltlich eng verwandt, geistesgeschichtlich aber noch einflußreicher war der Pythagoreismus, der im antiken Denken über Platonismus und Neuplatonismus weit bis in die Spätantike und auch ins Christentum hinein gewirkt hat. Die Quellenlage zur pythagoreischen Philosophie ist allerdings sehr problematisch, über sichere Pythagoras-Zitate verfügen wir nicht, offenbar weil von ihm schon früh nichts Schriftliches auffindbar war.[14] Allerdings gibt es von Philolaos, einem Pythagoreer des 5. Jahrhunderts, bei Platon im Dialog *Phaidon*, Kapitel 62, folgende Aussage:

*Frage an Sokrates:* Warum heißt es, es sei nicht statthaft, sich selbst zu töten?
*Sokrates*: Ich jedenfalls habe auf dieselbe Frage, die auch du jetzt gestellt hast, einmal von Philolaos gehört, als er bei uns lebte, und auch von anderen, daß man das nicht tun dürfe. [...] Die nicht öffentliche Rede über diese Dinge besagt, daß wir Menschen auf Wache sind und man sich von ihr nicht selbst lösen und entlaufen dürfe.

Diese Aussage, von Cicero in seiner Schrift über den Staat wiederholt (*De re publica* 6, 15), ist der einzige Beleg für die altpythagoreische Begründung des Selbstmordverbots. Dieser Gedanke ist in seiner genauen Bedeutung nicht leicht auszudeuten, aber eine detaillierte Interpretation ist hier entbehrlich. Letztlich ist der Selbstmord bei einer Lehre, die die Seele grundsätzlich vom Körper trennt (einem der pythagoreischen Kernsätze zufolge, ist das σῶμα, der Körper, ein σῆμα, das Grab, nämlich das Grab der Seele[15]), selbstverständlich. Das Verhältnis zwischen Körper und Seele – wobei

---

[13] Der bedeutendste Beleg dafür findet sich bei Herodot (II 123), der die Verbreitung eines Seelenwanderungsglaubens den Ägyptern zuschreibt, wofür es im ägyptischen Bereich jedoch keinerlei Belege gibt; vermutlich ist diese Lehre eher von Osten, vor allem von Indien aus, nach Griechenland vorgedrungen.

[14] Zur Frage, ob Pythagoras Schriften hinterlassen habe, s. zuletzt Ch. Riedweg, Pythagoras hinterliess keine einzige Schrift – ein Irrtum? Anmerkungen zu einer alten Streitfrage, MusHelv 54, 1997, 65-92.

[15] Das Zitat bei Platon, *Gorgias* 493 A.

Seele in der antiken Konzeption bis hin zur Stoa primär über die *intellektuellen* Fähigkeiten des Menschen definiert ist[16] – wird ja bei einem Selbstmord gleichsam umgekehrt: der für die Lebensführung geringerwertige Teil zwingt durch sein Ende die Seele dazu, sich einen neuen Wohnsitz zu suchen. Erklärungen aus späterer Zeit gehen in der pythagoreischen Lehre dann auch dahin, daß Seele und Körper in einem festen, wohl zahlenmäßig definierten Verhältnis aufeinander bezogen sind, welches durch den Selbstmord zerstört würde bzw. daß die Seele eine festgelegte Zeit in einem Körper abzubüßen habe und es dem Menschen nicht erlaubt sei, diese Zeit zu verkürzen.[17]

So haben wir am Ende der Archaik ca. 500 v.Chr. in Griechenland eine gewisse Vielfalt in den Anschauungen zur Selbsttötung. Die offizielle Religion verhält sich indifferent, soziale Not ist als möglicher Grund durchaus denkbar, Aussagen zu psychischen Notlagen sind uns außer in literarischen Texten nicht bekannt; wir können daher nicht definitiv sagen, ob Selbstmorde aus Lebensüberdruß, Scham oder Angst überhaupt in nennenswerter Zahl vorkamen.[18] In der Odyssee existiert freilich – wohl als Reaktion auf das Menschenbild der Ilias – die Einschätzung, wonach das Leben als absolut höchster Wert gilt; auch der Gedanke an den Nachruhm, für den das Leben einzusetzen sich lohnt, wird verworfen. Pythagoreer und Orphiker verbieten die Selbsttötung eindeutig; beide geistige Strömungen sind jedoch auf Zirkel

---

[16] Man vergleiche etwa Platons Definition des Denkens als ein Gespräch der Seele mit sich selbst (*Theaitetos* 189 D; *Sophistes* 263 E). Zum antiken Seelenbegriff s. weiteres bei H.G. Ingenkamp, Inneres Selbst und Lebensträger. Zur Einheit des ψυχή-Begriffs, Rheinisches Museum 118, 1975, 48-61; J. Bremmer, The Early Greek Concept of the Soul, Princeton 1983; F. Ricken, 'Seele', in: Historisches Wörterbuch der Philosophie, Bd. 9, Basel 1995, Sp. 2-11.

[17] Athenaios, *Deipnosophistae* IV 15; Plotin, *Enneade* I 9. Bei Platon und Aristoteles finden sich Stellen, wonach die Pythagoreer die Seele als eine zahlenmäßig strukturierte ἁρμονία ansahen (Platon, *Phaidon* 85f.; Aristoteles, *De anima* I 4, 407 b 30; Aristoteles, *Metaphysik* I 5, 985 b 29f.).

[18] Die vollständige Liste aller für die Antike überlieferten Selbstmorde bei von Hooff (Anm. 2), Appendix A, weist keine historisch verbürgten Selbstmorde vor dem 5. Jahrhundert auf; für die vorhergehende Zeit sind nur Selbstmorde im Mythos und in der Anekdote bekannt.

von Eingeweihten begrenzt und zudem vor allem in Unteritalien beheimatet, bleiben also für den Alltag im griechischen Mutterland exotisch und ohne größere Bedeutung.

Die gesamte Archaik brachte einen enormen materiellen Aufschwung in Griechenland; an der Schwelle zum 5. Jahrhundert existieren etliche Poleis, die keine bescheidenen, um eine kleine Agora angeordneten Siedlungen von Ackerbauern mehr repräsentieren, die sich herum ihre Häuser bauen, sondern bedeutende urbane Zentren, so etwa Korinth, Athen, Theben oder Argos. Ein Königspalast als soziale und geistige Mitte dieser Städte existiert nicht, die Bürger müssen sich ihre geistige Mitte selbst festlegen, und dies geschieht durch Gesetzgebung. Soweit wir dies erkennen können, ist man in den nun entstehenden Gesetzen – wohl in Verlängerung alter Anschauungen (s. oben S. 1) – hinsichtlich des Selbstmords eher ablehnend, als schweres Verbrechen gilt er jedoch nicht. Auch im römischen Kulturraum ist in dieser Zeit der Selbstmord juristisch nicht sanktioniert: das Zwölftafelgesetz sah offenbar keine Bestimmung für diesen Fall vor.[19]

Entsprechend dieser Offenheit diskutiert die Tragödie des 5. Jahrhunderts, die die alten Mythen neu gestaltet, den Selbstmord relativ unvoreingenommen, speziell Euripides scheint ihn in manchen Stücken sogar zu glorifizieren.[20] Geradezu als Selbstverständlichkeit taucht der Selbstmord in der alten attischen Komödie auf, in denen ein Protagonist immer wieder auch bei völlig nichtigen Problemen einen Selbstmord erwägt. Hierzu ein Beispiel aus den *Wespen* des Aristophanes, aufgeführt im Jahr 422. Ein argumentativer Wettkampf zwischen Vater und Sohn mit athenischen Alten als Schiedsrichtern soll folgendermaßen ablaufen (V. 520ff.):

*Vater an den Chor:* „Das Urteil stell ich euch anheim."
*Sohn:* „Es sei."
*Vater zu einem Sklaven:* „Hol mir ein Schwert!"

---

[19] Grisé [Anm. 2] 249: „La République semble donc avoir laissé le suicide impuni." Die Konfiskation der Besitztümer von Appius Claudius und Oppius nach ihrem Selbstmord im Zusammenhang mit dem Verginia-Prozeß hatte wohl nichts mit deren Selbstmord, sondern mit deren vorher begangenen Verbrechen zu tun. S. dazu Grisé 248.

[20] So vor allem in den *Herakliden*, wo Iolaos' souveräner Umgang mit einem selbstgewähltem Lebensende den athenischen König Demophon derart beeindruckt, daß den landflüchtigen Herakles-Kindern Asyl gewährt.

*dann zu seinem Sohn:* „Gelingt es dir, mich mit Gründen zu besiegen, dann stürze ich mich ins Schwert."

*Sohn:* „Sag mir: Was ist, wenn du bei dem – wie nennt man's noch? – Schiedsspruch nicht bleibst?"[21]

Natürlich ist bei einer Bewertung solchen Aussagen auch komödientypische Übertreibung zu berücksichtigen, aber der angestrebte komische Effekt liegt nicht darin, daß etwas grundsätzliches Verbotenes erwogen wird, sondern einerseits in der grotesken Überzeichnung, daß hier der Vater seine Überzeugung notfalls auch mit seinem Leben vertreten will, andererseits aber die anderen Gesprächsteilnehmer so gut wie gar nicht darauf reagieren.[22]

In Aristophanes Komödie 'Die Frösche' aus dem Jahr 404 werden mehrere Vorschläge für die Ausführung eines Selbstmords angeboten (Vers 117-135). Dionysos möchte in die Unterwelt hinabsteigen und spricht dazu mit Herakles, der ja bei der Heraufholung des Höllenhundes Kerberos schon einmal dort unten war, und fragt ihn, wie man den Hades am schnellsten erreichen könne. Herakles nennt zuerst: Strick und Schemel, also Erhängen, offenbar als die häufigste Todesart, es folgt der Schierlingsbecher, schließlich das Herabstürzen von einem Turm.

So ist in dieser literarischen Gattung die Offenheit gegenüber der Selbsttötung unübersehbar: Auch diese Texte sprechen dafür, daß es letztlich dem Individuum freisteht, ob er seinem Leben ein Ende setzt, auch wenn der Staat durch bestimmte Sanktionen die Selbsttötung nach Möglichkeit zu unterbinden bemüht ist.

Auf eine Ausnahme ist hier jedoch noch zu verweisen, sie betrifft den Bereich der Medizin. In dem Hippokrates zugeschriebenen, wohl aber erst zu Beginn des 4. Jahrhunderts v.Chr. formulierten Eid ist der Passus enthalten, daß der Arzt keine den Tod herbeiführenden Mittel geben darf, auch nicht auf Verlangen. Diese Anordnung könnte einerseits so verstanden werden, daß Hippokrates den Arzt ganz konsequent auf der Seite des Lebens

---

[21]  Weitere Stellen vergleichbaren Inhalts bei Aristophanes: *Ritter* 80-86; *Wolken* 775-783, 869-875, 1448-1451; *Wespen* 303-309, 522.

[22]  Vgl. etwa den Kommentar von D. Macdowell (Aristophanes, Wasps, Oxford 1971) zu den Worten des Vaters in V. 524f.: „a melodramatic utterance of which nobody takes any notice."

sieht; dem muß er sich mit allen Mitteln verpflichtet fühlen. Nur mit einem solchen Denken wird ja eine zu frühe Resignation ärztlicher Kunst vor schwierigeren Krankheitsbildern verhindert, und nur so konnte sich damals die Medizin in ihrem Frühstadium wirklich fortentwickeln. Andererseits ist hier auch pythagoreischer Einfluß vermutet worden.[23] Als Aussage zur Verurteilung des Selbstmords generell kann diese Stelle nicht ohne weiteres gedeutet werden, sie verweist aber mit Sicherheit darauf, daß Ärzte das, was Hippokrates ihnen in seinem Eid verbietet, nicht selten getan haben, Ärzte sich also dem Selbstmord nicht gänzlich ablehnend verhielten.[24]

Mit Platon und Aristoteles, also mit Beginn des 4. Jahrhunderts, beginnt sich die Philosophie mit dem Selbstmord auch argumentativ und nicht, wie bisher, nach einem bestimmten Dogma auseinanderzusetzen. Zunächst zu Platon. Obwohl dessen Einstellung gegenüber dem Tod in seinen Dialogen immer wieder thematisiert ist, sind diese Aussagen als Quelle für die allgemeine Einstellung seiner Zeit gegenüber dem Selbstmord aus psychischer Not nicht so ergiebig, wie man auf Grund dieser Fülle an Belegen vermuten könnte. Für Platon war zwar das Ende des Sokrates ein wesentlicher Bezugspunkt seiner Betrachtungen, doch war dieser Tod keine Selbsttötung im hier behandelten Sinne, also mit der ausschließlichen Zielsetzung, die eigene Existenz zu beenden. Allerdings ist in einer von Platons letzten Schriften, den *Gesetzen*, etwas ausführlicher vom Selbstmord die Rede. Im neunten Buch, in dem sich Platon mit juristischen Überlegungen zum Mord befaßt, heißt es auf Seite 873:

Wer aber den von allen als vertrautesten und liebsten Bezeichneten tötet, was soll dem geschehen? Ich rede von dem, der sich selbst tötet, mit Gewalt das ihm verhängte Schicksal zerstört, wobei weder der Staat dies durch einen Rechtsspruch angeordnet hat, noch er durch das Eintreten einer unentrinnbaren ringsum eintretenden Schmerzes dazu gezwungen wurde, noch in eine unausweichliche und lebensfeindliche Schande gerät, sondern indem er aus Untätigkeit und der Feigheit des Verzagt-Seins sich selbst eine rechtswidrige Bestrafung auferlegt. Die Begräbnissitten in solcher Weise Umgekommener seien erstens: einsame

---

[23] S. dazu L. Edelstein, Der hippokratische Eid. Mit einem forschungsgeschichtlichen Nachwort von H. Diller, Zürich – Stuttgart 1969, S. 11-21.

[24] Belege für dieses ärztliche Verhalten haben wir allerdings erst für die römische Kaiserzeit (Tacitus, *Annales* 15, 64); aus Apuleius, *Metamorphosen* 19, 9 geht hervor, daß Ärzte bei Selbstmorden durchaus selbstverständlich ihre Hilfe anboten.

Stellen, ohne daß irgend jemand neben ihnen begraben wird, dann: unbebaute, namenlose, an den Grenzen der zwölf Landesteile liegende Gräber; man bestatte sie ruhmlos, ohne daß eine Säule oder Inschrift ihr Grab bezeichnet.

Die Frage, inwieweit diese Vorschrift eher eine Wunschvorstellung Platons als ein Abbild der juristischen Realität im 4. Jahrhundert darstellt, kann hier nicht diskutiert werden. Wichtiger für eine Bewertung der Selbsttötung im antiken Denken ist vielmehr, daß selbst jemand wie Platon, der in Übernahme pythagoreischer Gedanken generell als Gegner des Selbstmords zu gelten hat, doch einige Gründe vorbringt, die eine Selbsttötung zulassen, und der Gültigkeitsbereich für diese Gründe ist recht umfänglich.

Punkt 1: Selbstmord gilt als gerechtfertigt, wo eine lebensbedrohende Strafe seitens des Staates unausweichlich zu sein scheint, ein Aspekt, der in unserem Zusammenhang nicht von Bedeutung ist. In diesem Fall wird ja das ohnehin unmittelbar bevorstehende Lebensende lediglich beschleunigt; so etwas wie die Unfähigkeit, das Leben weiter ertragen zu können, liegt nicht vor.

Punkt 2 unter den zureichenden Gründen ist eine περιώδυνος τύχη, ein Schicksal, das ringsum, d.h. unentrinnbar, von akutem Schmerz bestimmt ist.[25]

Punkt 3 ist der Bereich der Schande, der αἰσχύνη. Daß auch dies als zureichender Grund gilt, dürfte auf die noch existierenden Elemente einer sog. *shame-culture* zurückzuführen sein, also eine Kulturstufe, in der weniger die juristische Sanktion die Einhaltung bestimmter Lebensregeln steuert als das gesellschaftlich festgelegte Tabu.[26] Eine Verletzung dieses Tabus ist derartig gravierend, daß der Tod nicht selten freiwillig gesucht wird. Inwieweit in der griechischen Kultur noch bis ins 4. Jahrhundert hinein Elemente der *shame-culture* wirksam sind, ist freilich nicht sicher zu sagen.

---

[25] Vgl. dazu auch Aristoteles, *Eudemische Ethik* 1229 b 39ff., Plinius, *Naturalis historia* 20, 199. Eine Liste von Krankheiten, die einen Selbstmord rechtfertigen, findet sich bei Plinius, *op. cit.* 25, 23.

[26] S. dazu E. R. Dodds, The Greeks and the Irrational, Berkeley [5]1966, S. 28-49; B. Williams, Shame and Necessity, Berkeley 1993.

So bleiben als Aspekte, die einen Selbstmord verwerflich erscheinen lassen, Untätigkeit (ἀεργία) und die Feigheit (δειλία)[27]. Beides bezieht sich letztlich auf die Frage eines Umgangs mit seinen Schwierigkeiten. Platon fordert also vom Menschen, bevor er die Selbsttötung ins Auge faßt, eine Überlegung, inwieweit es in seiner Macht steht, die Schwierigkeiten zu beseitigen. Wo eine solche Abhilfe grundsätzlich möglich erscheint, ist der Mensch, der sich tötet, moralisch zu verurteilen, weil er aus einer Art von Bequemlichkeit und Verzagtheit heraus sein Leben aufgibt.

Hinzu kommt ein weiterer Aspekt bei Platon, der auch bei Aristoteles zugrunde liegt, daß nämlich der Mensch innerhalb eines Staatswesens eine ganz bestimmte Aufgabe hat. Die antike Staatsphilosophie hat den Staat grundsätzlich anders begründet als die Philosophen der Neuzeit. Während vor allem seit Thomas Hobbes die Aufgabe des Staates darin gesehen wird, wirkungsvolle Regeln aufzustellen, die eine Einschränkung der Freiheit des einen durch einen anderen verhindert (was übrigens ein extrem negatives Menschenbild voraussetzt), spielt in den Konzeptionen von Platon und Aristoteles der Begriff des Bedürftigseins eine wesentliche Rolle: Der Staat ist aus der χρεία, der Bedürftigkeit des Menschen, heraus entstanden.[28] Da kein Mensch alle handwerklichen oder sozialen Funktion allein auszuüben in der Lage ist, braucht er den Mitmenschen; der Staat ist somit eine Organisation zur gegenseitigen Unterstützung. Auf diese gegenseitige Unterstützung hin sei der Mensch angelegt – das ist es, was Aristoteles meint, wenn er den Menschen als ζῷον πολιτικόν bezeichnet (Politik I 1 [1253 a 2]) – , durch den Selbstmord entzieht sich der Mensch dieser Pflicht; er läßt also das Gemeinwesen im Stich. Am deutlichsten wird diese Verbindung ausgesprochen bei Aristoteles, *Nikomachische Ethik* 1138 a 1-14; Thema ist die Gerechtigkeit:

Zu einem Teil besteht die Verwirklichung der Gerechtigkeit in den Handlungen, die vom Gesetz ... befohlen sind. ... Wenn einer gegen das Gesetz eine schädigende Handlung aus-

---

[27] Daß sich diese Sicht bereits bei Euripides (vor allem im *Herakles*) zu entwickeln beginnt, zeigt M. Kaimio in ihrem Aufsatz 'Suicide as a moral Problem in Greek Tragedy', in: Sprachaspekte als Experiment. Beiträge zur Literaturkritik in Antike und Neuzeit, hrsg. v. T. Viljamaa, S. Jäkel, K. Nyholm, Turku 1989, 49-61.

[28] S. dazu vor allem Platon, *Politeia* 369 B-C, Aristoteles, *Politik* 1253 b 25ff.

führt, nicht als Erwiderung auf eine Schädigung und aus freien Stücken, so tut er unrecht, aus freien Stücken aber heißt mit Wissen um das Opfer und das Mittel. Wer sich im Zorn aus freien Stücken tötet, tut dies gegen richtiges Denken, tut also etwas, was das Gesetz nicht zuläßt. Also: Er begeht ein Unrecht. Aber an wem? Doch wohl am Gemeinwesen und nicht an sich selbst. Denn er leidet aus freien Stücken, niemand aber fügt sich aus freien Stücken ein Unrecht zu. Deswegen bestraft ihn auch die Polis, und es tritt eine Art von Entehrung für den, der sich zerstört hat, ein.

Hier spricht Aristoteles deutlich aus, daß Selbstmord so etwas wie Verrat am menschlichen Gemeinwesen ist, folglich staatlicherseits nicht völlig sanktionslos hingenommen werden kann. Worin die Sanktion besteht, sagt Aristoteles nicht; wir haben aber bereits gesehen, daß man bei Selbstmördern die Totenehrung einschränkte.[29] Bemerkenswert ist die Argumentation: Aristoteles geht hier wie überall in seiner Ethik davon aus, daß sich kein Mensch aus freien Stücken Unrecht zufügt, damit aber der Selbstmord zum Unrecht werden kann, wird das Gemeinwesen, die Polis, als Opfer genommen. Der Grund dafür aber, daß man von einem Unrecht sprechen kann, liegt in einem Tun παρὰ τὸν ὀρθὸν λόγον, gegen das rechte Denken. Wieder also geht es um das Anmahnen eines richtigen Denkens: die Polis hat ein Recht darauf, daß man sie in sein Kalkül einbezieht, ein Selbstmord ohne solche Überlegung gilt Aristoteles als ähnlich verwerflich, wie Platon den Selbstmord als Untätigkeit und Furchtsamkeit ablehnt.

Daß aber auch Aristoteles den Selbstmord nicht kategorisch abgelehnt hat, ergibt sich aus einer anderen Stelle der Nikomachischen Ethik, 1116 a 12-15. Hier geht es um die Tapferkeit:

Wie also gesagt, ist die Tapferkeit die Mitte hinsichtlich des Wagemuts und der Furchtsamkeit. ... Sterben aus Flucht vor Armut, Liebesverlangen oder etwas Traurigem ist nicht das Zeichen eines tapferen, sondern eines feigen Menschen. Denn Flucht vor dem Mühsamen ist Weichlichkeit, und nicht, weil es schön ist, hält man aus, sondern weil man etwas Schlechtes nicht tun will.

So gelten hier im Prinzip dieselben Begründungen wie bei Platon: der Selbstmord scheint nur in einer Lage, bei der grundsätzlich noch Besserung denkbar ist – Aristoteles nennt soziale Not (πενία), Liebeskummer (ἔρως)

---

[29]   Aischines, III 235; Zenobios, *Proverbia* VI 17 (s. Anm. 6); Dio Chrysostomos, *oratio* 64, 4; Platon, *Leges*, cap. 873 C (s.o.)

und Trauer (λυπηρόν) – , nicht zulässig zu sein, aus einer unveränderbaren Notlage heraus dagegen offenbar wohl. Auch scheinen nach diesem Text Selbsttötungen nicht ganz selten gewesen zu sein, sonst hätte Aristoteles sie kaum als veranschaulichenden Beleg für Feigheit gewählt. Letztlich sind so weder Platon und Aristoteles ganz strikte Gegner des Selbstmords, sie fordern freilich vor der Tat eine genaue Analyse der eigenen Situation, und sie fordern eine Besinnung auf das Wesen des Menschen als Teil einer Gemeinschaft. Weder ist Selbstmord ein Element menschlicher Freiheit – die kann es bei diesen beiden Philosophen nur im Denken geben in der Form, daß der Mensch um so freier ist, je mehr er seinen Intellekt zu seiner Lebensgestaltung heranzieht – noch ist es unter allen Umständen etwas, was man verurteilen sollte. Selbstmord ist, etwas vereinfachend gesagt, eine erlaubte allerletzte Erlösung aus extremen Umständen.

Sehr viel weiter gehen dagegen die zeitlich etwas parallel liegenden philosophischen Schulen der Kyrenaiker und Kyniker. Begründer dieser Schulen waren Aristippos von Kyrene und Antisthenes von Athen, beide Sokrates-Schüler. Diese Schulen haben sehr offen den Selbstmord bejaht, vermutlich von dem Vorbild Sokrates beeinflußt, der ja den staatlich angeordneten Tod sehr gleichmütig und gelassen hingenommen hat; hinzu kamen wohl auch die Erfahrungen des Peloponnesischen Krieges zwischen Athen und Sparta, der ein zuvor für unmöglich gehaltenes Maß an menschlicher Grausamkeit offenbart hatte. Philosophisches Ziel beider Schulen ist weitestgehende Autarkie, die Kyniker suchen es in äußerer Bedürfnislosigkeit, die Kyrenaiker in der Schaffung von Lebensumständen, die eine weitestmögliche Vermeidung von Affekten garantiert. Werden diese Ziele gefährdet, so kann nicht nur, sondern sollte sogar jeder seiner physischen Existenz ein Ende setzen. Das selbstgewählte Lebensende wird so zum kalkulierbaren Faktor in der Lebensgestaltung. Originalzitate, die es ermöglichen, die Argumente detaillierter zu betrachten, fehlen zwar, aber in antiken Philosophenbiographien gibt es eine Fülle von Hinweisen, die diese Einstellung sichtbar machen, vor allem in Verbindung mit dem berühmtesten Exponenten der kynischen Philosophie, mit Diogenes von Sinope. Am bezeichnendsten für Diogenes' Einstellung ist wohl folgende Notiz über ihn: „Er sagte ständig, daß man sich

für das Leben entweder mit Verstand oder mit einem Strick ausrüsten müsse."[30]
Faßt man das Bild für die sog. Klassische Epoche, also den Zeitraum zwischen 500 und 300 v.Chr. in Griechenland zusammen, ergibt sich folgendes
Bild: In diesen zwei Jahrhunderten vollzieht sich eine immer komplexer
werdende juristische Organisation der Polis, so daß der Gedanke im Raum
steht, daß das Individuum der Gemeinschaft etwas schulde (vor allem als
Verteidiger der Polis im Krieg bzw. als Garant, den Bestand des Gemeinwesens durch Nachkommen zu sichern). Dennoch dringen argumentative Bedenken dieser Art gegen den Selbstmord im allgemeinen Bewußtsein nicht
so weit vor, um juristische Sanktionen zu evozieren. Die atavistischen Ab-
lehnungen des Selbstmords, primär aus Angst vor dem Geist des Toten, sind
zwar noch vorhanden, die Philosophie aber, wesentlich beeinflußt durch
Sokrates' Verhalten, geht andere Wege: Sie sucht nach Argumenten *pro* und
*contra* Selbstmord und kommt zu verschiedenen Ergebnissen zwischen be-
dingter Ablehnung und deutlicher Akzeptanz.

Wenn nach der klassischen Epoche die Akzeptanz der Selbsttötung über
kleine philosophische Kreise hinaus vordringen konnte, ist dies auf grundlegende politischen Änderungen in Griechenland zurückzuführen. Die Erobe-
rung fast ganz Asiens durch Alexander den Großen zwischen 334 und 323 v.
Chr. verändert auch die geistige Situation der Griechen entscheidend. Die
Polis als oberste politische, soziale, juristische und theologische Größe zer-
bricht, damit ist ein wesentlicher Grund für das Selbstmordverbot dahin.
Auf den Zusammenbruch dieses sozialen Rahmens reagiert auch die Philosophie, es entstehen mit der Stoa, dem Epikureismus und der Skepsis Philosophien, die nicht die Lebensumstände der staatlichen Gemeinschaft, sondern die des Individuums in den Mittelpunkt stellen. Den Kern dieser Philosophien kann etwa so umrissen werden: „Damit wir können, was wir wol-

---

[30] Diogenes Laertios, *Vitae philosophorum* VI 24; Aelian, *Variae Historiae* X 11. Der
kyrenaische Philosoph Hegesias propagierte den Selbstmord derart erfolgreich, daß er
den Beinamen Πεισιθάνατος („Überreder zum Tod") erhielt und schließlich in Alexan-
dria Lehrverbot erhielt (Diogenes Laertios, *Vitae philosophorum* II 86; Cicero, *Tuscu-
lanae Disputationes* I 83).

len, müssen wir wollen, was wir können."[31] Nur wenn man sich erreichbare
Ziele setzt, kann eine vollständige innere Gelassenheit erzeugt werden, in
der Stoa ἀπάθεια, in der Schule des Epikur ἀταραξία genannt.

Dieser philosophische Ansatz, der anders als Platonismus, Aristotelis-
mus, Kynismus und Kyrenaismus sehr schnell weite Verbreitung fand,
mußte den Selbstmord aus psychischer Erregung erst einmal ablehnen, und,
wie die peripatetische Kritik zu Recht eingewandt hatte, konnte ein erfolgreicher Adept dieser Philosophie ohnehin nicht so leicht in die Gefahr geraten, Selbstmord verüben zu wollen. Wer sich aus Gefühlen wie Zorn, Verzweiflung oder Liebeskummer tötete, hätte ja die Lehren dieser Philosophen
nicht richtig begriffen. Dennoch findet sich in diesen Philosophien eine be-
merkenswerte Offenheit gegenüber dem Selbstmord. Denn nun spielen
durch die neuen politischen Verhältnisse die Aspekte einer engen Polisbil-
dung, die den Selbstmord bislang im allgemeinen Bewußtsein negativ kon-
notierten, keine Rolle mehr, die physische Existenz wird als etwas Beliebi-
ges (ἀδιάφορον) angesehen. So gibt es eigentlich kein Gegenargument gegen den Gedanken mehr, daß man dann gelassen seinem Leben ein Ende
setzen sollte, wenn die Entwicklung der Lebensumstände die Gefahr über-
mächtig werden läßt, seine Unerschütterlichkeit zu verlieren.

Dementsprechend wird gerade für die hellenistische Epoche eine Vielzahl von Selbstmorden mit dem ausschließlichen Ziel der eigenen Existenzvernichtung überliefert, und dies häufig aus einem bisher unbekannten Motiv heraus, dem Lebensüberdruß (*taedium vitae*). Dieses Motiv wird überliefert beim Selbstmord des Begründers der Stoa Zenon von Kition, einem
seiner Nachfolger Kleanthes von Assos, sowie von Epikur; auch Platons
Nachfolger in der Akademie Speusippos soll sich aus Angst vor den Ge-
brechlichkeiten des Alters selbst getötet haben.[32] Es scheint so, als habe die

---

[31] Diese Formulierung bei M. Hossenfelder, Geschichte der Philosophie, Bd. 3: Die Philosophie der Antike 3, München 1985, S. 46.

[32] Von Hooff (Anm. 2) zählt in seiner Zusammenfassung 20 Fälle auf, sämtlich später als
das dritte vorchristliche Jahrhundert und wesentlich in Verbindung mit bedeutenden
Stoikern (Stilpon, Lentulus, Cornutus, Marc Aurel).

philosophisch angebahnte Verfügbarkeit über das eigene Lebensende eine gewisse Eigendynamik entwickelt.[33]

Epikur scheint sich allerdings mit seinem selbstgewählten Lebensende nicht in Übereinstimmung mit seiner Lehre zu befinden, außer man würde in dem Satz „Zwang ist ein Übel, aber es besteht kein Zwang, mit Zwang zu leben"[34] eine Aussage zum freiwilligen Tod erkennen und nicht annehmen, es gehe hier um die Gestaltung des Lebens. Jedenfalls gibt es eine Stelle bei Seneca, bei der davon die Rede ist, daß der Epikureer Diodoros durch seinen Selbstmord von der Lehre seines Meisters abgewichen sei (*De vita beata* 19). Allerdings war ein wesentliches Element des Epikureismus die Todes-verachtung, wie vor allem Lukrez in seinem Lehrgedicht *De rerum natura* betont hat, wo er sehr ausführlich darlegt, warum man sich nicht vor dem Tode fürchten solle, und wo Epikur hymnisch dafür gepriesen wird, die Menschheit von der Todesfurcht befreit zu haben.[35]

So ist vor allem ist die Stoa diejenige philosophische Schule, die dem Selbstmord dort, wo ein vernunftgemäßes Leben nicht mehr möglich ist, zurät, nämlich als ein „vernünftiges Hinausgehen" (εὔλογος ἐξαγωγή).[36] Das argumentativ umfangreichste erhaltene Zeugnis *pro* Selbstmord stammt denn auch von dem römischen Stoiker Seneca, in seiner Sammlung der Briefe an Lucilius der Brief Nr. 70. Hieraus nur ein kurzer Ausschnitt (cap. 4f.):

Aber du weißt, daß man dieses Leben nicht immer festhalten muß, denn nicht das Leben selbst ist ein Gut, sondern das gute Leben (*non enim vivere bonum est, sed bene vivere*).

---

[33] Dementsprechend tritt in dieser Zeit der Selbstmord aus Liebeskummer in der Literatur stärker hervor (v.a. Theokrit, *Eidyllion* 23).

[34] *Gnomologium Vaticanum* 9.

[35] Besonders eindrücklich äußert sich Lukrez im dritten Buch von *De rerum natura* (V. 830-1094); im diesem Kontext sagt Lukrez: „Der Tod geht uns nichts an." (V. 830f.). Allerdings wird im Epikureismus ausdrücklich vor dem Selbstmord wegen Krankheit (frg. 138 Usener) oder aus Lebensüberdruß (*odium vitae*) gewarnt (Diogenes Laertios, *Vitae philosophorum* X 125f.; Lukrez, *De rerum natura* III 79-93). Insofern ist der Selbstmord des Cicero-Freundes und erklärten Epikureers Atticus in Nepos' Lebensbe-schreibung des Atticus (cap. 21f.) untypisch.

[36] *Stoicorum veterum fragmenta*, hrsg. v. H. V. Arnim, Bd. 3, frg. 757-768; Cicero, *De finibus bonorum et malorum* III 60f.

Der Weise lebt daher nicht, solange er muß, sondern solange er kann. Er wird darauf sehen, wo er leben wird, mit wem, auf welche Weise er tätig sein wird. Er bedenkt immer, von welcher Qualität das Leben ist und nicht, von welcher Quantität. Wenn ihm vieles begegnet, was beschwerlich ist und die innere Ruhe durcheinanderbringt, entzieht er sich, und er tut dies nicht in seiner Situation äußersten Zwanges, sondern sobald das Schicksal begonnen hat, ihm verdächtig zu werden, betrachtet er sorgfältig, ob man nicht hier aufhören müsse. [...] Gut zu sterben, bedeutet, der Gefahr zu entkommen, schlecht zu leben.

Dessen ungeachtet sollte für den römischen Bereich der Einfluß der philosophischen Systeme des Hellenismus nicht zu hoch veranschlagt werden. Wenn die römische Geschichte zwischen 50 v.Chr. und 100 n.Chr. besonders viele Selbstmorde kennt[37] – vor allem die Schriftsteller Lucan, Tacitus und Plinius geben etliche Namen und Geschichten dazu an –, ist dies nicht nur auf eine intensive Stoarezeption in Rom, sondern vor allem auf die politischen Verhältnisse zurückzuführen, die spätestens seit der Endphase des Bürgerkriegs für jemanden, der im Staat eine exponierte Stellung einnahm, so etwas wie Neutralität nicht mehr zuließen. Somit handelt es in der Mehrzahl der Fälle nicht um Selbstmorde mit dem Ziel der eigenen Existenzvernichtung, sondern um den bereits von Platon zugestandenen Sonderfall, dem von Staats wegen verhängten Tod zuvorzukommen. So ist der vielleicht berühmteste unter den römischen Selbstmorden, der des Stoikers Cato, der sich nach seiner militärischen Niederlage gegen Cäsar im afrikanischen Utica das Leben nahm, wohl kein *suicide escapiste* (im Sinne eines *taedium vitae*), sondern das Resultat politischer Ausweglosigkeit.[38]

Wenn wir hier die einzelnen Positionen zusammenfassen, so stehen sich bis zur Festlegung des Christentums als Staatsreligion und dem Verbot aller heidnischen Kulte im Ausgang des 4. nachchristlichen Jahrhunderts sehr

---

[37] Die Tatsache hat dem Selbstmord wohl die Bezeichnung *Romana mors* eingetragen (Martial, *Epigrammata* 1, 78). Zur Statistik s. die numerische Distribution der historisch sicher bezeugten Selbstmorde bei von Hooff, S. 12; allerdings macht Griffin (Anm. 2) mit Hinweis auf Grisé folgende Einschränkung: „There is no reason to think in terms of an epidemic" (S. 64).

[38] Ein Äquivalent zum politischen Selbstmord gibt es auf griechischer Seite nur in der Figur des Demosthenes, des großen Gegners der Makedonier Philipp, der sich nach der Niederlage Athens im Lamischen Krieg durch das Trinken von Stierblut das Leben genommen haben soll.

verschiedene Auffassungen gegenüber, wobei je nach politischen und sozialen Gegebenheiten der Selbstmord einmal eher akzeptiert wird, ein andermal weniger. Der Neupythagoreismus und Neuplatonismus argumentieren in der Nachfolge ihrer Archegeten ablehnend, die einflußreichen Philosophien der Stoa und des Epikur akzeptieren ihn, Staat und Religion enthalten sich einer konsequenten Ablehnung.

Auf einen Aspekt ist bei der Diskussion des Selbstmords in der Antike noch zu verweisen: Psychische Krankheiten wie die Depression als auslösendes Element für Selbstmord werden in der Antike nur sehr summarisch auf der medizinischen Seite diskutiert (erhalten ist eine kurze Zusammenfassung des spätantiken Arztes Aetius von Galens Anmerkungen über die Melancholie),[39] offenbar galt ein Selbstmord eines Melancholikers seitens der Schriftsteller und Philosophen nicht als der Diskussion wert. Vermutlich war ein solches Selbstmord-Motiv für den Außenstehenden derart schwierig zu erklären, daß man ihn nicht zum Gegenstand künstlerischer Bearbeitung machen wollte. Würde man dagegen annehmen, hinter dem eben erwähnten *taedium vitae* als Grund für einen Selbstmord habe nicht selten so etwas wie Depression gestanden, wäre die Verzweiflung des Melancholikers zu einer philosophisch begründeten Lebensverachtung umgedeutet worden. Hier läge dann die einschneidende Veränderung von der Klassischen zur Hellenistischen Epoche; die Begründung 'Lebensüberdruß' wäre zu Beginn des 4. Jahrhunderts wohl noch verworfen worden.

Jedenfalls ist die Selbsttötung, wo sie in der antiken Literatur und Philosophie thematisiert wird, eigentlich immer ein wirklicher Freitod, setzt also ein gewisses Maß an Reflexion hinsichtlich der Vor- und Nachteile eines Weiterlebens voraus. Dementsprechend ist bei Selbstmorden, die in der Literatur und der Philosophie thematisiert werden, immer ein im Vergleich zu modernen Darstellungen überraschendes Maß an Inszenierung und Gelas-

---

[39] Aetius, *De melancholia*, ed. A. Olivieri, in: *Corpus medicorum Graecorum*, vol. 8.2. Berlin 1950, p. 143: „Warum töten sie sich selbst (sc. die Melancholiker), wenn nicht deswegen, weil sie glauben, sich so von größerem Unheil zu befreien? Es sei denn, daß sie die Vorstellung haben, das Sterben sei etwas Schönes, wie einige der Nichtgriechen." Gleichzeitig wird in den Traktaten Galens immer wieder die Schwierigkeit betont, Melancholiker zu therapieren.

senheit festzustellen; der Selbstmord, wie er in der historischen Wirklichkeit vorkam, dürfte auch häufig genug von Spontaneität und Verzweiflung begleitet gewesen sein.[40] Die Motive, die im allgemeinen Bewußtsein zur Auslöschung der eigenen Existenz als legitim gelten, sind vielfältig: soziale Not gilt jedenfalls in der Archaik als hinreichender Grund, und auch in den Stadtstaaten mit komplexer juristischer Verfassung sind die Strafandrohungen für den Selbstmörder nicht wirklich gravierend.

Wie die bisherige Diskussion gezeigt hat, haben die Römer im wesentlichen eine analoge Entwicklung durchgemacht wie die Griechen. In der frühen Republik stand Selbstmord nicht unter Strafe, das Zwölftafelgesetz, die erste Kodifikation römischen Rechts, enthielt offenbar keinen entsprechenden Passus. Ab dem 3. Jahrhundert ist Rom im griechischen Sinne keine räumlich eng begrenzte Polis mehr, sondern eine Territorialmacht, die sich vielfältigen Einflüssen und Anregungen ausgesetzt sieht; die Verpflichtung des Bürgers gegenüber seinen Staat wird zusehends geringer, dementsprechend auch die Verpflichtung, sein Leben der Polis zu erhalten. Ab dem 2. Jahrhundert eignet sich Rom die griechische Philosophie an, danach gelten *mutatis mutandis* dieselben Entwicklungslinien wie in Griechenland. Allerdings verläuft die Theoriediskussion hier, entsprechend dem stärkeren Pragmatismus dieser Kultur, weniger explizit; dafür wirkt hier das Politische stärker hinein.

Im zweiten Teil dieser Anmerkungen zur Selbsttötung in der Antike soll anhand des mythologisch wohl bekanntesten Selbstmords dargelegt werden, wie man sich poetisch mit diesem Phänomen auseinandergesetzt hat. Es handelt sich hier um die anfangs bereits kurz erwähnte Geschichte Aias, der Sophokles eine ganze Tragödie gewidmet hat, aufgeführt etwa um 450 v.Chr.[41] Der Mythos gab dem Dichter die Struktur vor: unterlegen im Waffenstreit versucht sich Aias an denen, die er für seine Niederlage verantwortlich sieht, in einer Art von Amoklauf zu rächen; nachdem er aus dieser

---

[40]  Richtig hierzu Griffin (Anm. 2) 65f.

[41]  Grundlegend zur Verbindung der Suizidforschung mit dieser Tragödie: B. Seidensticker, Die Wahl des Todes, in: Sophocle. Sept exposés suivis des discussion, hrsg. v. J. de Romilly, Genf-Vandœuvres 1982, 105-153

Raserei aufgewacht ist, tötet er sich selbst. Die früheste literarische Ausgestaltung dieses Mythos enthielt auch eine Bewertung: In der Odyssee wird
zumindest angedeutet, daß der Dichter dieses Epos Aias' Tat für einen Fehler gehalten hat.

Indem Sophokles den Selbstmord des Aias ins Zentrum einer Tragödie
rückte,[42] war von ihm zweierlei gefordert: zum einen plausibel zu machen,
warum für Aias der Selbstmord eine bestimmte Notwendigkeit darstellt,
zum anderen durch sein Reden und Handeln dem Publikum im Theater diese Notwendigkeit deutlich vor Augen zu führen. Darüber hinaus müßte an
der Art, wie er ihn in den selbstgewählten Tod gehen läßt, erkennbar werden, wie Sophokles selbst Aias' Selbstmord bewertet.

Das Stück setzt an dem Punkt ein, als Aias sich in einer Aggression nach
außen, einer Art von Amoklauf[43] gegen die Anführer des griechischen Heeres vor Troia, befindet. Ausgelöst wurde dieser Amoklauf durch seine Niederlage im Streit um die Waffen des Achilleus, eine Niederlage, die Aias
deutlich vor Augen geführt hat, daß seine Taten im griechischen Heer nicht
so hoch eingeschätzt werden, wie er dies gewünscht hat. Gefordert ist damit
vom Dichter eine Erklärung, warum sich Aias mit dieser Niederlage nicht
abfinden kann und derart übermäßig reagiert.

Das Publikum wird so in der ersten Szene Zeuge von Aias' Wahnsinn
und davon, wie die Göttin Athene erklärt, daß man nach seiner Racheaktion
wohl nicht mehr über ihn lachen und ihn nicht mehr beleidigen werde; an
Odysseus aber, der ihn im Waffenstreit besiegte, werde er nun in ganz be-
sonderem Maße Rache nehmen und ihn zu Tode peitschen.

Nachdem in dieser eindrücklichen Szene das Ausmaß sichtbar wird, wie
sehr Aias seine Niederlage als Kränkung empfindet, tritt der Chor auf, Ge-
folgsleute des Aias aus dessen Heimat Salamis. Sie stehen fassungslos vor

---

[42] Seidensticker (Anm. 41) 125: „Nirgends bei Sophokles, nirgends in der (erhaltenen)
griechischen Tragödie, ja, kaum einmal, soweit ich sehe, in der langen abendländischen
Geschichte der Gattung, steht der Selbstmord des Helden so im Mittelpunkt eines Dramas."

[43] Nach Freud und Stekel (s. dazu Seidensticker [Anm. 41] 137f.) wäre dieser Amoklauf
die dem Selbstmord notwendig vorausgehende Phase, nämlich die Aggression nach außen; nachdem diese gescheitert und bewußt geworden ist, folgt die Aggression nach innen.

Aias' Ausbruch, führen als Vertreter eines traditionellen Weltbilds Aias' Tun auf göttliche Einwirkung zurück. Gegen Ende ihres Lieds wird mitgeteilt, wie Aias nach dem Anfall erst lange geschwiegen, dann laut wie verwundet gestöhnt hat; gegenwärtig sitze er wieder reaktionslos ohne Nahrung oder Getränke zu sich zu nehmen, in seinem Zelt. Wie Seidensticker mit Blick auf einschlägige Literatur der Suizidforschung hervorgehoben, entspricht dieser Wechsel den klassischen Symptomen der Depression.[44]

In diesem Schweigen und dieser Isolation[45] bleibt Aias auch während der nächsten Szene: Tekmessa, eine phrygische Sklavin, die Aias um sich hat und mit der er auch einen Sohn gezeugt hat, kommt auf die Bühne. Der Chor und Tekmessa versuchen, sich im Dialog das Geschehene zu erklären. Tekmessa deutet die Konsequenzen offenbar aus intimer Kenntnis von Aias' Psyche völlig richtig: mit dem Schlachten von Kleinvieh statt mit tödlicher Rache am menschlichen Gegner ist etwas eingetreten, was Aias' Tod bedeuten wird (V. 215), und auch die Erklärung ist eindeutig: Tod auf Grund der Schande. Tekmessa kennt Aias demnach als ausgesprochen stolzen Charakter, für den diese Verletzung seiner Ehre etwas nicht Wiedergutzumachendes ist. Die Gründe für seinen Anfall sieht aber auch Tekmessa in einem göttliches Wirken (V. 243f.).

Der Chor versucht dann, sich vom Geschehenen zu distanzieren: er hat Angst, zusammen mit Aias für den geplanten Mordversuch an den Heerführern gesteinigt zu werden. So geht es dem Chor wie so oft vor allem in der Sophokleischen und Euripideischen Tragödie immer auch um die eigene Haut, eine tiefere Bindung an bestimmte Ideale ist ihm fremd. Da Aias' Tat so weit vom Denkhorizont des Chores entfernt ist, daß er in dieser Situation

---

[44] Seidensticker (Anm. 41) 127 (mit Verweis auf A. T. Beck, Depression. Causes and Treatment, Philadelphia 1967, der hier folgende Phasen aufzählt: 1. alterations in temperament: sadness, apathy, solitude; 2. negative ego-perception: blame and reproach directed against oneself; 3: regressive desires: to flee, to hide, to die; 4. anorexia, insomnia, loss of desire; 5. changes in one's level of activity: abatement and agitation). Zuerst zum Verhältnis zwischen den Ergebnissen moderner psychologischer Forschung W. Stanford, Sophocles, Ajax, London 1963, Appendix E, S. 289f.

[45] Laut Seidensticker (Anm. 41) 130 der verbreitetste Einzelfaktor unter den Ursachen von Selbstmordhandlungen.

nur noch auf sich selbst hin denken kann, ist wirkliches Mitempfinden mit Aias nicht zu verspüren.

Wie wenig sich der Chor in dieser Ausnahmesituation zurechtfindet, wird auch im folgenden deutlich: er deutet das Schweigen in Aias' Zelt als gutes Zeichen, während Tekmessa genau spürt, daß dieses Schweigen und Aias' völlige Isolation nichts Gutes verheißen.

Nach einem Bericht der Tekmessa zu Aias' Wutanfall ist nun in Vers 332 zum erstenmal Aias selbst mit längeren Schmerzensrufen zu hören; danach ruft er seinen Sohn, anschließend seinen Bruder und bittet um Hilfe. Nun öffnet sich Aias' Zelt, und Aias wird sichtbar; damit kehrt er aus seiner Isolation scheinbar zu den Menschen zurück. Im Gespräch mit seinen Gefolgsleuten äußert Aias nun den Wunsch zu sterben, da er zum Gespött seiner Mitmenschen geworden sei. Es findet hier allerdings kein wirkliches Gespräch statt: Letztlich spricht Aias ist seinen Äußerungen nur zu sich selbst und führt sich seine Situation vor Augen.[46] Daher kann er auch die Nähe zu Tekmessa nicht ertragen: als sie auf ihn zugehen will, um an seinem Leid teilzuhaben, weist er sie brüsk zurück. Ein ergreifendes Klagelied macht es dann auch für den Chor unübersehbar, daß eine Kommunikation mit Aias gar nicht mehr möglich ist.

Nach seinem Lied setzt Aias die Analyse seiner Lage in Sprechversen fort, für das Theaterpublikum ein deutliches Signal, daß in diesem Text eher von einem emotionalen als rationalen Standpunkt gesprochen wird. In einem langen Monolog läßt Sophokles seinen Helden nicht mehr seine Gegenwart, sondern die Vergangenheit und die Zukunft reflektieren, und in diesem Monolog legt der Dichter dar, worin er die Ursachen für Aias' psychische Extremlage gesehen wissen will. Aufschlußreich ist die Tatsache, daß Aias gleich zu Beginn dieser Rede auf seinen Vater verweist: Nach einem kurzen Verweis auf seine Situation befaßt er sich mit den Heldentaten seines Vaters Telamon, der – anders als Aias – von einem früheren troianischen Krieg den Preis des besten Kämpfers und dementsprechenden Ruhm zurückgebracht hat (V. 434-436). Bei diesem Thema bleibt Aias auch in den folgenden vier Versen, wenn er seine eigene Taten mit denen seines Vaters vergleicht und feststellt, er bleibt zurück (V. 437-440).

---

[46] Vgl. dazu etwa K. Reinhardt, Sophokles, Frankfurt [4]1976, 10; 21f.

Der letzte Vers (V. 440) dieses Abschnitts schließt dabei den Kreis, der in V. 433 geöffnet wurde: das Unheil des Aias, auf das hier Bezug genommen wird, entsteht aus der Entehrung, die er sich durch den Waffenstreit und dessen Folgen zugezogen hat. Mit dem Begriff „entehrt", ἄτιμος, greift Aias zudem auf eine Schlußfolgerung zurück, die bereits am Ende der emotionalen Auseinandersetzung mit seiner Lage stand (V. 424). Das bedeutet: sowohl die erste, emotionale Rezeption als auch die rationale Wiederholung gelangen zum selben Ergebnis: Aias hat seine Ehre vollständig verloren.

Die folgenden Verse sind dem gewidmet, dessen Waffen Aias als Siegespreis beansprucht hat, dem Achilleus. Dieser, so Aias, hätte ihm die Waffen natürlich gegeben. Damit steht in der Passage, wo Sophokles eine Ursachenanalyse gibt, im Zentrum eine Selbsteinschätzung, die von Aussagen über Telamon und Achilleus flankiert wird. Sophokles setzt auf diese Weise zwei griechische Helden, die nichts mit dem Waffenstreit zu tun haben, zu diesem Ereignis in Beziehung; Achilleus ist tot, und Telamon befindet sich in Griechenland! Und doch sind offensichtlich sie es, die für Aias das Spannungsfeld ausmachen, in dem er den Waffenstreit und ihre Ungerechtigkeit erlebt hat und auch nach wie vor rezipiert.

Dennoch gibt es auch eine Trennlinie zwischen dem Abschnitt, der von Vater und Sohn handelt, und dem, der von Achilleus spricht. Das quantitative Verhältnis der Verse zeigt dabei deutlich an, daß die entscheidenden Aussagen im ersten Teil stehen, also in den Aussagen über Aias' Vater und Aias selbst. Von dem, was Aias geleistet hat, wird ein unmittelbarer Bezug zu den Werken seines Vaters hergestellt; Aias gelangt dabei zu dem Schluß, daß sie ihnen ebenbürtig sind, nur eben von anderen nicht als ebenbürtig begriffen wurden. Die Beziehung zu Telamon wird hier nicht nur durch den direkten Vergleich von Stärke und Werken bei Vater und Sohn hergestellt, sie ist bis ins kleinste Detail präsent: es ist hier nicht der Ort, die Korrespondenzen im einzelnen nachzuweisen,[47] aber sie sind derart dicht, daß sie sich auch dem Theaterpublikum deutlich mitgeteilt haben dürften.

---

[47] Ich hoffe, demnächst in einer umfangreicheren Untersuchung diese Aspekte im Detail vorlegen zu können.

Aias' Vergleichspunkte sind also Telamon und der frühere Zug der Griechen nach Troia. Es ist offenbar der Kontrast zu den Erfolgen seines Vaters, der es ihm so unerträglich macht, die Waffen des Achilleus nicht erhalten zu haben, dagegen ist sein direkter Konkurrent im Waffenstreit, also Odysseus, keiner Erwähnung wert. Der Gedanke, daß vielleicht auch Telamon unter den veränderten Bedingungen des zweiten Troiafeldzugs den Siegespreis nicht gewonnen hätte, kommt ihm nicht in den Sinn. Für Aias zählt nur, daß sein Vater mit dem Ehrenpreis nach Hause kam, und er ihn nicht erhalten hat.

Der bereits erwähnte Abschnitt über Achilleus ist dann quasi ein Nachtrag zu dem vorher verwendeten Ausdruck 'ehrlos unter den Griechen': Achilleus – so Aias' Behauptung – hätte ihm die gebührende Ehre zuteil werden lassen. Damit hat er möglicherweise sogar recht, denn schließlich ist er der griechische Held, der von seiner Art her Achilleus am nächsten kommt. Nur eben: Achilleus lebt nicht mehr, es ist unsinnig, mit dem zu argumentieren, was er gewollt hat. Weder hat Achilleus seine Waffen persönlich ausgelobt noch die Kriterien festgelegt, wonach sie zu vergeben seien, und in der Stückkonzeption des Sophokles sind es auch nicht die Freunde oder Gefährten des Achilleus gewesen, sondern die Anführer des Heeres, Agamemnon und sein Bruder Menelaos, mit denen Achilleus sich oft genug auseinanderzusetzen hatte (V. 1239-1240). Da also nicht Achilleus bzw. seine Getreuen die Waffen als Preis ausgesetzt haben – und Aias diese Tatsache doch wohl bekannt war – , dann konnten auch deren Kriterien keine Rolle bei der Preisverteilung spielen.

Im Anschluß daran wendet sich Aias seinen Möglichkeiten für die Zukunft zu. Die erste Möglichkeit wäre die Heimfahrt (V. 460-466a). In diesem Falle ließe er die Atriden allein zurück, müßte aber seinem Vater ohne die Waffen des Achilleus gegenübertreten, was dieser, so Aias' Ansicht, nicht ertragen könnte. Aias meint es vielmehr seinem Vater schuldig zu sein, alles das zu erreichen, was dieser erreicht hat, und ist der festen Ansicht, daß diese Auszeichnung als bester Krieger von seinem Vater auch gefordert wird. Mit dem Aussprechen dieses Gedankens wird es nun noch klarer, warum es Aias so existentiell trifft, die Waffen des Achilleus nicht erhalten zu haben: Er hat alles, was er von sich aus tun konnte, getan, um die Forderung des Vaters nach einem sichtbaren Beweis seiner Überlegenheit zu erfüllen;

er ist so stark und so siegreich gewesen wie dieser und hat doch nicht denselben Erfolg gehabt.

Eine Rückkehr in die Heimat scheidet also aus. Und so hält Aias nach einer weiteren Möglichkeit Ausschau (V. 466b-469): Den Tod in der Schlacht zu suchen. Das wäre eine Demonstration außergewöhnlicher Tapferkeit, und es wäre auch noch gut und nützlich, weil es gegen die Feinde geht. Aber: Er täte damit den Anführern des griechischen Heeres, die ihn doch so gedemütigt haben, einen Gefallen, in seiner Situation ein undenkbares Unterfangen.

Also sucht Aias nach einer dritten Möglichkeit, die er auf folgende Weise (V.470-472) definiert:

> Eine Probe (πεῖρα) muß gefunden werden,
> mit der ich meinem alten Vater zeigen kann,
> daß ich, der Sohn eines solchen Mannes, kein Weichling bin.

Es muß ein Probestück sein, mit dem Telamon bewiesen werden kann, daß sein Sohn so viel taugt wie dieser. Nach dem Ausschluß der Heimfahrt scheint zumindest eines für die gesuchte Möglichkeit sicher zu sein: sie wird für Aias den Untergang bedeuten, und so sagt er es auch in den Versen 473-474; er ist also in diesem Augenblick fest zum Tode entschlossen. Und diesen Gedanken verlängert er sofort: Als Adliger aber fühlt er sich nun verpflichtet, seinen Tod schön zu gestalten (V. 479-480); ob er an diesem Punkt schon genauere Pläne zur Todesart hat, muß noch offenbleiben; Weiteres als den Wunsch, schön zu sterben, läßt Sophokles ihn hier nicht äußern.

Mit dieser Aussage endet Aias' eigene Analyse: Er hat sich hier seine Situation sehr klar vor Augen geführt, seine Selbsttötung ist folglich kein spontane Reaktion nach dem Bewußtwerden seiner Situation. Indem Sophokles ihn ganz rational argumentieren läßt, ist er als Dichter auch gezwungen, genau und überzeugend die Motive von Aias' Selbstmord darzustellen, und dies tut er auch: Er gestaltet nämlich ein Verhältnis von Aias zu seinem überaus erfolgreichen Vater, das von einer unbedingten Fixierung auf eine vor aller Augen sichtbare Auszeichnung geprägt ist. Aias lebt also gar nicht mit seinen Mitmenschen, nicht mit den anderen Anführern und auch nicht mit seiner Frau – das alles hat er nie getan –, sondern er lebt nur mit und für seinen Vater oder genauer: für die Ansprüche, von denen er glaubt, daß sie sein Vater an ihn gestellt hat;[48] es wird sich freilich zeigen, daß Aias diese Ansprüche falsch ausgedeutet hat. Er kommuniziert mit anderen letztlich nur insoweit, als diese ihm für das Erreichen des angeblich vom Vater gesetzten Ziels erforderlich scheinen.[49] So ist die Fallhöhe zwischen diesem Anspruch an sich selbst und der Situation, in der er sich nach dem Gemetzel an Schafen sieht, derart kraß, daß ein Fortsetzung dieses Lebens vollkommen undenkbar ist.

Nach dieser Ursachenanalyse kann sich nun der weitere Ablauf des Dramas stringent entwickeln. Zunächst tritt wieder Tekmessa auf. Sie weiß bereits, welche Dimension für Aias seine Schande hat, und versucht ihn von einem Selbstmord mit Argumenten abzuhalten. Dazu stellt sie ihm die Konsequenzen vor Augen, die sein Tod für seine engeren Bezugspersonen, also für sie selbst, ihrer beider Sohn und seine Eltern, hätte: Tekmessa würde völlig allein und schutzlos zurückbleiben, die alten Eltern würden ihren Sohn nie wiedersehen, der Sohn einer fremden Amme übergeben. Wahrer Adel, die wirkliche Vermeidung von Schande, so Tekmessa, müßte für Aias daher heißen: Weiterleben, damit sein γένος, sein Stamm, weiterexistieren kann.

Auf diese Argumente reagiert Aias überhaupt nicht, vielmehr läßt er seinen Sohn zu sich bringen, der so klein ist, daß er beim Laufen noch geführt werden muß und noch nicht sprechen kann. Mit einer Rede, die Aias' Sohn also noch gar nicht begreifen kann, will Aias ihn nun genau auf dieselben Ideale verpflichten, die er gegenüber seinem Vater hatte, nämlich ein herausragender Krieger zu sein. Nur wünscht er ihm mehr Glück in der Akzeptanz seiner kriegerischen Fähigkeiten, man darf annehmen, mehr Glück mit seinen Mitmenschen, so daß diese dann in der Lage sind zu erkennen, daß das Geschlecht des Aias die anderen geradezu zwangsläufig an kriegeri-

---

[48] Im Ansatz so bereits Stanford (Anm. 44), LVII-LIX; Seidensticker (Anm. 41) 138; hier scheint mir aber die volle Tragweite der Funktion von Telamon noch nicht erfaßt zu sein, da für sie Telamon nur ein Grund unter mehreren darstellt.

[49] Diese Deutung geht noch über die von Reinhardt (Anm. 46) hinaus, da in der hier vorgelegten Interpretation Aias *a priori* Gefangener seiner Ansprüche ist, letztlich als über ein extrem niedriges Selbstwertgefühl verfügt. Anders auch Seidensticker (Anm. 41) 133.

scher Tüchtigkeit überragt. So soll der Sohn seinen Vater postum rehabilitieren.

Für einen kurzen Augenblick versucht sich Aias von seinem Vorsatz noch abzubringen, aber dieser Versuch, sich zu rationaler Akzeptanz zu zwingen (V. 646-692), dringt nicht mehr durch. Und so geht dann alles sehr zügig: in einer Art von Nachlaß ordnet Aias an, daß sein in Troia anwesender Halbbruder Teukros sich seines Sohnes annehmen und ihn nach dem Ende des Krieges nach Hause führen soll, um sich dort um Aias' Eltern zu kümmern. Seine Waffen sollen mit ihm begraben werden, nur sein Schild soll an seinen Sohn weitergegeben werden. Von fürsorglichen Maßnahmen gegenüber Tekmessa ist dagegen keine Rede: Da Tekmessa nicht mit seinem γένος verbunden ist, spielt sie in seinem Denken keine Rolle.

Nach einem weiteren Chorlied erscheint dann in V. 719 ein Bote und referiert Aussagen des Sehers Kalchas zu einem Gespräch zwischen Aias und seinem Vater Telamon vor der Abfahrt nach Troia. Hier stellt sich nun heraus, daß Telamon zwar in der Tat seinen Sohn auf das Streben nach dem Sieg festgelegt hat, nicht aber auf den Sieg um jeden Preis. Was Telamon von seinem Sohn forderte, war eine agonale Grundeinstellung zum Leben, Aias soll wünschen, siegreich zu sein, aber, wie Telamon sagt, σὺν θεοῖς, mit Göttern; das soll heißen, wenn die äußeren Umstände, die Aias nicht direkt beeinflussen kann, nicht dagegenstehen. Diese Aussage hat Aias jedoch mißverstanden, denn er nimmt sich jetzt vor, um jeden Preis zu siegen; ja er weist sogar explizit Athene – die Göttin der Intelligenz – zurück und spricht zu ihr sehr herablassend, wenn er sagt, sie könne ja ruhig den anderen beistehen, er aber sei auf ihre Unterstützung nicht angewiesen.

Aus dieser unbedingten Fixierung auf den Erfolg und den Rang seines Vaters, durch die Aias vollständig isoliert und für jede rationale Argumentation unzugänglich gemacht wird, entspringen letztlich alle späteren Konsequenzen. Diese Unbedingtheit des Aias, es seinem Vater in dem jedem Falle gleichzutun und ihm auch an Ruhm nicht unterlegen zu sein, nennt Kalchas – und wir dürfen vermuten, daß auch Sophokles selbst dies so gesehen hat – „unsinnig" bzw. „unbesonnen" (ἄνους, V. 763). Aias' Vater hat seinem Sohn angesichts von dessen Fähigkeiten letztlich nichts Unerfüllbares aufgetragen, es ist Aias' eigener brennender und unbedingter Ehrgeiz, der ihn in den Untergang führt. Wenn nun Aias in der Abschiedsrede an seinen Sohn diesen auffordert, nur glücklicher zu sein als sein Vater, dann begreift er nicht, daß der entscheidende Ausgangspunkt für seinen Untergang in ihm selbst liegt, dieses Nicht-Begreifen manifestiert sich darin, daß er seinem Wertesystem trotz der Ereignisse um ihn herum unbeeinflußt bleibt. Für ihn benimmt sich eben alle Welt falsch, während seine Sicht der Dinge für ihn unbestreitbar richtig ist. Das ist Aias' Fehlverhalten, seine ἁμαρτία, bei dieser Unbedingtheit gibt es gar keine andere Möglichkeit mehr als den Selbstmord. Nachdem das Publikum über alle diese Informationen verfügt, vollzieht sich der Selbstmord: Aias stürzt sich in sein Schwert (nach V. 865).

Die hier gegebene Analyse des Sophokleischen Aias gibt auch gewisse Hinweise darauf, wie generell in der Tragödie der Selbstmord gesehen wird: Es ist keine heroische Tat, kein heldisches Trotzdem, kein Wiedergewinnen der Würde im Untergang, sondern es ist die Konsequenz aus einem verfehlten Denken, bei Männern nicht anders als bei Frauen, wenn auch das verfehlte Denken sich auf jeweils andere Bereiche bezieht, und die Tragödie will vor solchem verfehlten Denken warnen. Insofern wird hier natürlich der Selbstmord kritisch gesehen, aber das ist nicht das Entscheidende: Wichtig nach der Einschätzung der Tragödiendichter ist die Erkenntnis, daß man sich auf ein bestimmtes Ziel keinesfalls derart unbedingt ausrichten darf, daß bei Nicht-Erreichen dieses Ziel sogar das eigene Leben drangegeben werden muß.

Möglicherweise kann diese Fallstudie die Ursachen dafür verständlich werden lassen, daß Sigmund Freud an Arthur Schnitzler folgende briefliche Bemerkungen machen konnte:

(1) in einem Brief vom 8. Mai 1906: „Ich habe mich oft verwundert gefragt, woher Sie diese oder jene geheime Kenntnis nehmen konnten, die ich mir durch mühselige Erforschung des Objekts erworben habe, und endlich kam ich dazu, den Dichter zu beneiden, den ich sonst bewundert."

(2) in einem Brief vom 22. Mai 1922: „So habe ich den Eindruck gewonnen, daß Sie durch Intuition – eigentlich aber infolge feiner Selbstwahrnehmung – all das wissen, was ich in mühseliger Arbeit an anderen Menschen aufgedeckt habe."

Was hier an Schnitzler gerichtet ist, darf wohl auch – und vielleicht in noch höherem Maße – für Sophokles gelten. Gerade die angeblich doch so naiv der Anschauung verhaftete Antike hat hier offenbar nicht viel weniger gesehen als die moderne Suizidforschung, nur hat sie ihre Erkenntnisse in anderen Formen niedergelegt. Die ideologische Offenheit hat jedenfalls dazu geführt, ausgesprochen differenziert in Dichtung und Philosophie über den Selbstmord zu räsonnieren, was nach dem Ende der Antike für sehr lange Zeit nicht mehr möglich sein wird.

## Literatur

Aigner H (1982) Der Selbstmord im Mythos: Betrachtungen über die Einstellung der Griechen zum Phänomen Suizid von der homerischen Zeit bis in das ausgehende 5. Jahrhundert v. Chr. Graz

Bremmer J (1983) The Early Greek Concept of the. Princeton

Dodds E (1966) The Greeks and the Irrational. Berkeley

Eckert HH (1951) Weltanschauung und Selbstmord bei Seneca und den Stoikern, in antiker Mystik und Christentum, Diss. Tübingen

Edelstein L (1969) Der hippokratische Eid. Mit einem forschungsgeschichtlichen Nachwort von H. Diller, Zürich – Stuttgart

Garrison E (1995) Groaning Tears. Ethical and Dramatic Aspects of Suicide in Greek Tragedy. Leiden

Griffin M (1986) Philosophy, Cato and Roman Suicide. Greece and Rome 33

Grisé Y (1982) Le Suicide dans la Rome antique. Paris 1982

Hossenfekder M (1985) Geschichte der Ohilosophie, Bd. 3: Die Philosophie der Antike s. Münschen

Ingenkamp H (1975) Inneres Selbst und Lebensträger. Zur Einheit des ψυχή-Begriffs. Rheinisches Museum 118

Ricken F (1995) 'Seele', in: Historisches Wörterbuch der Philosophie, Bd. 9. Basel

Riedweg Ch (1997) Pythagoras hinterliess keine einzige Schrift – ein Irrtum? Anmerkungen zu einer alten Streitfrage. MusHelv 54

Thomas LV (1975) L'Anthropologie de la mort. Paris

van Hooff A (1990) From autothanasia to suicide. New York

# Formen der Soziabilität und Kriminalisierung der Trunkenheit (13. bis 17. Jahrhundert)

Katharina Simon-Muscheid

## I

Die hochmittelalterliche Chronik der Stadt Colmar im Elsaß, einer damals schon traditionellen und äußerst renommierten Weinbauregion, enthält gleich zu Beginn einen zentralen Abschnitt über Weingenuß und die Formen der Trunkenheit: Noah, der allgemein als Erfinder des Weinbaus galt, soll von der Rebe, die sein Bock aufgespürt hatte, vier Zweige abgebrochen und an vier verschiedenen Stellen in einen Acker gepflanzt haben. Als Düngemittel für den ersten Zweig verwendete er Löwenblut, für den zweiten Schweineblut, für den dritten Affenblut und für den vierten das Blut eines Lammes. Diese vier unterschiedlichen Düngemittel rufen – laut Chronist – bestimmte Eigenschaften, die diesen vier verschiedenen Tieren zugeschrieben wurden, bei den Trinkenden hervor.

Entsprechend dem jeweiligen Tierblut unterscheidet der Chronist die folgenden vier „tierischen" Verhaltensweisen, die der Wein auslöse: Wer von den mit Löwenblut gedüngten Trauben trinke, werde übermäßig tapfer und ungestüm und wolle gar gegen den Römischen Kaiser, den Herzog und das Reich kämpfen. Das Schweineblut habe zur Folge, daß die Trinkenden „wüst und unrein" würden wie die Schweine selbst. Die mit Affenblut gedüngte Rebe mache die Trinkenden zu Toren und zu kleinen Kindern, die von ihrer Frau zu Bett gebracht werden müßten. Wessen Wein mit Lämmerblut gedüngt sei, treibe bloß harmlosen Kurzweil und bleibe „demütig wie ein Lamm".

Die verbreitete Traktatliteratur des 16. und 17. Jahrhunderts, die vor den Folgen übermäßigen Alkoholgenusses, dem „greulichen Laster der Trunkenheit" (Franck, 1528), dem „Sauffteufel" (Friedrich, 1552) oder dem

„schändlichen und schädlichen verderblichen Laster der Völlerei" (Wickram, 1556) warnte (wir werden weiter unten darauf zurückkommen), griff in Wort und Bild auf diese verbreite Tiermetaphorik zurück. Ihre Autoren stellten die Betrunkenen als „vertierte Wesen" dar, denen die Selbstkontrolle und damit das, was den Menschen vom Tier unterschied, abhanden gekommen war (Abbildung 1).

Abbildung 1: Titelblatt von Matthias Friedrich: „Widder den Sauffteufel"

# II

Gemeinsames Essen und Trinken (je nach Region von Wein, Bier und seit dem späten 15. Jahrhundert zunehmend auch Branntwein) zählte zu den wichtigsten Ritualen der Soziabilität. Es demonstrierte und konsolidierte Zusammengehörigkeit, war Ausdruck existierender oder wiederhergestellter freundschaftlicher Beziehungen, schuf Gemeinsamkeiten oder grenzte aus. Bruderschaften, Zünfte, politische Faktionen und Trinkstubengemeinschaften konstituierten sich nicht zuletzt über gemeinsame Mahlzeiten und gemeinsames Trinken, die ihren Zusammenhalt und ihre Identität als Kollektiv gegen innen verstärkten und gegen außen zur Schau stellten. Der Ausschluß fehlbarer Mitglieder aus der Eß- und Trinkgemeinschaft bedeutete somit gleichzeitig die soziale Ausgrenzung.

Gleichzeitig bildeten Wein beziehungsweise Bier als kalorienspendende Getränke einen wichtigen Teil der alltäglichen Ernährung. Die antike und die mittelalterliche Diätetik schrieben dem Weingenuß und dem Weinrausch (einmal pro Monat) eine gesundheitsfördernde Wirkung zu. Für unsern Zusammenhang genügt es, auf die zentrale Bedeutung von Wein und Brot in der christlichen Liturgie hinzuweisen, sowie darauf, daß im Unterschied zu andern Religionen das Christentum Rauschzustände nie in den Kult integriert hatte.

Aus dem bisher Gesagten geht hervor, daß gemeinsames Trinken als sozialer Akt par excellence galt. Obrigkeitliche, kirchliche und literarische Diskurse über Trinken und Trunkenheit reflektierten somit zentrale gesellschaftliche, religionspolitische und geschlechtsspezifische Fragen. Dabei gehe ich von den beiden Voraussetzungen aus, nämlich

i) daß Alkoholkonsum als kulturspezifisches und kulturabhängiges Phänomen zu betrachten ist, und

ii) daß Trinken und Trunkenheit nicht nur kulturell, sondern ebenso geschlechtsspezifisch determiniert sind.

Wie die Ethnologin Mary Douglas (1989) festgestellt hat, bildet in verschiedenen Kulturen das Trinkverhalten für Männer einen zentralen Bereich, in dem sich erweist, wer zu den Insidern gehört und wer zu den Outsidern. Dies gilt auch für die europäischen Gesellschaften des 13. und 17. Jahrhunderts, mit denen wir uns beschäftigen. Männer standen dabei unter starkem gesellschaftlichen Druck, durch Trinken ihre Männlichkeit sowie ihre soziale Kompetenz unter Beweis zu stellen. Kompetitives Trinken sowie gelegentliche Trunkenheit gehörten zur Vorstellung von Männlichkeit und den gesellschaftlich akzeptierten und ostentativ zur Schau gestellten männlichen Verhaltensweisen, gegen die weltliche und kirchliche Obrigkeit vergeblich ankämpften. Während in der männlichen Soziabilität das Trinken einen zentralen Stellenwert einnahm und stark mit Ehre konnotiert war, hatte es in der Konzeption von weiblicher Soziabilität und weiblicher Ehre keinen Platz. (Die Kindbettfeiern, die von ausgesperrten Ehemännern wie von Historikern gerne als Besäufnis gebrandmarkt wurden, fanden ausschließlich zu Hause unter Frauen und nicht in der Öffentlichkeit eines Gasthauses statt.)

Zwischen der Wahrnehmung und Bewertung von männlichem und weiblichem Trinken bestand somit eine Asymmetrie, es verstärkte die männliche Identität, während es die weibliche verleugnete: Trinkende Frauen galten als unweiblich und stellten als „Femmes fortes", die sich über die geforderten weiblichen Verhaltensnormen hinwegsetzten, die Geschlechterrollen in Frage. Als besonders verabscheuungswürdig galt denn auch weibliche Trunkenheit; sie wurde mit Prostitution, Devianz und Schmutz in Verbindung gebracht. Das seit dem 16. Jahrhundert faßbare französische Sprichwort „Femme safre et ivrognesse de son corps n'est plus maîtresse" evoziert das Bild einer alten Frau, deren unreinlicher Anblick Aufschluß über ihr abstoßendes sexuelles Vorleben gibt.


# III


Dem gemeinsamen (männlichen) Trinken als symbolhafter Handlung kam eine eminent wichtige soziale Funktion zu; es verstärkte Beziehungen, besiegelte getätigte Geschäfte, knüpfte Freundschaften, beendete Feindschaften und schuf Verpflichtungen. Dabei galt die Geste, mit der das angebotene Glas akzeptiert oder zurückgewiesen wurde, bereits als wesentlicher Teil der nonverbalen Kommunikation, mit der die Kontaktaufnahme hergestellt wurde. Die Annahme des Glases signalisierte gleichzeitig die Annahme des symbolischen Angebots, d.h. Freundschaft oder Zugehörigkeit zum Anbietenden und seinem Anhang.

Die Bandbreite der Reaktionsmöglichkeiten reichte von der Annahme des Glases mit seinen genannten Implikationen bis hin zum Ausderhandschlagen des gefüllten Glases als Zeichen des Protests, der Feindschaft oder der Verachtung. Sie signalisierte klar, daß kein gemeinsames Trinken und damit auch keine freundschaftliche Beziehung, die sich über Trinken konstituierte, gewünscht war. Damit bestimmte diese nonverbale Geste über den friedlichen oder unfriedlichen Verlauf der Begegnung.

Der männliche Ehrencode machte das Mittrinken, insbesondere das rituelle „Zutrinken", wenn man dazu aufgefordert wurde, zu einer Verpflichtung, der man sich schwer entziehen konnte, denn eine Ablehnung galt als Beleidigung des oder der Trinkgenossen.

Der Kölner Hermann von Weinsberg schildert in seiner Autobiographie aus dem 16. Jahrhundert verschiedentlich Situationen, in denen Mittrinken Pflicht war:

„Am 16. Dezember 1554 habe ich meinem Neffen ... ein Kind aus der Taufe gehoben mit einem jungen Gesellen, der Student war. Und als wir das Kind zu St. Brigiden getauft, mußten wir über Mittag bei ihm zum Essen bleiben. Es war Sonntag, und wir waren sehr fröhlich, und mein Neffe Adolf, der dem Trunk geneigt war, nötigte uns hart und viel mit großen Gläsern den Wein zu trinken, so daß wir beide sehr betrunken waren. Und als ich nach Hause gehen wollte, begleitete mich der Student, mein Gevatter; ich bot ihm einen Ehrentrunk an, und er folgte gern. So tranken wir uns noch einmal satt."

Trinkwettkämpfe dienten dazu, Mut und Männlichkeit unter Beweis zu stellen. „Männlich" trank, wer dies ohne sichtbare Anzeichen eines Rausches tun konnte, ein vorzeitiger Abbruch bedeutete Ehrverlust. Das kompetitive Trinken erfreute sich unter deutschen Studenten schon im späten Mittelalter besonderer Beliebtheit.

Wie der Basler Student Felix Platter während seiner Studienzeit in Montpellier um die Mitte des 16. Jahrhunderts feststellte, unterschieden sich die maßvolle französische und spanische Trinkkultur grundlegend vom nördlichen kompetitiven Trinken, bei dem sich die Teilnehmer betranken. Auf den ausgeprägten kulturellen Gegensatz zwischen mediterranen und nördlichen Trinkmustern verweisen zahlreiche Reisetagebücher und Autobiographien dieser Zeit.

Die notwendige Infrastruktur boten öffentliche Wirtshäuser sowie Zunfthäuser und Trinkstuben, die sich mit geschlossenen Clubs vergleichen lassen. Als gefährliche Orte, in denen Gewalttätigkeiten unter Alkoholeinfluß ihren Ausgang nahmen, haben sie in der historische Kriminalitätsforschung ein negatives Image erlangt. Doch vielfach verzerrt die ausschließlich auf die Lokalisierung von Kriminalität und Alkoholmißbrauch ausgerichtete Optik das Bild der Multifunktionalität der Wirtshäuser und Trinkstuben und ihres friedlichen Aspekts. Der französische Historiker Muchembled umschreibt die ambivalente Funktion des Gasthauses wie folgt: „Bien que les documents judiciaires donnent l'impression qu'elle est l'endroit des ruptures et des conflits, elle exerce surtout des fonctions de remaillage constant des relations sociales."

Die Ambivalenz der Gasthäuser, die zum Schauplatz allabendlicher friedlicher wie auch gewalttätiger Szenen werden konnten, läßt sich mit dem latenten Konfliktpotential erklären, das sie grundsätzlich in sich bargen. Die einzelnen Faktoren Alkohol, Ehre und Gruppenzugehörigkeit (als Angehörige einer Familie, einer Bruderschaft, eines Standes, einer politischen Partei, einer Nation etc.) bildeten in der Öffentlichkeit eines Gasthauses eine besonders explosive Konstellation. Sie verstärkten die bestehenden Zwänge, die die Ehrencodes dem Individuum und dem Kollektiv auferlegten. Aus diesem Grund bemühten sich die Obrigkeiten, zur Verhinderung von Trunkenheit und zur allgemeinen Friedenssicherung Vorschriften zu erlassen.

Zum wenig erfolgreichen Maßnahmenbündel zählten bereits am Ende des 15. Jahrhunderts das wiederholte Verbot des Zutrinkens und „Übertrinkens", die Schließung der Wirtshäuser um neuen Uhr abends sowie eine strenge Qualitätskontrolle der Getränke.

Außerdem bahnte sich im 16. Jahrhundert ein neuartiges Problem an: Zu den traditionellen alkoholischen Getränken Wein und Bier gesellte sich gegen Ende des 15. Jahrhunderts der Branntwein, der sich allmählich vom reinen Medizinalgetränk zum allgemeinen Genußmittel entwickelt hatte. Der Nürnberger Stadtrat bestellte schon 1485 ein Gutachten über eventuelle schädliche Folgen des Branntweingenusses. Darin wurde aufgrund älterer ärztlicher Schriften festgehalten, daß Branntwein – in Massen genossen – ebenso unschädlich sei wie Wein. Elf Jahre später argumentierten neue Gutachten bereits mit den gesundheitlichen Schädigungen besonders bei schwangeren Frauen und jungen, „arbeitsamen" Leuten. Um zu verhindern, daß der schnell berauschende, unberechenbare Branntwein in die traditionellen gesellschaftlichen Trinkmuster eingebunden wurde, die sich für den Umgang mit Wein und Bier eingespielt hatten, verbot der Nürnberger Rat das Zutrinken mit Branntwein. Wer dagegen verstieß, sollte mit der außerordentlich hohen Buße von zehn Pfund Hellern bestraft werden.

## IV

Seit dem ausgehenden 15. und zunehmend im 16. und 17. Jahrhundert rückte das Phänomen der „Trunkenheit" (Wein, Bier und Branntwein gleichermaßen) ins Rampenlicht verschiedener Diskurse. Weltliche und kirchliche Obrigkeiten, Rechtsprechung und die erwähnte Traktatliteratur bemühten sich zunehmend, auf die männliche Trinkkultur einzuwirken und für schädlich befundene Verhaltensmuster im Umgang mit Alkohol auszumerzen.

Damit entwickelte sich neben der traditionellen mittelalterliche Vorstellung von der Todsünde der Völlerei, des übermäßigen Essens und Trinkens, ein eigener Strang, der die Folgen exzessiver Trunkenheit für das Individuum und die gesamte Gesellschaft in didaktischer Absicht drastisch ausmalte. Mit sämtlichen zur Verfügung stehenden Medien denunzierten sie die verderbliche Wirkung des übermäßigen Alkoholgenusses auf Körper und Seele des Individuums sowie auf das Gemeinwesen. Das Bild des Betrunkenen, der Geist und Körper nicht mehr unter Kontrolle halten konnte, der „oben und unten ausbrach" und durch sein eigenes Verhalten die Grenze vom vernunftbegabten Menschen zum unvernünftigen Tier überschritt, wurde als Schreckensvision in Literatur und Ikonographie dargestellt.

Die von Reformatoren und „Aufklärern" propagierte Mäßigkeit erklärte „Trunksucht", wie der damalige Begriff für Alkoholabhängigkeit lautete, zum Gesellschaftsfeind schlechthin, der die Fundamente christlicher Glaubensordnung unterspüle und unter dessen Einfluß die Menschen zu jeder Art von Gotteslästerung, Laster und Verbrechen bereit seien. Definiert wurde die „Ebriositas" (Trunksucht) als Zustand des täglichen Übermaßes, in dem der Betroffene weder gehen noch stehen könne, sondern nach Hause getragen werden müsse. Davon wurde weiterhin die „Ebrietas", der gelegentliche Rausch unterschieden, von dem Luther erklärte, daß jeder rechte Mann sich einmal pro Monat betrinke müsse.

Der Umgang mit Alkohol war damit ein erstes Mal zum öffentlichen Problem und zum Gegenstand eines öffentlichen Diskurses geworden, zum gesellschaftlichen und moralischen Ärgernis, das Individuen und Gemeinwesen bedrohte. Kirchliche und weltliche Obrigkeiten waren in dreifacher Weise verantwortlich für ihre Bürger und Untertanen:

Durch die Jahrhunderte zieht sich die Vorstellung, wonach Betrunkene im Rausch gotteslästerliche Flüche und Drohungen ausstießen und gewalttätig würden. Damit gefährdeten sie nach den Vorstellungen der Zeit nicht nur ihr eigenes Seelenheil, sondern beschworen den göttlichen Zorn auf die gesamte Gemeinde herab.

Stand in erster Linie die Sorge um das Seelenheil, so trat in der zweiten Linie die Verantwortung für die physische Gesundheit hinzu. Die gesundheitsschädigenden Folgen exzessiver Trunkenheit waren bekannt.

Aus obrigkeitlicher Sicht nicht zu unterschätzen war die Gefährdung der ökonomischen Situation des Trinkers und seiner Familie durch Alkoholabhängigkeit. Rausch, Spiel, Durchbringen von Hab und Gut, Verschuldung, finanzieller Ruin, Arbeitsunfähigkeit und selbstverschuldete Armut bildeten für die Obrigkeiten eine direkte, logische Abfolge.

Im Zuge einer verstärkten reformatorischen Disziplinierung richtete sich der obrigkeitliche Blick vermehrt auf die Hochburgen der männlichen Soziabilität, die Gasthäuser und Trinkstuben. Dies waren die Orte, wo nach Auffassung der Reformatoren der Alkohol Leib, Seele und Vermögen zugrunde richtete und Familien zerstörte. Mit dem Verbot des Zutrinkens, der verstärkten Kontrolle der Gasthäuser sowie der Verhängung von zeitlich begrenzten Wirtshausverboten als zusätzliche Strafen war jedoch dem Problem nicht beizukommen, denn die Trinkrituale bildeten den Kern männlicher Soziabilität.

# V

Erklärungsversuche für das Phänomen der „allgemeinen Trunksucht" im 16. Jahrhundert sind problematisch, besonders, wenn sie von der nicht belegbaren Voraussetzung ausgehen, daß der Alkoholkonsum an der Wende vom Spätmittelalter zur frühen Neuzeit tatsächlich gestiegen sei. Konstruiert wird mitunter auch ein Gegensatz von katholischer Lebensfreude versus reformierte Askese; dabei wird allerdings vergessen, daß sich die Maßnahmen gegen das übermäßige Trinken in reformierten und katholischen Gebieten des deutschen Reichs im späteren 16. und im 17. Jahrhundert nicht grundsätzlich unterscheiden. Der Versuch, einem „triebhaften, irrationalen" Mittelalter eine mit Rationalität ausgestattete Frühneuzeit entgegenzusetzen, hat erst recht keinen Erklärungswert. Das gleichermaßen undifferenzierte Bild eines „saufenden" 16. Jahrhunderts ist von einer Forschungsliteratur geprägt, die sich hauptsächlich auf obrigkeitliche Mandate, die „antialkoholische Propagandaliteratur" sowie Beschreibungen von Festen abstützt und sich dabei auf das 16. Jahrhundert beschränkt, in dem der Alkoholdiskurs zum „Cheval de bataille" der Reformatoren und ihnen nahestehender Autoren wurde.

Verändert hatte sich jedoch weniger der quantitative Alkoholkonsum, der in deutschen und niederländischen Gebieten schon vorher mit 1-2 Litern Wein oder Bier pro Kopf und Tag schon „gesättigt" war. Gewandelt hatten sich vielmehr die obrigkeitlichen und kirchlichen Anschauungen über den Umgang mit berauschenden Getränken und mit Betrunkenen.

Zum Bild des spezifisch deutschen Saufteufels, das Luther selbst geprägt hatte, trug nicht zuletzt die wiederentdeckte Germania des Tacitus bei, die den Germanen eine einfache Lebensweise, hohe kriegerische Tugenden und eine besondere Trinkfestigkeit attestiert hatte.

Sie löste einen weiteren Diskurs um dieses angeblich nationalspezifische Charakteristikum aus, das Trinken einerseits als Nationallaster brandmarkte, andererseits aber auch das identitätsstiftende Bild einer kriegerisch-saufenden Vergangenheit abgab. Über die unterschiedlichen kulturellen Trinkmuster ließen sich gerade im 16. Jahrhundert Selbst- und Fremdbilder konstruieren und nationale Antagonismen beschreiben: „Deutsches Trinken", das heißt das rituelle, kompetitive Trinken außerhalb der Mahlzeiten galt Montaigne, der jede Form von „yvrognerie" verabscheute, als Beispiel für „grobes Trinken" in Gegensatz zum zivilisierten, mäßigen Trinken seiner Landsleute.

## Literatur

Bologne JC (1991) Histoire morale et culturelle de nos boissons. Bordas, Paris

Douglas M (1989) Constructive drinking: perspectives on drink from anthropology. Cambridge University Press, Cambridge

Franck S (1528) Vonn dem grewlichen laster der trunckenheit, so in disen letzten zeiten erst schier mit den Frantzosen auffkommen / Was füllerey / sauffen und zuotrincken / für jamer und unrath / schaden der seel und des leibs / auch armuot und schedlich not anricht / und mit sich bringt. Und wie dem ubel zuo rathen wer / grundtlicher bericht und ratschlag / auß goetlicher geschrifft. [o.O]

Frank M (1998) Trunkene Frauen und nüchterne Männer. Zur Gefährdung der Geschlechterrollen durch Alkohol in der Frühen Neuzeit. In: Dinges M (Hrsg) Hausväter, Priester, Kastraten. Zur Konstruktion von Männlichkeit in Spätmittelalter und Früher Neuzeit. Vandenhoeck & Rupprecht, Göttingen: 187-212

Friedrich M (1552) Widder den Sauffteuffel. Etliche wichtige ursachen/Warum alle Menschen sich für dem Sauffen hueten sollen, Frankfurt

Hässlin JJ (1964) Das Buch Weinsberg. Aus dem Leben eines Kölner Ratsherrn (2. Aufl.). Prestel, München

Montanari M (1995) La faim et l'abondance. Histoire de l'alimentation en Europe. Seuil, Paris

Muchembled R (1988) L'invention de l'homme moderne. Sensibilités, moeurs et comportements collectifs sous l'Ancien Régime. Fayard, Paris

Nahoum-Grappe V (1991) La culture de l'ivresse. Essai de phénoménologie historique. Quai Voltaire, Paris

Schivelbusch W (1990) Das Paradies, der Geschmack und die Vernunft. Eine Geschichte der Genußmittel. Fischer, Frankfurt a.M.

Stolleis M (1981) «Von dem grewlichen Laster der Trunckenheit». Trinkverbote im 16. und 17. Jahrhundert. In: Völger G (Hrsg) Rausch und Realität: Drogen im Kulturvergleich, Teil 1. Materialien zu einer Ausstellung des Rautenstrauch-Joest-Museums für Völkerkunde der Stadt Köln, Köln: 98-105

Wickram G (1556) Von dem schantlichen und schädlichen verderblichen laster der Füllerey, Strassburg

# Selbsterhaltung – Selbststeigerung – Selbstzerstörung. Motive neuzeitlicher Subjektivitätsphilosophie

Emil Angehrn

Nicht erst in der Moderne ist der Mensch als zwiespältiges Wesen wahrgenommen worden. Schon in der ältesten Dichtung und der frühesten philosophischen Reflexion wird der Mensch in seiner Größe und seinem Elend, seiner Ambivalenz von Gut und Böse, als Schöpfer und Zerstörer beschrieben. Es ist gar nicht auf den ersten Blick klar, ob sich dieser Zwiespalt in der Wahrnehmung des Menschen im Laufe der Geschichte eher verschärft oder ausgleicht; unverkennbar bleibt er im Ganzen der Geschichte gegenwärtig, während allenfalls die Bereiche wechseln, in denen er vorzugsweise zum Thema wird. Ich möchte im folgenden eine spezifisch moderne Version dieses Spannungsverhältnisses ausloten, die Polarität zwischen Selbsterhaltung und Selbstzerstörung. Das Streben nach Selbsterhaltung, gewissermaßen die Grundlage und basalste Komponente der Selbstfürsorge, repräsentiert einen Aspekt der Selbstbehauptung des Individuums, wie sie für neuzeitliches Denken charakteristisch ist; zur Besonderheit der genannten Polarität gehört die enge Verweisung beider Seiten. Es geht nicht einfach darum, Selbsterhaltung und Selbstzerstörung als zwei entgegengesetzte Optionen zu präsentieren, zwischen denen das Individuum hin und her gerissen wäre oder zu wählen hätte. Selbsterhaltung und Selbstzerstörung sind nicht nur konträre, gegenläufige Kräfte und Tendenzen. Vielmehr liegt die Pointe darin, daß sie gleichsam von sich aus aufeinander bezogen, untergründig miteinander verbunden sind, genauer: daß die Selbstaffirmation, die sich als Selbsterhaltung realisiert, von sich aus, indem sie auf der eigenen Intention beharrt und diese radikalisiert, sich in sich verkehrt und in ihr Gegenteil umschlägt. Die Ambivalenz ist dann nicht nur die zwischen Selbsterhaltung und Selbstzerstörung, sondern die der Selbsterhaltung an ihr selber. Von der

Selbsterhaltung steht in Frage, wieweit sie sich selber erhalten, sich in sich stabilisieren kann; zur Dynamik der Selbsterhaltung scheint zu gehören, daß sie sich nur erhält und perpetuiert, indem sie sich potenziert und verstärkt, d.h. in dem sie von der Selbsterhaltung zur Selbststeigerung mutiert – die ihrerseits der Dynamik unterliegt, in der unbegrenzten Steigerung in sich umzuschlagen, zur Vernichtung zu werden. Viele Phänomene scheinen diesen zweifachen Sprung zu illustrieren, der von der Erhaltung zur Steigerung und von dieser zum Rückfall, zur Auflösung oder Vernichtung führt; zu überprüfen ist, wieweit dieser doppelte Umschlag zur Natur von Selbsterhaltung gehört oder nur eine Seite derselben, sozusagen ihr Verfallsphänomen, die mißlingende Selbsterhaltung kennzeichnet. Soweit eine innere Zusammengehörigkeit beider aufscheint, schlägt sie auf die Ausgangsfigur der Selbsterhaltung zurück und läßt diese selber in ihrer Fragwürdigkeit erscheinen. Es ist eine Fragwürdigkeit, die sich in der Divergenz der Beschreibungen und Urteile spiegelt, die von der frühneuzeitlichen Hochschätzung der Selbsterhaltung als erstes Gut und ursprünglichstes Recht bis zur kritischen Entlarvung der verselbständigten Erhaltungsdynamik, die mit der Vernichtung des Individuums einhergeht, reicht.

Ich möchte dieser Dialektik nachgehen, indem ich die drei Figuren sukzessiv ins Auge fasse und anhand exemplarischer ideengeschichtlicher Positionen verdeutliche: die neuzeitliche Leitidee der Selbsterhaltung, deren selbstbezügliche Intensivierung zur Selbststeigerung, ihre innere Aushöhlung und Verkehrung zur Selbstvernichtung. Die Perspektive, unter der ich die Frage aufnehme, bedeutet auch, daß Selbstaggression im folgenden nicht für sich in ihren Motiven und Äußerungen, sondern nur insoweit Thema sein wird, als sie mit dem Streben nach Selbsterhaltung in einem inneren, aufzuhellenden Bezug steht.

## 1. Selbsterhaltung

Wenn ich die Selbsterhaltungsidee als Leitidee der Moderne bezeichnet habe, so bedeutet dies nicht, daß sie hier aus dem Nichts entstünde. Sie hat ihre Vorläufer in der antiken Stoa: Während für Aristoteles noch die Erhaltung der Art im Vordergrund steht[1], rückt mit der Stoa die dem Individuum geltende Sorge ins Zentrum. Nach dem Bericht von Diogenes Laertius hat Chrysipp als ersten Trieb in jedem Lebewesen das Bemühen um das eigene Bestehen und das Bewußtsein davon bezeichnet[2]; bei Cicero finden wir die klassische Formulierung: „Jedes Lebewesen schätzt sich selber und ist von seiner Entstehung an daraufhin tätig, sich zu erhalten, weil ihm dieses primäre Streben, jedes Leben zu bewahren, von Natur aus gegeben ist."[3] Die hier klar formulierten Gedanken kommen allerdings erst in der Neuzeit wieder zur vollen Geltung, nachdem sie im Mittelalter durch den Primat der Fremderhaltung und das Theorem der creatio continua zurückgedrängt waren. Für die scholastische Metaphysik ist Selbstbewegung im strengen Sinne nicht denkbar, wie kein endliches Geschöpf in sich selber das Prinzip seines Seins besitzt. Wenn zwar alles Leben durch selbstbezügliche Prozesse ausgezeichnet ist – die von der Selbstwahrnehmung bis zur Selbstfürsorge reichen –, so ist diese Reflexivität nicht auf sich geschlossen und nicht absolut zu setzen; weder haben endliche Lebewesen ihren Seinsgrund noch ihren Endzweck in sich selber. Erst das neuzeitliche Denken vermag den Selbsterhaltungsgedanken neu zu betonen. Zwar bleibt im metaphysischen bzw. naturphilosophischen Sinn die Vorgängigkeit der Schöpfung und der göttlichen Erhaltungsleistung, damit der Spannungsbezug zwischen Selbst- und Fremderhaltung bestehen; erst im 19. Jahrhundert verblaßt der theologische Hintergrund, womit aber zugleich der Selbsterhaltungsgedanke seine Spitze verliert. So werden denn im 17. und 18. Jahrhundert unterschiedliche Kompromißformulierungen erprobt, um die ins Zentrum rückende Selbsterhaltungsidee mit dem metaphysisch-religiösen Weltbild vereinbar zu machen; deutlich ist dabei, daß Selbsterhaltung keine Selbstverursachung (Selbstbewegung im radikalen Sinn), sondern die teleologische Ausrichtung des Lebendigen auf die Erhaltung seiner selbst meint (wobei offen bleibt, wieweit die Erhaltung vom Individuum nur erstrebt oder selbsttätig geleistet

---

[1]  *De Anima* 415b26 ff.

[2]  Diogenes Laertios: *Leben und Meinungen berühmter Philosophen*, VII, 85 ff.

[3]  *De finibus bonorum et malorum* V, 9, 24.

wird). In naturphilosophisch-ontologischem Kontext fällt die Verwandt-schaft des Selbsterhaltungsprinzips mit dem Trägheitsgesetz der modernen Physik in die Augen. Gegen die aristotelische Doktrin der natürlichen Örter, wonach jeder Gegenstand zu seinem natürlichen Ort (das Feuer nach oben, der Stein nach unten) strebt und in diesem zur Ruhe kommt, übernehmen Descartes wie Hobbes von Galilei das Prinzip der Beharrung, dem gemäß jeder Gegenstand ohne Außenwirkung in seinem Zustand der Ruhe oder der Bewegung verharrt, so daß auch die Fortsetzung der Bewegung keiner gött-lichen Zusatzursache oder okkulter Kräfte mehr bedarf. Für Hobbes, der sich in seiner „prima philosophia" wiederholt auf dieses Prinzip beruft,[4] ist von zentraler Bedeutung, daß auch das Leben als solches (auf welchem die Selbsterhaltung aufbaut) durch eine unendliche Bewegung dieser Art kon-stituiert wird, nämlich durch den „fortwährenden Kreislauf des Blutes", wie er „vom ersten Beobachter dieser Tatsache, von meinem Landsmanne, dem Doktor Harvey, durch unerschütterliche Beweise dargetan worden ist."[5] Gleichwohl bleibt dies eine Gesetzlichkeit, die als Naturgesetz in den meta-physischen Rahmen der creatio continua integriert ist und insoweit für die Neuverortung des Menschen von nur begrenzter Reichweite ist.

Ihre eigentliche Sprengkraft erhält die Idee der Selbsterhaltung nicht als naturphilosophisches, sondern als anthropologisches und rechtstheoretisches Prinzip: als Aussage über das basale Streben des Menschen und als Funda-ment eines ersten Rechtsprinzips. Beides steht im Horizont der neuzeitli-chen Selbstbehauptung des Subjekts, die sich in der philophischen Reflex-ion in vielfachen Dimensionen artikuliert. Erkenntnistheoretisch macht De-scartes die Gewißheit des Cogito zum Ausgangspunkt aller Erkenntnis und Wahrheit; wissenschaftstheoretisch wird im Anschluß an Bacon die techni-sche Naturbeherrschung zum Wahrzeichen moderner Wissenschaft; poli-tisch setzt Hobbes das isolierte Individuum ins Zentrum der Rekonstruktion des Gemeinwesens; ethisch wird mit der Aufklärung die moralische Auto-nomie zur Richtschnur des Guten. Immer verbindet sich damit eine Front-stellung gegen traditionelle Metaphysik, teils in direkter Gegenwendung zu

---

[4] *De corpore* II, 8.11; II, 8.19.
[5] *De corpore* IV, 25.12.

Aristoteles: gegen die Fundierung des Wahren im Seienden, die Ausrichtung auf die Theorie um ihrer selbst willen, das *zoon politicon* als Basis des Staats, die vorgegebenen Sitten und die Wesensnatur des Menschen als Maßstab des Handelns. In diesem Kontext ist die These des Selbsterhaltungsstrebens eine Bekräftigung der basalen Selbstaffirmation des einzelnen Menschen. Durch die Betonung des Strebensaspekts gewinnt der Gedanke anthrophologisch-ethische Fundamentalität: Wie der Eingangssatz der aristotelischen Ethik davon handelt, daß alles Tun nach einem Ziel, das für es das Gute ist, strebt, so geht Hobbes von der basalen Strebensnatur des menschlichen Lebens aus. Das grundlegendste Streben, das allen partikularen Zwecken und individuellen Präferenzen vorausliegt, ist das Existieren selber: Wie jede Sache nach Spinoza „danach strebt, in ihrem Sein zu verharren"[6], und wie alle Lebewesen nach Augustinus durch eine Art natürlicher Nötigung das Sein lieben und vor dem Nichtsein zurückschrecken[7], so ist für die Menschen das Streben nach Fortsetzung der eigenen Existenz gleichsam die unterhintergehbare Grundlage, die allen besonderen Wünschen und Zwecken vorausliegt.

Exemplarisch läßt sich bei Thomas Hobbes der zentrale Stellenwert des Selbsterhaltungsgedankens in Anthropologie, Ethik und Politik aufweisen. Selbsterhaltung ist nach ihm erstes Ziel, erstes Gut, erstes Recht, erste Pflicht. Die Anthropologie schließt unmittelbar an Physik und Physiologie an: Grundlage des Lebens ist die immerwährende Bewegung als Kreislauf des Bluts, dessen Stillstand den Tod bedeutet[8]. Die unmerklichen Anfänge der Bewegung machen das Streben aus, das zielgerichtet ist und die zweifache Stoßrichtung des *appetitus* und der *aversio*, des Begehrens und der Abneigung enthält, mit denen sich die Wertvorstellungen von Gut und Schlecht verknüpfen: Das Erstrebte ist das Gute, das Gemiedene das Schlechte.[9] Die Permanenz der Bewegung ist demnach gleichbedeutend mit der Permanenz des Strebens und Verlangens, ohne welche kein Leben sein kann: „Keine

---

[6] *Ethik* III, Prop. 6.
[7] *De civitate dei* XI, 27.
[8] *De homine* I.2.
[9] *Leviathan*, hg. von I. Fetscher, Darmstadt/Neuwied 1966, Kap. 6, S. 39.

Wünsche haben heißt tot sein."[10] Das Leben selber ist, als Voraussetzung aller höheren Wunscherfüllung, das erste aller Strebensziele und damit das erste Gut:

„Das erste Gut für jeden ist die Selbsterhaltung. Denn die Natur hat es so eingerichtet, daß alle ihr eigenes Wohlergehen wünschen. Um das erlangen zu können, müssen sie Leben und Gesundheit wünschen und für beide, soweit möglich Gewähr für die Zukunft. Auf der anderen Seite steht unter allen Übeln an erster Stelle der Tod" – wobei Hobbes modifizierend anfügt: „besonders der Tod unter Qualen; denn die Leiden des Lebens können so groß sein, daß sie, wenn nicht ihr nahes Ende abzusehen ist, uns den Tod als Gut erscheinen lassen."[11]

„Erstes Gut" heißt nicht höchstes Gut und letztes Ziel (als welches vielmehr das glückliche Leben zu verstehen ist, das neben dem bloßen Leben eine Vielfalt anderer Güter einschließt[12]). Wohl aber ist es ein Gut, auf welches keiner verzichten und hinter das kein Wollen zurückgehen kann – so daß der Willensverzicht oder gar die Selbstvernichtung als widersprüchlich und widernatürlich erscheinen müssen. Dieser Tatbestand ist für Hobbes gerade im politischen Diskurs von eminenter Bedeutung: Ziel der Staatsbildung ist zunächst die Überlebenssicherung, zu deren Herbeiführung wir nicht auf besondere moralische Einstellungen und menschliches Wohlwollen, sondern zunächst nur auf den rationalen Egoismus der beteiligten Individuen abstellen müssen, d.h. auf ihre berechnende Vernunft und ihren tiefsten Affekt: die unausrottbare Angst vor dem Tod. Weil Menschen überleben wollen, verlassen sie den Naturzustand, den Hobbes als Krieg aller gegen alle beschreibt, in welchem keine Künste und keine Annehmlichkeiten des Lebens möglich sind, und, „was das Schlimmste von allem ist, beständige Furcht und Gefahr eines gewaltsamen Todes herrscht".[13]

Es entspricht nun der neuzeitlichen Signatur der Hobbesschen Theorie, daß dieses erste Strebensziel in ein erstes Recht übersetzt wird: Die neuzeitlich-naturrechtliche Staatsbegründung geht als Fundament von den subjektiven Rechten der Individuen aus. Das Recht, sich zu erhalten, steht je-

---

[10] *Leviathan*, Kap. 8, S. 56; vgl. Kap. 6. S. 48, Kap. 11, S. 75.

[11] *De homine* 11.6.

[12] *De cive* 13.4.

[13] *Leviathan*, Kap. 13, S. 96.

dem einzelnen Menschen ursprünglich zu, „damit auch das Recht alle Mittel zu gebrauchen und alle Handlungen zu tun, ohne die er sich nicht selbst erhalten kann"[14], und ebenso das Recht, selber darüber urteilen zu können, welche Mittel zu der eigenen Erhaltung nützlich sind[15]:

> „Das natürliche Recht ... ist die Freiheit eines jeden, seine eigene Macht nach seinem Willen zur Erhaltung seiner eigenen Natur, d.h. seines eigenen Lebens, einzusetzen und folglich alles zu tun, was er nach seinem Urteil und eigener Vernunft als das zu diesem Zweck geeignetste Mittel ansieht."[16]

Beides wird gleichsam ineinander geblendet: das natürliche Recht auf Selbsterhaltung und die „natürliche Notwendigkeit", durch die jeder „mit allen Kräften dahin strebt, das zu seiner Erhaltung Notwendige zu erlangen."[17] „Naturrecht" ist somit zunächst im Wortsinn genommen, als ein von Natur gewährter legitimer Anspruch auf etwas – nicht im traditionellen Sinn dessen, was von Natur richtig/gerecht (*justum*) und geboten ist. Ausdrücklich reflektiert Hobbes die Begriffsdifferenz von Recht und Pflicht, *jus* und *lex*, wobei er das Recht im Geiste des neuen Denkens geradezu als Freiheit übersetzt. Gleichzeitig aber will er von diesem Recht her die natürlichen Gesetze begründen, die zur Stabilität des Gemeinwesens erfordert sind: Sie sind nichts anderes als die Vorschriften der eigenen Vernunft, die gemäß der Logik eines hypothetischen Imperativs die Prinzipien ausformulieren, denen wir zu folgen haben, wenn wir das allererste eigene Strebensziel der Selbsterhaltung erreichen wollen. Aus dem direkten *Streben* nach – und *Recht* auf – Selbsterhaltung folgen indirekte *Pflichten* zur Verwirklichung dieses Ziels: die Pflichten zum Frieden, zur Vertragsschließung, zum Halten der Verträge, zur Gerechtigkeit und Billigkeit im Umgang mit Anderen usw. – alle jene Vorschriften, die die natürliche Vernunft im Blick auf die menschliche Selbsterhaltung erläßt und deren Wissenschaft „die wahre und einzige Moralphilosophie" bildet.[18] Da sie nur ausformulieren, wozu uns die eigene

---

[14] *De cive* l.8.
[15] *De cive* l.9.
[16] *Leviathan*, Kap. 14, S. 99.
[17] *De cive* 3.9.
[18] *Leviathan*, Kap. 15, S. 122.

Vernunft im Blick auf das grundlegendste eigene Wollen nötigt, sind sie in gewissem Sinn nur Ausdruck des eigenen Wollens und ist ihre Nichtbefolgung eine Art Inkonsistenz mit sich selber: „So gleicht also Unrecht oder Ungerechtigkeit in weltlichen Dingen in gewisser Beziehung dem, was in den Disputationen der Scholastiker Absurdität genannt wird."[19]

Dieses eigenartige Zusammenrücken von Unrecht und logischem Widerspruch weist auf die allgemeinen Probleme dieser engen Verknüpfung bzw. der mehrfachen Besetzung des Selbsterhaltungsgedankens. Dessen Status oszilliert in mehrfacher Weise: Selbsterhaltung ist zum einen ein natürliches Strebensziel, zum anderen ein Wert bzw. ein Gut, drittens ein natürliches Recht, viertens eine Pflicht. Die Verknüpfung von Ziel, Gut und Pflicht ist die für teleologische Ethik charakteristische Motivverbindung und setzt sich dem Einwand des naturalistischen Fehlschlusses – daß aus einem faktischen Streben ein Sollen abgeleitet werde – aus; auch die Statuierung eines Rechts, die hier ohne weitere Begründung als scheinbar selbstverständliches Corollarium mit der Strebensthese verbunden wird, ist einem analogen Bedenken ausgesetzt und bedürfte einer eigenen Explikation. Ich will diese moralphilosophische Begründungsfrage hier nicht weiter ausbreiten, sondern nur durch kurzen Verweis auf andere Autoren, die diese verschiedenen Stoßrichtungen z.T. dezidierter zum Ausdruck bringen, zeigen, daß Hobbes' These charakteristisch für die neuzeitliche Sichtweise ist. John Locke, *der* Klassiker des neuzeitlichen Naturrechts, dekretiert einerseits ein „Recht auf Selbsterhaltung"[20], aus dem auch ein Recht auf die Güter der Erde folgt, derer der einzelne zu seiner Erhaltung und zu seinem Wohlergehen bedarf, und spricht andererseits klar von der Verpflichtung eines jeden, „sich selbst zu erhalten und seinen Platz nicht vorzeitig zu verlassen", womit sich im weiteren die Pflicht der Eltern zur Ernährung und Erziehung der Kinder sowie die Pflicht eines jeden zur Erhaltung der Menschheit verbinden.[21] Pointiert kommt die ursprüngliche Pflicht in der Unveräußerlichkeit der Freiheit zum Ausdruck, auch wenn Locke diese aus dem Nichtverfügen über

---

[19] *Leviathan*, Kap. 14, S. 101.
[20] *Zweite Abhandlung über die Regierung*, § 11.
[21] Ebd. § 6, § 56

das eigene Leben ableitet (und die These der Unveräußerlichkeit der Freiheit – ähnlich der Unantastbarkeit der menschlichen Würde – ihrerseits zwischen einem Verbot und der Behauptung einer Unmöglichkeit schillert).[22] Auch hier schlägt sich die anthropologische Fundamentalität der Selbsterhaltung in der politischen Philosophie nieder, die das Gemeinwesen wesentlich über die Funktion der Erhaltung von Leben, Eigentum und Freiheit definiert. Ähnlich lauten schließlich die entsprechenden Grundsätze bei Jean-Jacques Rousseau: Das erste Gesetz des Menschen „ist es, über seine Selbsterhaltung zu wachen, seine erste Sorge ist diejenige, die er sich selber schuldet, und sobald der Mensch erwachsen ist, wird er so sein eigener Herr, da er der einzige Richter über die geeigneten Mittel zu seiner Erhaltung ist."[23] Seine natürlichen Fähigkeiten und Kräfte wie der gesellschaftliche Zusammenschluß sind Mittel der Erhaltung: Auch Rousseau leitet die Unveräußerbarkeit der Freiheit aus der ursprünglichen Pflicht zur Selbsterhaltung ab (6. Kap.). Anthropologisch, ethisch und politisch erscheint bei den Autoren des 17. und 18. Jahrhunderts Selbsterhaltung als basalste Leitidee des modernen Naturrechts. Der Mensch will, darf und soll zuallererst um die Erhaltung seiner Existenz besorgt sein.

## 2. Selbststeigerung

Wie aber realisiert sich solche Selbsterhaltung? Welches sind ihre Vollzugsformen, welches ihre Mittel und Wege? Wieweit trifft für diese die gleiche mehrfache Beschreibung zu: wieweit entstammen sie derselben natürlichen Dynamik, wieweit sind sie ihrerseits legitim oder gar geboten?

Selbsterhaltung kann nicht durch einen einmaligen Akt und Entschluß gewährleistet werden, sondern bedarf des immer wiederholten, erneuerten Vollzugs. Ernährung und Arbeit illustrieren dieses Nie-zu-Ende-Kommen des Sicherhaltens. Indessen geht es beim Menschen um mehr als die unablässig-endlose Tätigkeit. Erhaltung muß sich selber erhalten: Selbsterhal-

---

[22] Ebd. § 23.
[23] *Du contrat social*, Kap. 2.

tung wird zum reflexiven Akt. Auch dieser Zug findet bei Hobbes seinen prägnanten Ausdruck. In direkter Umkehrung der Aristotelischen Eudämonielehre unterstreicht Hobbes, daß es für den Menschen kein letztes Ziel und höchstes Gut geben kann, in denen sich sein Streben vollendet – da mit der Erfüllung das Leben selber zum Stillstand käme: Vielmehr ist Glück nichts anderes als „ein ständiges Fortschreiten des Verlangens von einem Gegenstand zum anderen, wobei das Erlangen des einen Gegenstandes nur der Weg ist, der zum nächsten führt."[24] Die Bewegung des Wünschens, Begehrens, Strebens zielt nicht auf Ruhe, sondern auf die Fortsetzung der Bewegung: wir erstreben ein Gut nicht, um es zu genießen, sondern um mit ihm etwas anderes zu erreichen. Das Erlangen des Gegenstandes ist nicht Ziel, sondern Weg. Diese Verkehrung der Mittel-Zweck-Relation läßt sich unter verschiedenen Hinsichten beschreiben. Robert Spaemann spricht von einer Inversion der Teleologie: Gilt für die antike Ethik, daß das Leben um des guten Lebens willen da ist, so wird dieses Verhältnis in der Neuzeit, nach dem Verblassen substantieller Wesensbestimmungen und Lebenszwecke, in sich ausgehöhlt bzw. umgekehrt: Das Realisieren inhaltlicher Lebenszwecke wird selber zum Mittel des Lebens; Überleben und Selbsterhaltung, statt Mittel des glücklichen Lebens zu sein, werden zum Selbstzweck erhoben.[25] Die Bewegung aber, die sich selber zum Zweck wird bzw. die Erhaltung dessen, was schon ist, zum Zweck nimmt, wird in sich unendlich, nicht nur als selbstbezügliche Reflexion, sondern als Steigerung und Selbsttranszendierung: „Die Dynamik der Selbsterhaltung entspricht nicht dem Hinzukommen eines neuen, die bloße Selbsterhaltung transzendierenden Ziels. Die Erfüllung des Minimaltelos der Selbsterhaltung wird nur mit grenzenlosem Aufwand betrieben."[26]. Der Grund dieser Grenzenlosigkeit liegt in der indirekten Teloserfüllung, die sich als Umweg der Sicherstellung versteht. Als scheinbar selbstverständliche Tatsache formuliert Hobbes die eminent

---

[24] *Leviathan*, Kap. 11, S. 75.

[25] Spaemann R.: „Bürgerliche Ethik und nichtteleologische Ontologie" in: H. Ebeling (Hg.): *Subjektivität und Selbsterhaltung*, Frankfurt am Main 1976, S. 76-96.

[26] Buck G „Selbsterhaltung und Historizität", in: H. Ebeling (Hg.), ebd., S. 208-302 (S. 253).

voraussetzungsreiche, in ihrer anthropologischen Substanz wie ihrem historischen Stellenwert kritisch zu reflektierende These:

„Gegenstand menschlichen Verlangens ist, nicht nur einmal und zu einem bestimmten Zeitpunkt zu genießen, sondern sicherzustellen, daß seinem zukünftigen Verlangen nichts im Wege steht. Und deshalb gehen die willentlichen Handlungen und Neigungen aller Menschen nicht nur darauf aus, sich ein zufriedenes Leben zu verschaffen, sondern auch darauf, es zu sichern."[27]

Nicht genießen, sondern den Genuß sichern (um vielleicht auf einer zweiten Stufe dieses Sichern lustvoll zu besetzen) bedeutet ein indirektes Verhältnis zum Gegenstand, das sich sowohl zeitlich wie gegenständlich und sozial artikulieren kann. Zeitlich bedeutet es den Ausgriff über die Gegenwart hinaus: Gegenüber dem aktuellen Jetzt, der erfüllten Präsenz – des Gebrauchs, des Genusses – erhält das Zukünftige den Primat. Hobbes verankert dies in der eigentümlichen Bedürfnisnatur des Menschen, für dessen „Genießen selbst ein Begehren ist"[28] und den „schon der künftige Hunger hungrig macht."[29] Auf der anderen Seite entspricht diesem überschießenden Begehren das Wuchern der Angst: „Furcht vor Tod, Armut oder einem anderen Unglück nagt den ganzen Tag über am Herzen des Menschen, der aus Sorge über die Zukunft zu weit blickt und nur im Schlaf Ruhe hat vor seiner Angst."[30] Zur Reflektiertheit des Glücksstrebens gehört nicht nur das Bewußtsein der Nicht-Festgelegtheit der Strebensziele, sondern auch das Bewußtsein der Unsicherheit ihrer Erreichung. So weitet sich das Begehren auf die Mittel und Wege der Befriedigung, die im Maße ihrer eigenen Ungesichertheit ihrerseits abgestützt werden müssen. Zur Unverfügbarkeit der äußeren Umstände kommt die soziale Exponiertheit hinzu: Jedes Wollen und Tun ist durch die Intervention anderer Subjekte bedroht und darauf angewiesen, diesen durch eigene Übermacht gleichsam zuvorzukommen. Als auffallendes Zeichen der Hobbesschen Anthropologie ist der komparativ-kompetitive Zug seiner Strebens- und Tugendlehre hervorgehoben worden:

---

[27] *Leviathan*, Kap. 11, S. 75.
[28] *De homine* 11.15
[29] *De homine* 10.3.
[30] *Leviathan*, Kap. 12, S. 83.

„Der Mensch liebt es, sich zu vergleichen"[31]; Tugend und Ehre bestehen nicht im Besitz bzw. der Anerkennung bestimmter Qualitäten und Fertigkeiten, sondern „in einem Vergleich"[32]. Maßstab ist nicht die immanente Qualität, sondern der Vorzug, die Überlegenheit.

Vor allem in zwei Gestalten wird dieses indirekte Wirklichkeitsverhältnis, das vor den Gegenstand die Mittel zu seiner Sicherung setzt, ausformuliert: als Akkumulation von Gütern und als Verfügen über Macht. Beide lassen sich als Reaktionen auf die Erfahrung von Kontingenz, Unsicherheit und Angst lesen, wie sie vielfach (mit Nachdruck in der Existenzphilosophie) als Kennzeichen des modernen Subjekts beschrieben worden ist; Besitz- und Machtstreben sind analoge Figuren des indirekten Weltbezugs, des Verfügens über Möglichkeiten, in ähnlicher Weise auf immanente Steigerung hin angelegt und mit der Tendenz zur Mittel-Zweck-Verkehrung behaftet; beide sind in Negativfiguren – als Habsucht und Machtgier – in ihrer Tendenz zur schlechten Unendlichkeit Gegenstand der Moralkritik wie der Zivilisationskritik gewesen. Die Grenzenlosigkeit des Aufhäufens von Besitztümern ist von Platon bis zu Erich Fromm als menschliche Verfehlung kritisiert worden; das Mehrhabenwollen – die Pleonexie – gilt der antiken Ethik als Pervertierung menschlichen Strebens und Ursprung des Verfalls der Staaten. Unter den neuzeitlichen Theoretikern unterstreichen Locke und Rousseau den dramatischen Einschnitt, den die Erfindung des Privateigentums bzw. des Geldes für die Entwicklung des Menschengeschlechts bedeutet. Interessant ist die naturrechtliche Argumentation von Locke, der das Recht auf Eigentum an den Gebrauch und die direkte Verwertbarkeit des erworbenen Guts bindet: Mehr anhäufen zu wollen als man genießen und brauchen kann, wäre, wie Locke in einer aufschlußreichen Formulierung sagt, „sowohl nutzlos wie auch unredlich".[33] Die zweifache Qualifizierung ist Ausdruck einer tiefen Ambivalenz: Daß ein Besitztrieb, der über das Gebrauchenkönnen hinausgreift, nutzlos ist, stellt darauf ab, daß dieses Streben dysfunktional, leer ist und eigentlich dem gesunden menschlichen

---

31 *Leviathan*, Kap. 17, S. 133.
32 *Leviathan*, Kap. 8, S. 52; Kap. 10, S. 68.
33 *Zweite Abhandlung über die Regierung*, § 51.

Wollen zuwiderläuft; daß es darüber hinaus als unredlich bezeichnet wird, läßt durchscheinen, daß dieser Trieb nichtsdestoweniger im menschlichen Verlangen verwurzelt sein kann, doch aus moralischen Gründen verworfen wird. Das eine Mal wird eine anthropologische Fehlentwicklung, das andere Mal ein moralisches Verfehlen angeprangert; historisch entspricht dem der Ausblick auf jenes Zeitalter, wo das „Verlangen, mehr zu haben"[34] bzw. der „amor sceleratus habendi"[35] die natürliche Selbstgenügsamkeit des Menschen abgelöst hat. Allerdings ist klar, daß diese negative Fassung des entfesselten Besitzstrebens nicht die einzig mögliche ist. Locke selber stellt die Erfindung des Geldes als eine Erfindung dar, die es dem Menschen erlaubt, mehr anzuhäufen als er zu verzehren vermag, doch ohne etwas dabei verderben zu lassen (und ohne somit jenes Naturgesetz zu verletzen, das das widernatürliche Verderbenlassen verbietet). Einen Schritt weiter geht die Rechtfertigung der Akkumulation dort, wo sie auf die Kapitalbildung, die Möglichkeit des Anhäufens zum Zweck der weiteren Wertproduktion abzielt. Max Weber hat in seiner Studie „Die protestantische Ethik und der Geist des Kapitalismus" auf die Wesensverwandtschaft zwischen dem kapitalistischen Erwirtschaften von Gewinn zum Zweck weiterer Investition und dem puritanischen Asketismus hingewiesen, der die Verurteilung des Genusses mit der Anhäufung jenseitiger Güter für das Seelenheil verbindet. Genußverzicht ist Mittel zur Sicherung künftigen Genusses, wobei auch die Mittelfunktion iteriert, in sich verschachtelt werden kann. Im ganzen wird hier eine Grundhaltung sanktioniert, die dem bürgerlichen Erwerbs- und Nützlichkeitsdenken entspricht und in gewisser Strukturaffinität zur aufklärerischen Idee der unendlichen Perfektibilität des Menschen und des grenzenlosen Fortschritts in der Geschichte steht.

Bei Hobbes steht als Instrument der Sicherung nicht das Haben, sondern die Macht im Vordergrund. Macht ist *das* Dispositiv der Sicherheit. Sie ist einerseits temporal, als Zugriff auf künftige Güter, andererseits strukturell, als Beherrschung objektiver Zusammenhänge (als technische Macht, Naturbeherrschung), schließlich sozial, als Macht über andere bestimmt. In Hob-

---

[34] Ebd. § 37.
[35] Ebd. § 111.

bes' theoretischer Konstruktion ist Macht omnipräsent: sowohl in der Zeichnung des Zusammenlebens im Naturzustand, wo alle Werte und Güter (Reichtum, Ehre, Adel, Schönheit, Wissenschaften, Künste usw.) als Ausdruck und Instrumente von Macht gewürdigt werden, wie im Projekt der Schaffung eines Staats, dessen erstes und eminentes Prädikat das der höchsten Macht auf Erden ist (so die Sentenz aus dem Buch Hiob auf dem Titelkupfer des *Leviathan*: „Non est potestas super terram quae comparetur ei"). Vor allem aber ist das Machtstreben für Hobbes mit der Unendlichkeit des Glücksstrebens verbunden. Aus der Tatsache daß das menschliche Verlangen nicht nur nach unmittelbarer Befriedigung, sondern nach deren Sicherstellung strebt, resultiert die Fundamentalität der Macht:

„So halte ich an erster Stelle ein fortwährendes und rastloses Verlangen nach immer neuer Macht für einen allgemeinen Trieb der gesamten Menschheit, der nur mit dem Tode endet. Und der Grund hierfür liegt nicht immer darin, daß sich ein Mensch einen größeren Genuß erhofft als den bereits erlangten, oder daß er mit einer bescheidenen Macht nicht zufrieden sein kann, sondern darin, daß er die gegenwärtige Macht und die Mittel zu einem angenehmen Leben ohne den Erwerb von zusätzlicher Macht nicht sicherstellen kann."[36].

Streben nach Macht ist Streben nach Machtsteigerung: Über die Macht ist der Mensch in den Prozeß der fortwährenden Steigerung hineingezogen, die sowohl zeitlich wie sozial unabdingbar ist. Erhaltung ohne Steigerung kollabiert in sich. Macht besteht nur als Übermacht und erhält sich nur durch Machtpotenzierung: Macht, die statisch und auf alle gleich verteilt ist, ist als Macht nichtig.[37]

Daß nicht nur die Selbsterhaltung als Grundfigur der Moderne zu gelten hat, sondern daß diese gerade im Motiv der Selbststeigerung eines ihres Kennzeichen besitzt, scheint unübersehbar. Zu den Geschichtsvisionen der Moderne gehören die Bilder vom unbegrenzten Wachstum wie von der unbegrenzten Macht. Auf den Glauben an die moralische Perfektibilität folgen das Vertrauen in den technischen Fortschritt, das Wachstum des Wissens, die Erforschung und Beherrschung der Natur. Heidegger hat Nietzsches

---

[36] *Leviathan*, Kap. 11, S. 75.
[37] *De homine*, 11.6.

Figur des Willens zur Macht als Abschlußgestalt abendländischer Metaphysik identifiziert und in ihr die Selbstbezüglichkeit hervorgehoben, die auch das Machtstreben kennzeichnet: als Wille zum Willen, analog der Macht zur Macht, der sich selbst wollenden und selbst ermöglichenden Macht, die nach Heidegger in der modernen Technik ihre Apotheose findet. Solche Umschreibungen lassen den Zwiespalt anklingen, der den Steigerungsfiguren anhaftet. Es bleibt zu sehen, wieweit darin ein eigener, destruktiver Zug der Selbsterhaltung zum Ausdruck kommt.

## 3. Selbstzerstörung

Auf zwei Wegen kann sich die Selbstbehauptung und Selbstbejahung, sofern sie sich zur Selbststeigerung und Machtpotenzierung ausweitet, zur destruktiven Macht verkehren: indem sie einerseits in der Akkumulation der Mittel sich immer mehr von der Zielverwirklichung entfernt und gewissermaßen zur Entwirklichung, zum Selbstverlust tendiert; und indem sie andererseits in der Ausübung von Macht zur repressiven, zerstörenden Gewalt wird, die sich letztlich gegen sich selber kehrt.

Das erste ist der Weg der inneren Aushöhlung und der Selbstentfremdung, in welchen das sich potenzierende Machtstreben mündet. Es geht um einen Übersteigerungsprozeß, der gleichsam in sich zusammenfällt, um eine Anhäufung, die sich als Entleerung realisiert, um eine in sich gegenläufige Bewegung, die sich mit jedem Schritt der Annäherung weiter vom Ziel entfernt. Greifbar ist dieses dysteleologische, sich selbst behindernde Streben in Phänomenen der Sucht, wo die obsessive Suche nach Erfüllung diese immer mehr aushöhlt und untergräbt. Besitzgier und Habgier stehen für diese in sich verkehrte Befriedigung, die das Mittel dem Gegenstand des Genusses oder Gebrauchs substituiert und darin eine momentane Ersatzbefriedigung finden kann; Karl Marx hat in den Pariser Manuskripten die innere Verarmung nachgezeichnet, der das menschliche Dasein unter dem Gesetz des Eigentums ausgesetzt ist, und ihr die Verwirklichung des inneren Reichtums der menschlichen Natur als Ideal eines nicht-entfremdeten Lebens gegenübergestellt; Erich Fromm hat in seiner Abhandlung „Sein oder Haben" die Diagnose in die heutige Zeit übertragen. Es sind Gegenkonzepte zu dem, was nach Aristoteles das gelingende Leben ausmacht, zu einem Tätigsein als Verwirklichung ausgezeichneter Fähigkeiten und Erfüllung substantieller Bedürfnisse. Wenn der aristotelische Begriff des Tätigseins *(energeia/actus)* gleichzeitig Wirklichkeit und Wirklichsein (im Gegensatz zur bloßen Möglichkeit) meint, so zeigt sich in der Besitz- und Machtgier die direkte Gegenfigur: Hier geht es um eine Steigerung des Vermögens *(dynamis/potentia)*, um ein Verbleiben im bloßen Verfügen über die gesteigerte Möglichkeit des Tuns oder Genießens. Die Mittel-Zweck-Verkehrung, die das Mittel zum Selbstzweck erhebt, ist gleichbedeutend mit der Verselbständigung der Möglichkeiten und Fähigkeiten: Nicht deren Ausübung und Realisierung, sondern ihr Besitz wird als Ziel erstrebt. Man mag diese Haltung als Lebensgefühl stilisieren: Es ist die Einstellung des von Robert Musil so genannten „Möglichkeitsmenschen", der es gleich nah und gleich fern zu allen Möglichkeiten hat, der sich auf alle Eventualitäten des Lebens einstellt, doch dabei stets peinlich auf Abstinenz vom wirklichen Leben bedacht ist, der in Distanz zu jeder Entscheidung, die sich für das eine und gegen das andere ausspricht, zu jedem konkreten, partikularen Tun verbleibt. In Reinform ist es die Kultur des Wollensverzichts, der Indifferenz, der Gleichgültigkeit angesichts inhaltlicher Optionen, letztlich hinsichtlich der Alternative von Sein und Nichtsein. Wenn sie im Zeichen der Postmoderne teils als höherer Zustand beschrieben wird, so kontrastiert sie darin nicht nur mit dem metaphysischen Menschbild, das den tätigen Vollzug, nicht das Verbleiben im Möglichen als glückliches Leben ansieht. Auch in modernen Diagnosen wird Indifferenz zum Teil in solchen Gegenbeleuchtungen wahrgenommen: als Nihilismus der romantischen Ironie bei Hegel, als Schwermut der ästhetischen Existenz bei Kierkegaard, als Inauthenzität des menschlichen Lebens – um nur die nicht-pathologischen Formen zu nennen. Rousseau steht stellvertretend für eine Geschichtsdeutung, die an die Stelle des aufklärerischen Fortschrittsglaubens die These der Verfallsgeschichte setzt, die These einer zunehmenden Entfremdung, eines Verlust der natürlichen Bedürfnisse und Fähigkeiten; die äußere Steigerung ist darin nur Kehrseite des inneren Zerfalls. Für die gegenwärtige Zeitdiagnose ist es eine kontroverse Frage, wieweit solche Indifferenz, die sich im Kontingenten, im So-oder-Anderssein-Können einrichtet, eine höhere, zeitgemäße Existenzweise ermöglicht – oder aber einen Verlust, eine Regression oder gar eine selbstdestruktive Tendenz bedeutet.

Weniger uneindeutig ist der andere Weg, der an die Potenzierung der Macht anschließt. Max Horkheimer hat die Logik eines Handelns, das unter Verlust substantieller Zwecke ganz auf die Optimierung der Mittel setzt, als instrumentelle Vernunft beschrieben und kritisiert: Es ist eine Vernunft, die nach ihm die moderne, kapitalistisch-technische Welt beherrscht und die Eigengesetzlichkeit der ursprünglichen Mittel zum Regulativ erhebt. Sie entspricht der Erhaltungslogik eines gesellschaftlichen Systems, das nicht mehr im Dienste inhaltlicher Lebenszwecke, der Bedürfnisse und Ziele der einzelnen steht. Es ist die Logik einer Selbsterhaltung ohne Selbst, ja, eine Gesetzlichkeit, die sich gegen die Erhaltung des Individuums wendet, in die Vernichtung des Individuums führt (Horkheimer, 1974:124ff) – oder sich zumindest von dessen Erhaltung abgekoppelt hat: etwa eines wirtschaftlichen Wachstums, daß sich als autarkes System über die Freisetzung von Arbeitskräften, d.h. die Vernichtung von Lebensmöglichkeiten reguliert. Was Nietzsche gleichsam bekräftigend als Gesetz des Lebens beschreibt: die Machtsteigerung, zugunsten derer zuweilen die (von ihm als Ideal der Kleinen und Schwachen diskreditierte) Selbsterhaltung geopfert wird (Nietzsche, 1980:585ff), wird von der Kritischen Theorie als zynische Gestalt der modernen Gesellschaft erkannt. Bekannt ist die von Horkheimer und Adorno in der *Dialektik der Aufklärung* entfaltete These zur Genese des modernen Subjekts und der modernen Welt, wonach die Unterdrückung der inneren und äußeren Natur das Grundgesetz dieser Entstehung ausmacht: Die grenzenlose Steigerung der Macht, die immer mehr Bereiche umfaßt, führt zu einem System totaler Herrschaft, die nicht einfach als strukturierende und ordnende, sondern wesentlich als repressive fungiert und damit zur Destruktion verkommt. Unterdrückung des Anderen (auch des Anderen im eigenen Selbst), Nivellierung, identifizierende Festschreibung sind Äußerungsformen einer Macht, in deren Potenzierung das Subjekt sich nicht steigert, sondern in sich verarmt; Selbsterhaltung vollzieht sich im Modus der Selbstunterdrückung. Im Extrem gerät das ins Unermessliche gesteigerte Verfügen, Hervorbringen und Beherrschen zur puren Vernichtungsmacht: nicht nur über die negativen Folgen der Naturzerstörung, sondern in der direkten Steigerung der Zerstörungsgewalt in der Rüstung, der systematischen Erzeugung und Bereithaltung von Zerstörungspotentialen, die alles Leben auf der Erde mehrfach vernichten können. Die absolute, unüberbietbare Macht ist in gewissem Sinn die Macht die Zerstörung. Heidegger hat in seinen zwischen 1936 und 1946 verfaßten Reflexionen zur „Überwindung der Metaphysik"[38] Visionen dieser „restlosen Vernutzung aller Stoffe" einschließlich des Menschen, der „technischen Herstellung der unbedingten Möglichkeit eines Herstellens von Allem", entwickelt[39]; Hans Ebeling hat ihre nihilistische Komponente auf das entgrenzte Wettrüsten hin ausgelegt.[40] Es ist das Bild einer ins Totale explodierenden – oder implodierenden – Macht, die jede bestimmte Möglichkeit, jedes bestimmte Tun übersteigt, die „völlige Leere" als ihr bestimmendes Prinzip offenlegt.[41]

Man könnte sich fragen, in welchem Verhältnis diese dem Umschlag der totalisierenden Macht entspringende Destruktion zu einer ursprünglichen, in sich gegründeten Negativpotenz steht. Eines der profiliertesten Konzepte zu einer solchen verdanken wir Sigmund Freud. In seinen späteren Schriften[42] hat er die Vorstellung eines Todestriebs bzw. Aggressions- und Destruktionstriebs entwickelt, der gleichzeitig das Andere des Lebenstriebs und die eigene Tiefenschicht jeden Triebs bildet. Zugrunde liegt die zutiefst regressive Natur aller Triebe, die nach der Wiederherstellung des ursprünglichen Zustandes, letztlich nach der Rückkehr des Lebens zum Unbelebten streben; der Todestrieb, der diese Tendenz verkörpert – als Gegenspieler des Eros, der nach der Fortpflanzung des Lebens strebt –, stellt darin den Trieb par excellence dar (Freud, 1963:1-69). Von diesem auf das Selbst gerichteten Todestrieb unterscheidet Freud den nach außen gehenden Destruktions- und Aggressionstrieb, der sich in vielfachen Äußerungen manifestiert – und sich in sekundärer Rückwendung gegen das Selbst richten kann – und den zu domestizieren Aufgabe der Kultur ist; seiner Genealogie nach ist er nach

---

[38] M. Heidegger: *Vorträge und Aufsätze*, Pfullingen 1954, S. 67-96 (besonders die Reflexionen XXVI bis XXVIII, S. 87-95)

[39] Ebd. S. 91.

[40] H. Ebeling: *Rüstung und Selbsterhaltung. Kriegsphilosophie*, Paderborn 1983; vgl. ders.: *Gelegentlich Subjekt. Gesetz: Gestell: Gerüst*, Freiburg/München 1983.

[41] Heidegger, a.a.O.

[42] Vor allem in *Jenseits des Lustprinzips* (1920) und *Das Unbehagen in der Kultur* (1930).

Freud selber ein „Abkömmling und Hauptvertreter des Todestriebs" (Freud, 1963:419-506). So haben wir im ganzen gleichsam zwei gegenläufige Figuren einer Verwurzelung der Destruktion in der ursprünglichen Affirmation vor uns: zum einen als Regression, die sozusagen das Trägheitsprinzip im Lebenswillen zur Geltung bringt, die gegen das Mühsame der Emanzipation vom Ursprung, gegen die Arbeit des Vorangehens und Steigerns die Sehnsucht der Rückkehr, des Aufgehens im ursprünglichen Ganzen stellt; zum anderen als dialektischer Umschlag, der die entgrenzte Progression ins Unbestimmte und Leere umkippen läßt. Dabei gehört zur Pointe dieser Konstellation, daß sich zwischen beiden Richtungen eine untergründige Affinität zeigt, daß die in sich umschlagende Steigerung selber regressive Züge trägt: Der sich nach vorne, über jede Grenze hinaus projizierende Ausgriff fällt als hohle Geste in sich zusammen. Menschliche Selbstbehauptung, zumal in ihrer selbstbezüglichen Potenzierung, scheint aus sich heraus nicht nur durch ihre Ohnmacht und die mögliche Selbstverfehlung, sondern durch eine Gegenmacht der Regression und Auflösung bedroht.

Im Blick auf solche Perspektiven drängt sich die Frage auf, wieweit dieser zweifache Umschlag eine Zwangsläufigkeit darstellt: wieweit Erhaltung sich nur als Steigerung bewahren kann und wieweit die Steigerung unausweichlich zur Destruktion und Selbstdestruktion verkommt. Unstrittig ist, daß es neben dieser Linie das Ideal einer vernünftigen, humanen – und in ihrer Weise durchaus steigerbaren, qualitativ zu vervollkommnenden – Selbsterhaltung gibt, die sich gegen destruktive Mächte zur Wehr setzt und der menschlichen Selbstverwirklichung wie der Bewahrung der Natur[43] zugute kommt. Eine Vermutung ist, daß jene Dialektik der falschen Totalisierung geschuldet ist, die zweierlei einschließt: die selbstbezügliche Totalisierung der Erhaltung und die Verabsolutierung des Selbst. Das eine ist die Verselbständigung des Akts, der in Ablösung von inhaltlichen Zwecken zum Selbstzweck und damit in sich bestimmungs- und grenzenlos wird. Das

---

[43] Oder gar ihrer Vervollkommnung, zumindest ihrer Wiederherstellung – wie Rousseau meinte, daß die vollendete Kunst die Beschädigungen heilt, die die entstehende Kunst der Natur beigefügt hat (*Du contrat social [1ᵉ version], in: Oeuvres complètes* III, Paris 1964, 288).

andere ist die falsche Absolutsetzung des Subjekts als Ursprung wie als Gegenstand der Erhaltung: als Autarkiebehauptung reiner Selbsterzeugung und als ausschließliche Zentrierung auf ein von aller Verwurzelung in der Sozialität wie in der Natur – auch der eigenen, inneren Natur – abgelöstes Subjekt. Vielleicht hat Selbsterhaltung, absolut gesetzt, nach beiden Seiten – als in sich gründende und auf sich gerichtete – etwas von einer schlechten Hypostase. Um ins richtige, lebensfähige Maß zu kommen, wäre sie nach beiden Seiten mit dem Gegenbegriff der Fremderhaltung zu vermitteln: als eine Erhaltung, die nicht allein aus sich kommt, sondern sich vom Anderen mitgetragen weiß,[44] und eine Erhaltung, die nicht auf die alleinige Erhaltung des Selbst beschränkt ist. Wenn zu den konstitutiven Oppositionen der Selbsterhaltung das Spannungsverhältnis zur Fremdverursachung ebenso gehört wie die Antithese zur Fremd- und Selbstvernichtung[45], so zeigt sich, daß diese Begriffsgegensätze nicht auf derselben Ebene angesiedelt sind. Gerade die zweifache Vermittlung von Fremd- und Selbsterhaltung könnte Bedingung dafür sein, daß Erhaltung nicht in Vernichtung umschlägt, sondern sich als eine Selbstsorge zu realisieren vermag, die gleichwohl den Automieanspruch des modernen Subjekts zum Tragen bringt.

## Literatur

Ebeling H (Hg) (1976) Subjektivität und Selbsterhaltung. Frankfurt a.M.

Ebeling H (1983) Rüstung und Selbsterhaltung. Kriegsphilosophie. Paderborn

Freud S (1963) Jenseits des Lustprinzips. In: Gesammelte Werke. Frankfurt a. M. Bd. XIII, 1-69

Freud: S (1963) Das Unbehagen in der Kultur. In: Gesammelte Werke. Frankfurt a. M. Bd. XIV, 419-506

---

[44] In diesem Sinn hat Dieter Henrich versucht, als Leitfigur der Moderne ein Konzept der Subjektivität herauszuarbeiten, das sich in seinem Selbstbezug zugleich auf einen ihm vorausliegenden Grund bezogen weiß: D. Henrich: „Die Grundstruktur der modernen Philosophie", mit einer Nachschrift „Über Selbsterhaltung und Selbstbewußtsein", in: H. Ebeling (Hg.): *Subjektivität und Selbsterhaltung*, Frankfurt am Main 1976, 97-121, 122-143.

[45] Vgl. H. Ebeling: *Subjektivität und Selbsterhaltung*, ebd. 9-15.

Heidegger M (1954) Vorträge und Aufsätze. Pfullingen

Horkheimer M (1974) Kritik der instrumentellen Vernunft. Frankfurt a. M.

Nietzsche F (1980) Die fröhliche Wissenschaft. In: Sämtliche Werke. Kritische Studienausgabe. München / Berlin, Bd. 3, 585ff

# „Liebe Deinen Nächsten wie Dich selbst" Fremdfürsorge und Selbstfürsorge als Thema protestantischer Theologie

Albrecht Grözinger

## I.

Wir sind heute gewohnt, die Begriffe „Fremdfürsorge" und „Selbstfürsorge" eher der Psychologie als der Theologie zuzuordnen. Diese Verortung im Haus der Wissenschaften spiegelt exakt die neuzeitliche Ausdifferenzierung zwischen Theologie und Psychologie wieder. Wie aber gehen wir mit Texten und Positionen um, die in die Zeit vor dem Auseinandertreten von theologischer und psychologischer Betrachtung des Menschen fallen? Wir werden in theologischen Texten auf Fragestellungen treffen, die wir heute als eindeutig psychologische Fragestellungen identifizieren, und wir werden sehen, daß Fragen nach dem seelischen Wohl der Menschen und den damit verbundenen Hilfestellungen, die Menschen sich gegenseitig geben können, Fragen – wie wir heute sagen würden – der psychologischen Methodik also, eng verwoben sind mit anthropologischen Grundsatzfragen, die ihrerseits ganz selbstverständlich im Kontext der Theologie verhandelt wurden. Gleichwohl sind wir heute gewohnt, theologische und psychologische Fragestellungen als Fragestellungen je eigenen Rechts und eigener Methodik zu begreifen, und hinter diese Ausdifferenzierung könnten wir alle nur um den Preis eines nicht geringen Plausibilitätsverlustes zurückfallen. Wir blicken also mit einem differenzierenden Blick auf Texte, die gerade diese Differenz selbst nicht kennen. Dieser hermeneutische Sachverhalt sollte uns bei unseren weiteren Überlegungen bewußt sein.

Wenn wir auf die Formulierung „Fremdfürsorge und Selbstfürsorge als Thema protestantischer Theologie" treffen, dann sind wir zunächst einmal vor die Frage gestellt: Was ist das Grundthema protestantischer Theologie? Zunächst einmal unterscheidet sich die Theologie von der Religionswissenschaft dadurch, daß die Religionswissenschaft versucht von außen auf eine Religion zu blicken, sie aus dieser Außenperspektive zu beschreiben, während die Theologie einer binnenperspektivischen Logik gehorcht. Die Religionswissenschaft *beschreibt* die Grundzüge einer bestimmten Religion, während die Theologie die *Plausibilität* der christlichen Religion im Kontext neuzeitlichen Denkens und Handelns zu verantworten versucht, wobei sie diese Plausibilität angesichts des weltanschaulichen Pluralismus nicht einfach behaupten kann, sondern nur im Gespräch und in der Auseinandersetzung mit anderen Positionen argumentativ entfalten kann. Die theologische Perspektive unterscheidet sich von humanwissenschaftlichen Fragestellungen dadurch, daß sie den Menschen und seine Welt immer in Beziehung sieht zu dem, was unsere Sprache „Gott" nennt, wie immer wir diese Vokabel dann auch inhaltlich bestimmen mögen.

## II.

Wenn formuliert wird „Fremdfürsorge und Selbstfürsorge als Thema protestantischer Theologie", dann legt es sich zunächst einmal nahe, die biblischen Texte selbst unter dem Blickwinkel anzusehen, was sie zu diesem Thema sagen. Denn die protestantische Theologie ist in ihrem Selbstverständnis und wissenschaftlichen Selbstvollzug dadurch gekennzeichnet, daß sie sich bevorzugt an der biblischen Überlieferung orientiert, etwa im Unterschied zur katholischen Theologie, für die neben der Bibel die kirchliche Tradition und das Lehramt weitere wichtige Bezugspunkte sind.

Befragen wir das Neue Testament zu den Stichworten Fremdfürsorge und Selbstfürsorge begegnen wir dem elementaren Satz aus dem Munde des Jesus von Nazareth „Liebe Deinen Nächsten wie Dich selbst" (Matthäus 22,29). Dieser Satz, den Jesus als Teil seiner Antwort auf die Frage nach dem wichtigsten Gebot gibt, gewinnt sein theologisches Gewicht nicht allein aus der Tatsache, daß wir ihn mit einiger Sicherheit dem historischen Jesus von Nazareth zuschreiben können, was beileibe nicht für alle Sätze in den neutestamentlichen Erzählungen über Jesus gilt, sondern sein Gewicht bekommt der Satz auch dadurch, daß Jesus hier auf einen Kernsatz der jüdischen Überlieferung zurückgreift. Im 3. Buch Mose Vers 18 heißt es lapidar: „Du sollst deinen Nächsten lieben wie dich selbst; ich bin der Herr, dein Gott." Darin stimmen jüdische und christliche Tradition, wo immer sie sich sonst unterscheiden, überein.

Nun hat es dieser einfache Satz, wie das bei einfachen Sätzen nicht selten der Fall ist, natürlich in sich. Denn es stellt sich sehr schnell die Frage, in welchem Verhältnis Fremd- und Eigenliebe, Fremd- und Selbstfürsorge zueinander stehen. Stehen sie recht unverbunden nebeneinander? Oder bedingen sie sich gegenseitig? Ist die Selbstliebe in der Nächstenliebe begründet? Oder ist umgekehrt die Nächstenliebe nur von der Voraussetzung gelingender Selbstliebe her möglich? Diese Fragen haben das theologische Nachdenken von Anfang an begleitet. Und es ist auch sehr schnell eine Tendenz zu beobachten, die die Selbstsorge quasi unter theologischen Verdacht stellt. Sehr früh in der Geschichte der christlichen Überlieferung ist dieser Verdacht zu beobachten. Im Lukas-Evangelium ist eine Geschichte überliefert, die den theologischen Verdacht gegen die Selbstsorge bereits zugespitzt formuliert. Die Geschichte lautet:

„Es war ein reicher Mann, dessen Feld hatte gut getragen. Und er dachte bei sich selbst und sprach: Was soll ich tun? Ich habe nichts, wohin ich meine Früchte sammle. Und er sprach: Das will ich tun: ich will meine Scheunen abbrechen und größere bauen, und will darin sammeln all mein Korn und meine Vorräte und will sagen zu meiner Seele: Liebe Seele, du hast einen großen Vorrat für viele Jahre; habe nun Ruhe, iß, trink und habe guten Mut! Aber Gott sprach zu ihm: Du Narr! Diese Nacht wird man deine Seele von dir fordern; und wem wird dann gehören, was du angehäuft hast? So geht es dem, der sich Schätze sammelt und ist nicht reich bei Gott." (Lukas 12,16-21)

Die ‚Botschaft' dieser Geschichte ist unverkennbar. Selbstfürsorge erscheint als gefährlicher Irrweg, der den Menschen von Gott entfernt. Selbstfürsorge ist letztlich selbstzerstörerisch. Deshalb mußte den Menschen, und protestantische Theologie und Frömmigkeit waren im Verfolgen dieser Spur besonders eifrig, die Selbstfürsorge gründlich ausgetrieben werden. Nicht um das Eigene ‚Ich' ist zu sorgen oder allenfalls vermittelt über die Fremdfürsorge und die Sorge um den rechten Glauben. Ein selbstbewußtes Ich steht dem nur im Wege. Wenn Thomas Mann in seinen ‚Buddenbrooks' die versammelte protestantische Gemeinde folgendes Lied singen läßt, dann ist das keine Karikatur, sondern so wurde – besonders im Bereich des protestantische Pietismus – über Jahrhunderte hinweg gesungen. Das Lied in den ‚Buddenbrooks' lautet:

> „Ich bin ein wahres Rabenaas,
> ein rechter Sündenkrüppel,
> der seine Sünde in sich fraß
> als wie das Roß den Zwiebel.
> O Herr, so nimm mich Hund beim Ohr
> wirf mir den Gnadenknochen vor
> und nimm mich Sündenlümmel
> in deinen Gnadenhimmel."

Selbstfürsorge wird in einem solchen Kontext zum Tabu mit allen Folgen, die das für das Selbstbewußtsein der betroffenen Menschen hat. Das *gleichberechtigte Nebeneinander von Fremdfürsorge und Selbstfürsorge*, wie dies den zitierten Satz aus dem Munde Jesu kennzeichnet, ist hier einseitig aufgelöst in eine *negative Bewertung der Selbstfürsorge* und eine *theologische Überhöhung und Privilegierung der Fremdfürsorge*. Die Wirkungen auf die Psyche von Menschen, die im Umfeld eines solchen religiösen Milieus erzogen wurden, hat der Psychoanalytiker Tilmann Moser in seinem Essay „Gottesvergiftung" eindrücklich beschrieben:

„Fast zwanzig Jahre lang war es mein oberstes Gebot, dir [sc. Gott] zu gefallen. Das bedeutet nicht, daß ich besonders brav gewesen wäre, sondern das ich immer und überall Schuldgefühle hatte. Belustigt haben mich Freunde immer wieder auf einen Mechanismus hingewiesen: ich war zu Besuch, fühlte mich wohl, hatte aber ein schwer greifbares Gefühl, vielleicht doch Fehler gemacht zu haben, und nur wenige Stunden oder Tage später trieb es mich anzurufen oder zu schreiben, um eine gewundene Entschuldigung abzugeben oder zu erkunden, ob ich nicht schweren Anstoß erregt hätte. Es war eine fundamentale Unsicherheit in mir, ob ich nicht etwa mir gar nicht ganz einsehbare Normen verletzt hätte, ob nicht binnen kurzer Zeit eine nicht berechenbare Strafe erfolgen würde, ob ich nicht Sympathien verloren oder mir bei dem oder jenem starken Unmut zugezogen hätte. Du hast mir so gründlich die Gewißheit geraubt, mich jemals in Ordnung fühlen zu dürfen, mich mit mir auszusöhnen, mich o.k. finden zu können."(Moser, 1976:16ff)

Hier ist aus dem Munde des Psychologen jener Mechanismus dargestellt, auf den wir in der Regel dort stoßen, wo die Selbstfürsorge unter theologischen Verdacht gestellt wird. Das Resultat einer mangelnden Selbstfürsorge ist dann eine Fremdfürsorge (‚Habe ich bei Anderen Anstoß erregt?‘, ist die allgegenwärtige Frage Tilmann Mosers), die nicht minder zwanghaft ist wie eine ständig unterdrückte Selbstfürsorge.

Nun mußte sich andererseits die Theologie zugleich mit der Tatsache auseinandersetzen, daß wir in der biblischen Überlieferung auch Texte finden, die die Selbstfürsorge eindeutig positiv bewerten. Ebenfalls im Lukas-Evangelium findet sich eine Geschichte, in der die Selbstfürsorge eindeutig positiv gezeichnet wird. Die Geschichte lautet:

„Es war ein reicher Mann, der hatte einen Verwalter, der wurde bei ihm beschuldigt, er verschleudere ihm seinen Besitz. Und er ließ ihn rufen und sprach zu ihm: Was höre ich da von dir? Gib Rechenschaft über deine Verwaltung; denn du kannst hinfort nicht Verwalter sein. Der Verwalter sprach bei sich selbst: Was soll ich tun? Mein Herr nimmt mir das Amt; graben kann ich nicht, auch schäme ich mich zu betteln. Ich weiß, was ich tun will, damit sie mich in ihre Häuser aufnehmen, wenn ich von dem Amt abgesetzt werde. Und er rief zu sich die Schuldner seines Herrn, einen jeden für sich, und fragte den ersten: Wieviel bist du meinem Herrn schuldig? Er sprach: Hundert Eimer Öl. Und er sprach zu ihm: Nimm deinen Schuldschein, setz dich hin und schreib flugs fünfzig. Danach fragte er den zweiten: Du aber, wieviel bist du schuldig? Er sprach: Hundert Sack Weizen. Und er sprach zu ihm: Nimm deinen Schuldschein und schreib achtzig. Und der Herr lobte den ungetreuen Verwalter, weil er klug gehandelt hatte; denn die Kinder dieser Welt sind unter ihresgleichen klüger als die Kinder des Lichts." (Lukas 16, 1-8)

Diese Geschichte, aus dem Munde Jesu überliefert, löst bis auf den heutigen Tag nicht selten Verlegenheit seitens der interpretierenden Theologie aus. Denn hier geschieht in der Tat nichts anderes, als daß ein Mensch – unter Aufbietung, wir würden heute sagen, nicht unerheblicher krimineller Energie – massiv Selbstfürsorge betreibt und dafür nicht nur nicht getadelt, sondern sogar gelobt wird.

Mit dieser doppelten Perspektive in der biblischen Überlieferung bei der Wertung und Betrachtung von Fremdfürsorge und Selbstfürsorge muß sich die Theologie seitdem auseinandersetzen. Und die Theologie hat diese Herausforderung einer offensichtlich notwendigen differenzierten Bewertung und Zuordnung von Fremdfürsorge und Selbstfürsorge angenommen. So stoßen wir bereits in der Briefliteratur des Neuen Testamentes auf eine solche differenzierte Bewertung und Zuordnung. Paulus von Tarsus, der erste große Theologe der jungen Christenheit, schreibt in seinem 2. Brief an die von ihm gegründete Gemeinde in Korinth folgende Sätze:

> „Ihr seid unser Brief in unser Herz geschrieben, erkannt und gelesen von allen Menschen. Ist doch offenbar geworden, daß ihr ein Brief Christi seid, durch unseren Dienst zubereitet, geschrieben nicht mit Tinte, sondern mit dem Geist des lebendigen Gottes ... Nicht daß wir Fähigkeiten haben von uns selber, uns etwas zurechnen als von uns selber, sondern, daß wir Fähigkeiten haben von Gott." (2. Korinther 3,2-5)

In diesen wenigen Sätzen ist auf sehr differenzierte Weise vom menschlichen Leben und den damit verbundenen Befähigungen die Rede. Paulus muß keineswegs, wie dies später in der christlichen Traditionsbildung nicht selten geschah, die menschlichen Fähigkeiten klein reden. Menschen haben für ihr Leben zu sorgen und sie sind dazu befähigt. Es ist für Paulus jedoch eine abgeleitete Befähigung. Und daraus folgt dann auch eine sehr bestimmte Art der menschlichen Selbstfürsorge. Denn die menschlichen Lebensbefähigung ist eine dem Menschen von Gott geschenkte Befähigung. Dies ist ein genuin theologischer Satz und macht nur im Kontext theologischer Überlegungen Sinn. Zugleich ist damit jedoch auch die Art und Weise menschlicher Selbstfürsorge qualifiziert. Es geht um eine Selbstfürsorge, die den Menschen nicht exklusiv an sich selbst bindet, sondern die ihn immer auch an ein Anderes verweist, theologisch gesprochen: an Gott. Je näher der Mensch an sein Innerstes gerät, um so mehr entfernt er sich von einer exklusiven Bindung an ein menschliches Selbst. In diesem Selbst begegnet ihm stets ein Anderes. Und weil dieser Andere, Gott, sich nie exklusiv an einen Menschen verschenkt, sondern an alle Menschen, deshalb sind menschliche Selbstfürsorge und Fürsorge für die Anderen untrennbar voneinander. Nur der sieht sich selbst, der auch die anderen sieht. Diese Verbindung von Fremdfürsorge und Selbstfürsorge macht die Eigentümlichkeit der Anthropologie des Paulus aus.

# III.

Dieses Verständnis vom Menschen und dem damit verbundenen Verhältnis von Fremdfürsorge und Selbstfürsorge hat dann die reformatorische Theologie aufgegriffen und weiter zugespitzt. Deshalb ist es alles andere als ein Zufall, daß die Reformatoren, und insbesondere Martin Luther, sich theologisch bevorzugt an Paulus orientiert haben. Deshalb sei in einem zweiten Schritt das Verhältnis von Fremdfürsorge und Selbstfürsorge im Verständnis der Seelsorge bei Martin Luther vorgestellt. Der Blick auf Luther ist aus zwei Gründen besonders aufschlußreich. Die reformatorische Theologie Martin Luthers ist zum einen geistesgeschichtlich gesehen ein wichtiger Schritt zur Herausbildung dessen, was wir die neuzeitliche Individualität nennen. Diese Herausbildung war ihrerseits die Voraussetzung dafür, daß sich wissenschaftsgeschichtlich die Psychologie als eigenständige Disziplin ausbilden konnte. Insofern besteht zwischen Luther und der Psychologie als moderner Wissenschaft ein Voraussetzungs- und dann auch Ablösungsverhältnis, das in unserem Kontext besonders anregend wirkt. Zum anderen hat sich Martin Luther – und dies ist wiederum kein Zufall – intensiv mit den Fragen der konkreten Seelsorge beschäftigt und ist dabei zu Erkenntnissen gelangt, die bis in die psychologische Methodenreflexion unserer Tage hinein wirken.

Luthers Verständnis der Seelsorge und damit verbunden seine Bewertung der Fremdfürsorge und Selbstfürsorge hängt aufs engste mit seinem Bild vom Menschen zusammen, wobei Luthers Anthropologie durch und durch von theologischen Reflexionen bestimmt ist. Luther denkt den Menschen grundsätzlich – und da ist er modernen Erkenntnissen gar nicht so fern – als Beziehungswesen. Der Mensch existiert stets nur in Beziehungen. Dieser Gedanke ist bei Luther allerdings immer schon theologisch gewendet, da er Gott seinerseits als ein Gott in Beziehung denkt. In Einem jedoch unterscheiden sich Gott und Mensch: Gott ist grundsätzlich gnädig auf den Menschen bezogen, während der Mensch entweder auf Gott oder eben nicht auf Gott bezogen ist.

Diese Bezogenheit ist für Luther – und darin ist er dem neuzeitlich-aufklärerischen Denken äußerst fremd – keine Sache der menschlichen Wahl. Bezogenheit bedeutet für Luther immer schon ein vorgängiges Existieren in Einflußsphären. Denn worauf ich bezogen bin, das bestimmt mein Wesen. Luther bestimmt den Menschen also durch und durch ex-zentrisch. Was er ist, was er denkt, was er fühlt – das kommt nicht aus ihm selbst heraus, sondern konstituiert sich in jenem Feld der Sphäre, die ihn bestimmt. Das menschliche Handeln und Fühlen, so sehr es *menschliches* Handeln und Fühlen ist, kommt von außen auf den Menschen zu und nimmt ihn in Beschlag. In seiner Streitschrift „Vom unfreien Willen", in der es sich mit dem Humanisten Erasmus von Rotterdam und seinem Menschenbild auseinandersetzt, kann Luther das uns heute höchst befremdlich und provokativ anmutende Bild vom Menschen als gerittenes Tier ins Spiel bringen. Luther dazu wörtlich: „So ist der menschliche Wille [d.h. der Mensch in seiner personalen Ganzheit] in der Mitte hingestellt wie ein Lasttier; wenn Gott darauf sitzt, will er und geht, wohin Gott will, wie der Psalm sagt: ‚Ich bin wie ein Lasttier geworden, und ich bin immer bei dir.' Wenn der Satan darauf sitzt, will er und geht, wohin der Satan will. Und es liegt nicht in seiner freien Wahl, zu einem von beiden Reitern zu laufen und ihn zu suchen, sondern die Reiter selbst kämpfen darum, ihn festzuhalten und in Besitz zu nehmen." (Luther, 1983:46 ff.)

Von diesem Verständnis des Menschen her als Existenz in Beziehung und Einfluß-Sphären, entwickelt Luther dann auch seine Sicht gelingenden und sich verfehlenden Lebens. Leben ist für Luther dann gelingendes Leben, wenn es in die Einfluß-Sphäre Gottes gerät. Theologisch gesprochen ist ein solches Leben ein Leben zum Heil. Ein sich verfehlendes Leben liegt immer dort vor, wo der Mensch in die Einfluß-Sphäre des Teufels gerät. Für Luther – und in dieser Hinsicht denkt er extrem dualistisch – gibt es jenseits dieser Alternative keinen Ort für den Menschen. Er lebt entweder in der Einfluß-Sphäre Gottes oder der des Teufels.

Vor dem Hintergrund dieses Szenarios entwickelt Luther dann sein Verständnis menschlicher Freiheit. Dies ist allerdings ein Freiheitsbegriff, der sich grundsätzlich vom neuzeitlich-emanzipatorischen Verständnis von Freiheit unterscheidet, wiewohl geistesgeschichtliche Forscherinnen und Forscher immer wieder gezeigt haben, wie von Luthers Freiheitsbegriff eine Traditionslinie ausgeht, die dann in den neuzeitlich-emanzipatorischen Freiheitsbegriff ausmündet. Die europäische Aufklärung und in der Folge die Französische Revolution haben ja einen Begriff von Freiheit entwickelt, der uns heute in Fleisch und Blut übergegangen ist und unser Denken, Handeln, Fühlen und unsere Sprache bis in den Alltag hinein bestimmt. „Freiheit" – so hat es Kant in seiner berühmten Schrift ‚Was ist Aufklärung?' bestimmt – „ist der Ausgang des Menschen aus seiner selbst verschuldeten Unmündigkeit." Freiheit herrscht dann, wenn der Mensch ohne den Zwang fremder Beeinflussung frei über sich selbst bestimmen kann.

Ein solcher Begriff von Freiheit muß für Luther illusorisch klingen, weil dieser Begriff von Freiheit voraussetzt, daß der Mensch fähig ist, sich am Ursprungsort dessen, wo Freiheit entsteht, zumindest einigermaßen fremden Einfluß-Sphären zu entziehen. Dies aber ist nach Luther grundsätzlich unmöglich. Luther dazu: „Wenn wir unter dem Gott dieser Welt [sc. unter dem Einfluß des Teufels] sind, ohne Werk und Geist des wahren Gottes, werden wir gefangen gehalten nach seinem Willen, … daß wir nicht zu wollen vermögen, es sei denn was er selbst will. Wenn aber ein Stärkerer [nämlich Gott] über ihn kommt und jenen besiegt und uns als seine Beute an sich reißt, sind wir umgekehrt durch seinen Geist Knechte und Gefangene – was jedoch königliche Freiheit ist – so daß wir bereitwillig wollen und tun, was er selbst will." (Luther, 1983:46 ff.)

Wo der Mensch auf sich selbst bezogen ist, weil diese freie Selbst-Bezüglichkeit der Ursprungsort von Freiheit sein soll, wie dies beim neuzeitlichen Verständnis von Freiheit der Fall ist, dort verschließt er sich in der Perspektive Luthers letztlich der Einfluß-Sphäre Gottes und gerät in den Einflußbereich des Teufels, und das ist für Luther der Status extremster Unfreiheit. Theologisch gesprochen: der Status der Sünde. Sünde ist für Luther, das wird in diesem Zusammenhang deutlich, wie übrigens auch für Paulus kein moralischer, sondern ein – wir würden heute sagen – existentieller Begriff. Sünde meint: sich verfehlendes Leben fern der Einfluß-Sphäre Gottes. In der Existenz des Menschen wird für Luther die Sünde darin konkret, daß sich der Mensch in sich selbst verschließt. Luther hat dafür den Begriff des „homo in se ipse incurvatus" geprägt, des in sich selbst verkrümmten Menschen. Wo der Mensch in die Einfluß-Sphäre Gottes gerät, wird er – so wiederum Luther – aus dieser seiner extrem unfrei machenden Selbst-Verkrümmung befreit und in den Status der frei machenden Kindschaft Gottes versetzt

## IV.

Ich habe den langen Umweg über das Verständnis des Menschen und seiner Freiheit deshalb wählen müssen, weil wir Luthers Sicht der menschlichen Selbstfürsorge und damit verbunden der Fremdfürsorge nur verstehen können, vor dem Hintergrund seines durch und durch theologischen Verständnisses vom Menschen. Diese seine Sicht dessen, was Fremdfürsorge und Selbstfürsorge heißt, begegnet uns immer wieder in den reichlich vorhandenen Texten Luthers zur Seelsorge. Luther war ein eminent gefragter und hochaktiver Seelsorger. Dies ist alles andere als ein Zufall. Gerade seine theologische Anthropologie zeichnet den Menschen als ein extrem gefährdetes und deshalb der menschlichen Fürsorge höchst bedürftiges Wesen. Wir wissen über die Grundzüge der Seelsorge Luthers deshalb sehr gut Bescheid, weil – durch die Umstände der Zeit bedingt – ein großer Teil der bei Luther gesuchten und von Luther gewährten Seelsorge in Briefform stattfand und so bis auf den heutigen Tag zugänglich ist. Daneben war Luther auch – wir würden heute sagen – als Popularschriftsteller seelsorgerisch tätig. Immer wieder äußert er sich in längeren und kürzeren Schriften zu Grundsatzfragen der Seelsorge. Aus der Fülle der überlieferten Schriften Luthers seien hier zwei Briefe kurz vorgestellt und daran Luthers – wie ich meine – im Kontext seiner Theologie höchst konsequentes Verständnis von Fremdfürsorge und Selbstfürsorge entfaltet.

Das Gewicht, das Luther der Selbstfürsorge zuweist, und die qualitative Beschaffenheit dieser Selbstfürsorge werden immer wieder daran deutlich, welche Ratschläge Luther Menschen gibt, die von der Krankheit der Melancholie, wir würden heute eher sagen: von Depressionen, befallen sind. Es ist im Übrigen ein höchst merkwürdiges Phänomen, daß die philosophische und künstlerische Beschäftigung mit der Melancholie – von der berühmten bildnerischen Allegorisierung durch Albrecht Dürer bis hin zu Walter Benjamin – zu einem herausragenden Kennzeichen der Neuzeit wird. So als würde das neuzeitliche Verständnis von Freiheit begleitet von einem Bruder oder einer Schwester namens Melancholie. Der Kulturwissenschaftler Wolfgang Lepenies (1969) hat dies in seiner umfänglichen Studie über „Melancholie und Gesellschaft" luzide nachgezeichnet. Und so ist es denn auch alles andere als ein Zufall, daß uns die Melancholie in Luthers Seelsorge immer wieder begegnet. Im Sommer 1530 wendet sich Hieronymus Weller, ein Schüler Luthers, an diesen mit der Bitte um seelsorgerlichen Beistand. Weller war ganz offensichtlich von Depressionen befallen und wurde völlig handlungsunfähig aus Angst davor, eine Sünde zu begehen, quasi ein Vorläufer Tilmann Mosers. Luther reagiert auf diese Bitte um seelsorgerlichen Beistand mit einem umfangreichen Brief, in dem sich folgender charakteristischer Abschnitt findet:

„Darum, so oft euch diese Anfechtung anfallen wird, hütet euch davor, mit dem Teufel eine Disputation anzufangen oder solchen tödlichen Gedanken nachzuhängen. Denn das bedeutet nichts anderes als dem Teufel nachgeben und unterliegen. Ihr sollt euch vielmehr anstrengen, mit aller Kraft solche vom Teufel eingegebenen Gedanken zu verachten...
Verlacht den Feind und sucht euch jemand, mit dem ihr plaudern könnt. Die Einsamkeit fliehet auf jede Weise, denn er sucht euch gerade dann am liebsten zu erhaschen und abzufassen, wenn ihr alleine seid. Durch Spiel und Nichtachtung wird dieser Teufel überwunden, nicht durch Widerstand und Disputieren. Treibt deshalb Scherz und Spiel mit meinem Weibe und andern; dadurch vertreibt ihr die teuflischen Gedanken und bekommt guten Mut, lieber Hieronymus...
Seid darum guten und getrosten Mutes und werft diese schrecklichen Gedanken weit von euch. Und so oft euch der Teufel mit solchen Gedanken plagt, sucht auf der Stelle menschliche Gesellschaft, oder trinkt mehr, treibt Kurzweil oder sonst etwas Heiteres. Man muß bisweilen mehr trinken, spielen, Kurzweil treiben, und hierbei sogar irgend eine Sünde riskieren, und dem Teufel Abscheu und Verachtung zeigen, damit wir ihm ja keine Gelegenheit geben, uns aus Kleinigkeiten eine Gewissenssache zu machen. Andernfalls werden wir überwunden, wenn wir uns ängstlich darum sorgen, daß wir ja nicht sündigen..." (Blail, 1982:47-49)

Bevor nun dieser Brief in unserem Zusammenhang gerückt wird, sei noch aus einem zweiten seelsorgerlichen Brief Luthers aus dem Jahre 1532 zitiert an einen Jonas von Stockhausen, der durch depressive Suizidgedanken gefährdet war. Luther schreibt an ihn:

„Aber der allerbeste über allen Rat ist, wenn Ihr nicht überall mit Ihnen [den Selbstmordgedanken] kämpfen möchtet, sondern könntet sie verachten, und tun, als fühltet Ihr sie nicht, und gedächtet immer etwas anderes, und sprecht also zu ihnen: ‚Wohlan, Teufel, laß mich ungehindert, ich kann jetzt nicht deiner Gedanken warten, ich muß reiten, fahren, essen, trinken, das oder das tun: kurz: ich muß jetzt fröhlich sein, komm morgen wieder usw.' Und was Ihr sonst könntet vornehmen, spielen und dergleichen, damit Ihr solche Gedanken nur frei und wohl verachtet, und von Euch weiset.

Hiermit befehle ich Euch unserem lieben Herrn, dem einigen Heiland und rechten Siegmann Jesu Christo, der wolle seinen Sieg und Triumph in Eurem Herzen behalten wider den Teufel, und uns alle durch seine Hilfe und Wunder in Euch erfreuen, daß wir tröstlich hoffen und bitten, wie er uns geboten und verheißen hat, Amen." (Blail, 1982:64ff.)

Für unseren Reflexionszusammenhang erscheinen an diesen beiden Briefen 5 Punkte bemerkenswert:

- Luther gibt den Menschen den eindeutigen seelsorgerische Rat: Kümmere Dich um Dich. Er sagt mit guten Gründen nicht: Nimm Dich und Dein Leiden nicht so ernst. Sondern er sagt: Tu etwas, damit Dein Leiden aufhört.

- Selbstfürsorge ist für Luther mit Handeln und Verhalten verbunden. Und zwar ein Handeln und Verhalten sich selbst gegenüber. Wir finden bei Luther dort, wo er um seelsorgerischen Rat gefragt wird, nur ganz selten Aufforderungen, etwa karitativ an anderen Menschen tätig zu werden, so hoch sonst Luther das uneigennützige Handeln anderer gegenüber schätzt. Im Kontext von Seelsorge geht es für ihn primär um Selbstfürsorge.

- Dieses selbstfürsorgende Handeln, das Luther immer wieder anrät, ist für ihn primär ein Handeln im Alltag. Es fällt auch in den beiden zitierten Briefen auf, daß wir hier keine Aufforderung zum Gebet oder anderen religiösen Handlungen finden. Selbstfürsorge im Kontext von Seelsorge ist für Luther Verhalten und Handeln in der konkreten Lebenswelt der Menschen.

- Das Leitmotiv und das Kriterium für sinnvolle Selbstfürsorge ist für Luther die Wirkung der Besserung. Deshalb kann er in seinen Ratschlägen – das zeigt der Brief an Hieronymus Weller sehr schön – selbst die Grenzen der Moral und Sittlichkeit überschreiten. Die Selbstfürsorge hat ihre eigene Logik, die mit anderen Logiken durchaus in Konflikt geraten kann.

- Im Kontext der Seelsorge – und dies scheint ein besonderes Kennzeichen von Luthers Theologie und Anthropologie zu sein – geraten Selbstfürsorge und Fremdfürsorge in eine spannende Konstellation. Menschliche Selbstfürsorge wird nämlich für Luther nur möglich im Rahmen der Fremdfürsorge Gottes. Im seelsorgerlichen Kontext ist Fremdfürsorge primär die Sache Gottes. Der sich um den Menschen sorgende Gott befreit den Menschen aus seiner Selbst-Verkrümmung und macht ihn so erst fähig zur Selbstfürsorge. Und nur der Mensch, der zu dieser Selbstfürsorge befreit ist, kann sich dann auch frei an andere Menschen verschenken. Der Mensch muß – so die Quintessenz der reformatorischen Theologie Luthers – zur Selbstfürsorge wie zur Fremdfürsorge erst befreit werden.

## V.

Welche Bedeutung kann nun diesem Verständnis Luthers von Fremdfürsorge und Selbstfürsorge heute zukommen? Es wurde ja bereits deutlich, daß zwischen uns und Luther nicht zuletzt die inzwischen uns selbstverständlich gewordene Ausdifferenzierung zwischen Theologie und Psychologie getreten ist. Dazu kommen nicht minder gewichtige andere Ausdifferenzierungen und Veränderungen nicht allein im Wissenschaftsgefüge, die uns einen ungebrochenen Anschluß an Luther sicher verwehren. Deshalb bin ich auch nicht der Meinung, auf die wir in der theologischen Literatur unserer Tage immer wieder stoßen können, daß wir die Intentionen protestantischer Theologie desto besser treffen, je näher wir an Luthers Theologie dran sind. Traditionen lassen sich nicht durch einfache Wiederholung erhalten, sondern allein durch kreative, und das heißt immer auch verändernde Aneignung. Es wird sich wohl so verhalten, daß wir heute für unser Nachdenken über Fremdfürsorge und Selbstfürsorge von Luther zwar aufregende Impulse erhalten, uns zugleich jedoch Grundannahmen von Luther trennen, die nicht unerheblich sind. Wir sind von Luthers Gedankens, die ich hier vorgestellt habe, vor allem in zweifacher Hinsicht getrennt. Zum einen trennt uns von Luther die massive und personale Sicht des Teufels. Der Teufel war für Luther eine reale Gestalt, dessen Eingreifen in das menschliche Leben wir stetig gegenwärtig sein müssen. Die berühmte Anekdote, wie Luther mit dem Tintenfaß nach dem Teufel wirft, macht dies sehr schön deutlich. Wir werden heute die Realität und Wirkungsweise des Bösen sicher anders bestimmen, als Luther dies tat. Zum anderen trennt uns von Luther die Tatsache, daß wir alle Kinder des neuzeitlich-emanzipatorischen Freiheitsbegriffes sind, und wir in unserem alltäglichen Denken und Handeln, vor allem in unserem Verständnis vom Gesellschaft und Politik hinter diesen neuzeitlich-emanzipatorischen Begriff der Freiheit nicht zurückfallen wollen und wohl auch nicht könnten.

Trotz dieses Trennenden ergeben sich von Luthers seelsorgerlichem Verständnis von Selbstfürsorge und Fremdfürsorge Impulse, die gerade in der gegenwärtigen geistesgeschichtlichen Konstellation neue Bedeutung gewinnen können. Diese gegenwärtige geistesgeschichtliche Situation versuchen wir mit dem Begriff der Postmoderne in den Blick zu bekommen. Auch wenn der Begriff eher unscharf ist und ihm auch ein gewisser modischer Effekt anhaftet, beschreibt dieser Begriff den Übergang von der neuzeitlich-industriellen Moderne in ein Danach. Deshalb *Post*moderne. Dieses Danach ist durch eine Reihe von Abschieden gekennzeichnet. Und im Kontext dieser Abschiede gewinnen die alten vor-modernen Erkenntnisse Martin Luther neue post-moderne Konturen. Denn zu diesen Abschieden gehört vor allem ein neuer Subjekt-Begriff, von dem her dann auch ein neues Verständnis von Selbstfürsorge und Fremdfürsorge zu gewinnen wäre.

Der neuzeitliche Subjekt-Begriff ist mit dem bereits angesprochenen neuzeitlich-emanzipatorischen Begriff der Freiheit aufs engste verbunden. Das Subjekt gewinnt seine innere und äußere Freiheit dadurch, das es sich quasi aus sich selbst heraus und frei von allen Fremdeinflüssen konstituiert. Cogito ergo sum: Ich denke, also bin ich. Mit diesem Satz Descartes beginnt die Geschichte der neuzeitlichen Subjektivität und sie setzt sich über Kant und Hegel fort bis in unsere Gegenwart hinein, etwa mit dem Habermas-schen Gedanken der Freiheit, die sich über den zwanglosen Austausch freier Subjekte in herrschaftsfreier Kommunikation konstituiert. Den Theoretikern der Postmoderne ist dieses starke Subjekt verdächtig geworden. Und es bedarf zumindest der Erwähnung, daß es die Philosophie selbst ist, die diesen Verdacht formuliert hat. Der Philosoph der Postmoderne, Wolfgang Welsch, hat dies so formuliert: „In der Tat ist der Typus Subjekt, der postmodern wiederkehrt, anders konturiert als der moderne. Er ist das jedenfalls dann, wenn man für die Moderne deren angestrengten Subjektbegriff zum Dauermaß erhebt, also einem Subjektbegriff, der schon seit langem eher eine Ideologie darstellt, als daß er durch die Praxis der Subjekte -- noch der freisten und profiliertesten - gedeckt wäre. Denn ein absoluter Souverän, ein Herrscher und Meister - so die Quintessenz dieses angeblich modernennotorischen Subjektbegriffs – ist das Subjekt postmodern in der Tat nicht mehr. Diese Subjektvorstellung ist passé. Nur bedeutet das keineswegs den Tod des Subjekts. Eher bedeutet es den Übergang zu einem Subjektbegriff, wie er Sterblichen ansteht und wie Lebendige ihn praktizieren … das ‚schwache' Subjekt [ist] schon lange das wahrhaftigere und leistungsfähigere. In ihm kommt die eigentliche Stärke der Rationalität – ihre Vielartigkeit – zum Tragen. Solche Subjekte vermögen mehr zu kennen, mehr zu erfahren, genauer zu berücksichtigen und dann immer noch für anderes empfänglich zu sein." (Welsch, 1993:316)

Diesem schwachen Subjekt gehörte auch die seelsorgerliche Leidenschaft Luthers. Luther sah dieses schwache Subjekt noch eingebettet in einen ganz elementaren Kampf zischen Gott und Teufel. Wir müssen heute dieses schwache Subjekt anders denken. Aber ihm sollte unsere ungebrochene Leidenschaft gelten, gerade wenn wir über die Bedeutung von Selbstfürsorge und Fremdfürsorge nachdenken. Und vielleicht stehen in dieser Leidenschaft für das schwache Subjekt die Theologie und Psychologie bereits in einer Partnerschaft, von der sie selbst noch gar nichts wissen.

## Literatur

Blail G (1982) Vom getrosten Leben. Martin Luthers Trostbriefe. Stuttgart
Lepenies W (1969) Melancholie und Gesellschaft. Frankfurt
Luther M (1983) Daß der freie Wille nichts sei. München
Moser T (1976) Gottesvergiftung. Frankfurt
Welsch W (1993) Unsere postmoderne Moderne. Berlin

# „Entsagung" bei Goethe – ein Akt der Selbstfürsorge ?

Karl Pestalozzi

Die Frage im Titel ist eine offene Frage. Sie bringt zwei Begriffe zusammen, den älteren „Entsagung" und den neuen „Selbstfürsorge", und fragt, ob sie etwas mit einander zu tun haben. Das geschieht in der Erwartung, aus dem Vergleich deutlicher erkennen zu können, was „Selbstfürsorge" genau und konkret bedeutet. Goethe wird dafür beigezogen, weil das eine Thematik ist, die ihn in seiner eigenen Existenz und in seinem Werk seiner Lebtag beschäftigt hat.[1] Kaum ein anderer Dichter war dafür so sensibel wie er und hat diese Thematik so differenziert bedacht und gestaltet. Und kaum einem anderen deutschen Autor wurde „Selbstfürsorge" so sehr zum Vorwurf gemacht wie Goethe.

Ich möchte so vorgehen, daß ich zunächst (I.) die prominenteste theoretische Äußerung Goethes zum Thema „Entsagung" vorstelle und kommentiere. Dann wende ich mich (II.) dem Altersroman *Wilhelm Meisters Wanderjahre* zu, dessen Untertitel *Die Entsagenden* eine Phänomenologie des Entsagens verspricht. Abschließend (III.) werde ich auf die Titelfrage zurückkommen und aufgrund des Vorangegangenen eine differenziertere Antwort versuchen.

## I.

Goethe hat sich in hohem Alter ausführlich theoretisch über „Entsagung" geäußert, im 16. Buch von *Dichtung und Wahrheit*. Angeregt sind seine Überlegungen durch die Erinnerung an die prägende Wirkung, die von Spinozas Person und Werk auf ihn ausging. Allerdings sind die Gedankenbahnen unterschwellig und entsprechend schwer nachvollziehbar, die von Spinoza zu den folgenden allgemeinen Überlegungen zum Thema „Entsagung" überleiten.

Unser physisches sowohl als geselliges Leben, Sitten, Gewohnheiten, Weltklugheit, Philosophie, Religion, ja so manches zufällige Ereignis, alles ruft uns zu, daß wir *entsagen* sollen. So manches, was uns innerlich eigenst angehört, sollen wir nicht nach außen hervorbilden, was wir von außen zu Ergänzung unsres Wesens bedürfen, wird uns entzogen, dagegen aber so vieles aufgedrungen, das uns so fremd als lästig ist. Man beraubt uns des mühsam Erworbenen, des freundlich Gestatteten, und ehe wir hierüber recht ins klare sind, finden wir uns genötigt, unsere Persönlichkeit erst stückweis und dann völlig aufzugeben. Dabei ist es aber hergebracht, daß man denjenigen nicht achtet, der sich deshalb ungebärdig stellt, vielmehr soll man, je bitterer der Kelch ist, eine desto süßere Miene machen, damit ja der gelassene Zuschauer nicht durch irgend eine Grimasse beleidigt werde.
Diese schwere Aufgabe jedoch zu lösen, hat die Natur den Menschen mit reichlicher Kraft, Tätigkeit und Zähigkeit ausgestattet. Besonders aber kommt ihm der Leichtsinn zu Hülfe, der ihm unzerstörlich verliehen ist. Hierdurch wird er fähig, dem Einzelnen in jedem Augenblick zu entsagen, wenn er nur in dem andern nach etwas Neuem greifen darf; und so stellen wir uns unbewußt unser ganzes Leben immer wieder her. Wir setzen eine Leidenschaft an die Stelle der andern; Beschäftigungen, Neigungen, Liebhabereien, Steckenpferde, alles probieren wir durch, um zuletzt auszurufen, daß alles eitel sei. Niemand entsetzt sich vor diesem falschen, ja gotteslästerlichen Spruch, ja man glaubt etwas Weises und Unwiderlegliches gesagt zu haben. Nur wenige Menschen gibt es, die diese unerträgliche Empfindung vorausahnden, und, um allen partiellen Resignationen auszuweichen, sich ein für allemal im ganzen resignieren.
Diese überzeugen sich von dem Ewigen, Notwendigen, Gesetzlichen, und suchen sich solche Begriffe zu bilden, welche unverwüstlich sind, ja durch die Betrachtung des Vergänglichen nicht aufgehoben, sondern vielmehr bestätigt werden. Weil aber hierin wirklich etwas Übermenschliches liegt, so werden solche Personen gewöhnlich für Unmenschen gehalten, für Gott- und Weltlose; ja man weiß nicht, was man ihnen alles für Hörner und Klauen andichten soll. [2]

Was der alte Goethe hier geschrieben hat, klingt wie ein Echo auf die Klage, die sein Faust Mephistos Versuchung, sich mit der Welt einzulassen, entgegenhält:

Was kann die Welt mir wohl gewähren?
Entbehren sollst du! sollst entbehren!
Das ist der ewige Gesang,
Der jedem an die Ohren klingt,
Den, unser ganzes Leben lang,
Uns heiser jede Stunde singt etc. [3]

Fausts Klage ist in *Dichtung und Wahrheit* verallgemeinert zu Feststellungen über die conditio humana überhaupt. Diese bestehe darin, daß der Einzelne weder seine inneren Bedürfnisse noch seine äußeren Wünsche erfüllen könne, sondern ständig genötigt sei, Verzichtleistungen zu erbringen. Das führe mit der Zeit notwendig zum Selbstverlust, dazu, die Ansprüche der eigenen Persönlichkeit, ja diese selbst, aufzugeben, eben zu entsagen respektive zu resignieren.

Gegen solche Selbstentfremdung hat „die Natur" den Menschen mit Abwehrkräften ausgestattet. Die eine ist der Leichtsinn. Er führt dazu, daß das Leben aus lauter punktuellen, kleinen Entsagungsleistungen besteht. Sie ergeben einen ständigen Wechsel und führen zur nihilistischen Überzeugung, „daß alles eitel sei", wie es der Prediger Salomo unabläßig verkündet. Goethe widerspricht diesem Bibelspruch, ja bezeichnet ihn als eine „gotteslästerliche Weisheit", weil er dem Irdischen jeden Wert und jede Bedeutung abspricht. „Entsagung" in seinem Sinne führt nicht zur Weltflucht, ihr liegt ein positives Weltverhältnis zugrunde.

Diese positive Entsagung deutet Goethe im folgenden mehr an, als daß er sie konkretisierte. Sie basiert auf dem „Ewigen, Notwendigen, Gesetzlichen". Ungesagt, aber aus dem folgenden erschließbar, bleibt, daß sich diese Begriffe auch und vor allem auf das Individuum, die einzelne Person beziehen. Das ihr und ihrer Begabung Gemässe gibt den Maßstab ab für die Entsagung. Das wird so nicht direkt ausgesprochen, ergibt sich aber daraus, daß Goethe einige Seiten später auf sein in ihm wirkendes dichterisches Talent als eine Naturgabe zu sprechen kommt und ausführlich dartut, wie sie sich ohne sein Dazutun äußere. „Entsagung" bedeutet auf diesem Hintergrund Verzicht auf alles, was dieser eigenen, inneren Naturgesetzlichkeit im Wege stehen könnte. Das könne von außen gesehen leicht als über- oder unmenschlich erscheinen. Diese Haltung ist nahe bei einer einseitigen Selbstfürsorge.

Goethe begegnet diesem Vorwurf mit dem Hinweis, daß dem Menschen von Natur aus die Fähigkeit innewohne, auf die Einhaltung solcher Naturgesetzlichkeiten zu achten. Er illustriert diese ursprüngliche Fähigkeit mit dem spontanen Entsetzen, das uns befalle, wenn sich Tiere oder Pflanzen verhalten, als besässen sie Vernunft und freien Willen. Auch Menschen, die unverständig und unvernünftig handelten, zum Beispiel auch gegen ihren eigenen Vorteil, erregten dieses Entsetzen. Es erlaubt den Schluß, den Goethe nicht mehr zieht, daß die Natur vom einzelnen Menschen verlange, daß er zu dem in ihm wirkenden Gesetz Sorge trage. „Entsagung" hieße demnach Verzicht auf alles die eigene Naturanlage Behindernde und Beschränkung auf das ihr und ihrem Wachstum Gemäße. Insofern ist „Entsagung" kein willkürlicher Akt, sondern eine Förderung der Natur und ihr entsprechend.

Goethe verwendet als Synonyma für „Entsagung" „Resignation" beziehungsweise „resignieren". Wie uns die Begriffsgeschichte [4] lehrt, stammt dieser Begriff aus der mittelalterlichen Mystik. Er bezeichnet dort die Ergebung in den Willen Gottes. Es scheint konsequent, daß Goethe ihn nun, im Anschluß an Spinoza, im Hinblick auf ewige Naturgesetze verwendet. Auch „resignieren" hat somit eine negative und eine positive Komponente.

Man darf nicht außer Acht lassen, daß diese Überlegungen zum Thema „Entsagung" beziehungsweise „Resignation" in Goethes Autobiographie stehen. Sie verfolgen offensichtlich auch den Zweck, seine Lebensführung gegen Vorwürfe zu rechtfertigen, er sei unnahbar, kalt, unteilnehmend, egoistisch, spröde. Insofern bleiben diese allgemein gehaltenen Äußerungen person- und situationsbezogen. Man kann sie durchaus als versteckte Apologie von Goethes Selbstfürsorge lesen. [5]

## II.

Anders und komplexer stellt sich das Problem der Entsagung im Roman *Wilhelm Meisters Wanderjahre oder die Entsagung* dar, [6] worin die Reflexion von „Entsagung" an die erzählerische Darstellung übergegangen ist. Damit ist verbunden, daß aus der allgemeinen, anthropologischen Bestimmung von „Entsagung" als Forderung der Natur eine geschichtliche wird. Nicht daß es zur conditio humana gehört, zu entsagen, wird gezeigt, sondern daß die im Entstehen begriffene bürgerliche Gesellschaft sie fordert, vertreten durch ihre Repräsentanten und Instanzen. Das Problem der „Entsagung" wird damit historisiert, das heißt auf die bestimmte kultur- und gesellschaftsgeschichtliche Situation um 1800 bezogen. Das soll im folgenden an einzelnen Figuren untersucht werden, die besonders mit der Thematik des Entsagens konfrontiert sind.

Vom äußeren Zwang zu entsagen ist zuallererst der „Held", Wilhelm Meister selbst, betroffen, und dies in dreifacher Hinsicht: Am Schluß von *Wilhelm Meisters Lehrjahre* hat Wilhelm von der Turmgesellschaft Natalie, seine Traumfrau, zur Gattin erhalten. Aber er wird zugleich verpflichtet, eine Ehe auf Distanz zu führen, was bedeutet, daß ihre Verbindung die Trennung in sich aufnimmt. So verkehren sie nur brieflich miteinander, schließlich reist Natalie Wilhelm nach Amerika voraus, ohne daß sie sich nochmals gesehen hätten. – Auch der Sesshaftigkeit muss Wilhelm laut Dekret der Turmgesellschaft entsagen. Er darf nicht länger als drei Tage am selben Ort verweilen, dann muss er wieder weiter. Das macht sein Leben zu Wanderjahren. Eine Milderung dieser Bestimmung kann er nur erwirken, wie er seine Absicht kundtut, sich zum Wundarzt auszubilden. – Doch auch diese Berufswahl ist ein Akt der Entsagung, verglichen mit seinem ursprünglichen Wunsch, sich ganz, in allen seinen Fähigkeiten auszubilden, der ihn aufs Theater geführt hatte. Nun beschränkt er sich auf das medizinische Fach und verzichtet darauf, Schauspieler zu werden.

Wilhelm macht sich die verordnete dreifache Entsagung nicht klaglos zu eigen, doch fügt er sich ihr, ohne sie in Frage zu stellen. Der Roman zeigt auch, dass damit nicht alle seine Probleme gelöst sind. Auch unterzieht er sich diesen Vorschriften, ohne ihren Sinn recht einzusehen. Tatsächlich erweisen sie ihr Ziel erst in der Zukunft. Die ihm verordneten Entsagungen sind die Einübung in drei zentrale Anforderungen der im Entstehen begriffenen bürgerlichen Gesellschaft: Disponibilität, Mobilität und Spezialisierung. Disponibilität wird an Wilhelm vielfach gezeigt. Da er keine ehelichen oder familiären Verpflichtungen hat, die ihn binden, kann er verschiedene Aufträge übernehmen, sich dahin und dorthin schicken lassen, um so im Sinne der Vereinigung zu wirken, die die Auswanderung nach Amerika und die Kolonisierung der dortigen Wildnis betreibt. – Dafür ist Mobilität die Grundvoraussetzung: „Bleibet nicht am Boden heften" [7] heisst es im gemeinsamen Lied. Auch wenn es denen, die es hochgemut singen, nicht leichtfällt, ihre Heimat zu verlassen, werden sie nach Amerika auswandern. Und dort, das ist das dritte, wird man Fachleute brauchen. Wilhelm bekommt gesagt: „Narrenpossen [...] sind eure allgemeine Bildung und alle Anstalten dazu. Dass ein Mensch etwas ganz entschieden verstehe, vorzüglich leiste, wie nicht leicht ein anderer in der nächsten Umgebung, darauf kommt es an ...". [8] Allerdings gründet der Beruf des Wundarztes, den Wilhelm wählt, in einem traumatischen Jugenderlebnis. Es ist also durchaus möglich, dass die verlangte Spezialisierung auch einer persönlichen Neigung entspricht. Doch das ändert wenig am Grundsätzlichen, dass Wilhelms Entsagung funktionalisiert ist im Hinblick auf die in Amerika geplante neue, bürgerliche Gesellschaft. Deren Grundsätze, wie sie in Aussicht genommen werden, lassen einen straffen Polizeistaat erwarten. „Ihr [sc. der Polizei] Grundsatz wird kräftig ausgesprochen: niemand soll dem andern unbequem sein; wer sich unbequem erweist, wird beseitigt, bis er begreift, wie man sich anstellt, um geduldet zu werden. Ist etwas Lebloses, Unvernünftiges in dem Falle, so wird dies gleichmässig beseitegebracht." [9] Im Hinblick auf die in Aussicht gestellte amerikanische Gesellschaft bekommt die Bezeichnung „Die Entsagenden" geradezu einen bedrohlichen Klang. Sie erscheinen als solche, die im Sinne der Disponibilität, der Mobilität und der Spezialisierung auf eigene Ansprüche verzichten und sich unterordnen müssen. Die christliche Aufforderung zur Geduld muss dafür eine ideologische Rechtfertigung liefern. [10] Soweit setzt der Roman an Wilhelm die allgemeinen Feststellungen in historische um, die am Anfang der zitierten Passage in *Dichtung und Wahrheit* stehen.

Die Vorbereitung der Zukunftsgesellschaft, in Amerika und in einem noch zu kolonisierenden Landstrich Europas, hat nun aber *einen* grossen Gegenspieler, nämlich Eros, primär, wenn auch nicht ausschliesslich, verstanden als unberechenbare Attraktionskraft zwischen Mann und Frau. Eros, diese Gegenkraft, hat den status einer absoluten Potenz, ist etwas Dämonisches im speziell Goetheschen und im landläufigen Sinne. [11] Die störende Macht des Eros kommt bereits in der Romananlage zum Ausdruck. In den *Wanderjahren* wird nicht mehr wie in den *Lehrjahren* eine fortlaufende Handlung erzählt, in deren Mittelpunkt der Titelheld steht. Der Erzähler ist nurmehr ein Redaktor, der Dokumente unterschiedlicher Art, Briefe, Berichte, Tagebucheintragungen, Lieder, Anweisungen u.a. mitteilt, im Original oder zusammengefasst. Der Erzählbericht verläuft entsprechend diskontinuierlich. Einen besonderen Anteil machen die eingelegten Novellen aus, die meist als gelesene oder erzählte eingeführt werden. Diese Novellen, zu denen ursprünglich auch *Die Wahlverwandtschaften* gehören sollten, haben, mit einer Ausnahme, alle das Wirken des Eros zum Thema. Dieses kann wohl auch einmal wie in der Komödie zum happy end führen, dass zwei sich finden, die zusammengehören; doch in den meisten Fällen richtet Eros Verwirrung und Unheil an. Ich will das an der Novelle *Der Mann von fünfzig Jahren* zeigen, im Hinblick auf die Entsagungsthematik ist das ein Schlüsseltext. [12]

Die Figurenkonstellation ist diejenige einer Komödie: Eine verwitwete Mutter, die Baronin, hat eine Tochter, Hilarie. Ihr verwitweter Bruder, der Major, hat einen Sohn, Flavio. Dass der Major und die Baronin Geschwister sind, ist insofern von Bedeutung, als sie das Interesse verbindet, ihren ererbten Gutsbesitz zusammenzuhalten. Dies, denken sie, könne am besten geschehen, wenn ihre Kinder sich heirateten. Das ist der Plan einer sogenannten Allianzehe feudalen, damit vorbürgerlichen Zuschnitts.

Was die obere Generation auf traditionelle Weise eingefädelt hat, gerät nun aber in Konflikt mit dem historisch jüngeren Anspruch von Sohn und Tochter, ihre Neigung zum Kriterium der Gattenwahl zu machen, das heisst aus Liebe zu heiraten; denn ihre Liebe hat anders gewählt. Die junge Hilarie hat sich in ihren Onkel verliebt, eben den Mann von fünfzig Jahren. Seine Schwester hat nichts gegen diese Wahl, zumal sie ihrem Bruder seit jeher zugetan war und der ökonomische Zweck auch so erreicht werden könnte. Der Onkel gerät in einige Verwirrung, reagiert aber doch entgegenkommend: „denn sie liebte ihn wirklich und von ganzer Seele. Der Garten war in seiner vollen Frühlingspracht, und der

Major, der so viele alte Bäume sich wiederbelauben sah, konnte auch an die Wiederkehr seines eigenen Frühlings glauben. Und wer hätte sich nicht in der Gegenwart des liebenswürdigsten Mädchens dazu verführen lassen!" [13] Nicht gerade Selbstzerstörung ist die Folge dieser Liebe für den Major, wohl aber Selbstverunsicherung, ja Selbstentfremdung. Er lässt sich zu kosmetischen und Fitness-Prozeduren bereden, nimmt sich einen „Verjüngungsdiener" und unterzieht sich dessen „Verjüngungskunst", wenn auch nicht ohne Unbehagen. – Innerhalb von Goethes Welt gehört das Wachstum in Entwicklungsstufen zu den ewigen Naturgesetzen, denen alles Lebendige untersteht. Modell dafür ist das Pflanzenwachstum. Indem sich der Major dazu verführen lässt, sein Alter zu leugnen, verstösst er gegen dieses Leben und Existenz sichernde Axiom. Das zeigt sich alsbald im Konflikt mit seinem Sohn Flavio, der sich allerdings an unerwarteter Stelle entzündet. Flavio kommt die sich anbahnende Verbindung zwischen seinem Vater und Hilarie höchst gelegen; denn seine Neigung gilt einer schönen Witwe. Er wirbt um sie und bittet den Vater, bei ihr ein gutes Wort für ihn einzulegen. Das geschieht, hat aber zur Folge, dass sich die Witwe stärker am Vater interessiert zeigt als am Sohn. Diese ihm nach Alter, Stand und geistigen Interessen gemässere Frau lässt den Major ebenfalls nicht völlig kalt, so dass er im Kreuzfeuer unvereinbarer Ansprüche, als Bräutigam, Bruder, Vater und Mann, in noch grössere Verwirrung gerät.

So lustspielhaft das angelegt ist, der Akzent liegt auf der destruktiven Wirkung des Eros, die daran fassbar wird, dass die Beteiligten ihre Entwicklungsstufen missachten, damit das Wachstumsgesetz, in dessen Respektierung nach den Ausführungen in *Dichtung und Wahrheit* echte Entsagung bestünde. Gesellschaftliche Anforderungen sind dabei nicht im Spiel. Es ist ein Konflikt zwischen Eros und Naturordnung, der alle Beteiligten in eine lebensbedrohende Krise stürzt.

Zunächst ist von Flavio die Rede. Er stürzt ins Haus der Tante „in schauderhafter Gestalt, verworrenen Hauptes, auf dem die Haare teils borstig starrten, teils vom Regen durchnässt niederhingen, zerfetzten Kleides, wie eines, der durch Dorn und Dickicht durchgestürmt, greulich beschmutzt, als durch Schlamm und Sumpf herangewadet". [14] Das Äussere deutet auf ein entsprechendes Inneres, den Frauen kommt bei diesem Anblick der von Furien verfolgte Orest in den Sinn. Doch der Grund dieser selbstzerstörerischen Verwirrung ist erotische Verzweiflung: die schöne Witwe hat Flavios Werbung endgültig abgewiesen. Die Heilung erfolgt unter der Hand des Arztes und Hilariens Pflege nur ganz allmählich. Zwischen Flavio und Hilarie stellt sich darüber eine altersentsprechende Vertrautheit ein, die den Erzähler vorgreifend von ihnen als dem „jungen Paar" sprechen lässt.

Der Erzähler berichtet eingehend, wie Flavios Hang zur Selbstzerstörung geheilt wird und sich die Annäherung zwischen ihm und Hilarie ergibt. Zunächst kommt es zwischen beiden zum Austausch von Gedichten, einem poetisch-musikalischen Dialog. „Hier nun konnte die edle Dichtkunst abermals ihre heilenden Kräfte erweisen. Innig verschmolzen mit Musik, heilt sie alle Seelenleiden aus dem Grunde, indem sie solche gewaltig anregt, hervorruft und in auflösenden Schmerzen verflüchtigt." [15] Dichten und Dichtung kommt somit eine kathartische Wirkung zu, wie sie Goethe oft an sich selbst erlebt hatte. – Wie Flavio als Notbehelf Kleider seines Vaters anzieht und dessen Jugendbilder in Erinnerung rufen, wie ähnlich sie sich sind, wird Hilaries Liebe zu ihrem Onkel in altersgemässe Bahnen umgelenkt. – Den nächsten Schritt beider auf einander zu bewirken gemeinsame Hilfeleistungen bei einer Überschwemmung und im Zusammenhang damit gemeinsames Schlittschuhlaufen, wie das Wasser zur Eisfläche gefriert. Offensichtlich verliert Amor, mit Caritas im Bunde, seine Destruktionskraft. Gemeinsames wohltätiges Tun führt zu ruhigen Kontakten zwischen den Liebenden. Flavio kann als geheilt gelten.

Auch der Major und Hilarie gelangen erst durch erschütternde Krisen zur Lösung aus ihrer erotischen Verwirrung, die zunächst zum verheerenden Ausbruch kommt, wie das junge Paar unerwartet auf dem Eis dem Onkel und Vater begegnet: Hilarie stürzt ohnmächtig zusammen. Der Major kehrt allmählich zum Bewusstsein seines Alters zurück, er lernt, sich mit seinen fünfzig Jahren abzufinden, vor allem, wie ihm ein Vorderzahn ausfällt. Ein klärendes Gespräch mit der schönen Witwe tut ein übriges, man ahnt, dass sich dabei eine beiden altersadaequate Beziehung anbahnt. Anders Hilarie. Die Mutter redet ihr zwar vernünftig zu, Musik und Gesang, Zeichnen, Sticken und Vorlesen beruhigen sie bis zu einem gewissen Grade, aber den Rat, sich mit Flavio zu verbinden, kann sie nicht befolgen, wie einer, „dem etwas innerlich wahr geworden, es möge nun mit der ihn umgebenden Welt in Einklang stehen oder nicht."[16] Dass Hilarie sich der erwarteten symmetrischen Auflösung des Konflikts lange widersetzt, deutet an, dass bei ihr Eros gefährdender wirkt als bei den Männern.

Die Novelle führt vor, dass gegenüber dem Eros Entsagung mit lebens- und existenzgefährdenden Krisen verbunden ist, die durchlitten werden müssen, auch wenn es Hilfsmittel gibt, welche allenfalls die Heilung beschleunigen können. Aber diese braucht Zeit. Zweihundert Seiten später sind Flavio und Hilarie einerseits, der Major und „jene Unwiderstehliche" [17] andrerseits ein Paar, ohne dass ihnen von ihren Mitgästen oder vom Erzähler noch gross Beachtung geschenkt würde. Wie dieses happy end, das die jeweils Gleichaltrigen zusammengeführt hat, schliesslich zustandegekommen ist, weiss man nicht.

Es wird die unbestimmte Vermutung genährt, es sei dem Wirken von Makarie zu verdanken, einer dem Kosmos verbundenen weisen Frau, von der es heisst, sie sei „die Vertraute, der Beichtiger aller bedrängten Seelen, aller derer, die sich selbst verloren haben, sich wiederzufinden wünschten und nicht wissen wo". [18] Sie steht auch mit dem Auswandererbund in Verbindung. Doch die Zusammenhänge im einzelnen bleiben im Dunkeln.

An der Novelle *Der Mann von fünfzig Jahren* zeigt sich exemplarisch, dass der Roman auf einer grossen Polarität aufbaut: auf der einen Seite erotische Verwirrung, die bis an die Grenze körperlicher und seelischer Selbstzerstörung führen kann, auf der andern Seite eine Entsagung, welche das Funktionieren der geplanten Gesellschaft möglich macht, aber über Makarie auch kosmisch abgestützt ist. Wie es vom einen zum andern kommt, bleibt hier und in anderen Fällen unerzählt. Die Erzählabfolge von Eros zur Entsagungsgesellschaft etabliert ein post hoc, das den Schluss auf ein propter hoc nahelegt, im einzelnen aber offenlässt.

Auffällig an diesen Verhältnissen ist der Umstand, dass die Liebesehe als bürgerliche Errungenschaft, in der individuelle Neigung und gesellschaftliche

Verpflichtung übereinkommen, hier nicht fraglos spielt. Diese Einheit tritt auseinander in destruktive Liebesverwirrung und Entsagung, die in erster Linie dem Eros gilt. Damit bleibt die Gesellschaft auf ihren Gegenpol bezogen, ja eigentlich angewiesen. Es ist die durchlittene und schliesslich mit Entsagung beschlossene erotische Gefährdung, die den Zutritt in den Kreis der gesellschaftlich Wirkenden ermöglicht, was auch mit einer Eheschliessung verbunden sein kann.

Dieses Verlaufsmuster wird im Schlusstableau des Romans an Wilhelm und seinem Sohn Felix ein letztes Mal variiert, übrigens eine der ergreifendsten Stellen in Goethes Werk. [19] Wilhelm befindet sich an einem Flusse, da sieht er auf der gegenüberliegenden steilen Böschung einen jungen Mann zu Pferd heransprengen und „jählings, Pferd über, Mann unter" hinab ins Wasser stürzen. Es ist Felix, in grösster erotischer Verwirrung. Man kann ihn auf eine Kiesinsel retten. Wilhelm, nun eben gelernter Wundarzt, lässt ihn zu Ader und rettet ihm damit das Leben. Und nun erkennen sich der Jüngere und der Ältere als Vater und Sohn. „So standen sie fest umschlungen, wie Kastor und Pollux, Brüder, die sich auf dem Wechselweg vom Orkus zum Licht begegnen." Felix kommt aus dem Orkus erotischer Verwirrung, Wilhelm aus dem Licht der Entsagung, die ihn zum hilfreichen Glied der Gesellschaft hat werden lassen. Sein abschliessendes Wort im Angesicht des verwundeten Sohnes hebt die Situation ins Allgemeine: „Wirst du doch immer aufs neue hervorgebracht, herrlich Ebenbild Gottes, und wirst sogleich wieder beschädigt, verletzt von innen oder von aussen." Dann heisst es vom Sohn, „er schien schon völlig wiederhergestellt". Die Situation verweist auch auf die Novelle *Der Mann von fünfzig Jahren* zurück: Felix ist ein zweiter Flavio. Wilhelm gleicht dem Arzt, der Flavio heilt. Damit scheint die Verwirrung der Jugend, die Heilung dem Alter zugewiesen gemäss Mephistos Satz über den Bakkalaureus: „Wenn sich der Most auch ganz absurd gebärdet/ es gibt zuletzt doch noch e' Wein!" [20]

Doch die Novelle führt gerade vor, dass auch der ältere Major nicht gegen Eros gefeit ist. Das gilt auch für Wilhelm. Bei Hersilie, auf deren Abweisung Felix mit seinem selbstgefährdenden Ritt reagiert, sind Vater und Sohn Rivalen, so dass diese von sich sagt: „Ich komme mir vor wie Alkmene, die von zwei Wesen, die einander vorstellen, unablässig heimgesucht wird." [21] Sie ist es auch, die Wilhelm die Erzählung *Die pilgernde Törin* zu lesen gab, die ebenfalls von einer Liebesrivalität zwischen Vater und Sohn handelt. Vater und Sohn als erotische Konkurrenten – das Motiv zieht sich durch den ganzen Roman hindurch; es wird bereits in den *Lehrjahren* exponiert, mit dem Bild vom kranken Königssohn, dem der Vater, um ihn zu heilen, die Gattin, seine Stiefmutter, abtritt.

Die auffallende Angleichung von Vater und Sohn verbietet es, Eros und Entsagung einfach nur den beiden Lebensstufen, Jugend und Erwachsenenalter, zuzuweisen. Die Polarität besteht in Wilhelm selbst, der Satz, dass das Ebenbild Gottes ständig verletzt werde, betrifft auch ihn, den älteren. Der Entsagung wäre demnach ihr Gegenteil untrennbar inhärent. Ja, genaugenommen besteht sie im Oszillieren zwischen den Polen emotionaler Verwirrung und abgeklärter Ruhe im einzelnen Individuum: erotische Verwirrung und Entsagung als wechselnde Seelenzustände.

Es gibt eine einzige Passage im Roman, in der die Mitte zwischen diesen Polen gezeigt wird, so dass sich ein bewegter Zustand ergibt, der beide umfasst. Es ist die Episode am Lago Maggiore. [22] Wilhelm sucht die Stätten auf, die mit Mignon aus den *Lehrjahren* verbunden sind. Damit öffnet sich seine Lebenssituation auf ihre erotische Vorgeschichte hin. Und auch die Grenze zwischen Rahmenhandlung und Novelle wird verwischt: Wilhelm und ein junger Maler, den er unterwegs kennengelernt hat, treffen am Lago Maggiore auf Hilarie und die schöne Witwe aus *Der Mann von fünfzig Jahren.* Zwischen beiden Männern und beiden Frauen kommt es zu einem „Paradies", aber einem jeden Abend unterbrochenen und im Bewusstsein aller befristeten. So enthält die Begegnung von Anfang an die Trennung in sich, die sich regende Zuneigung den Abschied. Die Künste, in *Der Mann von fünfzig Jahren* ein Mittel der Heilung, geben hier nun als Gesang, Malerei und Architektur der Isola Bella diesem Zusammensein der vier Personen Stoff, die gemeinsam verlebte Zeit sinnreich auszugestalten. So gelingt es den vieren, auch wenn die Gefahr des Umkippens ständig droht, aufkeimende Leidenschaft und Distanz in der Schwebe zu halten. Man hält beim Lesen förmlich den Atem an, wie lange dieses prekäre „Paradies" wohl dauern könne:

Einige Tage wurden so auf diese Weise zwischen Begegnen und Scheiden, zwischen Trennen und Zusammensein hingebracht; im Genuss vergnüglichster Geselligkeit schwebte immer Entfernen und Entbehren vor der bewegten Seele. In Gegenwart der neuen Freunde rief man sich die ältern zurück; vermisste man die neuen, so musste man bekennen, dass auch diese schon starken Anspruch an Erinnerung zu erwerben gewusst. Nur ein gefasster, geprüfter Geist wie unsere schöne Witwe konnte sich zu solcher Stunde völlig im Gleichgewicht erhalten. [23]

Schließlich vollziehen die Frauen von sich aus die Trennung und setzen dem Glück ein Ende. Im Lichte dieser Episode befristeten ausgeglichenen Glücks am Lago Maggiore geraten nun nicht nur die von erotischer Verwirrung Überwältigten, sondern auch die Entsagung Übenden, die nach Amerika ziehen oder eine Binnenkolonisation vorhaben, in das Licht, einseitig zu sein, da sie dem Einzelnen in der allgemeinen Planwirtschaft keinen solchen Spielraum lassen, sondern ihn reglementieren im Hinblick auf die angestrebte ideale Zukunft. Die „Pädagogische Provinz" unterwirft die Kinder einem eigentlichen Drill. Der Untertitel *Die Entsagenden* scheint so gesehen eine Einseitigkeit zu favorisieren.

Doch dieser Untertitel lässt sich nicht sosehr auf das Ergebnis als auf die Bewegung zwischen Eros und Entsagung als Gesellschaftsmaxime beziehen. Entsagen ist hier nicht als einmaliger Vorgang oder als dessen Ergebnis zu verstehen, sondern als ein Hin und Her, eben als jenes Oszillieren und Balancieren zwischen den Polen, wie es die Lago Maggiore-Episode als zeitweilig geglückt vorführt.

Auch die ihn lesen, macht der Roman zu Entsagenden dieser pendelnden Art. Seine Anlage, der Wechsel der Darbietungsformen und das erzählerische Hin und Her zwischen Liebesverwirrung und Einübung in gesellschaftstaugliches Verhalten lassen sich als formale Entsprechung zum inhaltlichen Oszillieren verstehen, von dem die Rede war. Die Pole sind als erotische Einlagen und Programm des Auswandererbundes am klarsten fassbar, doch gibt es zahlreiche Zwischenstufen, die man wohl auf einer gleitenden Skala anordnen könnte. Das

Schlusstableau verteilt wie gezeigt die Pole auf Vater und Sohn, bekräftigt aber auch mit der Formel „immer aufs neue" die Wiederholungsstruktur des Entsagens als Vorgang im Einzelnen.

Dieses Entsagen in Goethes Altersroman kann man anhand der *Urworte. Orphisch* noch verdeutlichen. Dieses Gedicht, das ursprünglich in Goethes naturwissenschaftlichen Schriften plaziert war, nennt fünf anthropologische Grundmächte. In der Mitte steht „Eros, Liebe", darauf folgt „Ananke, Nötigung".

ΕΡΩΣ, Liebe

Die bleibt nicht! – Er stürzt vom Himmel nieder,
Wohin er sich aus alter Öde schwang,
Er schwebt heran auf luftigem Gefieder
Um Stirn und Brust den Frühlingstag entlang,
Scheint jetzt zu fliehn, vom Fliehen kehrt er wieder,
Da wird ein Wohl im Weh, so süss und bang.
Gar manches Herz verschwebt im Allgemeinen,
Doch widmet sich das edelste dem Einen.


ΑΝΑΪΚΗ, Nötigung

Da ist's denn wieder, wie die Sterne wollten:
Bedingung und Gesetz; und aller Wille
Ist nur ein Wollen, weil wir eben sollten,
Und vor dem Willen schweigt die Willkür stille;
Das Liebste wird vom Herzen weggescholten,
Dem harten Muss bequemt sich Will' und Grille.
So sind wir scheinfrei denn nach manchen Jahren
Nur enger dran, als wir am Anfang waren. [24]

Das Entsagen, verstanden als Vorgang, wie ihn der Roman an Wilhelm und in der Lago Maggiore-Episode andeutet, pendelt gewissermassen im freien Raum zwischen diesen beiden Strophen, wobei das Gedicht mit der Bezeichnung *Urworte* die Gleichberechtigung von Eros und Ananke impliziert und zwischen ihnen nicht gewichtet. Nur eben, dass im Lichte der *Urworte. Orphisch* das so verstandene Entsagen als Naturphänomen erscheint, während es die *Wanderjahre* einer bestimmten historischen Situation zuweisen.

## III.

Ich kehre zur Ausgangsfrage zurück, was Goethes *Entsagung* mit den im Thema dieser Reihe genannten Begriffen „Selbstfürsorge" und „Selbstzerstörung" zu tun habe. In den Reflexionen aus *Dichtung und Wahrheit* steht Entsagung nahe bei Selbstfürsorge, verstanden als Ausrichtung des Lebens und der Lebensführung auf die eigene, von der Natur verliehene individuelle Begabung. Die Einschränkungen, welche die Gesellschaft vom einzelnen fordert, treten dagegen zurück, auch wenn sie nicht geleugnet werden.

Im Roman *Wilhelm Meisters Wanderjahre* lassen sich unterschiedliche Nüancen von Entsagung unterscheiden. Gemeinsam ist ihnen, dass sie mit der historischsozialen Umbruchsituation um 1800 in Zusammenhang stehen. Für Wilhelm Meister bedeutet Entsagung zunächst den Verzicht auf die Erfüllung eigener Bedürfnisse zugunsten der gesellschaftlichen Anforderungen an Disponibilität, Mobilität und Spezialisierung. An letzterer zeigt sich, dass dabei eigene Wünsche durchaus mit im Spiel bleiben können. In der Binnennovelle *Der Mann von fünfzig Jahren* verläuft die Entsagung einsinnig von der erotischen Verwirrung zur gesellschaftlichen Funktion, wobei letztere mit dem zusammengeht, was den unterschiedlichen Lebensaltern gemäss ist. Interessanterweise wird dabei der Kunst eine heilende Funktion zugeschrieben. Die Lago Maggiore Episode zeigt jedoch, dass Entsagen als Bewegung auch ein Oszillieren zwischen erotischer Verwirrung und gesellschaftlichem Funktionieren bedeuten kann. Dieses Oszillieren oder Pendeln kann sich auch im einzelnen abspielen; darauf deutet die enge Verbindung zwischen Vater und Sohn, die bis zur erotischen Rivalität führen kann. So verstanden, als Vorgang im einzelnen, entspricht das Entsagen andern polaren Lebensvorgängen bei Goethe wie Ein- und Ausatmen oder Stirb und Werde. „Selbstfürsorge" und „Selbstzerstörung" liessen sich als analoge Polarität verstehen.

Der späte Goethe hätte wohl solche Komposita mit „Selbst-" ungern gehört. „Selbst" war ein Leitwort seiner Jugend gewesen: „Hast du's nicht alles selbst vollendet/ heilig glühend Herz!" [25] lässt er seinen Prometheus sagen. In Werther und Tasso hat er Fälle erotischer und gesellschaftlicher Selbstzerstörung gestaltet. Zerstören und Bewahren, wie sie das Entsagen in den *Wanderjahren* in allen seinen Nüancen kennzeichnen, sind jedoch nie nur die Sache des Einzelnen. Sowohl die erotische Verwirrung wie die gesellschaftliche Funktion beziehen sich auf andere, sind Formen sozialen Verhaltens. Auch das Entsagen als Oszillieren pendelt zwischen unterschiedlichen Bezügen zu andern. Gewiss müssen sich die Betroffenen selber damit auseinandersetzen, aber noch als Verzweifelnde sind sie nicht mit sich allein. Dass sich das Entsagen in den *Wanderjahren* zwischen entgegengesetzten Formen des Miteinander bewegt, unterscheidet es auch von der im Vergleich damit solipsistischen Reflexion, mit der Goethe in *Dichtung und Wahrheit* seine eigene Existenz verständlich zu machen sucht und rechtfertigt.

Der Roman *Wilhelm Meisters Wanderjahre* umspielt in vielfältiger Weise das Motiv des Entsagens. Er enthält jedoch kein Modell, mit dem man sich im Leben ausserhalb des Romans zurechtfinden könnte. Aber vom Roman als Kunstwerk versprach sich Goethe durchaus eine heilsame Wirkung. Im ersten Aphorismus *Aus Makariens Archiv*, das den Roman beschliesst, heisst es: „Die Geheimnisse der Lebenspfade darf und kann man nicht offenbaren; es gibt Steine des Anstosses, über die ein jeder Wanderer stolpern muss. Der Poet aber deutet auf die Stelle hin." [26]

[1] Goethe wird im folgenden zitiert nach der sog. Hamburger-Ausgabe (HA + Band- und Seitenzahl), Goethes Werke, Hamburger Ausgabe in 14 Bden, hrsg. von Erich Trunz. 12. Auflage. München: Beck 1981.

[2] HA Bd 10, S. 77/78.

[3] Faust I, V. 1549-1553. HA Bd 3, S. 53.

[4] vgl. den Artikel „Resignation, resignieren" in: Historisches Wörterbuch der Philosophie, hrsg. von Joachim Ritter † und Karlfried Gründer. Bd 8. Basel: Schwabe 1992. Sp. 909-916.

[5] vgl. den Artikel „Entsagung" in Goethe Handbuch, hrsg. von Bernd Witte et al., Bd 4/1. Stuttgart-Weimar: Metzler 1998. S. 268. Dort auch weitere Literatur.

[6] Von *Wilhelm Meisters Wanderjahre* existieren 2 Fassungen, 1821 und 1829. Bd 8 der HA enthält die 2. Fassung. Nach dieser wird in der Folge zitiert. – Beide Fassungen des Romans bringen die neusten Goethe-Ausgaben umfassend kommentiert: Johann Wolfgang Goethe, Sämtliche Werke. Deutscher Klassiker Verlag. Bd 10, hrsg. von Gerhard Neumann und Hans-Georg Dewitz. Frankfurt 1989. – Johann Wolfgang Goethe, Sämtliche Werke nach Epochen seines Schaffens. Münchner Ausgabe. Bd 17, hrsg. von Gonthier-Louis Fink, Gerhart Baumann und Johannes John. München 1991.

[7] HA Bd 8, S. 392.

[8] HA Bd 8, S. 282; ähnlich schon S. 37: „Mache ein Organ aus dir und erwarte, was für eine Stelle dir die Menschheit im allgemeinen Leben wohlmeinend zugestehen werde." – „Ja, es ist jetzt die Zeit der Einseitigkeiten."

[9] HA 8, S. 406.

[10] HA 8, S. 407.

[11] vgl. Art. „Dämonisches". Goethe Handbuch Bd 4/1. S. 178-180.

[12] HA 8, S. 167-224.

[13] HA 8, S. 170.

[14] HA 8, S. 203.

[15] HA 8, S. 206.

[16] HA 8, S. 221.

[17] HA 8, S. 438.

[18] HA 8, S 223.

[19] HA 8, S. 458-460.

[20] Faust II, V. 6813/4. HA 3, S. 209.

[21] HA 8, S. 265.

[22] HA 8, S. 226-241.

[23] HA 8, S. 233.

[24] HA 1, S. 360.

---

[25] HA 1, S. 45.
[26] HA 8, S. 460.

# Süße Vernichtung – Selbstzerstörung als Selbstfürsorge

Hartmut Raguse

Der Titel meines Beitrags ist eine *Paradoxie*, und er ist zugleich teilweise ein *Zitat*. Als *Paradoxie* kann er vor dem Hintergrund der Freudschen Psychoanalyse verstanden werden, nach deren Grundauffassung die Phänomene oft eine Bedeutung haben, die man ihnen nicht auf den ersten Blick ansieht. Ich möchte das kurz erklären. Das wichtigste Fundament der Psychoanalyse ist die Annahme, daß nur ein Teil unseres seelischen Lebens bewußt ist, daß vielmehr ein ebenso gewichtiger und wirkungsvoller Teil *unbewußte* Phantasien umfaßt, die als solche zwar nicht bewußt werden können, die aber unsere bewußten Vorstellungen in eigentümlicher Weise überformen. Und deshalb kann die bewußte Vorstellung, den Tod zu suchen, zugleich zum Träger einer anderen Vorstellung werden, nämlich sein Leben zu erhalten und vor den Nachstellungen böser Verfolger zu beschützen. In vielen Fällen kann diese Idee sogar bewußt sein und mit der andern in eine bewußte Beziehung treten. Wie aber diese Verbindung zweier solcher kontrastierender, sogar sich ausschliessender Ideen motiviert ist, warum Tod also Leben bedeutet, dafür dürften in der Regel die tatsächlichen Gründe nicht bewußt sein. An die Stelle der Kenntnis der wirklichen Zusammenhänge treten dann meist rationalisierende Gedankenverbindungen, die Ideologiecharakter haben, auch wenn sie religiösen Ursprungs sind. Wenn nun eine solche Vorstellung, sein Leben zu beenden, um es zu bewahren, wenn also eine derartige Idee zur Realität wird, also zum Selbstmord führt, dann spätestens dürfte sie den meisten Menschen als Selbsttäuschung erscheinen. Die Psychoanalyse ist auch als eine umfangreiche Theorie der Selbsttäuschung zu verstehen. Die analytische Therapie besteht dann darin, diese Selbsttäuschung aufzuheben und zu mehr Einsicht in die Realität zu gelangen. Aber was ist schon Realität? Wenn man nicht den je eigenen Standpunkt zur letzten Realität erheben will, was ja ebenfalls meist eine weitere Täuschung ist, dann muß man erkennen, daß Realität ein gemeinschaftsbezogener, konventioneller und kein absoluter Begriff ist. Das merken Sie, wenn Sie sich überlegen, ob sich die 40 jungen Leute, die sich anfangs des Jahres 1997 umbrachten, um vom Kometen Hale – Bopp ins Paradies mitgenommen zu werden, geirrt haben oder nicht. Wir werden vermutlich ersteres annehmen. Aber Menschen, die in einer religiösen Welt leben, in der Kometen göttliche Wagen sind, werden sagen, die Menschen hätten sich nicht unbedingt geirrt. Schließlich wurde auch der alttestamentliche Prophet Elia von einem feurigen Wagen mitgenommen, was jahrtausendelang von keinem Juden, keinem Christen und keinem Muslim bezweifelt wurde. Warum war dieser sog. Komet nicht in Wirklichkeit ein himmlischer Wagen? Wir haben keine absolute Instanz, von der her wir urteilen können.

Aber innerhalb alltäglicher Konventionen können wir mit einem gewissen Recht sagen, daß der bewußte Wunsch, seinem Leben ein Ende zu setzen, auf einer Illusion beruht, wenn er von dem Wunsche genährt wird, eben dieses Leben zu bewahren oder sogar zu überhöhen. Und bei diesen Konventionen werde ich in meinem Beitrag bleiben.

Es sind nun vor allem religiöse Systeme, die ihren Anhängern symbolische Vorstellungen anbieten, innerhalb derer Rettungsphantasien auch dann noch als verheißungsvoll erscheinen, wenn sie sich mit dem Gedanken des Todes verbinden. Und damit komme ich dazu, Ihnen die Herkunft des *Zitates* zu zeigen, das mein Titel enthält. Es entstammt dem autobiographischen Roman „Anton Reiser“, den der Schriftsteller Karl Philipp Moritz zwischen 1785 und 1790 verfaßte. Es ist eines der wichtigsten und für mich schönsten Bücher des 18. Jahrhunderts und gilt unter Germanisten als Beginn einer psychologisch überformten Autobiographie innerhalb der deutschen Literatur. Alle Beispiele meines Beitrags werde ich diesem Buche entnehmen, nicht zuletzt, um zur Lektüre anzuregen. Ziemlich am Anfang schreibt Moritz über den jungen Anton, mit dem er faktisch identisch ist, die folgenden Sätze, aus denen mein Titel stammt:

„Oft tröstete er sich in einsamen Stunden, wo er sich von aller Welt verlassen glaubte, durch ein solches Lied vom seligen Ausgehen aus sich selber und der süßen Vernichtung vor dem Urquell des Daseins".[1] (22)

Im folgenden Satz kommentiert der Erzähler dann recht kritisch:

„So gewährten ihm schon damals seine kindischen Vorstellungen oft eine Art von himmlischer Beruhigung". (22)

Diese kindischen Vorstellungen nun entstammen einer bestimmten mystischen Gruppierung, dem sog. Quietismus, der sich in diesem Falle speziell auf die Schriften und Lieder einer Madame Guyon berief. Moritz beschreibt am Anfang seines Buches deren Lehre mit folgenden Worten:

„Die Lehren, welche in diesen Schriften enthalten sind, betreffen größtenteils jenes schon erwähnte völlige Ausgehen aus sich selbst und Eingehen in ein seliges Nichts, jene gänzliche Ertötung aller sogenannten „Eigenheit" oder „Eigenliebe" und eine völlig uninteressierte Liebe zu Gott, worin sich auch kein Funken von Selbstliebe mehr mischen darf, wenn sie rein bleiben soll, woraus dann am Ende eine vollkommene selige „Ruhe" entsteht, die das höchste Ziel aller dieser Bestrebungen ist." (12)

Zunächst einmal mag das eine respektable Frömmigkeit sein, die aber spätestens dann eine katastrophale Wirkung hat, wenn sie auf reale Verzweiflung und auf Lebensüberdruß stößt. Anton hat tatsächlich eine schwere Kindheit und fühlt sich von allen Seiten verachtet und gedemütigt. In seinen einsamen Spielen ist er Täter und Opfer zugleich:

„Wenn er auf der Wiese ging, so machte er eine Scheidung und ließ in seinen Gedanken zwei Heere gelber und weißer Blumen gegeneinander rücken. Den größten unter ihnen gab er Namen von seinen Helden, und eine benannte er auch wohl von sich selber. Dann stellte er eine Art von blindem Fatum vor, und mit zugemachten Augen hieb er mit seinem Stabe, wohin er traf.

Wenn er dann seine Augen wieder eröffnete, so sah er die schreckliche Zerstörung, hier lag ein Held und dort einer auf den Boden hingestreckt, und oft erblickte er mit einer sonderbaren wehmütigen und doch angenehmen Empfindung sich selbst unter den Gefallenen." (28)

Der Anblick seines eigenen symbolischen Todes wird zur angenehmen Empfindung, die er genießen kann. Wir erinnern uns an die „süße Vernichtung" des früheren Zitates.

---

[1]   Alle aufgeführten Stellen werden nach der Augabe von: Karl Philipp Moritz, Anton Reiser. Insel Taschenbuch 433 zitiert

Als er in Braunschweig einem Hutmacher in die Lehre gegeben wird, der ebenfalls einer pietistischen Gruppe angehört, wird er erbarmungslos ausgenutzt. Bald erfährt er von dem Hutmacher sogar, daß er in der Hand des Teufels sei. Er muß darauf die niedrigsten Arbeiten verrichten und fällt in völlige Verzweiflung. In der nun folgenden Passage kommt es zu einer Zuspitzung:

> „Wenn ihm so etwas begegnet war, so suchte er sich vor allen Menschen zu verbergen; jeder Laut der Freude war ihm zuwider; er eilte auf das Plätzchen hinter dem Haus an die Oker hin und blickte oft stundenlang sehnsuchtsvoll in die Flut hinab.-" (89)

Wir können uns hier fragen, wonach sich Anton sehnt, im Text aber heißt es weiter:

> „Verfolgte ihn dann selbst da eine menschliche Stimme aus einem der benachbarten Häuser, oder hörte er singen, lachen oder sprechen, so deuchte es ihm, als treibe die Welt ihr Hohngelächter über ihm, so verachtet, so vernichtet glaubte er sich,.... Es war ihm denn eine Art von Wonne, selbst in das Hohngelächter mit einzustimmen, das er seiner schwarzen Phantasie nach über sich erschallen hörte – in einer fürchterlichen Stunden, wo er über sich selbst in ein verzweiflungsvolles Hohngelächter ausbrach, war der Lebensüberdruß bei ihm zu mächtig, er fing auf dem schwachen Brette, worauf er stand, an zu zittern und zu wanken. – Seine Knie hielten ihn nicht mehr empor; er stürzte in die Flut".(90)

Er wird dann zwar gerettet, aber der Lehrmeister schickt ihn zu seinen Eltern zurück.

Zwei Elemente in diesem Text möchte ich aufnehmen: den sehnsuchtsvollen Blick in den Fluß und die Wonne des Hohngelächters, das er über sich selber erhebt. Es ist, als sei hier von zwei inneren Instanzen die Rede, die eine, die sehnsuchtsvoll ins Wasser blickt, werden wir leicht mit dem seligen Ausgehen ins Nichts verbinden können. Die andere Instanz aber ist nicht nur ein Aggressor, außen und vor allem innen, sondern auch hier finden wir neben der Aggression etwas von Lust wieder, jetzt aber die Lust an der Macht und am Sadismus. Das Hohngelächter ist nicht ohnmächtig oder verzweifelt, es stammt aus einer überstarken Position, die so mächtig ist, daß die verzweifelte andere Stimme sich nur noch in die Flut und damit in den möglichen Tod retten kann.

Nach diesem anschaulichen Beispiel möchte ich in einem zweiten Schritt einige Autoren der psychoanalytischen Literatur nach ihrem Verständnis des Selbstmordes befragen.

Freud hat seine Position vor allem in seiner Schrift „Trauer und Melancholie" (1917) umrißen. Auch er beschreibt die Selbstquälerei der Melancholie als „unzweifelhaft genußreich" (438), denn sie erlaubt die Befriedigung sadistischer Wünsche. Warum aber quält sich das Ich selber auf sadistische Weise? Diese Frage beantwortet Freud mit seiner Theorie der Depression. Danach entsteht die depressive Verstimmung immer aus einem Verlust einer geliebten Person, mag dieser Verlust nun real oder auch nur ein vorgestellter sein. Wenn wir jemand verlieren, trauern wir um ihn und nehmen damit von ihm Abschied. Der Depressive nun kann nicht trauern, weil der Verlust übergroß und lebensbedrohend ist, und weil er zweitens zum verlorenen anderen ein ambivalentes Verhältnis hat, eine Beziehung, die aus Liebe und Haß zusammengesetzt ist. Der Depressive verarbeitet nun seinen Verlust in der Weise, daß er sich mit der verlorenen Person identifiziert. Das ist zunächst nichts Krankhaftes, vielmehr kennen wir alle es aus vielen Gedenkreden, wenn uns empfohlen wird, das Erbe des lieben Verstorbenen im Herzen zu bewahren, zu pflegen und ganz in seinem Sinne weiterzuleben. Das tut auch der Melancholiker, aber er bewahrt nur eine Hälfte des anderen in sich, nämlich die gehaßte. Dadurch gelingt es ihm, die geliebte Seite der verlorenen Person in idealisierter Erinnerung zu behalten und sich von ihr, wenigstens in Gedanken, nie wieder zu trennen. Aber der Haß richtet sich nun mit voller Gewalt gegen den anderen Teil der verlorenen Person, die ins Ich aufgenommen wurde. Der Mordimpuls gegen andere wird zum Selbstmordwunsch. Aber in diesem Selbstmord wird nicht eigentlich das Selbst ausgelöscht, sondern das Selbst wird wie dasjenige Objekt behandelt, gegen das sich der Mordwunsch richtet.

Mit dieser Hypothese können wir den mörderischen Hohn besser verstehen, den Anton gegen sich richtet. Es ist die sadistische Befriedigung, die aus den Rachephantasien stammt. Rache ist bekanntlich süß, womit wir uns bereits wiederum der süßen Vernichtung nähern. Aber Freuds Theorie genügt noch nicht ganz, denn sie macht uns die *Sehnsucht* noch nicht verständlich, mit der Anton auf das Wasser schaut und sich ihm endlich hingibt. Mir scheint, daß hier zwei Kräfte zusammenwirken, um den versuchten Selbstmord zu bewirken.

Einen weiterführenden Gedanken finden wir bei Melanie Klein. Sie ist eine Psychoanalytikerin, die sich besonders mit der Arbeit mit Kindern beschäftigt hat. Sie stammt aus Wien, machte ihre Ausbildung vor allem in Berlin und übersiedelte 1927 nach London, wo ihre Gedanken bis heute einen maßgeblichen Einfluß auf die Entwicklung der Psychoanalyse haben. In ihrer bahnbrechenden Schrift „Zur Psychogenese manisch-depressiver Zustände" nimmt sie 1935 zwar Freuds Gedanken auf, doch sie ergänzt ihn. Zwar soll durch den Selbstmord das verinnerlichte schlechte Gegenüber vernichtet werden, aber: „Das Ziel der dem Selbstmord zugrundeliegenden Phantasien ist in manchen Fällen die Rettung der guten inneren Objekte und des mit ihnen identifizierten Teils des Ichs durch die Zerstörung des anderen, mit den bösen Objekten ... identifizierten Teils" (75).

Wer sich in kleinianischer Psychoanalyse nicht auskennt, dem werden diese Sätze vermutlich recht fremd vorkommen. Sie sind aber dann verständlich, wenn man sie in den richtigen Zusammenhang einordnet. Für Melanie Klein ist keine Person, kein „Objekt" als ein irgendwie bedeutsames erkennbar, ohne daß ihm eine innere Phantasie entspricht, aufgrund derer es als dieses erkannt werden kann. Ich versuche, dieses an einfachen Beispielen zu zeigen. Sich zu verlieben bedeutet, vor allem anfangs, nicht nur, die liebenswerten Eigenschaften eines Menschen zu entdecken, sondern jemand zu finden, der der inneren Idee eines liebenswerten, erotisch anziehenden Menschen entspricht. Bekanntlich sind die Auslöser für sexuelle Anziehung verschieden, und das hängt mit den unterschiedlichen, lustvoll besetzten Phantasien zusammen. Ohne die Verinnerlichung guter Bilder kann man gute Objekte in der Welt nicht entdecken. Wer, wenigstens im Augenblick, ernstlich erlebt, daß „alles Scheiße" sei, der sieht nichts anderes in der Welt, und der Hinweis auf den schönen Sonnenschein und gute Menschen trifft nur einen in dieser Hinsicht Blinden. Was aber geschieht, in der psychoanalytischen Theoriesprache gesagt, in dem Falle, wenn alles anal entwertet wird? Die guten inneren Bilder, soweit sie vorhanden waren, werden wenigstens vorübergehend zerstört, und es ist der Haß auf die ganze Welt, der sie zerstört. Woher rührt nun dieser Haß? In der Regel nimmt er seinen Ausgang von der Enttäuschung an der Welt, die nicht so liebevoll ist, wie man sie sich erwünscht. Selbst der liebste Freund ist nicht immer präsent und vielleicht sogar untreu. Dann bricht die Welt zusammen und mit ihr die guten inneren Bilder, ohne die das Ich dann leer und verzweifelt in einer bösen Welt dasteht. Hier nun setzen Kleins Erwägungen ein. Der Haß gilt, das sagte schon Freud, den bösen inneren Teilen, und diese inneren *bösen* Bilder, die ja zugleich „Ich" sind, bedrohen zugleich die inneren *guten* Bilder. Was tun? Melanie Klein meint, daß der Selbstmord die spezielle Funktion bekommen könnte, die bösen inneren Bilder zu vernichten, um die guten zu bewahren. Umgangssprachlich ausgedrückt: wenn ich mich umbringe, dann hat endlich die Welt vor meiner Schlechtigkeit Ruhe! Aber diese Welt, die da erlöst wird, ist nicht nur und nicht einmal primär die äußere Welt, sondern die innere gute Welt, die von mir und meinem Haß gleichsam erlöst wird und erhalten bleiben soll.

Hier genau setzt nun natürlich die Selbsttäuschung ein, denn mit dem Tod ist ja alles vernichtet. Aber in der Phantasie scheint eine solche Rettung zu gelingen. Ich will ihnen das wiederum am „Anton Reiser" zeigen. Sie erinnern sich der stundenlangen sehnsuchtsvollen Blicke, mit denen Anton auf das Wasser schaut und mit dem er sich endlich vereinigt. Mir scheint es nahe zu liegen, eine Phantasie anzunehmen, nach der sich der eine, gute Teil des Ich vor dem hohnlachenden anderen rettet, indem es diesen vernichtet und sich in ein Medium flüchtet, das ihn birgt. Das Wasser wird hier etwas wie ein Retter, mit dem das flüchtende Ich sich vereint. Selbstmord hat das Ziel, das Ich vor den Verfolgern zu erretten und es in einer guten Materie zu bergen.

Das Wasser hat in unserer Kultur eine spezielle Nähe zum Gedanken von Ursprung und Geburt. Zwar wird Kindern gegenwärtig kaum mehr die Geschichte vom Storch erzählt, der die Kinder aus Teichen holt, aber daß wir aus einer feuchten Umgebung stammen, aus dem Fruchtwasser, ist sogar eine sichtbare Realität. So kann der Fluß zu einen Symbol des mütterlichen Ursprungs werden, aus dem jeder Mensch entstammt. Die Vorstellung, in ihn zurückzukehren, wird dann besonders süß, wenn die jeweils gegenwärtige Realität schlecht und kalt ist. Die Vereinigung mit dem Ursprung erspart die Leiden des täglichen Lebens. Doch diese Ersparnis geschieht nicht tatsächlich, sie ereignet sich in der Phantasie und kann tödliche Folgen haben. Die Phantasie selber aber ist lustvoll, und jeder von uns benutzt sie gelegentlich, um sich zu retten. Vermutlich haben auch viele „goldenen Schüsse" der Drogenabhängigen in der Phantasie das Ziel, den Abhängigen von seinem elenden Leben zu befreien und ihn in ein süßes Nichts aufzulösen, das oft auch religiös verstanden werden kann.

Aber diese Phantasie entspricht nicht der erwachsenen Realität, und deshalb sagt man, sie sei „regressiv". d. h. sie kehrt zu Erlebnisweisen zurück, die längst aufgegeben waren und nur noch erreichbar sind, wenn spätere Vorstellungen wieder verlassen werden. Solche Regression, so lustvoll sie sein mag, hat jedoch einen Preis. Wenn sie durch Selbstmord realisiert wird, dann begrenzt sich die erstrebte Rettung auf die Phantasie *vor* dem Selbstmord. Nachher ist auch die Phantasie selber tot.

Doch auch diese Phantasie selber kann, obwohl oder gerade weil sie so lustvoll ist, Angst auslösen und dann die recht gesunde Funktion haben, eine Selbstauslöschung zu verhindern. Auch das können wir in einem späteren Abschnitt des „Anton Reiser" finden. Inzwischen ist er Gymnasiast geworden, sogar ein recht erfolgreicher. Aber noch immer findet er sich dem Spott und der Verachtung der Mitmenschen ausgesetzt. In nächtlichen Spaziergängen am Stadtwall von Hannover sieht er die vielen kleinen Lichter der Häuser und der Menschen. Alles kommt ihm so nichtig vor, so klein, so unbedeutend. Er fragt sich, nachdem er eines Tages eine Hinrichtung mit angesehen hat, was wohl aus dem Geist nach der Zerstörung des Körpers würde. Als er bei der Richtstätte eine Menschenmasse vor sich sieht, stellt er sich vor, wie die Scheidewände zwischen den Menschen nach dem Tod sich auflösen und die Seelen zusammenflößen. Er sieht eine

„ungeheure unförmliche Seelenmaße vor, deren Größe ins unendliche geht und wo das einzelne so unbedeutend wie nichts würde". (228)

Eigentlich müßten wir uns nun vorstellen können, das ja hier die gesuchte Einheit gefunden sei und Anton in seliges Schwärmen geraten müßte. Aber nichts davon geschieht:

„Diese Unbedeutsamkeit, dieses Verlieren unter der Menge war es vorzüglich, was ihm oft sein Dasein lästig machte". (228)

Plötzlich erfaßt ihn etwas wie Ekel vor dieser Entindividualisierung. Wie ist das zu verstehen? Mir scheint, daß hier gegen jede regressive Tendenz ein elementarer Lebenswille durchbricht, ein einzelner zu bleiben, die eigene geschichtliche Existenz nicht aufzugeben. Und tatsächlich hat Anton und hat sein Autor sich nie umgebracht, sondern letzterer hat im Kampf gegen seine Tuberkulose, die ihn mit 37 sterben ließ, ein erstaunlich umfangreiches und in vielem bahnbrechendes Werk hinterlassen, zu dem die erste empirisch-psychologische Zeitschrift, die je gedruckt wurde, gehört.

Auch innerhalb des Textes können wir beobachten, daß sich Anton von der Mystik der Selbstauslöschung freimachen kann und es ihm immer wieder gelingt, sich gegen die drohende und verführerische Selbstzerstörung zur Wehr zu setzen.

Dem Psychoanalytiker Jürgen Kind (1992) ist es zu verdanken, daß man Selbstmord als ein vielfältig zu differenzierendes Phänomen ansehen kann. Er unterscheidet mindestens vier Formen, die er in entwicklungsgeschichtlich verschiedenen Phasen anordnet. Die beiden frühesten Arten sind die fusionelle und die antifusionelle Suizidalität. Es ist deutlich die erste Form, die wir bei Moritz antreffen. Das Ziel ist, sich mit dem Urobjekt wieder zu vereinen und vorher alles Schlechte zu vernichten und gereinigt in die nachträglich phantasierte Mutter oder ins All einzugehen. Aber die antifusionellen Tendenzen sind bei Anton zu stark. Doch führen sie nicht ihrerseits zu Selbstmordvorstellungen, sich durch Selbstmord gleichsam vor der Verschmelzung in die Individualität zu retten, sondern sie bringen ihn nur in eine Verstimmung, aus der er sich mit elementarem Lebenswillen rettet. Ich komme darauf gleich noch zurück.

Zwei weitere, reifere Formen erwähne ich, um Ihnen einen Überblick zu geben. Die dritte Form ist die manipulative Suizidalität, in der eine Person mit der Drohung des Selbstmordes eine andere, für ihn entscheidend wichtige Person dazu nötigen möchte, sich in einer bestimmten Weise zu verhalten, vor allem, sich nicht dauernd zu trennen. Und die vierte Form ist Suizidalität aus Schuldgefühl, aus dem Empfinden heraus, alles zerstört zu haben und deshalb das Leben nicht mehr zu verdienen. Diesen beiden Formen fehlt das Element der „süßen Vernichtung", und sie sollen deshalb hier nicht weiter behandelt werden.

Ich habe mich an einem literarischen Beispiel orientiert, das erstens den Vorteil hat, von hoher Qualität zu sein, und zweitens ist es wörtlich verfügbar. Jeder kann es nachlesen, und man begeht damit niemals eine Indiskretion. Ich möchte jetzt am Schluß, vor allem auch für diejenigen, die sich für klinische Psychologie interessieren, noch einige Bemerkungen über therapeutische Interventionen machen, die allenfalls hilfreich sein können.

Der allerwichtigste und schwierigste Grundsatz ist hier, daß Interventionen erst möglich sind, wenn man verstanden hat, worum es geht. Und gerade das ist oft nicht gerade einfach. Ersatzweise kann man versuchen, wenigstens grobe Fehler zu vermeiden. Ich beschränke mich dabei auf einen Gedanken, der speziell für die fusionelle Suizidalität bedeutsam ist, also für die „süße Selbstvernichtung".

Unter dem Einfluß des verdienten amerikanischen Psychoanalytikers Otto Kernberg ist die Vorstellung sehr verbreitet geworden, daß Suizid vor allem Triumph und Manipulation der Umwelt sei. Das ist sicherlich oft nicht falsch, und gerade das Triumphgefühl haben wir bei Anton sich selber gegenüber deutlich gehört. Aber achten Sie einmal auf die Gefühlsqualität dieser Begriffe, die Kernberg benutzt! Wenn man jemand in noch so wohlgesetzter Rede andeutet, sie oder er manipuliere die Umwelt und triumphiere mit seiner Selbstdestruktivität, so ist das eine aggressive Aussage, und sie wird auch so gehört. Damit wird aber der Analytiker in die Reihe der vielen Personen gestellt, die immer schon dem Patienten gesagt haben, daß er unmöglich sei. Diese äußere Reihe ist innerlich vertreten durch ein böses inneres Objekt. Stellen Sie sich konkret vor, man würde Anton, der über sich in ein Hohngelächter ausbricht, eine solche Intervention geben. Man wäre ein weiterer Verfolger und würde die Suizidalität, die Flucht ins Urobjekt eher fördern. Sicherlich würde Kernberg so nicht intervenieren, aber ich bin nicht sicher, ob es nicht manche seiner Anhänger unter Berufung auf ihn tun.

Mir selber scheint es viel nötiger zu sein, sich mit dem verfolgten Ich zu verbünden. Ich kann Ihnen jetzt keine wörtlichen Interventionen anbieten, weil diese von konkreten Situation abhängen, aber ich will doch versuchen, mit einigen schematisierten Sätzen zu zeigen, worum es geht. Ich denke dabei an einen Analysanden von mir selber, der zwar nicht konkret suizidal war, sich aber mit ähnlichen Phantasien wie Anton beschäftigte. Ich sagte zu ihm etwa: „Mir kommt es vor, als würden Sie allen Vorwürfen recht geben und hätten keinerlei Möglichkeit mehr, sich zu wehren". Wenn ich als Analytiker explizit mit ins Geschehen einbezogen bin, sage ich zum Beispiel: „Gegenwärtig erleben Sie mich, als würde auch ich in die Stimme der Verfolger einstimmen und alles andere scheint wie weggewischt zu sein". Aber vielleicht merken Sie, daß diese letzte Formulierung schon an die Grenze eines Vorwurfs geht. Aber das ist nicht so schlimm, wenn man nicht defensiv wird, sondern allenfalls zeigt, wie der Patient eine zugegebenermaßen etwas kritische Intervention gleich zu einer totalen Verurteilung macht, und daß es sei, wie wenn er alle seine Energie in der Verurteilung und nicht in die Selbstbehauptung investiere. Ich achte in solchen Prozessen vor allem auf kleinste Anzeichen von Lebenswillen. Wenn sich der Analysand gegen mich wehrt, weil ich ihm Vorwürfe gemacht hätte, dann lasse ich das gern zu, wehre mich nicht, sondern zeige, wie er in der Beziehung zu mir zu überleben versucht. Mir scheint, daß es das wichtigste ist, sich mit dem Überlebenswillen des Patienten, so klein er sein mag, zu verbünden, selbst und vor allem dann, wenn er sich auch gegen mich richtet. Es gibt eine häufige Situation, in der Patienten sich äußern, sich umbringen zu wollen, die aber trotzdem in die Analyse kommen und ihre Vorstellungen erzählen. Dann kann man ihnen zeigen, wie sie selber zwar gänzlich verzweifelt seien, aber ihren Überlebenswillen gleichsam in den Therapeuten hinein gelegt hätten und ihn dort vor ihrer eigenen Zerstörungssucht bewahren wollten. Auch die Selbstzerstörungslust, das Süße dieser Vorstellung, ist ein Residuum von Lebenswillen, und man muß Patienten im Laufe der Zeit zeigen, wie sie es in ihrer Verzweiflung doch immer wieder darauf anlegen, die Lust zu gewinnen, aber zugleich dafür einen verhängnisvollen Preis zu zahlen.

Wie wichtig die kleinsten Reste eines Lebenswillens sind, soll Ihnen ein letztes Zitat aus dem „Anton Reiser" zeigen. Wieder einmal irrt Anton frierend und durchnäßt durch eine Nacht, in der es zugleich regnet und schneit. Er nähert sich bedrohlich einem Fluß, der an dieser Stelle kein Geländer hat. Er stürzt sich aber nach langem inneren Kampfe nicht hinein, sondern setzt sich auf einem Baumstamm nieder. Ich zitiere:

„Hier ließ er sich noch eine Weile gleichsam der Natur zum Trotz vom Regen durchnetzen, bis das Gefühl einer fieberhaften Kälte und das Klappern seiner Zähne ihn wieder zu sich selber brachte und ihm zufälligerweise einfiel,"

– hier würde ich am liebsten unterbrechen und Sie raten lassen, und man würde wahrscheinlich leicht auf irgendwelche hohen mystischen Ideen kommen. Aber was ihm einfiel, ist erfrischend trivial und wie mir scheint, elementar gesund:

„daß er den Abend bei seinem Wirt, dem Fleischer, frische Wurst zu essen bekommen würde – und daß die Stube sehr warm geheizt sein würde. -Diese ganz sinnlichen und tierischen Vorstellungen frischten die Lebenslust in ihm aufs neue auf – er vergaß sich, ..., ganz als Mensch und kehrte in seinen Gesinnungen und Empfindungen als Tier wieder heim. Als Tier wünschte er fortzuleben; als Mensch war ihm jeder Augenblick der Fortdauer seines Daseins unerträglich gewesen." (229)

Im Gegensatz zu Anton meine ich selber, daß Anton durch das elementare Klappern der Zähne und den Gedanken an Wurst seinem Menschsein näher kommt als mit aller Mystik, jedenfalls dann, wenn er sie überwiegend zur Selbstzerstörung benutzt. Ich denke, es ist nötig, Menschen in diesem elementaren Lebenswillen zu bestärken, und wenn er auch nur die Größe eines Senfkorns hat. Bei Anton war das Zulassen seiner sog. „Tierhaftigkeit" jedenfalls äußerst heilsam. Nicht nur, daß er überlebte, sondern wir lesen unmittelbar danach, daß er am nächsten Tag in einem Antiquariat eine Shakespeare-Ausgabe findet, und es eröffnet sich ihm eine neue Welt, die dann für sein Leben letztlich bestimmend werden sollte. Die Dramengestalten Shakespeares helfen ihm, sein eigenes Leid zu artikulieren, und ist er auch sonst einsam, so hat er in dem verzweifelten King Lear einen Genossen, mit dem er sein Schicksal teilt, ein Schicksal, das damit nicht nur elend, sondern auch großartig ist.

Der Therapeut des Autors Moritz wurde im Jahre 1787 in Rom Goethe, der von ihm, als von seinem „jüngeren Bruder" fasziniert war, mit ihm tage- und nächtelang redete und für seine eigene Entwicklung viel von Moritz profitierte. Diese konstante Freundschaft hat vermutlich Moritz geholfen, seine wenigen Jahre so produktiv zu verleben. Das können wir mit unseren Patienten vermutlich nicht leisten, aber wir können sie in ihrem Lebenswillen verstehen und stärken und ihnen zeigen, daß die Selbstzerstörung tatsächlich keine Selbstfürsorge ist, und daß sie deren Energie besser benutzen können, wenn sie sie ihrem Leben unmittelbar zugänglich machen.

## Literatur

Freud S (1917) Trauer und Melancholie. GW Bd. 10
Kind J (1996) Suizidal. Die Psychoökonomie einer Suche. Göttingen, Zürich

Klein M (1935) Zur Psychogenese der manisch-depressiven Zustände. In: Klein M: Das Seelenleben des Kleinkindes Stuttgart ³1989

Moritz, K Ph (1785-1790) Anton Reiser. Insel Taschenbuch 433

# Gesellschaftliche Bedingungen der Selbstdestruktion und Emanzipation: Was verliere ich, wenn ich nicht gewinne?

Ueli Mäder

Als ich zur Welt kam, waren andere schon da. Andern geht das auch so. Menschen sind soziale Wesen. Wir können uns nicht aus uns selbst erklären. Das Umfeld spielt mit. Aber wie? Ich gehe der Frage nach, wie gesellschaftliche Bedingungen die Selbstdestruktion und Emanzipation beeinflussen. Selbstdestruktion verstehe ich als Gewalt gegen sich selbst. Sie kann latend vorhanden sein und sich mehr psychisch äußern. Oft manifestiert sie sich physisch. Emanzipation ist hingegen ein Prozeß der Befreiung, der einseitige Abhängigkeiten mindert, sich nicht auf Kosten anderer realisiert und eine Übereinstimmung mit sich selbst anstrebt. Das Bewußtsein, daß die Gesellschaft unser Verhalten prägt, entlastet mich einerseits davon, mir alles anzulasten, was gesellschaftlich mitverursacht ist; andererseits kann ich mir auch nicht nur auf die eigene Schulter klopfen, wenn mir etwas gut gelingt. Und wenn ich mich über andere ärgere, ist es manchmal schmerzlich, mit etwas Distanz zu sehen, Teil desselben Systems zu sein und die Kritik auch an die Adresse des eigenen Schattens zu richten.

Die Ellbogengesellschaft fördert eine Sieger-Mentalität, die bis unter die Bettdecke reicht und destruktive Anteile hat. Darauf bezieht sich meine Frage: Was verliere ich, wenn ich nicht gewinne? Die Antwort hat etwas mit dem zu tun, was Konstantin Wecker singt: Glücklich ist, wer ohne siegen lächeln kann; oder frei nach Christa Wolf (Kassandra): Wenn Ihr aufhören könnt zu siegen, werdet Ihr nicht untergehen. Ich versuche in meinem Beitrag, die sozialen Bedingungen mit dem persönlichen Verhalten zu verknüpfen, das nie ganz privat ist. Ich gehe vom sozialen Wandel aus und frage, wie sich insbesondere die Individualisierung, Flexibilisierung und einseitige

Erwerbsorientierung auf die Selbstdestruktion auswirken. Die ausgewählten Beispiele veranschaulichen das. Sie weisen auch auf die Bedeutung der Sozialisation hin. Am Schluß skizziere ich, was Prozesse der Emanzipation beinhalten könnten.

## 1. Neue Risikolagen

Was prägt unsere Gesellschaft? Wie verändert sie sich? Ich erwähne zunächst wichtige Trends: Innerhalb eines Jahrhunderts haben sich in der Schweiz die Lebenserwartung fast verdoppelt, die durchschnittliche Erwerbszeit halbiert und die Realeinkommen verachtfacht. Die Chancen, Lebensqualität zu verwirklichen, sind für viele Menschen relativ gut, aber bedroht. In der zweiten Hälfte des zwanzigsten Jahrhunderts verbreitete sich eine optimistische Grundhaltung. Technologische Erneuerungen verstärkten den Glauben an das Machbare. Die Bewältigung von Notlagen schien eine Frage der Zeit zu sein. Eine gründliche Ausbildung galt als Garant für persönlichen Erfolg. Seit den rezessiven Einbrüchen halten jedoch Teile der unteren Löhne mit den steigenden Lebenskosten nicht mehr Schritt. Die Rationalisierung der Produktion erhöht die Erwerbslosigkeit und den Drang zur Flexibilisierung.

Um Standortvorteile zu ergattern, sollen die Arbeitskräfte billiger und mobiler werden. Gesamtarbeitsverträge werden geschwächt, Lohnnebenkosten gesenkt, Versicherungen privatisiert, die Schicht-, Nacht- und Sonntagsarbeit ausgeweitet. Das macht Angst. Während sich die beruflichen Aussichten verschlechtern, nimmt der Selektionsdruck zu. Das verstärkt die Ellbogen-Mentalität sowie die „no future"-Haltung. Die Konkurrenz animiert und lähmt. Die Stärkeren setzen sich durch. Soziale Gegensätze verschärfen sich. Seit den rezessiven Einbrüchen vergrößert sich die Kluft zwischen Arm und Reich. Fünf Prozent der privaten Steuerpflichtigen verfügen in der Schweiz über gleichviel Nettovermögen wie der große Rest. Obwohl die Zahl der Erwerbslosen, Einkommensschwachen, Alleinlebenden und Alleinerziehenden zunimmt, orientiert sich die soziale Sicherung an „Normbiographien". Sie stützt sich auf Voraussetzungen wie klassische Familienhaushalte und

Vollbeschäftigung ab, die je länger desto weniger anzutreffen sind. So entstehen neue Risikolagen. Die Individualisierung bringt uns zwar mehr persönliche Entscheidungsfreiheiten, bedeutet aber auch Vereinzelung. Sie erhöht die Anforderungen an die Individuen. Die vielfältigen Erwartungen der pluralistischen Gesellschaft verstärken das persönliche Streßempfinden und die Verunsicherung.

## 2. Ich arbeite, also bin ich

Die Erwerbsarbeit hat in unserer Gesellschaft einen hohen Stellenwert. Sie ist für die äußere Anerkennung und Integration wichtig. Viele Männer orientieren sich stark an der Außenwelt. Das ist ihre Domäne. Sie zählt. Wer eine terminbefrachtete Agenda hat, ist höher im Kurs, als einer, der sich Zeit fürs Kochen nimmt. Daß bei der oft einseitigen Ausrichtung soziale Fähigkeiten verkümmern, scheint vordergründig verkraftbar zu sein. Das Prestige und der finanzielle Verdienst helfen über viele Unstimmigkeiten hinweg. Und die Gesellschaft definiert mit, was ein richtiger Mann, „Ernährer" oder „Familienvorstand" ist. Zwar soll der derzeitige Wandel die immateriellen Werte und die Sozialkompetenz stärker in den Vordergrund rücken. Nach wie vor gilt aber: Zeit ist Geld. Und: Ich arbeite, also bin ich. Das treibt die Menschen vorwärts und auseinander. Die folgenden Beispiele mögen das veranschaulichen.

- Herr A. hat das halbe Leben viel dafür getan, jemand zu werden, den er selber gar nicht recht mag. Er hat sich vorwiegend um sein Prestige gekümmert, um „papierene Anerkennung", wie er heute sagt. Er hat „trotz Schlaflosigkeit noch mehr Pflichten übernommen" und sich – „contre coeur" – in weitere Kommissionen wählen lassen. Er hat „eigentlich erst richtig realisiert, Kinder gehabt zu haben, als sein Sohn und seine Tochter von zu Hause ausgezogen sind". Später will er sich „mehr Zeit für die Großkinder nehmen".
- Herr B. sagt: „Sitzungen vergesse ich nie, das Einkaufen ab und zu schon". Er hält die unschätzbare Hausarbeit für nicht so wichtig. Ist seine Frau abwesend, kocht er sich nichts. Das lohnt sich nicht.

- Herr C. läuft nach seiner Pensionierung wie ein Löwe im Käfig hin und her. Wenn seine Frau telefoniert, will er wissen mit wem und ob es denn so lange sein müsse. Mittlerweile geht es ihm besser. Er hilft in einem Kleinunternehmen aus und hat wieder eine Agenda mit geschäftlichen Terminen.
- Herr D. ist ein angesehener Manager. Er will nicht über seinen zweiten Herzinfarkt reden, sondern „nur noch vorwärts schauen" und sich auf seinen Job konzentrieren. So ist der dritte Infarkt vorprogrammiert. Der erfolgreiche Manager darf sich nicht ausruhen. Das gäbe den Konkurrenten Auftrieb.

Wir machen von Kindesalter an die Erfahrung, von vermeintlichen Schwächen anderer zu profitieren. Die rivalitätsbezogene Sozialisation ist ein Nährboden für Ressentiments, die einen selber vergiften. Hinderlich ist auch unsere Schubladenkultur. Sie veranlaßt uns zu übermäßiger Selbstzensur. Wir sind rasch verortet. Das macht Fehler bedrohlich. Wir sagen lieber Nichts als etwas Falsches. Wir halten das, was uns kultürlich prägt, für natürlich. Der erwähnte Manager ist stolz darauf, weiterhin morgens um fünf Uhr aufzustehen und der erste im Büro zu sein. Über den Infarkt mag er nicht reden. Das war eine ärgerliche Störung, eine Niederlage, die es mit viel Fleiß auszumerzen gilt. Herr D. versucht die Probleme mit denselben Mitteln zu bewältigen, die sie mitverursacht haben. Und schon brüstet er sich damit, ein halbes Jahr lang keinen Tag krank gewesen zu sein. Krankheit gilt als Schwäche, nicht als gesunde Reaktion des Körpers, die eintritt, wenn die Seele nicht mehr mitkommt.

## 3. Hart sein

Knaben lernen, auf die Zähne zu beißen, sich keine Blöße zu geben, nicht zu weinen, keine Gefühle zu zeigen und Angst vor Nähe zu kaschieren. Sie glauben cool und sich selbstentfremdend das ablehnen zu müssen, was sie als eigen erleben. Sie identifizieren sich mit ihren erwerbsfixierten Vätern, die oft abwesend sind und idealisiert werden. Die Erziehung zum Hart-sein macht gleichgültig gegen den Schmerz, gegen sich und andere. (Richter 1975) Die Selbstdestruktion paart sich teilweise mit Formen der Aggression, die stärker nach außen treten. Zum Leiden vieler Männer gehört, daß sie nicht leiden dürfen. Wer, hungrig nach Erfolg, immer unter Aktivitätsdruck steht, ist zum Herzinfarkt disponiert. Seine Persönlichkeit entspricht dem supermännlichen Idealbild der Leistungsgesellschaft: Die Risikopersönlichkeit hat die Tendenz, sich stets als gesund, fit und stark darzustellen. Die Superaktivität ist mehr ein rivalitätsbedingtes Zwangsverhalten als ein Zeichen von Kraft und Unternehmungslust. Was helfen könnte, macht Angst. So halten viele Männer an den Normen der expansionistischen Konkurrenz- und Wachstumsgesellschaft fest. Sie verteidigen die illusionären Vorbilder ihrer äußeren Angepaßtheit.

Das idealistische Autonomieverständnis reproduziert die narzißtischen Allmachtsträume der aufstrebenden Technisierung. Die Produktivität verwandelt sich in Destruktivität. Ein Ausbrechen ist schwierig. Wir hängen von der polizeilichen Meldung bis zur Steuererklärung in bürokratischen Systemen. (Schmidbauer 1985) Leistung und Anpassung treten an die Stelle des Gefühlsausdrucks. Parallel dazu regiert die Öffentlichkeit immer weiter in die Intimsphären hinein. Doch wenn die Normerfüllung zum wichtigsten Inhalt des Lebens wird, gerät die emotionale Basis in Gefahr. Partnerbeziehungen müssen im Zeichen der Individualisierung immer mehr Druck auffangen, was zu Überforderung führt. Die Isolation der Menschen voneinander und die Beschleunigung aller Lebensvorgänge schüren das Aggressionspotential. (Bastian 1996) Die Gewaltbereitschaft macht sich besonders in städtischen Ballungszentren bemerkbar, wo sich die Lebensräume verengen. Der Prozeß, der das Gemeinwesen immer stärker strukturiert und reguliert, isoliert die Individuen voneinander. Er bürdet ihnen ein höheres Maß an Selbstzwang und Affektkontrolle auf.

## 4. Opfer bringen

Wie sich die Selbstzerstörung unter den Bedingungen der Individualisierung und Flexibilisierung äußert, zeigen die biographischen Ausschnitte von zwei Frauen, die viel arbeiten und wenig verdienen.

- Frau G. ist alleinerziehend und arbeitet als Verkäuferin. Obwohl sie die Wohnung kaum bezahlen kann, findet sie es richtig, daß die Mietpreise steigen. Denn: „Wenn es der Wirtschaft nicht gut geht, geht es uns noch schlechter". Die älteren beiden Töchter machen ihre Ausbildung ohne Stipendium. „Wenn der Staat in den roten Zahlen steckt, kann man nicht auch noch die hohle Hand hinhalten," sagt Frau G. Sie streckt sich nach der Decke, will dem Staat und der Wirtschaft helfen. Stipendien für ihre beiden Töchter könnten dazu beitragen, ihre häufigen Kopfschmerzen zu lindern. Aber sie hält sich nicht dafür, „um Unterstützung zu bitten".

- Frau F. lebt mit ihren beiden Kindern zusammen. Ihr Mann ist kürzlich ausgezogen. Jetzt will sie wieder als Arztgehilfin arbeiten. Sie ist bereit, in einer Praxis drei Schnupperwochen ohne Entgelt zu absolvieren. Auf den Einwand, sich ausnutzen zu lassen, sagt sie: „Wer einen Job hat, kann gut reden. Ich suche einen." Mit ihrer großen Anpassungsbereitschaft hat Frau F. eine Anstellung erhalten. Sie hat dafür einen hohen Preis bezahlt und auf drei Wochen Lohn verzichtet. Die gespannte Arbeitsmarktsituation veranlaßte sie, „dieses Opfer auf sich zu nehmen", wobei ihr „diese Haltung auch schon ein wenig in die Wiege gelegt wurde".

Beide Frauen sind alleinerziehend und arbeiten in Niedriglohnkategorien. Der Streß, den sie auf sich nehmen (müssen), hat auch damit zu tun, daß das System der sozialen Sicherung mit dem Wandel der Lebensformen nicht Schritt hält und die Wirtschaft „typische Frauenberufe" schlecht entlöhnt.

## 5. Flexibel und mobil

In den USA müssen Erwerbstätige mit zweijährigem Studium bereits damit rechnen, in vierzig Jahren elfmal die Stelle und den Wohnort zu wechseln. Einzelne Umbrüche sind von mehrmonatiger Erwerbslosigkeit begleitet. Die „flexible Persönlichkeit" (Sennett 1998) muß Kontinuität verabschieden, Fragmentierung akzeptieren und Risiken stets als Chance betrachten; obwohl die meisten Stellenwechsel mit einem Abstieg verbunden sind. Die Familien sollen Härten abfedern, mobiler und stabiler werden. Das geht nicht. Menschen, die so behandelt werden, als wären sie beliebig zu ersetzen, verhalten sich selber weniger verläßlich. Das beeinträchtigt das Gemeinschaftsgefühl und die Arbeitsmotivation. Wer setzt sich schon gerne für eine Firma ein, die vielleicht bald verkauft wird? Rückzug ist eine häufige Reaktion auf das Gefühl, nicht wirklich gebraucht zu werden. Sie ist die Kehrseite der Flucht nach vorn. Die Flexibilisierung strapaziert die Dehnfestigkeit individueller Biographien bis zum äußersten. Es ist schwierig, langfristige Ziele im Rahmen einer ganz auf das Kurzfristige ausgerichteten Ökonomie zu verfolgen und Loyalitäten in Institutionen aufrechtzuerhalten, die permanent umstrukturiert werden.

Die Individualisierung schwächt die familiären und sozialen Bande. Sie trägt aber auch dazu bei, enge Kontrollen zu lockern. Damit ist allerdings die Gefahr verbunden, in eine Beliebigkeit abzudriften, die sich um Mitmenschen nicht schert. Die freiwillige Solidarität ist gewiß zu fördern. Wenn es aber um die Existenzsicherung geht, ist gesellschaftliche Verbindlichkeit notwendig. Eine gute soziale Infrastruktur soll die Individuen darin unterstützen, eigene Verantwortung wahrzunehmen. Aber bitte nicht nach der trügerischen Formel: Wo Wille vorhanden, ist immer ein Weg. Die Ideologie des Individualismus überfordert vor allem sozial Benachteiligte. Diese lasten sich Schwierigkeiten an, die gesellschaftlich bedingt sind. Sie nehmen – selbstdestruktiv – viel Druck auf sich. Menschen, über denen das Damoklesschwert der Erwerbslosigkeit schwebt, passen sich an. Sie klammern sich an ihre Arbeit. Wenn ein finanzieller Abstieg droht, wollen sie weder Stellenprozente teilen, noch einen Aufbruch zu neuen Ufern wagen. Sie erleben die erhöhte Mobilität als Zwang. „Die postnationale Konstellation"

(Habermas 1998) wird zur Bedrohung. Sie weicht Grenzen auf, baut Leitplanken ab. Das könnte Horizonte erweitern; nicht aber, wenn die sozialstaatlichen Sicherungen schwinden und die Politik kaum mehr in der Lage ist, ein Korrektiv zur wirtschaftlichen Macht zu sein.

## 6. Selbstwert

Wer hat nicht Mühe damit, sich gut und wertvoll zu fühlen? Überforderung erhöht die Labilität des Selbstwertgefühls. Die moralistische Tradition unserer Gesellschaft manipuliert mit Schuldgefühlen. Der Normenkodex, an dem das heranwachsende Kind sein Verhalten mißt, übersteigt seine realen Möglichkeiten. Das Leistungsprinzip ist oft ein Moralprinzip der Triebunterdrückung. (Richter 1975) Autoritätspersonen halten die Angst des Ungenügens wach. Egalitäre Prozesse werden als bedrohlich erlebt. Andere scheinen nur darauf zu lauern, einen zu verurteilen. Die Angst verkörpert auch den latenten Selbsthaß, den alle mit sich herumtragen. Die ewigen Befürchtungen blockieren das Bedürfnis nach spontanem Kontakt. Die Angst vor Ablehnung zwingt zu Anpassungsleistungen. Erwartungen werden erfüllt, um Fassaden zu erhalten.

„Ach bleibt so klug, wenn Ihr erwachsen seid", ermuntert Erich Kästner (1952) die Kinder. Er rät ihnen: „Laßt Euch Eure Jugend nicht austreiben." Bloß: Wer diesen Rat beherzigt, lebt gefährlich. Er oder sie läuft Gefahr, belächelt und nicht ernst genommen zu werden. Kästner weiß: Das Milieu, in dem ein Kind aufwächst, kann das Kind lähmen oder beschwingen. Kinder zeigen ihr Verlangen. Sie strecken die Arme aus, werden aber oft zurückgewiesen und beschimpft, aufdringlich zu sein. Sie lernen, ihre Lebendigkeit einzuschränken und machen die Erfahrung, daß vielen Menschen gerade das Menschliche zuviel ist. Ein vermeintlicher Ausweg ist, sich kompensatorisch auf Sachen zu konzentrieren. Sie scheinen verläßlicher zu sein. Der Verzicht auf Expression führt zur Selbstdestruktion. Der Rückzug und das Festhalten machen inaktiv. Wer seine Arme nicht benutzt, geht leer aus.

In ihrem Bemühen, es den andern recht zu machen, erleiden viele Kinder großen Schaden. Der Gehorsam zerstört die Gemeinschaft. Gefühle trocknen aus, erstarren als Schuldgefühle. Menschen, die sich blind ins Kollektiv einordnen, machen sich selber zum Material. Sie löschen sich aus. Dazu paßt die Bereitschaft, andere ebenfalls als Material zu behandeln. Der manipulative Charakter zeichnet sich durch Organisationswut und Unfähigkeit aus, sinnlich menschliche Erfahrung zu machen. (Richter 1975) Emotionslosigkeit führt zu überwertigem Realismus. Wahnhafte Realpolitik kann sich die Welt nur so vorstellen, wie sie ist. Es geht darum, Dinge zu tun. So verkommt die ursprünglich unterdrückte Aktivität zum Aktivismus; gestützt durch den Kult der Effizienz, der dazu führt, die elementaren Grundlagen zu zerstören, die Luft, das Wasser, die Landschaft. Subversiv ist demgegenüber die Leistung aus Lust, statt aus Pflicherfüllung und depressiver Flucht nach vorn, die ebenso selbstdestruktiv ist wie der beschriebene Rückzug.

## 7. Selbstdefinition

In seiner Lebensführung sich selbst realisieren, das ist das Höchste, was ein Mensch erreichen kann. (Henrik Ibsen) Persönlich hilft mir der Blick in die Sterne, Distanz zu fremdbestimmten Zielen zu gewinnen. Ich bin dann weniger nervös, wenn ich beim Fotokopieren eine Minute lang warten muß. Die Welt geht ja nicht unter, wenn sich dies oder jenes nicht auch noch erledigen läßt. Dieser Gedanke wirkt entlastend, hält aber nicht an. Der Alltag holt mich meistens wieder ein. Also frage ich mehr hypothetisch: Was verliere ich, wenn ich nicht gewinne? Ich verliere ein Stück jener Fassade, die mich zu trügerischer Selbstsicherheit verleitet. Ich verliere etwas von dem Konkurrenzzwang, der selbstquälerische Mißgunst mit sich bringt. Ich verliere Sozialprestige, Anerkennung, Privilegien, Geld, Einfluß, Macht. Und was gewinne ich? Ein wenig Bescheidenheit, die von anmaßender Omnipotenz entlastet; Autonomie, die sozial eingebunden ist; Selbstdefinition, die fremde Erwartungen kritisch prüft. Ich gewinne Gelassenheit, Solidarität und Rückhalt durch Menschen, die sich wirklich verbunden fühlen. Ich gewinne eine Identität, die Ambivalenz und Widersprüche zuläßt.

Der Wunschkatalog ließe sich leicht ergänzen. Aber was tun, damit sich die guten Vorsätze verwirklichen lassen? Wir können versuchen, die Langsamkeit zu entdecken und mit unseren Partner/innen die Haus-, Betreuungs- und Erwerbsarbeit zu teilen. Damit diese persönlichen Anstrengungen zum Tragen kommen, sind die Erwerbszeit zu kürzen, die unteren Löhne anzuheben, die Grundsicherung auszuweiten und die Betreuungsarbeiten in die Sozialversicherungen aufzunehmen. Der Kanon ist bekannt. Jugendliche könnten ferner nach ihrer ersten Ausbildung ein soziales Praktikum machen und die erworbenen Fähigkeiten zeitlebens anwenden. Wer mit Kindern spielt, alte Menschen pflegt, Fenster selber putzt und die Realitäten von Benachteiligten sinnlich wahrnimmt, läßt sich weniger von einer gewinnträchtigen Konsumkultur leiten, welche die Welt als Spielcasino betrachtet und die Menschen nach ihrer Kaufkraft beurteilt. Soziale Kompetenz läßt sich aber auch von der Familie in die Geschäftswelt einbringen. Haushalte sind kleine Unternehmen. Sie fördern die Fähigkeit, tragende Beziehungen aufzubauen und mit knappen Gütern sorgsam umzugehen.

Die Autonomiedebatten der sechziger Jahre haben sich stark am Individuum orientiert. Sachliche Distanziertheit sollte die „Kuhstallwärme der Gemeinschaft" (Theodor Geiger) ablösen. Mittlerweile ist es aber allzu „cool" und anonym geworden. Da und dort nimmt deshalb die Bereitschaft zu, verbindlichere soziale Beziehungen einzugehen. Solidarische Netze versuchen sich dem „Zeitalter des Nazißmus" zu entziehen. Sie halten die Selbstbestimmung hoch, lehnen aber die Fiktion eines ungebundenen Selbst ab. Genossenschaftliche Ansätze erleben eine Renaissance. Sie streben eine Stärkung der zivilen Gesellschaft an. Ob sie sich durchsetzen, hängt auch davon ab, wie wir uns verhalten, privat und öffentlich. Die Selbstfürsorge und gesellschaftliche Emanzipation bedingen sich gegenseitig.

# Literatur

Bastian T (1996) Zivilcourage – von der Banalität des Guten. Rotbuch Hamburg
Habermas J (1998) Die postnationale Konstellation. Suhrkamp Frankfurt a.M.
Kästner E (1952) Die kleine Freiheit. Atrium Zürich
Mäder U (1999) Solidarische Gesellschaft. Rotpunktverlag Zürich
Richter HE (1975) Lernziel Solidarität. Ex Libris Zürich
Schmidbauer W (1985) Die Angst vor Nähe. Rowohlt Reinbek b. Hamburg
Sennett R (1998) Der flexible Mensch. Berlin Verlag Berlin

# Selbstzerstörung als Problem des Rechts

Günter Stratenwerth

Der deutsche Bundesgerichtshof hatte sich im Jahre 1984 mit einem Fall zu befassen, den ich hier vereinfacht wiedergebe[1]:

Angeklagt war der Hausarzt einer 76jährigen Witwe, die, nachdem ihr Mann gestorben war, in ihrem Leben keinen Sinn mehr sah und schon wiederholt die Absicht geäußert hatte, aus dem Leben zu scheiden. Das hatte sie auch dem Arzt erklärt, der vergeblich versuchte, sie von ihren Selbstmordgedanken abzubringen. Sie weigerte sich auch, sich in ein Krankenhaus einweisen zu lassen, als bei ihr eine stationäre Behandlung angezeigt gewesen wäre. Der Arzt sagte ihr daraufhin zu, sie am nächsten Abend noch einmal aufzusuchen, um mit ihr erneut über die Frage zu sprechen. Als er dann eintraf, wurde ihm nicht geöffnet, obwohl in der Wohnung Licht brannte. Es gelang ihm schließlich, über einen Bekannten der Frau, der einen Zweitschlüssel besaß, die Wohnung zu betreten, wo er die Frau bewußtlos vorfand. In den gefalteten Händen hielt sie einen Zettel, auf dem sie handschriftlich vermerkt hatte: „An meinen Arzt – bitte kein Krankenhaus – Erlösung! – [Datum und Unterschrift]". Der Arzt erkannte anhand zahlreicher Medikamentenpackungen und des Abschiedsbriefs, daß die Frau eine Überdosis Morphium und Schlafmittel in Selbsttötungsabsicht zu sich genommen hatte. Er beschloß, nichts zu ihrer Rettung zu unternehmen, blieb aber mit dem Bekannten in der Wohnung, bis er am anderen Morgen den Tod der Frau feststellen konnte.

Ich weiß nicht, wie wir, mit diesem Fall konfrontiert, spontan über das Verhalten des Arztes urteilen würden. Juristisch ist er schließlich freigesprochen worden. Es war aber ein langer Weg dorthin, über einen Prozeß von mehr als zweieinhalb Jahren und, beim Bundesgerichtshof, eine Begründung von nicht weniger als 14 Druckseiten, die ihrerseits zu weiteren Diskussionen geführt hat. Ich möchte im folgenden versuchen, die rechtlichen Probleme, die sich beim *Suizid* als der stärksten Form der physischen Selbstzerstörung stellen, in den Grundzügen zu verdeutlichen, in erster Linie natürlich nach

---

[1] Entscheidungen des deutschen Bundesgerichtshofes in Strafsachen (BGHSt), Bd. 32; S. 367ff.

schweizerischem, nicht nach deutschem Recht, obwohl in dieser Hinsicht keine großen Unterschiede bestehen. Am Schluß der Erörterung wird Gelegenheit sein, auch andere Formen der Selbstzerstörung oder Selbstgefährdung wenigstens zu streifen.

Beginnen wir mit der Feststellung, daß der Suizid rechtlich nicht verboten, nicht rechtswidrig ist. Das ist alles andere als selbstverständlich, auch wenn es uns so scheinen mag. Die katholische Kirche hat den Selbstmord seit dem 4. Jahrhundert kompromißlos als Sünde wider Gott verurteilt, das kanonische Recht ihn sogar lange dem Morde gleichgestellt, was freilich in der heutigen Fassung des Codex Iuris Canonici (von 1983) nicht mehr geschieht. Unter kirchlichem Einfluß haben auch viele weltliche Rechte den Selbstmordversuch noch im 17. und 18. Jahrhundert mit Strafe bedroht; in England ist die Strafbarkeit kurioserweise erst 1961 durch den Suicide Act formell beseitigt worden. Und nur wenige Jahre vorher, 1954, hat der deutsche Bundesgerichtshof in einer Entscheidung des großen Senats, der nur bei internen Meinungsverschiedenheiten zusammentritt, sagen können, daß „das Sittengesetz jeden Selbstmord – von äußersten Ausnahmefällen vielleicht abgesehen – streng mißbilligt", mit dieser Begründung den Selbsttötungswillen des Lebensmüden für rechtlich unbeachtlich erklärt und dem Selbstmörder die Befugnis abgesprochen, „aus eigenem Willensentschluß über sein Leben zu verfügen"[2]. Von hier aus wäre es nur ein Schritt, ein Verhalten, das dem Sittengesetz so eindeutig zuwiderlaufen soll, auch rechtlich zu mißbilligen.

Nun hat es offenkundig keinen Sinn, mit dem Bundesgerichtshof, der in der ersten Nachkriegszeit stark von naturrechtlichen Vorstellungen beeinflußt war, darüber zu rechten, ob es „das" Sittengesetz als die Instanz, auf die er sich hier beruft, überhaupt gibt. Wie der Selbstmord ethisch zu beurteilen sei, darüber sind die Auffassungen seit der Antike, über deren Verhältnis zur Selbsttötung in dieser Ringvorlesung ja schon gesprochen worden ist, oft diametral auseinandergegangen. Für die einen war und ist er „Frevel und Verletzung sittlicher Gebote, Feigheit und Todsünde, für die anderen ein Ausdruck von Mut und Größe, ein unverzichtbares ... Element der menschlichen Freiheit, u.U. sogar eine ethische Pflicht, wenn er Unehre oder anderes

---

[2] BGHSt Bd. 6, S. 147 (153)

Unheil verhütet"[3]. Wir leben in einem säkularisierten, pluralistischen Staatswesen, in dem auch heute in dieser Frage ganz unterschiedliche Meinungen bestehen und Platz haben müssen. Zu entscheiden bleibt aber natürlich, wie wir rechtlich mit ihr umgehen wollen.

Und hier dürfte sich mit dem bisher Gesagten eine grundlegende Weichenstellung schon angedeutet haben. Daß der Selbstmord nicht (mehr) verboten oder gar strafbar ist, daß uns dies inzwischen als einigermaßen selbstverständlich erscheint, enthebt uns nicht der Frage, *weshalb* das so ist: was uns hindert, ihn rechtlich zu verurteilen. Und darauf gibt es zwei sehr verschiedene Antworten. Man könnte zum einen, und dies wäre wohl das stärkere Argument, die Freiheit, über das eigene Leben zu verfügen, als Teil des Selbstbestimmungsrechts des Einzelnen betrachten, das in unserer gesellschaftlichen und rechtlichen Ordnung eine so zentrale Rolle spielt, dem Einzelnen also in diesem Sinne ein „Recht auf den Freitod" zuerkennen, wie es denn auch nicht selten proklamiert worden ist. Mit unseren juristischen Erörterungen wären wir dann eigentlich bereits am Ende. Denn wenn das, was die sterbewillige Patientin in unserem Ausgangsfall getan hat, nur die Ausübung eines Freiheitsrechts gewesen wäre, dann versteht sich nahezu von selbst, daß der Asrzt Rettungsversuche nicht nur unterlassen *durfte*, sondern sie sogar hätte unterlassen *müssen*, weil er sonst in dieses Recht eingegriffen hätte. Nicht seine Untätigkeit, sondern seine Intervention wäre rechtswidrig gewesen.

Aber so einfach liegt es nicht. Das Selbstbestimmungsrecht des Einzelnen ist offenbar nicht schrankenlos. So sagt Art. 27 des schweizerischen Zivilgesetzbuchs: „Niemand kann sich seiner Freiheit entäußern oder sich in ihrem Gebrauch in einem das Recht oder die Sittlichkeit verletzenden Grade beschränken". Natürlich zielt diese Bestimmung auf die Begründung von Rechtsverhältnissen, durch die sich jemand wesentlicher Teile seiner Freiheit begeben würde, auf sogenannte Knebelungsverträge oder auf die Verpflichtung, eine höchst-persönliche Entscheidung, wie z.B. die, zu heiraten oder sich scheiden zu lassen, die Konfession oder den Beruf zu wechseln usw., in einem bestimmten Sinn zu treffen. Aber sie zeigt doch, daß das

---

[3] Simson-Geerds (1969) Straftaten gegen die Person und Sittlichkeitsdelikte in rechtsvergleichender Sicht, S. 64

Recht die Freiheit des Einzelnen, über sich selbst mitsamt seinen Freiheitsrechten zu verfügen, nicht vorbehaltlos anerkennt, daß es ihn in diesem Sinne auch ihm selbst gegenüber schützt. Und könnte er sich seiner Freiheit radikaler entäußern, als dadurch, daß er einen anderen ermächtigt, ihn zu töten oder ihn dazu gar verpflichtet? In dieselbe Richtung weist der Straftatbestand der Tötung auf Verlangen, Art. 114 des schweizerischen Strafgesetzbuchs. Es erscheint nur auf den ersten Blick als ein Widerspruch, den Selbstmord straflos zu lassen, aber auch denjenigen noch zu bestrafen, der einen Menschen „aus achtenswerten Beweggründen, namentlich aus Mitleid, ... auf dessen ernsthaftes und eindringliches Verlangen tötet“. Auf den zweiten Blick wird wiederum klar, daß es hier wie dort eben nicht um die Verwirklichung eines vermeintlichen Rechts auf den eigenen Tod geht. Und so ist schließlich auch nur zu erklären, daß Art. 115 des Strafgesetzbuchs, wie manche kantonalen Rechte des vergangenen Jahrhunderts und heute noch viele ausländische Rechte, die Verleitung und Beihilfe zum Selbstmord mit Strafe bedroht, obschon nunmehr nur noch dann, wenn sie „aus selbstsüchtigen Beweggründen“ erfolgt. Wäre es ein Recht, von dem der Suizident Gebrauch macht, so könnte es nicht strafwürdig sein, daran mitzuwirken, ganz gleich, aus welchen Motiven dies geschähe.

Es sind infolgedessen andere, vielleicht nicht ganz so zwingende, aber durchaus noch hinreichende Gründe, die dafür sprechen, den Selbstmordversuch nicht zu kriminalisieren. Dazu gehört seit der Aufklärung in erster Linie das mit der Trennung von Recht und Moral verbundene Prinzip, daß sich das Recht auf die Regelung der sozialen Beziehungen zu beschränken hat, auf die Pflichten des einzelnen gegenüber anderen und gegenüber der Allgemeinheit, wohingegen es die Pflichten gegenüber sich selbst, wenn es so etwas geben sollte, nichts angehen. Wie jemand mit sich selbst verfährt, mit seinen Gaben und Gütern, das bleibt ihm vielmehr von Rechts wegen grundsätzlich selbst überlassen, solange er andere nicht schädigt oder gefährdet. Hierin liegt, nebenbei bemerkt, auch der Grund, weshalb es zu der zum Leitthema dieser Ringvorlesung gehörenden Selbstfürsorge aus rechtlicher Perspektive so wenig zu sagen gibt. Überdies muß man sich natürlich fragen, welchen Sinn es haben sollte, jemandem Strafe anzudrohen, der sich anschickt, aus dem Leben zu scheiden und damit für jeden irdischen Richter unerreichbar zu werden. Dies gilt umso mehr, als die Strafe dann vor allem diejenigen treffen würde, deren Suizidversuch nur ein verzweifelter Schrei nach Hilfe ist, der in der Hoffnung geschieht, doch noch gerettet zu werden. Wie groß der Anteil solcher Appellsuizide sein könnte, darüber besteht keine Einigkeit. Er ist aber jedenfalls nicht gering, und es versteht sich wohl von selbst, daß es barbarisch wäre, in solchem Falle mit Strafe statt mit Beistand zu antworten. Die rechtliche Konsequenz aus alledem lautet. Der Suizid entspricht keinem Recht, er ist in diesem Sinne nicht rechtmäßig, aber er ist auch nicht verboten, sondern fällt, wie die meisten menschlichen Verhaltensweisen, darunter auch viele moralisch durchaus anfechtbare, in einen rechtsfreien Raum.

Mit diesem Befund beginnen nun freilich die rechtlichen Schwierigkeiten erst eigentlich. Er kann ja einerseits nicht heißen, daß andere, wie der Arzt in unserem Eingangsbeispiel, ohne weiteres berechtigt oder gar verpflichtet wären, demjenigen, der aus dem Leben scheiden will, in den Arm zu fallen. Mit welchem Recht sollte man ein Verhalten verhindern dürfen, das seinerseits, auch wenn es sich nicht als Ausübung eines Freiheitsrechts darstellt, doch eben nicht verboten ist? Und andererseits: Kann der Grundsatz, daß jedermann zunächst für sich, für sein Leben selbst verantwortlich ist, bedeuten, daß uns sein Schicksal insoweit rechtlich nicht mehr interessieren dürfte, daß es ihm gegenüber auch keine Verpflichtungen gäbe, die aus menschlicher Solidarität resultieren? Es ist dieser Konflikt zweier einander widerstreitender elementarer Gesichtspunkte, der die rechtliche Problematik der Selbstzerstörung, auch in Gestalt des Suizids, bis in die Einzelheiten prägt. Lassen Sie mich das im folgenden etwas näher ausführen.

Sie alle werden wissen, daß ein mißlungener Suizidversuch vielfach, wenn nicht sogar in der Regel zur Einweisung des Betroffenen in eine psychiatrische Klinik führt. Damit stellt sich eine erste Frage: Wieso ist das eigentlich zulässig? Die Antwort findet sich primär in Art. 397a des schweizerischen Zivilgesetzbuchs unter dem Titel der „Fürsorgerischen Freiheitsentziehung". Danach darf auch eine mündige Person „wegen Geisteskrankheit, Geistesschwäche, Trunksucht, anderen Suchterkrankungen oder schwerer Verwahrlosung in einer geeigneten Anstalt untergebracht ... werden, wenn ihr", wie es heißt, „die nötige persönliche Fürsorge nicht anders erwiesen werden kann". Das hat auf den ersten Blick wenig mit einem Suizid zu tun. Konsultiert man jedoch die einschlägige psychiatrische (und juristische)

Literatur, so findet sich dort die Feststellung, daß der Entschluß, aus dem Leben zu gehen, nur in einer Minderzahl der Fälle ein sogenannter „Bilanzselbstmord", ein Akt „ernsthafter, freiverantwortlicher Selbstbestimmung" ist[4]; manche Schätzungen lauten auf nicht mehr als 5 %[5]. Darüber läßt sich gewiß streiten. Denn solche Befunde hängen natürlich auch davon ab, was man überhaupt als einen solchen Akt anerkennen, welche Gründe für einen Suizid man als hinreichend schwer einstufen, welche psychische Verfassung man noch als „normal" bezeichnen will. Trotzdem ist nur allzu klar, daß der Suizidversuch sehr oft als eine *abnorme* Reaktion auf bedrängende Konflikts- und Notsituationen erscheint, das heißt auf psychische Ausnahmezustände zurückgeht, die man in der überholten Ausdrucksweise des Gesetzes durchaus den Geisteskrankheiten zuordnen kann. Und in dem Moment, in dem ein solcher Versuch verhindert wird, weiß man ja in der Regel noch nicht, welche äußeren oder inneren Gründe zu ihm geführt haben, und daher auch nicht, ob und wie man dem Betroffenen allenfalls helfen könnte oder müßte. Daß jemand sein Leben oder seine Gesundheit erheblich gefährdet, ist deshalb beim fürsorgerischen Freiheitsentzug ein geradezu „klassischer" Einweisungsgrund.

Damit ist zunächst einmal klar: Mag der Suizid auch in einen rechtsfreien Raum fallen, so ist Selbstzerstörung doch kein Vorgang, der rechtlich belanglos wäre. Das Recht anerkennt vielmehr die Verpflichtung, dort einzugreifen, wo angenommen werden muß, daß der Einzelne nicht oder nicht mehr in der Lage ist, für sich selbst verantwortlich zu handeln. Geschieht das ohne oder gegen den Willen des Betroffenen, so wird ihm damit freilich zugleich Gewalt angetan. Ihm werden nicht nur Urteils- und Handlungsfähigkeit ganz oder partiell mindestens vorübergehend abgesprochen, es wird auch rein äußerlich in einer Weise über ihn verfügt, die er als massiven Eingriff in seine Freiheit empfinden muß. Das führt mitten in den Konflikt zwischen dem Grundgebot, die Selbstbestimmung des anderen, seine Menschenwürde, zu respektieren, und der nicht minder elementaren Verpflichtung, für ihn zu sorgen, wenn er dazu nicht oder nicht mehr in der Lage ist,

---

[4] Spirig, in: Zürcher Kommentar zum Schweizerischen Zivilgesetzbuch, Tlbd. II 3a, Art. 397a Rn. 329

[5] Jähnke, in: Leipziger Kommentar zum Strafgesetzbuch, 10. Aufl. 1989, Bd. 5, Rn. 27 vor § 211, mit Nachweisen

und ihn deshalb notfalls vor sich selbst zu schützen. Für diesen Konflikt gibt es keine einfache Lösung. Ich kann ihn hier auch nicht in extenso erörtern. Im Blick auf Art. 397a des Zivilgesetzbuchs im ganzen ist immerhin zu sagen, daß er sich auf verschiedenen Ebenen abspielt. Es geht zunächst ja um die Frage, wieviel Abweichung von konventionellen Lebensmustern wir als Gesellschaft hinnehmen wollen, bevor wir diejenigen, die sie praktizieren, zu Fürsorgefällen erklären. Es geht weiterhin um die Frage, ob das, was wir als Selbstzerstörung empfinden, im Leben des betroffenen Einzelnen nicht doch Sinn macht, auch wenn wir Mühe haben oder unfähig sind, das zu begreifen. Und es fragt sich drittens und vor allem, ob das, was wir unter dem Titel der Fürsorge anzubieten haben, wirklich eine Hilfe ist. Mit dem Freiheitsentzug allein ist es ja auch beim Suizidenten nicht getan. Darf man ihn und in welcher Weise darf man ihn, beispielsweise mit Medikamenten, zwangsbehandeln? Das Gesetz gibt darauf keine Antwort, wohl schon deshalb nicht, weil sie gar nicht generell gegeben werden kann.

Wir haben mit diesem Exkurs zum fürsorgerischen Freiheitsentzug unseren Ausgangsfall scheinbar ein wenig aus den Augen verloren. Aber es liegt, bevor wir uns den *Pflichten* des Arztes zuwenden, gar nicht so fern, die Frage aufzuwerfen, ob er hier nicht zumindest hätte intervenieren *dürfen*, und zwar dadurch, daß er die Einweisung seiner bewußtlosen Patientin in eine „Behandlungsinstitution", wie das baselstädtische Psychiatriegesetz sie nennt, veranlaßt hätte. Es war ja nicht von vornherein ausgeschlossen, in der seelischen Verfassung, in die sie durch den Tod ihres Mannes geraten war und die sie zu sterben wünschen ließ, eine vielleicht vorübergehende depressive Verstimmung zu sehen, so daß der Entschluß, aus dem Leben zu scheiden, *nicht* als ihre freiverantwortliche Entscheidung hätte respektiert werden müssen. Ich denke aber, Sie stimmen mit mir überein, daß jedenfalls eine Internierung der Patientin in unserem Falle ein ganz unverhältnismäßiger Eingriff gewesen wäre. Wie liegt es dagegen mit der stationären Behandlung in einem Spital, mit dem Auspumpen des Magens, der Injektion geeigneter Medikamente – lauter Maßnahmen, die sie doch ausdrücklich abgelehnt hatte? Dies alles sind ja Eingriffe, die normalerweise den Straftatbestand der Nötigung oder auch der Körperverletzung erfüllen, wenn sie gegen den Willen des oder der Betroffenen vorgenommen werden. Dienen sie der Verhinderung eines Suizids, so werden sie demgegenüber von einem erheblichen Teil der juristischen Literatur gerechtfertigt, mit unterschiedlichen Begründungen, die freilich sämtlich die Ambivalenz unserer Einstellung zur Selbsttötung widerspiegeln. Beim Appellsuizidversuch kann man sich wohl auf den eigentlichen, wahren Willen des Betroffenen berufen, der ja im Grunde gar nicht sterben, sondern Hilfe haben möchte. In vielen Fällen wird man auch gar nicht wissen, ob es nur um einen solchen Appell oder um eine Kurzschlußreaktion geht, für deren Verhinderung der Betroffene am Ende selber dankbar sein könnte. Es gibt aber auch Autoren, die die gewaltsame Verhinderung selbst eines freiverantwortlichen Suizids für gerechtfertigt halten. Unser Arzt hätte also juristisch kaum etwas zu fürchten gehabt, wenn er sich über den Willen der Patientin hinweggesetzt und ihre Rettung veranlaßt hätte.

Es bleibt die ganz andere Frage, die die deutschen Gerichte beschäftigt hat: ob der Arzt nicht sogar *verpflichtet* gewesen wäre, Rettungsmaßnahmen einzuleiten. Dazu ist vorweg zu bemerken, daß man strafrechtlich nicht nur für verbotenes Handeln zur Rechenschaft gezogen werden kann, sondern auch für Unterlassungen, wenn Handeln geboten gewesen wäre. Das gilt insbesondere dort, wo jemand dafür einzustehen hat, daß rechtlich geschützte Güter vor Schaden bewahrt werden, aus besonderer Verantwortung für die Gefahrenquelle, die Schaden stiften, oder auch für die Person, die ihn erleiden könnte. Man nennt die Träger solcher gesteigerten Verantwortung Garanten, und Garant ist auch der Arzt im Verhältnis zu dem Patienten, dessen Behandlung er übernommen hat. Der Garant aber haftet für das Unterlassen gebotener Rettungshandlungen grundsätzlich ebenso wie für die Herbeiführung einer rechtlich mißbilligten Folge durch aktives Handeln, etwa bei einem groben Kunstfehler. Das bedeutet ganz konkret: Ein Arzt, der bei seinem Patienten medizinisch gebotene lebenserhaltende Maßnahmen unterläßt, kann sich je nachdem, was er wußte und wollte, einer vorsätzlichen oder fahrlässigen Tötung schuldig machen.

Auf der anderen Seite hat der Patient, wie bereits angedeutet, selbstverständlich das Recht, frei darüber zu entscheiden, welche Art von ärztlicher Behandlung er bei sich zulassen will. Er kann beispielsweise auch die Durchführung einer medizinisch dringend gebotenen lebensrettenden Operation ablehnen, und damit sind wir offenkundig wieder ganz nahe an unserem Fall. Setzt der wiederholt geäußerte, hier doch wohl ernstzunehmende

Wille der Frau, aus dem Leben zu scheiden, nicht zumindest der Verpflichtung des Arztes, ihr Leben zu erhalten, eine Grenze? Das ist offenbar die letztlich entscheidende Frage, und es wird Sie nicht mehr überraschen, wenn ich sage, daß sie außerordentlich umstritten ist. Der deutsche Bundesgerichtshof hat sie klar verneint. Er ist dabei zwei verschiedenen Linien der Argumentation gefolgt. Zum einen hat er sich auf jenen früheren, hier am Anfang zitierten Entscheid bezogen, durch den dem Suizidenten die Befugnis, über sein Leben zu verfügen, unter Berufung auf das Sittengesetz prinzipiell abgesprochen worden ist. Er hat dabei offengelassen, ob die damalige Begründung „heute noch in vollem Umfang anerkannt werden" könne. Aber er hat an dem Ergebnis festgehalten, daß der Wille des Selbstmörders, wie es heißt, „grundsätzlich unbeachtlich" sei[6]. Wäre er das, so könnte er auch den Arzt offenkundig nicht von der Verpflichtung entbinden, ihn entgegen diesem Willen zu retten. Aber hier muß man sich doch fragen, wie sich das Diktum, der Wille des Lebensmüden sei unbeachtlich, mit dessen Selbstbestimmungsrecht vereinbaren lassen soll. Wo genau soll man hier die Grenze ziehen zwischen der an sich unbezweifelbaren Befugnis des Einzelnen, ärztliche Eingriffe zu verweigern, und der Verpflichtung des Arztes (oder auch anderer Garanten !), diese Weigerung zu mißachten?

Das Gericht ist sich dieser Schwierigkeit offenbar durchaus bewußt gewesen. Es hat seine Auffassung deshalb noch auf einem anderen Weg zu begründen versucht, der freilich erst recht in Wertungswidersprüche zu führen droht. Nach Erkenntnissen der neueren Suizidforschung „verfalle", so wird gesagt, „häufig ein ursprünglich durchaus ernsthafter Selbsttötungswille nach Beendigung des Suizidversuchs, d.h. dann, wenn der Lebensmüde aus eigener Kraft nicht mehr zurücktreten kann"; er trage, wie das Verhalten vieler Geretteter zeige, „nicht mehr den schließlichen Todeseintritt"[7]. Das klingt sehr nach einem Argument aus der juristischen Trickkiste: Der auf Selbsttötung gerichtete Wille des Suizidenten braucht gar für unbeachtlich erklärt zu werden, wenn man behaupten kann, daß er nach Beendigung des Suizidversuchs ohnehin nicht mehr vorhanden sei, und wer will das schon nachprüfen? Selbst unserer Patientin könnte auf diesem Wege unterstellt

---

[6] AaO (Fn. 1), S. 375 ff.
[7] AaO (Fn. 1), S. 376

werden, daß sie, nachdem sie das Bewußtsein und damit die Kontrolle über das Geschehen verloren hatte, vielleicht gar nicht mehr habe sterben wollen, so daß sich ein Konflikt mit ihrem Selbstbestimmungsrecht womöglich gar nicht mehr ergeben hätte. Aber diese Begründung ist doch wohl allzu fadenscheinig, und vor allem konterkariert sie nun eindeutig das Gesetz. Verleitung und Beihilfe zum Suizid sind nach schweizerischem Recht, wie erwähnt, straflos, wenn sie nicht auf selbstsüchtigen Beweggründen beruhen. Der Arzt darf also beispielsweise dem todkranken Krebspatienten im Endstadium seines Leidens die Mittel zum Suizid verschaffen; er darf ihn nur nicht töten. Das gilt auch für das deutsche Recht. Nur müßte er, folgt man der soeben referierten These des Bundesgerichtshofes, schleunigst Rettungsmaßnahmen ergreifen, wenn die Mittel zu wirken beginnen, sofern er sich nicht strafbar machen will. Das ist offenkundig absurd. Zu einer einigermaßen konsistenten Lösung gelangt man nur, wenn man den nach Lage der Dinge ernstgemeinten und ernstzunehmenden Willen des Selbstmörders respektiert, wie der Arzt es in unserem Falle getan hat. Daß er am Ende trotz aller juristischen Vorbehalte freigesprochen worden ist, hatte übrigens einen besonderen Grund, den ich bei der Fallschilderung zunächst übergangen habe: Als der Arzt schließlich in die Wohnung der Patientin gelangt war, befand sich diese in einem Zustand, bei dem er zweifelte, ob sie überhaupt noch hätte gerettet werden können, und sicher war, daß sie zumindest schon irreversible schwere Schäden davongetragen hatte. Daß er in dieser Situation „nicht den bequemeren Weg der Einweisung in eine Intensivstation" gewählt, sondern „in Respekt vor der Persönlichkeit der Sterbenden bis zum endgültigen Eintritt des Todes bei ihr ausgeharrt" hatte, das ist vom Gericht denn doch als eine „ärztliche Gewißensentscheidung" gewürdigt worden, die auch rechtlich vertretbar war.

Lassen Sie mich, um das Thema des Suizids abzuschließen, noch zwei Anmerkungen machen. Zum ersten ist zu sagen, daß das, was hier zu den Pflichten des Arztes auszuführen war, auch für jeden anderen Garanten gilt. Garanten aber sind, im Verhältnis zueinander, beispielsweise auch Ehegatten, und die deutsche Praxis hat sich wiederholt mit der Frage auseinandergesetzt, ob sich ein Ehepartner strafbar macht, wenn er bei einem Suizidversuch des anderen nicht eingreift. Hier geht es exakt um denselben Konflikt zwischen dem Gebot, dessen Selbstbestimmung zu respektieren, und der – hier aus enger familiärer Bindung resultierenden – Pflicht, für ihn zu sorgen, wie im Arzt-Fall, und folglich wird über die richtige Lösung auch in ganz derselben Weise gestritten. Die Entwicklung scheint immerhin in Richtung verstärkter Anerkennung des freiverantwortlichen Suizids zu gehen. Dies zeichnet sich zum zweiten auch bei der weiteren Frage nach möglichen Hilfeleistungspflichten unbeteiligter Dritter ab. Das schweizerische Strafgesetzbuch enthält einen Tatbestand der „Unterlassung der Nothilfe", nach dessen seit 1990 geltender Fassung (auch) mit Gefängnis oder Buße bedroht wird, wer „einem Menschen, der in unmittelbarer Lebensgefahr schwebt, nicht hilft" (Art. 128). Es gibt vorerst keine Praxis zu dieser Bestimmung, wohl aber zu der schon seit Jahrzehnten geltenden Parallelbestimmung des deutschen Rechts, die die unterlassene Hilfeleistung unter anderem bei „Unglücksfällen" unter Strafe stellt (§ 323c). Und hier wird darüber diskutiert, ob und inwieweit auch ein Selbstmordversuch als solcher Unglücksfall angesehen werden kann. Die Frage wird im Ergebnis überwiegend verneint, *wenn* dieser Versuch auf freier unbeeinflußter Entscheidung beruht. Damit ergibt sich natürlich erneut die Schwierigkeit, daß man das in vielen Fällen gar nicht wissen kann, so daß man zunächst eben doch eingreifen müßte. Für das schweizerische Recht wird man zum selben Resultat kommen müssen. Zwar setzt es keinen Unglücksfall, sondern unmittelbare Lebensgefahr voraus, die ja bei einem tauglichen Suizidversuch praktisch immer besteht. Aber man kann bei einem freiverantwortlich handelnden Menschen doch wohl sagen, daß es keine Hilfe ist, ihn gegen seinen Willen ins Leben zurückzuholen, und nur Hilfe ist geschuldet. Andernfalls wäre der Grundsatz, die freie Selbstbestimmung zu respektieren, auch hier wieder in Frage gestellt.

In einem letzten Teil dieses Beitrags möchte ich, wie angekündigt, auch andere Problemfelder, in denen sich die Frage des rechtlichen Umgangs mit der Selbstzerstörung stellt, in die Erörterung einbeziehen, ohne jeden Anspruch auf Vollständigkeit. Dabei geht es stets, zumindest auch, um denselben Konflikt zwischen Selbstbestimmungsrecht und Fürsorgepflicht, wie er uns bisher schon beschäftigt hat, mit der Maßgabe aber, daß er sich jeweils etwas anders darstellt und deshalb vielleicht auch anders gelöst werden kann oder muß. Umstritten sind die kritischen Fälle freilich fast immer.

Als *ein* solcher Fall erscheint die Weigerung der *Zeugen Jehovas*, bei sich oder einem Angehörigen eine Bluttransfusion vornehmen zu lassen. Täten sie es, so verstießen sie nach ihrer Glaubensüberzeugung gegen das in der Bibel, auch im Neuen Testament, wiederholt ausgesprochene Verbot, Blut in irgendeiner Form zu sich zu nehmen, und gefährdeten damit ihr ewiges Fortleben nach dem Ende der Welt, das für sie in wenigen Jahren bevorsteht. Ich brauche nicht zu sagen, daß die Verweigerung der Transfusion tödliche Folgen haben kann. Für den Arzt stellt sich wiederum die Frage, ob er die lebensrettende Fusion auch gegen den Willen der Betroffenen vornehmen darf oder sogar muß. Die Entscheidungslage ist offenkundig nicht ganz dieselbe wie beim Suizidversuch. Der Zeuge Jehovas will sich durchaus nicht gegen die Lebenserhaltung bei sich oder einem Angehörigen als solche wehren. Es ist nur das Mittel, das er nicht zulassen darf. Zugleich aber ist seine Abwehr mit Sicherheit ernstzunehmen: Ihm geht es um nicht weniger als sein oder seines Angehörigen Seelenheil. Man kann das juristisch als einen Notstand darstellen, in dem ein Gut, das bedrohte menschliche Leben, nur auf Kosten eines anderen Gutes, das der freien Willensbestimmung, gerettet werden kann. Dann läßt sich aus rechtlicher Sicht durchaus vertreten, daß dem Leben als dem höheren Gut der Vorrang gebührt. Da mein Alter mich ermächtigt, in Memoiren abzuschweifen, möchte ich hinzufügen, daß ich exakt dies vor mehr als dreißig Jahren gegenüber dem Kantonsspital Liestal getan habe, als dort eine Frau, die nach einer Entbindung zu verbluten drohte, mit Assistenz ihres Ehemannes eine Bluttransfusion kategorisch ablehnte. Die Frau ist gerettet worden. Und wenn man sich hier auch noch auf ein etwas tückisches Argument stützen will, so kann man sagen: Wer *ohne* seinen Willen eine Bluttransfusion erhält, ist auch für die Zeugen Jehovas unschuldig. Trotzdem würde ich zögern, den Arzt zu der Transfusion wider Willen nicht nur zu berechtigen, sondern sogar zu verpflichten. Er muß wohl auch in solchem Falle das Selbstbestimmungsrecht des Patienten respektieren dürfen.

In den Zusammenhang einer durch Gefährdung des eigenen Lebens drohenden Selbstzerstörung gehören, als weiteres Beispiel, auch die schwierigen Probleme beim *Hungerstreik* etwa eines oder einer Gruppe von Strafgefangenen. Das Selbstbestimmungsrecht steht hier einer Intervention insofern weniger entgegen, als die Möglichkeit, über den eigenen Körper zu verfügen, ja gerade zum Mittel der Auseinandersetzung mit dem Inhaber der Zwangsgewalt gemacht wird. Nachgeben kann dieser in der Regel schon aus prinzipiellen Gründen nicht; er kann es, schon im Blick auf seine durch die Inhaftierung begründeten Fürsorgepflichten, aber auch nicht auf den Tod des oder der Gefangenen ankommen lassen; und Zwangsernährung ist eine barbarische, entwürdigende Maßnahme. Praktisch verhält man sich heute in diesem Dilemma zumeist so, daß erst dann mit Zwang interveniert wird, wenn der Streikende in akute Lebensgefahr gerät, wobei es dann, wie Beispiele aus der Bundesrepublik und Nordirland zeigen, keineswegs immer gelingt, den Tod abzuwenden, mit der möglichen Folge einer weiteren Verschärfung des Konflikts.

Und noch eine Facette möchte ich dem bisherigen Bild hinzufügen. Es geht ja bei dem, was wir als Selbstzerstörung empfinden können, keineswegs nur um den physischen Tod. Selbstzerstörung kann auch bedeuten, sich der Möglichkeit einer sinnerfüllten Gestaltung des eigenen Lebens zu berauben oder doch wesentlicher Formen eines solchen Lebens. Je nachdem, wie eng oder wie weit wir den Kreis entsprechender Verhaltensweisen ziehen, kommt eine ganze Reihe weiterer rechtlicher Fragenkomplexe in den Blick. Ich greife hier nur noch zwei heraus. Zum einen den der *Selbstverstümmelung*. Nehmen wir das Beispiel einer jungen, sagen wir 19jährigen Frau, die ihrem Arzt erklärt, daß sie sich sterilisieren lassen wolle, weil sie die Pille nicht vertrage: Darf er daraufhin bei ihr die in einem hohen Prozentsatz der Fälle irreversible Tubenligatur vornehmen oder wäre das, trotz ihrer Einwilligung, eine schwere Körperverletzung? Die Frage ist, wieder einmal, kontrovers. Höchstrichterliche Entscheide gibt es dazu, soweit ich sehe, nicht. Wir alle wissen aber, daß sich eine Frau, die mit 20 erklärt hat, kinderlos bleiben zu wollen, mit 30 nichts sehnlicher wünschen kann als eben ein Kind. Das Begehren der 19jährigen in unserem Beispielsfall spricht also, um es zurückhaltend zu formulieren, nicht gerade für besondere Klugheit. Immerhin ist sie mündig, und deshalb zögert ein Teil der juristischen Doktrin nicht, ihr allein die Verantwortung für ihren Schritt zuzuschreiben, wenn sie ihn, notabene, in voller Kenntnis der möglichen Konsequenzen tun will.

Herrschend ist diese Auffassung allerdings nicht. Die Mehrzahl der Autoren, zu denen in diesem Fall auch ich gehöre, ist vielmehr der Meinung, daß man, wie über sein Leben, so auch über seine Gesundheit nicht beliebig verfügen kann: Tiefe, irreversible Eingriffe in die körperliche Integrität sollen danach nur zulässig sein, wenn die Einwilligung des oder der Betroffenen auf zumindest vertretbaren Gründen beruht. Das wäre, um bei unserem Beispiel zu bleiben, sicher nicht nur bei einer medizinisch begründeten Unterbindung der Fall, sondern auch, wenn eine Frau fortgeschritteneren Alters einen Beruf ergriffen hat, mit dem sich die Sorge für Kinder nicht (mehr) vereinbaren läßt. Der Konflikt zwischen Selbstbestimmung und, ich gebe es zu, einer Art von Bevormundung verschiebt sich damit ganz auf den Einzelfall.

Der andere Fragenkomplex, den ich immerhin noch andeuten möchte, betrifft die *Drogenabhängigkeit*. Daß sie, mit all' ihren Begleiterscheinungen, ein Leben zerstören kann, bedarf keiner weiteren Erörterung. Es gibt aber auch den kontrollierten Umgang mit der Droge, mit der illegalen bis hin zum Heroin ebenso wie bekanntlich mit dem Alkohol. Damit stellt sich noch einmal die immer gleiche Frage. Welches sind die Voraussetzungen, unter denen wir hier intervenieren dürfen? Eine erste Antwort findet sich wieder in Art. 397a des Zivilgesetzbuchs, der Möglichkeit des Fürsorgerischen Freiheitsentzuges, die uns ja schon beschäftigt hat. In den letzten Jahren ist, vor allem im Zusammenhang mit der Vorbereitung einer Revision des Betäubungsmittelgesetzes, diskutiert worden, ob diese Regelung ausgeweitet werden sollte, um gezielter gegen das Drogenelend vorgehen zu können. Heute wird von ihr an den meisten Orten nur sehr zurückhaltend Gebrauch gemacht, und wo es geschieht, werden die Betroffenen infolge der eingetretenen Besserung in der Regel schon einige Wochen nach Abschluß des körperlichen Entzuges wieder entlassen. Das Problem liegt hier gar nicht in der gesetzlichen Regelung. Es liegt vielmehr, nach dem Bericht der entsprechenden Expertenkommission, im Fehlen einer ausreichenden Anzahl geeigneter und auf die individuellen Therapiebedürfnisse abgestimmter Plätze für die Durchführung der Maßnahme bei Drogenkonsumenten[8]. Das erinnert noch einmal an einen anderen Aspekt meines Themas: In die Freiheit des

---

[8] AaO (Fn. 1), S. 42

Einzelnen fürsorgerisch, in seinem eigenen Interesse, einzugreifen, läßt sich nur rechtfertigen, wenn das, was dann mit ihm geschieht, wirklich eine Hilfe für ihn ist und nicht nur darauf hinausläuft, ein Ärgernis aus der Welt zu schaffen. Von diesem Bestreben aber ist die Drogengesetzgebung bis heute nur allzu sehr beherrscht. Sonst dürfte, in klarem Widerspruch zum Prinzip der Selbstverantwortung des Einzelnen, nicht schon der Konsum bestimmter psychotroper Substanzen kriminalisiert werden.

Damit bin ich am Ende meines sehr kursorischen Überblicks über die rechtlichen Probleme, die sich bei Akten oder Prozessen der Selbstzerstörung stellen können. Man könnte hier noch allgemeinere philosophische Betrachtungen über die Bedingungen und Grenzen der Legitimität paternalistischer Rechtsnormen anschließen. Ich begnüge mich stattdessen mit zwei eher trivialen Feststellungen. So wichtig das Selbstbestimmungsrecht des Einzelnen in unserer sozialen Ordnung auch ist – es sollte nicht verabsolutiert werden. Mündigkeit ist ein erwünschter Zustand, aber bei realistischer Betrachtung nur allzu oft auch nicht mehr als das. Und andererseits: Fürsorge ist, wo sie nicht nur in einem Angebot von Hilfe besteht, ebensowenig sakrosankt. Es gibt auch eine tyrannische Version der Menschenliebe. Zwischen diesen beiden Klippen hindurch müssen wir im Umgang mit der Selbstzerstörung einen einigermaßen annehmbaren Weg finden, wobei das Recht nur die Schwierigkeiten widerspiegeln kann, die wir schon als Gesellschaft damit haben.

## Literatur

Simson G & Geerds F (1969) Straftaten gegen die Person und Sittlichkeitsdelikte in rechtsvergleichender Sicht. Beck Verlag. München

# Die Fähigkeit zur Selbstfürsorge – die seelischen Voraussetzungen

Joachim Küchenhoff

## 1. Einleitung

Die nachfolgenden Ausführungen bedürfen, sollen sie nicht missverstanden werden, einer einschränkenden Einführung. Wenn die seelischen Voraussetzungen von Selbstfürsorge und Selbstzerstörung behandelt werden, so kann dies niemals heißen, daß die psychologische oder psychodynamische Perspektive allein hinreicht, solche Phänomene umfassend zu beschreiben. An anderer Stelle in diesem Buch (vgl. den Beitrag von U. Mäder) werden die gesellschaftlichen Bedingungen individueller Selbstzerstörungspotentiale herausgearbeitet. Gesellschaftliche Zwänge, die verinnerlicht werden, werden zur Grundlage von Selbstzwang (Elias 1976), unter Umständen auch von Selbstzerstörung. Diese Beschreibung der allgemeinen Dynamik des Zivilisationsprozesses läßt sich für die Gegenwart konkretisieren. Mäder spricht in seinem Beitrag davon, daß *Entsolidarisierung* und *Individualisierung* miteinander verkoppelt sind. Als Konsequenz ergibt sich: Wenn Fürsorge und Sorge um das Selbst nicht mehr solidarische Aufgabe der Gesellschaft sind oder dies nicht mehr selbstverständlich ist, dann werden sie in zunehmendem Ausmaße zu einer Leistung, die dem Einzelnen aufgebürdet wird. Diese Individualisierung auch der Fürsorge und Selbstfürsorge enthält durchaus *auch* ein Freiheitsmoment, nämlich die Chance zur Selbstverwirklichung; aber sie birgt zugleich Risiken und Belastungen. Erschwert wird der Prozeß der Individualisierung, wie A. Giddens (1995) richtig darstellt, durch die Tendenz zur *Enttraditionalisierung*. Wenn Traditionen rasch veralten, dann muß der Leitfaden für das eigene Leben vom Einzelnen immer neu entwickelt werden. Der Verlust von Traditionen zwingt dazu, daß Werte neu erschaffen werden müssen. Wenn das Bewußtsein des eigenen Wertes oder der eigenen Bedeutsamkeit nicht aus Traditionen abgeleitet oder auf Traditionen rückprojiziert werden kann, muß es durch eigene Leistung hergestellt werden. Giddens spricht von der „Politik der Lebensführung"; die Formulierung verweist darauf, daß Lebensführung eine Aufgabe ist, die sich jedem Einzelnen in der Gesellschaft stellt und die eine politische Dimension hat.

Enttraditionalisierung und Entsolidarisierung führen dazu, daß das Individuum mit Aufgaben neu belastet wird, und zu ihnen gehört auch die Aufgabe der Selbstfürsorge. Aus einer historischen Perspektive wird deutlich, daß es nicht selbstverständlich ist, daß der Anspruch der Fürsorge sich an den Einzelnen richtet. Gesellschaften übernehmen diese Aufgabe, allerdings in unterschiedlichem Maße, und je weniger sie diese Aufgabe übernehmen, umso mehr wird sie zur Aufgabe des Einzelnen.

## 2. Historische Parallelen

Es wäre reizvoll zu untersuchen, wie die Frage nach der Selbstfürsorge, die Aufmerksamkeit, die die Sorge um sich selbst beanspruchen konnte, *historisch wandelbar* ist. Es lohnte eine eigene Untersuchung, historische Epochen zu verstehen, in denen Selbstfürsorge einen besonderen Stellenwert, zumindest in der philosophischen Rezeption, hatte, oder – allgemeiner – den Status der Selbstfürsorge im historischen Wandel zu untersuchen[1]. Eine Zeit, die beispielhaft genannt werden soll, ist die nachklassische Zeit des antiken Roms, die letzte Blüte des römischen Imperialismus, im 1. und 2. Jahrhundert unserer Zeitrechnung. Von Seneca bis Marc Aurel werden die Fragen, wie richtig zu leben sei und wie man sich um sich selbst zu sorgen habe, immer wieder und mit Energie thematisiert. Die *cura sui* (epiméleia heautoû) wird philosophiefähig, es werden leidenschaftliche Appelle an den Einzelnen gerichtet, sich vom äußeren Einfluß und vom Schicksal zu befreien, um in sich eine Ausgeglichenheit zu erreichen, die *unabhängig von allen äußeren Bedingungen* macht. Dafür werden in den genannten Texten *Übun-*

---

[1] Vrgl. dazu die Beiträge von Visser, Simon-Muscheid, Angehrn und Grözinger in diesem Band.

*gen* vorgeschlagen, Übungen des Verzichts, Übungen der Leitung eigener Gedanken, Übungen der Reflexion. M. Foucault (1984) hat einen Band seiner bemerkenswerten „Geschichte der Sexualität" dieser Zeit gewidmet und ihn mit *„le souci de soi"* überschrieben. Eine Passage aus den „Selbstbetrachtungen" des Marc Aurel muß an dieser Stelle ausreichen, um an einer exemplarischen Textstelle zu zeigen, welche Qualität der Selbstfürsorge in dieser Zeit zugeschrieben wurde. Am Ende des Beitrags wird das Zitat noch einmal aufgegriffen und mit einem anderen, zeitgenössischen Beispiel kontrastiert werden. „Wieviel Muse gewinnt der, der nicht darauf achtet, was sein Nächster spricht oder tut oder denkt, sondern nur auf das sieht, was er selbst hat, daß es gerecht oder heilig sei" (Marc Aurel 1949, 53). Zu betonen an diesem Zitat ist die Bewegung der Abgrenzung des Selbsts vom Anderen; Selbstfürsorge wird als einsame und vereinzelnde Tätigkeit angesehen.

## 3. Die Aktualität des Themas

In unserer Gegenwart behält das Thema der Selbstfürsorge große Bedeutung, wenn auch der Begriff für unsere Sprachgewohnheiten ungewohnt klingen mag. Die gegenwärtig stattfindende Enttraditionalisierung und Individualisierung scheinen dies zu bewirken. Hinweise dafür, daß Selbstfürsorge als Individualleistung eine besondere Rolle spielen mag, liegen in der Flut der *Ratgeberliteraturen*, die den größten Anteil am immer noch hohen Umsatz des Buchmarktes haben. Andere Hinweise geben die enormen Umsatzraten der kosmetischen Industrie und die erstaunliche Popularität und Verbreitung der Fitneßwelle, die die körperliche Selbstfürsorge betont (Küchenhoff 1997).

Wenn die bisher gegebenen Ausführungen richtig sind, wenn Selbstfürsorge eine gesellschaftliche Herausforderung wird, dann wundert es nicht, daß viele Menschen an dieser Herausforderung scheitern. Es gilt ja generell: Wer als Psychiater oder Psychotherapeut über längere Zeit klinisch tätig ist, wird mit den Wandlungen der klinischen Bilder und Phänomene konfrontiert, die z.T. auch wie ein Spiegel gesellschaftlicher Lebensverhältnisse erscheinen. Die Ausgestaltung von Krankheitsbildern, die Symptomwahl der

Patienten, die psychisch erkranken, ist nicht von vornherein unabhängig von der Kultur und der Epoche, in der die Patienten leben. Jedenfalls stellen sich auch dem Kliniker oft Fragen, die aus technischen Behandlungsschwierigkeiten entstehen, aber über die Behandlungssituation hinausweisen. Mich hat – und natürlich nicht nur mich – in den letzten Jahren in besonderer Weise eine Problempatientengruppe beschäftigt, mit denen ich in diesem Ausmasse früher nicht konfrontiert war. Es sind dies die Patienten, die dazu neigen, sich selbst Leid zuzufügen, sich selbst zu verletzen, indem sie sich schneiden, mit Zigaretten oder Feuerzeug brennen etc. Diesen Patienten werden sich andere Buchbeiträge ausführlich zuwenden. An dieser Stelle soll nicht über die klinischen Phänomene gesprochen werden. Die Konfrontation mit den Menschen, die – aus dem eigenen Erleben heraus – ein Tabu durchbrechen, indem sie den eigenen Körper attackieren, zwingt dazu, scheinbar Selbstverständliches zu hinterfragen; plötzlich ist die Fähigkeit zur Selbstfürsorge nicht mehr selbstverständlich, sondern steht in Frage; und die Frage muß lauten: welche Voraussetzungen sind notwendig, daß es uns gelingt, das scheinbar so Selbstverständliche zu schaffen, zu uns gut zu sein?

## 4. Die Abgrenzung des Begriffs Selbstfürsorge

Einleitend soll der Begriff der Selbstfürsorge von einigen verwandten, aber nicht synonymen Begriffen abgegrenzt werden:

- *Selbstmitleid* wird meist pejorativ gebraucht – was eine interessante Sprachverwendung ist, denn es ist nicht von vornherein klar, warum Mitleid nicht ungebrochen als etwas Positives verstanden wird.
- *Selbstversorgung* im Sinne der Autarkie trifft nur einen Aspekt der Selbstfürsorge; man kann z.B. auch dort besonders gut für sich sorgen, wo man Fremdversorgung zuläßt; in der Psychoanalyse wird von der *Fähigkeit* zur Abhängigkeit gesprochen.
- *Selbstsucht* ist ein Modus des für sich Sorgens, aber nicht nur in Abgrenzung von anderen, sondern im Kampf gegen andere.

- *Selbstbezogenheit* ist keine Sorge um sich, sondern allzu große Selbstbespiegelung, die oft genug das Gegenteil von Fürsorge bedeutet.
- *Selbstliebe/Selbstverliebtheit*, im psychoanalytischen Jargon Narzißmus, meint in der Regel eine pathologische Übersteigerung der Selbstliebe, die den anderen vergißt.
- *Selbstschutz/Selbstverteidigung* beschreibt nur eine negative Facette der Selbstfürsorge, nämlich die Abhaltung äußerer Gefahren.

Eine *Definition von Selbstfürsorge,* in Abgrenzung von den bisher gegebenen Begriffen, könnte lauten: „Selbstfürsorge meint die Fähigkeit, mit sich gut umzugehen, zu sich selbst gut zu sein, sich zu schützen und nach sich selbst zu schauen, die eigenen Bedürfnisse zu berücksichtigen, Belastungen richtig einzuschätzen, sich nicht zu überfordern oder sensibel auf Überforderungen zu bleiben." Die Liste ließe sich erweitern; es wird schon deutlich, daß Selbstfürsorge verbunden ist mit einer Selbstachtung (ich bin mir selbst wertvoll und schützenswert) und der Fähigkeit zu einer liebevollen Rückwendung zu sich selbst. Was sind die Voraussetzungen dieser komplexen Fähigkeit?

## 5. Psychodynamische Aspekte der Selbstfürsorge

### 5.1. Das Gleichgewicht von Liebe und Destruktion

Selbstfürsorge hat zur Voraussetzung, daß es möglich ist, mit den eigenen aggressiven Strebungen umzugehen. Tief verankert im abendländischen Denken ist das *Denken in Polaritäten,* und eine davon ist die *Polarität von Liebe und Haß.* Diese Polarität findet sich auch in der Psychoanalyse Freuds. Der Ausgangspunkt seiner Triebpsychologie war, daß es zwei triebhafte Mächte in uns, zwei grundlegende Triebkräfte des menschlichen Lebens gibt, destruktive Kräfte, die Freud in seinem Spätwerk (1920) als „Todestrieb" bezeichnete, und konstruktiv-liebende Kräfte, Libido genannt. Fürsorge, gegen sich und andere, ist in diesem triebdualistischen Modell nur dann möglich, wenn die *destruktiven Impulse von liebevollen ausgeglichen* werden, ja wenn die liebevollen stärker sind. Dieses reichlich abstrakte und heute womöglich veraltet klingende Konzept muß anschaulich gemacht werden; seine erste Stärke liegt darin, daß *Destruktivität ernstgenommen und als eine Kraft, die quasi – naturhaft auftritt, gewürdigt wird.* Es nützt niemandem etwas, ethisch hochstehende und ideale Konzepte des guten Lebens und des Einklangs mit sich selbst zu entwerfen, wenn wir über Selbstfürsorge sprechen, und darüber die Destruktivität verleugnen. Das mag ein Grund sein, warum uns die zitierten spätklassischen Texte fremd geworden sind. Als Menschen müssen wir vielmehr damit rechnen, daß wir keine Engel sind, und daß es in uns zerstörerische Impulse und Wünsche gibt. Der nächste anschauliche Gehalt, den wir aus dem dualistischen Modell gewinnen können, schließt sich unmittelbar an; *nicht Verleugnung von Aggressivität, sondern ihre Anerkennung* und zugleich ihre *Einbindung* in *konstruktive* Tätigkeiten könnte im Umgang mit Destruktivität weiterhelfen. Sie kann dann zur Aggressivität oder zur kraftvollen Durchsetzung bestimmter konstruktiver Ziele verwendet werden. Wesentlich ist, daß die zerstörerischen Seiten sich nicht von den liebevollen entkoppeln, sondern mit ihnen legiert, verschmolzen werden.

Als *Beschreibung eines inneren Kampfes,* dem wir immer wieder ausgesetzt sind, ist diese Beschreibung gültig. Es ist verhängnisvoll, wenn es uns nicht gelingt, einen Ausgleich zwischen unseren Affekten herzustellen; wenn wir von Freude und Leidenschaft ergriffen sind, wird uns das nicht allzu sehr stören, hingegen sehr wohl dort, wo der Zorn uns blind macht, auch der Zorn auf uns selbst. Wir alle tun ständig Dinge, über die wir uns im nachhinein ärgern; i.d.R. wird es uns gelingen, das Bewußtsein des eigenen Wertes und die Erinnerung an andere Situationen, in denen wir uns selbst positiv erlebt haben, aufrechtzuerhalten. Selbstkritik wird nur dann bodenlos, wenn sie von der Selbstachtung nicht aufgefangen und getragen wird.

Mit anderen, psychoanalytisch-technischen Begriffen ausgedrückt: es geht darum, sein eigenes Erleben *nicht spalten* zu müssen, d.h. nicht Erlebensbereiche vom Gesamterleben isolieren zu müssen. Die *Verbindung von Erlebnisbereichen* ist wesentlich für Selbstfürsorge; sie setzt voraus, daß das Selbst als ganzes wahrgenommen wird, mit den guten und den schlechten Seiten.

*Integration, das Herstellen psychischer Verbindungen, die Legierung von Liebe und Haß:* dies sind Herausforderungen in unserer *lebensgeschichtli-*

*chen* Entwicklung, denn wir müssen die Integration oft sehr gegensätzlicher Strebungen erst lernen. Die Psychoanalyse geht davon aus, daß die Spaltung in der frühen Entwicklung eine bestimmte Zeit repräsentiert, die – wenn alles gut geht – überwunden werden kann. So einfach ist es nicht, wir wissen es alle, wir können in herausfordernden Lebenslagen rasch wieder auf dieses Niveau zurückfallen; so ganz überwunden werden lebensgeschichtliche Entwicklungsstadien eben nie; sie hinterlassen Spuren, sie hinterlassen Reaktionsbereitschaften, mögliche Wege in der Auseinandersetzung. Und nur schlecht ist es ja nicht, spalten zu können; wenn die destruktiven Impulse die liebevollen ganz überwiegen, dann ist die Spaltung vielleicht die letzte Chance, das Gute zu bewahren, um einen hohen Preis natürlich, dem Ausgeliefertsein an eigene Destruktivität.

Bislang wurde das triebdualistische Konzept veranschaulicht und seine nützlichen Gehalte herausgearbeitet. Dennoch bleibt wahr, daß diese Konzeption eines Dualismus von lebensbejahenden und lebensverneinenden, konstruktiven und zerstörerischen Tendenzen nicht sehr weit trägt. Es verleitet allzu rasch zur Annahme, daß es sich bei den dualistisch organisierten Trieben um eine *anthropologische Konstante* handelt, um eine humane Ausstattung vor aller persönlichen Erfahrung. Jede Psychologie aber, die den Menschen nicht im Kontext seiner Beziehungen zu erfassen erlaubt, sondern ihn *als Monade* behandelt, greift m.E. zu kurz. Zu bewahren aber ist allemal der Gesichtspunkt, daß Zerstörung und auch Selbstzerstörung, daß das Destruktive in der menschlichen Entwicklung und im menschlichen Leben seinen Platz hat, ob wir wollen oder nicht, und daß es nicht verleugnet, sondern furchtlos registriert und durch Liebe eingeschränkt werden muß.

## 5.2. Beziehungserfahrung und Selbstfürsorge

Der folgende Abschnitt wendet sich den *Beziehungsvoraussetzungen* der Selbstfürsorge zu. Zunächst soll eine entwicklungspsychologische Perspektive weiterhelfen.

Selbstfürsorge ist dann am sichersten möglich, wenn es in der frühen Entwicklung einen Menschen oder Menschen gab, die das noch nicht entwickelte, erst *„auftauchende"* Selbst des Kindes geschützt und umsorgt ha-

ben. Selbstfürsorge ist also gebunden an die vorgängige Erfahrung des Ge-
halten-werdens; in der psychoanalytischen Diskussion wird heute oft von
*containing function* gesprochen, weil mit diesem gar nicht so schlechten, ein
wenig schillernden Begriff (Containing heißt sowohl begrenzen als auch
bewahren) ein einigermaßen präzises Konzept verbunden ist. Seit dem großen Basler Entwicklungsbiologen Adolf Portmann wissen wir, daß das
Menschenkind im Kontrast zu den meisten Tierarten eine *physiologische
Frühgeburt* ist. Es ist bei seiner Geburt nicht ausgerüstet mit allen Mitteln,
das Leben zu bestehen, es muß sie erwerben. Deshalb müssen die Funktionen von anderen stellvertretend ausgeübt werden, von ihnen übernimmt sie
dann wiederum das sich entwickelnde Kind. Es erlebt Zuwendung anfänglich noch nicht personal, sondern als eine wenig abgegrenzte, atmosphärisch
ungeheuer bedeutsame Umwelt, dessen Wärme und Kälte, Präsenz und Ab-
senz sich in die früheste Erfahrungswelt einschreibt. Der bedeutende Psychoanalytiker und Kinderpsychiater Winnicott hat von der *„Umwelt-
Mutter"* (Winnicott 1984) gesprochen. Die eigenen, ganz grundlegenden
Fähigkeiten des Kindes entstehen durch die Verinnerlichung sorgender Beziehungserfahrungen; d.h. wie ich mit mir umgehe, wird z.T. davon abhängen, welchen Umgang der wichtigen Bezugspersonen mit mir ich in den
ersten Entwicklungsjahren erlebt habe. Meine eigenen Haltungen entstehen
z.T. durch *Internalisierungen*, also durch Verinnerlichung der mit anderen
gemachten Erfahrungen, und die anderen sind um so wichtiger, je mehr ich
auf sie angewiesen bin, deshalb ist die frühe Kinderzeit offenbar so bedeutsam für die Persönlichkeitsentwicklung. Im Erwachsenenalter können
schwere *Traumata*, also nicht sofort verarbeitbare schwere Belastungen,
starke Auswirkungen auf die Person haben, weil eine Kindheitszeit sich hier
zu wiederholen scheint: die Zeit der eigenen Hilflosigkeit und der radikalen
Angewiesenheit darauf, daß ein anderer einem hilft, bzw. etwas für mich
übernimmt. Diese Darstellung ergibt sich aus der Entwicklungspsychologie,
aber auch aus den *objektbeziehungspsychologischen Ansätzen* der Psychoanalyse, die heute bedeutsamer als die triebpsychologischen sind.

In objektpsychologischen Termini läßt sich das Gesagte auch so zusammenfassen: Um mich um mich selbst sorgen zu können, muß ich über ein
sog. *gutes inneres Objekt* verfügen.

Was ist ein gutes inneres Objekt? Daß die Umweltmutter „gut genug" sein muß, wurde schon beschrieben – gut genug (Winnicott 1984), weil sie natürlich nicht ein idealer Puffer zwischen dem Kind und der Wirklichkeit sein kann und auch gar nicht sein soll; aber sie muß eben gut genug sein. Das ist die äußere Voraussetzung, die ein *Urvertrauen* (Erikson 1966) schafft. Wir müssen uns diese Erfahrung nicht zu weihevoll vorstellen und gleich das Bild einer hingebungsvoll stillenden Mutter vor Augen haben; es geht nicht nur um Versorgung, sondern auch um anderes, z.B. darum, daß man erwartet worden ist, daß man *als Kind von den Eltern begehrt* wird (cf. Laplanche 1978), daß der geradezu sprichwörtliche Glanz im Auge der Eltern aufblitzt. In diesem Sinne haben es *ungewollte Kinder*, die ungewollt blieben, wirklich schwer (Diese Unterscheidung ist wichtig, weil ursprünglich ungewollte Kinder sehr oft, dank des Kindern eigenen, schier unwiderstehbaren Aufforderungscharakters, doch rasch geliebt werden. Aber nicht allen gelingt dies). Die gute Real-Erfahrung wandelt sich in das Erinnerungsbild einer befriedigenden Erfahrung mit der Umweltmutter, dem Umweltvater, mit wemimmer, um. Aber innere Objekte sind keine Wackersteine, die in der Seele herumliegen; es sind Erfahrungen, die sich im Laufe der Zeit weiterentwickeln, von der persönlichen Erfahrung mehr und mehr gelöst und in die Persönlichkeitsstruktur übernommen werden. So wird – wenn alles recht gut geht – das gute innere Objekt zu einem *basalen Lebensgefühl*, zur Fähigkeit zum Beispiel, Humor zu haben, gelassen zu sein. Was hier passiert, ist – wie das meiste – mit einem, diesmal treffenden Begriff belegt worden: *umwandelnde Verinnerlichung*.

### 5.3. Selbstfürsorge als Haltung im Rahmen des Entwicklungsprozesses

Für-sich-sorgen ist nicht nur die Fähigkeit, sich wertzuschätzen und genügend Selbstliebe aufzubringen. Sicher, die grundlegende Zuversicht zu sich selbst und anderen gegenüber ist eine entscheidende Voraussetzung; aber natürlich werden auch in der weiteren Entwicklung wichtige Voraussetzungen für die Selbstfürsorge geschaffen. M.a.W.: Auf *jeder Stufe der psychischen Entwicklung* gibt es spezifische Anforderungen an die Fähigkeit zur

Selbstfürsorge; im folgenden wird also eine entwicklungspsychologische Perspektive beibehalten:

- Selbstfürsorge und Nähe und Distanz: „für sich selbst sorgen" kann heißen, sich abzugrenzen, anderen nicht zu nahe zu kommen. Selbstfürsorge heißt, auch immer einen richtigen *Abstand zum anderen* zu finden, darauf zu schauen, daß die Abhängigkeit vom anderen nicht überhand nimmt, daß man umgekehrt auch immer in Beziehungen integriert bleibt. – Diese aktivische Formulierung verdankt sich natürlich der Sicht des Erwachsenen, sie ist aus der Sicht der Aufgaben gesprochen, die sich dem Erwachsenen stellen. Wenn die Kindheitserfahrungen wenig Raum gelassen haben, um Nähe und Distanz gut zu regulieren – wir sehen die Folgen bei vielen Patienten in der Psychotherapie –, wird hier die größte Schwierigkeit liegen.

- Selbstfürsorge und Autonomie: für sich selbst sorgen kann ferner heißen, auf der eigenen *Autonomie*, den eigenen Interessen zu beharren. Angesprochen ist hier, daß *Durchsetzungsfähigkeit*, Kampfbereitschaft, der Wille, sich nicht unterkriegen zu lassen, zur Selbstfürsorge dazu gehören. Das *agonale* Moment des menschlichen Lebens ist damit angesprochen; in der Entwicklungspsychologie steht, wie ein Marker, dafür die Periode des ersten *„Nein"* (Spitz 1945), der Beginn des Spracherwerbs, der dem Kind erlaubt, ein Angebot im Sinne der eigenen Wünsche und Forderungen zurückzuweisen. Die Kehrseite zum „Nein" ist das „Ja", nicht nur der Kampf um die eigene Autonomie gehört zu den Voraussetzungen der Selbstfürsorge, sondern auch umgekehrt die *Fähigkeit, sich in Abhängigkeit begeben* zu können. Wir benutzen das Wort „abhängig" erstaunlicherweise ebenfalls oft negativ. Dabei charakterisiert es doch die Fähigkeit, Bindungen zu akzeptieren, anzuerkennen, daß andere einem etwas geben können, das man selbst nicht hat, und zwar ohne Neid oder Angst.

- Selbstfürsorge und *Gewissensbildung:* Wir haben bereits von der umwandelnden Verinnerlichung v.a. von Beziehungserfahrungen gesprochen. Ihr verdankt sich auch, in der weiteren Entwicklung des Kindes, die Gewissensbildung. In der Psychoanalyse ist vom Überich gesprochen worden, also einer Instanz, die die Selbstbeurteilung durchführt und das bewertet, was man selbst tut oder läßt. Sie hängt – und das ist ein weiterer interessanter, aber auch sehr plausibler Gedanke Freuds gewesen –

sehr eng mit der Ichidealbildung, also den Idealen zusammen, die man für sich selbst entworfen hat. Selbstfürsorge ist nur möglich, wenn die Funktion der Selbstbeurteilung nicht allzu streng ist, wenn die Selbstbeurteilung nicht zur Selbstverurteilung wird, und wenn die Ziele, die wir uns stecken, nicht so hoch sind, daß wir nur noch unter dem Gefühl eines quälenden Ungenügens leiden.

- Selbstfürsorge und die Erfahrung des Anderen *(ödipale Ebene):* Selbstfürsorge bildet keinen Gegensatz zur Sorge um andere, im Gegenteil. Selbstfürsorge kann deshalb auch heißen, die eigenen und die fremden Interessen, Wünsche etc. zu reflektieren und in die eigenen Planungen einzubeziehen. „Liebe Deinen Nächsten wie Dich selbst", wir sind in der christlichen Kultur mit dieser ethischen Maxime aufgewachsen. Sie bleibt ebenso wahr, wenn wir sie umkehren in „Liebe Dich wie Deine Nächsten". Beidemal geht es um die Verschränkung von Selbst- und Fremdliebe. Für mich selbst kann ich nur gut sorgen, wenn ich auch das Wohl der anderen im Auge habe. Oder, anders gesagt: Liebesfähigkeit ist eine Eigenschaft, die sich sowohl auf das eigene Selbst wie auf den anderen richtet. Die Umkehr der christlichen Maxime drängt sich durch klinische Erfahrungen auf; im Umgang mit kranken Menschen erlebt man immer wieder, daß es vielen leichter fällt, sich um andere zu kümmern als um sich selbst. Oft genug handelt es sich um ein Phänomen, das die Psychotherapeuten seit A. Freud (1936) „altruistische Abtretung" nennen: man behandelt andere so, wie man selbst gern behandelt worden wäre und wie man selbst gern behandelt werden möchte.

Diese – sicher noch unvollständige – Aufzählung soll zeigen, wie komplex die Voraussetzungen sind, die uns in die Lage versetzen, für uns zu sorgen. Selbstfürsorge ist keine bestimmte Eigenschaft, keine gut abgrenzbare einzelne Fähigkeit, sondern eine *Haltung*. Man kann ebenso gut sagen, daß die Fähigkeit, für sich selbst zu sorgen, das Ergebnis einer Vielzahl von Entwicklungseinflüssen ist. Diese wollen natürlich geordnet und eingeordnet sein. Grundlegend sind die ersten beiden Dimensionen, das Überwiegen der Liebe über den Haß, und die Verinnerlichung guter Beziehungserfahrungen, die eine Form von Urvertrauen ermöglichen. Und beide gehören zusammen. Die *gute Beziehungserfahrung ist ja gerade eine solche, die es ermöglicht, daß aggressive Impulse nicht zur Zerstörung führen.* Bion (1990), der das Konzept der Containing-Funktion entwickelt hat, hat die Metapher der *Entgiftungsfunktion* gewählt, um anzuzeigen, daß die Mutter die Erregungszustände des Kindes, auch den kindlichen Zorn gegen die Mutter, wie immer er sich auch äußert, in Schreien, in Abwendungen etc., erträgt oder überlebt, d.h. sie wendet sich ihrerseits nicht ab, läßt es das Kind nicht vergelten. Die Folge ist, daß das Kind keine Schuldgefühle entwickeln muß, bei der Mutter oder dem Vater etwas angerichtet, etwas von der Beziehung zerstört zu haben. Um dieses Motiv nachempfinden zu können, muß man nicht in die frühesten Kindheitserfahrungen zurückgehen; ein klein wenig von dieser Erfahrung wiederholt sich dort, wo wir einen Zornausbruch erleiden, und unsere Partnerin, gegen die er sich gerichtet hatte, ihn nicht nachhaltig übelnimmt.

## 6. Der Körper als Ort der Selbstfürsorge und Selbstzerstörung

Selbstzerstörung ist i.d.R., jedenfalls in der klinischen Erfahrung, ein Angriff gegen den eigenen Körper. Die Frage nach der Selbstfürsorge ist – in umgekehrter Blickrichtung betrachtet – zugleich die Frage nach der *Art und Weise, wie wir unseren Körper bewohnen, wie eins wir uns mit unserem Körper fühlen* (Küchenhoff 1992). Wenn ein Mensch sich verletzt oder schneidet oder verstümmelt, erlebt er sich nicht mehr als Einheit. Ein Teil der eigenen Person kämpft gegen einen anderen Teil. Das unhinterfragte ganzheitliche Gefühl, das eine Spaltung von Körper und Seele nicht kennt, das in der deutschen Sprache als *Leib-sein* beschrieben worden ist, ist dann zerbrochen; der *Körper* oder ein Körperteil wird objektiviert, wird *zum Objekt*, zu einem Gegenstand, der – bei Selbstverletzungen – angegriffen wird. Sartre (1943/62) hat davon gesprochen, daß der Körper in der Selbstverständlichkeit des eigenen Daseins normalerweise stumm ist, er macht sich nicht bemerkbar, sondern gibt die Aufmerksamkeit für die Erfahrung der Außenwelt frei; er hat vom *passer sous silence* des Körpers gesprochen. Wenn der Körper oder ein Körperteil angegriffen wird, wird er stattdessen wie ein Objekt der Außenwelt gehandelt; er gerät in den Blick der Aufmerksamkeit. So ungewöhnlich ist das natürlich nicht; der Körper kann ja auch in einer positiven Absicht zum Objekt werden, z.B. in der Körperpflege und

Kosmetik; wahrscheinlich ist die These richtig, wenn wir feststellen, daß wir in einer Zeit leben, wo dem Körper insgesamt eine hohe Aufmerksamkeit zuteil wird. Wovon hängt es aber ab, ob diese Zuwendung zum Körper eine fürsorgliche oder eine zerstörerische Qualität hat? Im Grunde läßt sich hier ein Gedanke wiederholen, der oben zu den Objektbeziehungen schon formuliert wurde. Denn der Umgang mit dem eigenen Körper als einem Objekt läßt sich so verstehen, daß wir von einem inneren Körperdialog ausgehen, einer Zwiesprache mit dem eigenen Körper. Alles hängt dann wiederum von der Qualität dieses Dialogs ab. Es ist wie ein Drama, das zwischen verschiedenen Persönlichkeitsanteilen aufgeführt wird; mit gutem Grund hat J.McDougall (1989) – so der Titel eines Buches – von den théâtres du corps, von den *Theatern des Körpers* gesprochen. Die Dialoge dieser Dramen sind durch die Beziehungserfahrungen geschrieben worden, die man gemacht hat.

Sich seiner selbst körperlich annehmen, setzt voraus, daß es einen guten inneren Körperdialog gibt, daß ich auf den eigenen Körper gute innere Bilder von Fürsorge, Pflege und Rücksicht projizieren kann. Wenn Vernachlässigung oder Grausamkeit die inneren Dialoge sind, die die eigene Erfahrungswelt beherrschen, kann es viel schneller geschehen, daß der Umgang mit dem eigenen Körper grausam und verletzend wird. Daher verwundert es nicht, daß in den letzten Jahren in der empirischen Forschung ein klarer, *erdrückend klarer Zusammenhang zwischen selbstverletzendem Verhalten und Mißbrauchserfahrung* gefunden worden ist (Egle/Hoffmann/Juraschky 1997).

Bislang bleibt unbegründet, warum die destruktiven Erfahrungen sich *ausgerechnet in körperlicher Selbst*zerstörung auswirken. Denn es gibt andere Ausdrucksformen, allen voran die Gewalt gegen andere, also Destruktivität nach außen, nicht gegen die eigene Person. Dazu zwei Anmerkungen. Auf einen Gesichtspunkt wurde bereits einleitend hingewiesen: es gibt klinische Phänomene, die etwas mit der gesellschaftlichen Entwicklung zu tun haben; G.Devereux (1974) hat von *„Modellkrankheiten"* gesprochen – Krankheitsbilder, die aktuell Verhaltensnormen oder -moden, also gegenwärtig gängige Ausdrucksklischees aufgreifen. M.E. hat sich der Zugang zum eigenen Körper gesellschaftlich gewandelt, Manipulationen am eigenen Körper spielen auch in anderen Zusammenhängen eine immer größer werdende Rolle, ich nenne nur zwei Stichworte: die Schönheitschirurgie, und die Moden; Phänomene wie das Piercing sind auffällige Formen der ästheti-schen Manipulation des Körpers, die eben nicht „in den Kleidern hängen bleiben". – Aber diese Betrachtung reicht nicht aus. Wir müssen berück-sichtigen, daß *nicht jedes Verhalten, das nach außen als sehr destruktiv im-poniert, als Zerstörung intendiert ist.* Anders formuliert: es ist immer die Frage, ob ein konservatives, ein bewahrendes und sogar fürsorgliches Ele-ment im destruktiven Verhalten selbst liegen kann. Tatsächlich werden wir klinisch immer wieder darauf aufmerksam, daß der Angriff auf den eigenen Körper diese Schutzfunktion haben kann. Die destruktiven Impulse, die ein Mensch in sich verspürt, werden gewissermaßen auf den Körper abgeleitet. Die Selbstzerstörung hat dann die Funktion, die Beziehungen zu anderen, die sonst vergiftet wären, positiv zu erhalten. Selbstzerstörung ist *auch* ein Schutz vor der offenen Aggression gegen andere Personen. Natürlich ist das keine gute, sondern eine schmerzhafte und erschreckende Lösung. Aber wir würden vielen Menschen mit selbstdestruktivem Verhalten unrecht tun, wenn wir nur die Destruktivität und nicht auch die fürsorglichen Aspekte mit berücksichtigten. Sie beziehen sich u.U. auch auf das eigene Selbst; be-reits 1938 hat K. Menninger in einem Buch über den Suizid Selbstangriffe einbezogen und von ihnen als dem Phänomen *des „fokalen Suizids"* gespro-chen. Selbstzerstörungsverhalten erscheint in dieser Perspektive als eine Bündelung oder Eingrenzung des Angriffs gegen sich selbst. Statt sich das Leben (ganz) zu nehmen, wird nur ein Teil angegriffen. – Eine dritte Per-spektive der Verflechtung von Autodestruktion und Selbstfürsorge muß noch genannt werden. Patienten, die sich schneiden, berichten überzufällig häufig davon, daß sie sich schneiden, um sich zu spüren; eine Patientin von U.Sachsse (1995), dem wir ein wichtiges Buch über selbstzerstörerisches Verhalten verdanken, hat das einmal sehr kurz und prägnant so ausgedrückt: *„Blut tut gut".* Dies gilt insbesondere in Zuständen, in denen ein Mensch den Gefühlskontakt zu sich selbst verloren hat, in der Psychopathologie wird von Depersonalisierung gesprochen; es handelt sich um ein quälendes Ge-fühl der emotionalen Selbstdistanzierung, der Selbstentfremdung, der emo-tionalen Anästhesie, die als ausgesprochen quälend erlebt werden kann; oder es handelt sich um Schwierigkeiten, die eigenen Körpergrenzen zu spüren, bei Menschen, die schwer psychisch krank sind und ihren Körper als schutzlos, als porös, als ausfließend und nicht klar begrenzt erleben. Deshalb gerade beziehen sich die Angriffe gegen den eigenen Körper sehr oft auf die eigene Haut, also auf das Organ, das der Demarkation, der Abgrenzung nach außen und der Umhüllung des eigenen Körpers dient. Sich zu spüren, wenn auch durch den selbstzugefügten Schnitt in die eigene Haut, ist dann nicht einfach ein Übel, sondern eine Erleichterung, eine Möglichkeit, sich der eigenen Lebendigkeit oder der eigenen Konturen wieder bewußt zu sein.

## 7. Der Andere und die Selbstfürsorge – eine Zusammenfassung

Selbstfürsorge ist eine *komplexe Fähigkeit,* eine *Haltung,* die eine bestimmte Form des gutwilligen, sorgenden Umgangs mit sich selbst umschreibt. Sie kann sich in einer Vielzahl von Verhaltensweisen äußern. Diesen muß man nicht immer und überall anmerken, daß sie fürsorglich gemeint sind; selbst ein offensichtlich zerstörerisches Verhalten kann fürsorgliche Qualitäten haben, auch Selbstzerstörung kann im Dienste der Selbstfürsorge eingesetzt werden. Es reicht also nicht aus, das Verhalten eines Menschen von außen zu beschreiben; es langt selbst nicht aus, nur seine auf Fragen gegebenen bewußten Antworten allein zu berücksichtigen; entscheidend ist ein Verständnis für die Motive, die einem zerstörerischen Verhalten zugrunde liegen und die sich gelegentlich auch dem Betroffenen selbst nur in längeren und fortgesetzten Gesprächen erschließen. Selbstfürsorge ist eine Qualität des Umgangs mit sich, die mit den prägenden, also emotional bedeutsamsten Beziehungserfahrungen im eigenen Leben zu tun haben. *Beziehungserfahrungen* werden verinnerlicht, in frühen Lebensabschnitten mehr als in späteren. Der Umgang mit sich selbst ist auf diese Weise ein Spiegel der gemachten Beziehungserfahrungen. Selbstfürsorge meint nicht nur Selbstbemutterung oder Pflege. Die Haltung, die wir mit Selbstfürsorge beschreiben, hat komplexe Bedingungen; in den Entwicklungsphasen des eigenen Lebens sind die Anforderungen an die Selbstfürsorge sehr unterschiedlich. Dies können sein die Fähigkeit zur Abgrenzung, zur Behauptung, aber auch die Möglichkeit, andere Menschen mit ihren eigenen Vorstellungen, Wünschen und Bedürfnissen akzeptieren zu können. Was wesentlich ist, um eine insgesamt selbstfürsorgliche Haltung erwerben zu können, ist die Fähigkeit zum Umgang mit der eigenen Aggressivität, die das ganze Leben über immer wieder mühsam erlernt werden muß. Dies führt zu einer weiteren wichtigen Erkenntnis; Selbstfürsorge ist keine stabile Eigenschaft; sicherlich, die Voraussetzungen dafür, für sich selbst sorgen zu können, werden u.U. sehr früh gelegt oder zerstört; dennoch ist die Haltung der Selbstfürsorge eine, um die wir unser ganzes Leben lang ringen müssen. Und dieses Ringen ist kein einsamer Kraftakt; Selbstfürsorge ist – in der psychischen Entwicklung ebenso wie in der Gegenwart eines Erwachsenen – an Beziehungserfahrungen und Beziehungsmöglichkeiten gebunden.

An dieser Stelle lohnt es, kurz auf einen empirischen Befund der Psychotherapieforschung zurückzukommen, nämlich daß ein wichtiger unspezifischer Wirkfaktor von Psychotherapien die Qualität der therapeutischen Beziehung ist, also das Angebot, das der Therapeut dem Patienten macht, im Rahmen einer Therapie Beziehungsformen zu erleben, die wiederum selbst einen Anreiz zur Fürsorge und zur Sorge um sich selber schaffen. Es ist offensichtlich ein verhängnisvoller Irrtum der gegenwärtig allerorts zu beobachtenden Effizienzsteigerung, daß Beziehungserfahrungen gegenüber technisch instrumentalisierter Zielorientierung abgewertet werden. Es bewirkt eben nicht daßelbe, ob ich Verhalten einübe aus der bewußten Überzeugung, daß ich ein bestimmtes Verhalten als schädigend unterlassen soll, oder ob ich ein schädigendes Verhalten aufgebe, weil ich mich in eine Beziehung wieder als wertvoll erleben konnte. Auch hier ist Selbstfürsorge zutiefst mit der Beziehungserfahrung verbunden.

Der Wissenschaftler muß lange Umwege gehen, um zu einem Ergebnis zu kommen. Ein Dichter kann dies in sehr viel größerer Prägnanz ausdrücken, deshalb soll die Kernüberlegung dieser Arbeit mit ein paar schönen Zeilen eines Gedichtes von Bertolt Brecht wiederholt werden.

Morgens und abends zu lesen

Der, den ich liebe
Hat mir gesagt,
Daß er mich braucht

Darum

Gebe ich auf mich acht
Sehe auf meinen Weg und
Fürchte von jedem Regentropfen
Daß er mich erschlagen könnte.

Das Gedicht heißt „Morgens und abends zu lesen", es verbindet die Liebe und Sehnsucht, die ein anderer Mensch für uns empfindet, ganz selbstverständlich mit der Sorge um das eigene Selbst. Hier nun ist der Kontrast zu Mark Aurel wichtig. Selbstfürsorge ist bei Brecht kein Appell ans eigene Selbst, keine Aufforderung, den Nebenmenschen zu ignorieren, sondern ganz im Gegenteil, Selbstfürsorge hat als Ausgangspunkt die Liebe des Anderen. Genauer Lektüre erschließt sich, daß der Zusammenhang, in den ich das Gedicht stelle, nicht völlig aus der Luft gegriffen ist. Der Titel nämlich verweist darauf, daß sich das Gedicht nicht nur in die christliche Tradition des Abendgebetes, sondern auch in die noch frühere stoische Tradition einschreibt, auf die einleitend hingewiesen wurde. Schließlich geht die Tradition des Abendgebetes auf die Selbstbesinnung eines Seneca oder Mark Aurel zurück: „Man kann, abends oder morgens, einige Augenblicke der Besinnung reservieren, der Prüfung dessen, was man getan hat, der Erinnerung an gewisse nützliche Grundsätze ... das morgendliche und abendliche Prüfen der Pythagorärer findet sich ... bei den Stoikern wieder" (Foucault 1984, S. 66f). Brecht also knüpft formal an diese Selbstbesinnungstradition an („morgens und abends zu lesen"), aber verkehrt den Inhalt in sein Gegenteil: Selbstbesinnung ist bei ihm keine Selbstabgrenzung, vielmehr betont das Gedicht die Fundierung der Selbstfürsorge in der Zuneigung des Anderen.

## Literatur

Bion WR (1990) Lernen durch Erfahrung. Suhrkamp Frankfurt

Brecht B (o.J.) Gedichte . Suhrkamp Frankfurt

Devereux G (1974) Normal und anormal. Suhrkamp Frankfurt

Egle U, Hoffmann SO, Joraschky P (1997) Sexueller Mißbrauch, Mißhandlung, Vernachlässigung. Schattauer Stuttgart

Elias N (1976) Der Prozeß der Zivilisation. Suhrkamp Frankfurt

Erikson EH (1966) Identität und Lebenszyklus. Suhrkamp Frankfurt

Foucault M (1984) Le souci de soi. Gallimard Paris

Freud S (1920) Jenseits des Lustprinzips. GW XIII. Fischer Frankfurt

Giddens A (1995) Die Konsequenzen der Moderne. Suhrkamp Frankfurt

Küchenhoff J (1992) Körper und Sprache. Assanger Heidelberg

Küchenhoff J (1997) Körperkultur. In: Korff W (hrsg) Lexikon der Bioethik. Gütersloh, 439-443

Laplanche J (1988) Die allgemeine Verführungstheorie. edition discord Tübingen

Marc Aurel (1959) Selbstbetrachtungen. Reclam Stuttgart

McDougall J (1989) Theaters of the body. Norton New York

Menninger K (1974) Selbstzerstörung. Suhrkamp Frankfurt

Sachsse U (1995) Selbstverletzendes Verhalten. Vandenhoeck & Ruprecht Göttingen

Sartre JP (1943/1962) Das Sein und das Nichts. Rowohlt Reinbek

Spitz R (1945/o.J.) Nein und Ja. Klett Cotta Stuttgart

Winnicott DW (1984) Reifungsprozesse und fördernde Umwelt. Fischer Frankfurt

# Autodestruktion – eine Widerlegung der Freudschen Todestriebtheorie

Raymond Battegay

Obschon sich der Mensch in gesunden Tagen nichts sehnlicher wünscht, als am Leben teilzuhaben, gehen in ihm gelegentlich Regungen vor sich, die, äußerlich besehen, autodestruktives Gepräge aufweisen. Es ist bekannt, daß Bergsteiger, die einen Gipfel erklommen haben, etwa einen inneren Drang verspüren, sich in die Tiefe zu stürzen. Dieses oft als sehr eindrücklich erlebte Bedürfnis könnte als Zeugnis für den von Sigmund Freud (1920) supponierten Destruktions- oder Todestrieb angesehen werden. Befragen wir aber in der Folge die Betroffenen, so erkennen wir, daß es ihnen keineswegs darum ging, ihr Leben zu zerstören oder zu beenden. Sie phantasierten vielmehr einen lustvollen, wenn auch von Angst begleiteten Sturz in die Tiefe. Diese Angstlust auf dem Gipfel geht denn auch in der Regel in ihnen vor, ohne daß sie sich wirklich hinunterstürzten. Diese Phantasie entspricht zutiefst auch einer Größenvorstellung, nämlich jener, in den weiten Raum zu springen und dann frei fliegen zu können. Dieser Vorstellung begegnen wir schon in der griechischen Mythologie, in der der Flugwunsch für Daedalus und Ikarus das Motiv für ihr letztlich zum Tod führendes Handeln abgibt. Die Deltasegler, die oft ein hohes Risiko für ihr Leben eingehen, sind nicht etwa von einem Todestrieb beseelt, sondern möchten in den Lüften die Erdkraft überwinden und das Leben genießen.

## Das Leben in der Grenzsituation

Erst in der Grenzsituation (Jaspers, 1965; Battegay, 1981) der extremen Gefährdung des Lebens können die Betreffenden offenbar sich ihrer Existenz besonders erfreuen. Sie sind dann scheinbar Herren über Leben und Tod und schweben, wie es ihnen scheint, ihrer selbst mächtig oder eigenmächtig, über den Niederungen der übrigen Natur. Ein Todestrieb ist dabei nicht zu erkennen.

Es mag etwa auch der Wunsch mitspielen, die eigene Begrenzung zu überwinden und sich in der großen und großartigen Natur aufzulösen, einen Teil des Alls zu werden. Sie möchten eine Fusion eingehen mit der hehren Berg- und Tälerwelt und damit noch inniger als bei deren Anblick an ihr teilhaben. Diese Auflösung wäre nicht eine solche in einem indischen Nirwana, in einem Nichts, sondern in einer kräftestrotzenden und -zeugenden Alpenwelt.

Wenn ich das Nirwana angesprochen habe, so weist das darauf hin, daß wir andere Kulturen kennen, in denen sich die Menschen als ewige Erlösung und Erfüllung das Eingehen in das ewige Gleichgewicht des Nichts vorstellen. Die Sehnsucht nach dem Nirwana ist nun aber keineswegs Zeugnis eines menschlichen Todestriebes, sondern lediglich des Wunsches der Menschen eines Kulturkreises, sich im sorglosen und befreiten Nichts in der von der Alltagsordnung freien und ewigen Glückseligkeit aufzulösen.

## Ist der Suizid Zeugnis des Todestriebes?

Wer den von Freud (1920) postulierten Todestrieb annimmt, denkt vor allem auch an den Suizid als dessen Manifestation. Dabei dürfen wir nicht in den Fehler verfallen, einfach von einem äußeren Tatbestand auf einen zugrunde-liegenden Destruktions- bzw. Todestrieb zu schließen, der sich dabei gegen die eigene psychophysische Existenz richtete. Die Erfahrungen mit Menschen, die an ihrem Selbstmord durch rechtzeitig einsetzende Wiederbelebung gehindert wurden, zeigen, daß zwar im homo sapiens ungeheure Aggressionen gegen das eigene Ich vorhanden sein können, doch besteht bei den Betreffenden hintergründig immer noch eine Hoffnung, das Leben in irgend einer neuen Weise zu erfahren. Die Aggressionen gelten bei den Menschen mit mangelndem Selbstwerterleben und darunter besonders bei den Depressiven einem Ich, das nicht mehr lustvoll erlebt werden kann, weil es, in der Fachsprache ausgedrückt, nicht mehr narzißtisch besetzt zu werden vermag. Ein solches Ich muß die leib-seelische Existenz als schmerzlich erfahren. Doch besteht bei diesen Menschen nicht, wie oft angenommen wird, ein Bedürfnis, sich den Tod zu geben, das Nicht-mehr-Sein zu erzielen, sondern es treibt sie die Tatsache, daß sie das Leben, bei der Qual, die eine Existenz ohne Selbstwerterleben mit sich bringt, nicht mehr zu ertragen vermögen, zum Suizid oder Suizidversuch. Richten sie die Waffe gegen sich, oder schlucken sie im Übermaß Medikamente, so geschieht dies, um ihr Ich von einem Leiden zu befreien, das ihnen das Leben und Erleben verdüstert. Der Tod um des Todes und des Nicht-mehr-Seins willen ist mir kaum je begegnet. Bei Menschen, die Hand an sich legten und durch ärztliche Intervention am Leben erhalten blieben, wie auch bei Menschen, die sich tatsächlich suizidierten und einen Brief hinterlassen haben, sehen wir, daß sie in ihrer Vorstellung einen Dialog mit der „Nachwelt" pflegten, z.B. daran dachten, sich durch ihren Schritt an den Angehörigen, die ihr Leid nicht erkannt hatten, posthum zu rächen und ihnen einen Schlag zu versetzen.

Stefan Zweig (1944), der sich in Brasilien im Jahre 1944 zusammen mit seiner zweiten Gattin das Leben nahm, hat in seinem Buch „Die Welt von gestern" beschrieben, wie sehr er der europäischen Vorkriegskultur verbunden war und nicht mehr zu hoffen wagte, daß in der Zukunft je wieder die Werte, die früher hochgehalten wurden, in ihrer Bedeutung erkannt und hochgehalten würden. Zweig in seiner emigrationsbedingten Entwurzelung und der Ferne von Europa war nicht etwa in die Fänge eines Todestriebs geraten, sondern er wagte es in seiner Entwurzelung und Depression nicht mehr, an eine Zukunft zu glauben (Haenel, 1995).

Wie Karl Jaspers (1965) darlegt, ist dem Menschen der Tod als absolutes Ende des Daseins nicht faßbar. Er sagt an einer Stelle folgendes: „Das nur vitale Bewußtsein kennt den Tod nicht. Erst das Wissen vom Tode macht ihn zur Wirklichkeit für uns. Dann ist er die Grenzsituation: Die mir liebsten Menschen und ich selber werden als Dasein aufhören. Die Antwort auf die Grenzsituation ist gefordert im Seinsbewußtsein meiner Existenz".

Im Selbstmord wird also im Grunde nicht das Autodestruktive angestrebt, nicht das Nicht-mehr-Sein, das Ende der leib-seelischen Existenz, sondern es soll das unerträgliche Leid ein Ende finden. Diese Menschen können den psychophysischen Schmerz in den gegebenen sozialen Bezügen nicht mehr annehmen und gehen darauf aus, durch den Suizid in ein anderes Leben, das

167

sie noch erfahren könnten, in ein „diesseitiges Jenseits" zu gelangen. Sie hoffen einerseits, mittels des Selbstmords der Nachwelt eindrücklich zu zeigen, wie sehr sie unerkannt und ohne Hilfe dem Leiden ausgesetzt waren, und andererseits, in einer besseren Welt jene Zuwendung zu erfahren, an der ihnen gebrach.

## Die Selbstwertproblematik der Depressiven

Bei den Menschen, die Suizidversuche ausführen oder Suizid begehen, besteht ausnahmslos eine Selbstwertproblematik, eine Leere bzw. ein Mangel in ihrem Selbstgefühl (Wolk-Wassermann, 1986). Wie bei vielen narzißtisch Beeinträchtigten typisch, bestehen auch bei den Menschen, die Suizidalhandlungen begehen, kompensatorische Größenvorstellungen. Sie hegten meist, wie Henseler (1974) feststellt, größte Erwartungen an sich selbst und ein realitätsfremdes, hochgespanntes Ich-Ideal, dessen Beachtung von ihrem Über-Ich unbeugsam gefordert wurde. Diese Menschen konnten ihrem Ich-Ideal nicht oder nie genügend nachkommen, waren stets von sich enttäuscht und legten bei einer objektiv vielleicht bedeutungslosen, subjektiv aber wichtigen neuen Enttäuschung Hand an sich. Bei Menschen, die durch Reanimationsmaßnahmen gerettet wurden, oder die sich suizidierten, aber Briefe hinterlassen haben, zeigt sich, daß sie oft keine scharfe Vorstellung vom Ende ihres Da-Seins hatten. Irgendwie schwebte ihnen vor Augen, die normalerweise durch den Tod gesetzten Schranken zu überwinden und einen Dialog mit der Nachwelt führen zu können.

Auch wenn Menschen beim Gewahrwerden einer schweren Erkrankung dazu kommen, sich das Leben zu nehmen, so geschieht dieser Schritt einerseits oft aus Angst vor einem langen Leidensweg. Andererseits stehen dahinter etwa auch Größenvorstellungen. Diese Menschen wollen selbst bestimmen, wann der Tod – der, wie gesagt, für sie aber nicht immer in aller Endgültigkeit gegeben ist – an sie herantreten soll. Sie versuchen damit, sich den Naturgesetzen zu entziehen und jene Freiheit des Entscheides über Sein oder Nichtsein zu erlangen, die man ehedem Gott oder den Göttern zugeschrieben hat. Meist sind sich die Suizidalen nicht bewußt, daß sie mit ihrer Handlung die Zeitlichkeit zu überwinden trachten. Fühlen sie sich als vermeintliche Herren über Leben und Tod nicht gebunden an den Ablauf des sonst unabwendbaren Lebens- und Sterbensprozesses, so setzen sie sich eine Stufe über die anderen Menschen.

Nicht selten entsteht auch der Eindruck, daß die Individuen, welche eine Suizidhandlung ausführen, den anderen bzw. ihren nahen Angehörigen, ein Schnippchen schlagen und zeigen wollen, daß deren Obhut und Kontrollmöglichkeit eine begrenzte ist, und sie das tun können, was in ihrer Macht liegt, ohne daran im mindesten gehindert werden zu können.

Eine 1949 geborene Krankenschwester, die bei Geburt knapp 1500 Gramm gewogen habe, litt bis zum 15. Lebensjahr an Enuresis nocturna. Das Kindesalter sei ferner durch Pavor nocturnus gekennzeichnet gewesen. Als die Mutter sie im Alter von etwa 4 Jahren einmal zu Bett brachte und sich danach zum Einkaufen entfernte, empfand die Patientin fürchterliche Angst. Sie schrie so laut, daß die Mutter nach Verlassen der Wohnung nochmals zurückkehrte und die Patientin schlug. Daraufhin habe sich die Mutter wieder entfernt. Die Patientin hatte damals wie auch später das Gefühl, von den Eltern nicht verstanden und nicht geliebt zu werden. Als Kind habe sie viel geweint. Zu den zwei älteren Geschwistern habe sie keinen näheren Kontakt gefunden. Gefühle seien in der Familie nie ausgesprochen worden. Mit 11 Jahren, vor Eintritt der Menarche, noch unaufgeklärt, habe sich die Patientin mit ihrem Bruder intim eingelassen. Diesen Akt habe sie als Spiel aufgefaßt. Zwei Jahre später begann sie an einem Globusgefühl im Hals zu leiden. 1969 fing sie eine dreijährige Krankenschwesternlehre an. Sie schloß die Lehrzeit erfolgreich ab, obschon sie sich einige Male Drogen gespritzt hatte und an einer Serumhepatitis erkrankt war. Wegen Angstzuständen, Schluckbeschwerden, Versagensängsten und Insuffizienzgefühlen trat die Patientin im Januar 1977 eine stationäre psychiatrische Behandlung an. Nachdem mehrere geplante Suizidversuche in der Klinik verhindert werden konnten, unternahm die Patientin unmittelbar nach einem Wochenendausgang ein tentamen suicidii mit 20 Tabletten Metaqualone. Auch nach dieser Suizidhandlung war sie noch längere Zeit depressiv. Von mehreren Träumen, die sie hatte, sei einer angeführt: „Ich sprang von einem Haus hinunter und landete auf einer Wiese mit Blumen. Ich empfand ein „irrsinnig" schönes Gefühl. Ich erlebte diesen Traum als ausgesprochen angenehm."

Im zitierten Traum schien es, daß die Patientin auf der einen Seite die familiäre Realität nicht so anzunehmen vermochte, wie sie war, und gegen ihre Angehörigen Aggressionen hegte, so daß sie, auch um der Öffentlichkeit ihr Leid kund zu tun, vom Hause absprang. Auf der anderen Seite verrät das Geträumte ein Allmachtsgefühl. Sie verletzte sich bei ihrem Sprung vom

Hause nicht, sondern landete mit einem Hochgefühl auf einer blumigen Wiese.

Der Suizidversuch im Traum dieser Kranken – wie ihr wirklich erfolgter Selbstmordversuch – stellt bis zu einem gewissen Grade einen Absprung aus dieser leidbringenden Welt dar, doch dazu auch einen Versuch, sich den Gesetzen der Wirklichkeit zu entziehen und damit jene Freiheit zu erlangen, die ihr ohne diese Handlung nicht zuteil geworden wäre. Daß sie nach der Suizidhandlung depressiv blieb, ist verständlich, da ihr danach wohl zumindest teilweise das Irreale ihrer Erwartungen aufging.

Wie bereits dargelegt, sind es meist in ihrem Selbstgefühl, ihrem Narzißmus Geschädigte, die kompensatorisch dieses Freiheitsgefühl im Abstreifen der sie kränkenden und krank machenden Lebensumstände und üblichen Lebenskoordinaten erstreben. In ihrer Vorstellung würden sie sich dann nicht mehr als ungenügend erleben, und es wäre ihnen alle Mühe und Frustration bei der Bewältigung ihres Lebens genommen. Die in dieser Weise ausgemalte Welt, jenes bereits erwähnte „diesseitige Jenseits", würde ihnen jene mitmenschliche Wärme bringen, die sie entweder objektiv oder subjektiv nie erfahren haben. Ihr Selbstgefühl würde so mittels einer sich auf sie einstimmenden Welt gestärkt. Auch wären sie nicht mehr gebunden an den Ablauf des sonst unabwendbaren Lebensprozesses.

## Das Erstreben eines vorstellbaren Nachher

Jaspers (1965) spricht davon, daß nur der Mensch in seinem lebendigen Dasein um seinen Tod wisse. Die Angst vor dem Tod sei eine solche vor dem Nichts, aber untilgbar scheine trotzdem die Vorstellung, der Zustand nach dem Tod sei ein anderes Dasein. Der Gedanke also, daß nach dem Ableben noch etwas kommt, wird zwar von intellektuellen Menschen bewußt oft abgelehnt, jedoch zutiefst dennoch irgendwie aufrecht erhalten. In vielen Religionen ist diese Vorstellung niedergelegt. Was die Suizidalen besonders kennzeichnet, mögen sie intellektuell orientiert sein oder nicht, ist die Tatsache, daß für sie dieses „Nachher" greifbar ist, und durch sie vermeintlich aktiv herbeigeführt zu werden vermag. Der Suizidversuch oder Suizid erscheint damit nicht als ein Beweis des von Freud (1920) supponierten Todestriebes, der auch, bei aller Tendenz der lebenden Wesen, immer weiter existieren zu wollen, kaum zu beweisen ist. Die Suizidalen wollen, vielleicht mehr noch als andere, leben, jedoch in einer anderen, unbeschwerteren Existenzform. Was, real betrachtet, einen autodestruktiven Akt darstellt, kann subjektiv das Herbeiführen eines erlebbaren, idealen und zeitlosen Zustandes bedeuten.

Ein 23-jähriger Mann, zweiter Sohn eines leistungsorientierten Akademikers und einer langjährig an Tuberkulose kranken Mutter, suchte unsere Sprechstunde auf. Während er als Kleinkind dem auf Tüchtigkeit ausgerichteten Leitbild der Familie entsprach, stellten sich beim Patienten bald Schulschwierigkeiten ein. Nach absolvierter Maturität entschied er sich für den Maschineningenieursberuf. Er versagte aber anläßlich von zwei Vorprüfungen, obwohl er beide Male geglaubt hatte, sich für die Examina gut vorbereitet zu haben. Am Anschlagbrett der Hochschule las er über seinen Mißerfolg. Einen Tag nach seinem Versagen begab er sich nochmals dorthin. In der Folge trank er im Übermaß Whisky, und er nahm eine Pistole zu sich. Er fuhr an einen Ferienort, begab sich auf einen Berg und hatte im Sinn, sein Leben durch einen Pistolenschuß zu beenden. Der Patient erwartete, nach erfolgter Erschießung in eine Gletscherspalte zu stürzen. Da er durch sein Verhalten auffiel, wurde er in eine Psychiatrische Klinik eingewiesen. Dort wurde eine neurotisch bedingte Selbstunsicherheit diagnostiziert. Im Spital führte er ein tentamen suicidii mittels Schnitt in die linke Handgelenksregion aus. Nach Klinikentlassung, bei der ersten Besprechung in unserer Poliklinik, imponierte der Patient als wohlerzogen, höflich und äußerst geordnet. Er betonte, ein Ziel vor sich haben zu müssen, und äußerte die Absicht, den Ausweis als Lastwagenführer zu erwerben. Während der Lehrzeit wolle er auf dem Lande bei der Muttersmutter leben. Trotz seiner vordergründigen Loyalität den Eltern gegenüber ließ er ihnen gegenüber Aggressionen erkennen. Er hielt an seinen Berufsplänen fest, obschon Vater und Mutter mit ihrem hohen Berufsideal für den Sohn damit nicht einverstanden waren.

Beim Patienten machten sich deutlich Größenvorstellungen geltend. Er versagte in Prüfungen, weil er das Gefühl hatte, sich dafür kaum vorbereiten zu müssen und von selbst durchzukommen. Umso mehr war er enttäuscht, als sich seine Erwartungen keineswegs erfüllten, und er in den Examina scheiterte. Auch wie er die Suizidhandlung plante, zeugt von einer Größenvorstellung. Die Tatsache, daß er auf einen hohen Berg fahren wollte, um sich zu erschießen und in eine Gletscherspalte zu fallen – damit er dort für ewig konserviert bleibe – deutet auf diese Tendenz hin. Er äußerte der Ärztin gegenüber tatsächlich die Vorstellung, daß er im Tode so erhalten bliebe, wie er zu Lebzeiten gewesen sei.

Dieser Patient mit seiner schweren Störung im Bereiche des Selbstwerterlebens hatte vor, durch seine postsuizidale Konservierung im Eis die Zeitlichkeit für immer zu überwinden. Dabei wäre seine Weiter-„Existenz" ohne jegliche eigene Aktivität möglich geworden. Wäre er, wie er es wohl erwartete, im Eis konserviert worden, hätte er später einmal jene Aufmerksamkeit finden können, die er in der kühlen und tüchtigen Akademikerfamilie des elterlichen Hauses, aber auch infolge der Krankheit der Mutter, nie erfahren konnte. Er hätte damit Gelegenheit gehabt, wenigstens in seinem Nachleben durch „warme" Zuwendung „aufzutauen".

Wieder war es nicht der Todestrieb, der hinter des Patienten Suizidvorstellung stand, sondern das innere Bestreben, endlich einmal, in veränderten Bedingungen, dann aber für immer, eine Bestätigung zu erfahren. Wenn der Patient schließlich auf das Land zu seiner Großmutter zu ziehen wünschte, um in ihrer Nähe das Lastwagenfahren zu erlernen, entsprach dieser Wunsch seiner emotionalen Bedürftigkeit und seinem Wunsche, über die Beziehung zur Muttersmutter, mit der allein er gefühlsmäßig verbunden war, aufzuleben. Ein Lastwagenführer stellte für ihn symbolisch jenen kraftvollen Mann dar, der er eigentlich zu sein wünschte.

Der Suizid, der in der Wirklichkeit die Autodestruktion beinhaltet, und den Betreffenden unwiederbringlich aus der Gemeinschaft der Lebenden ausschließt, stellt in der Phantasie aber gleichzeitig auch die Hoffnung auf „Wiederauferstehung" in menschlicher Gemeinsamkeit dar. Schließlich finden wir den Wiederauferstehungsgedanken in vielen Religionen wieder. Irgendwie ist es des Menschen Wunsch ganz allgemein, nach dem Tod ein ausgeglicheneres, geruhsameres, ewiges Leben zu erfahren.

Der Mensch, der sich umbringt, will sich, vorwiegend unbewußt, nicht für immer auslöschen und von der Welt schaffen. Was er möchte, ist, seinem Leid entrinnen und in der Fiktion in eine freiere Welt eintreten, in der er mitmenschliche Aufmerksamkeit und eine Bedeutung erhielte, die er sonst niemals zu erleben hoffte. So gesehen, ist der Selbstmord meist ein Zeichen dafür, daß der/die Betroffene zu wenig mitmenschliche Gemeinsamkeit und Solidarität erfuhr oder aber sie zu wenig zu erleben vermochte. Unbewußt spielt etwa auch mit, daß der Selbstmörder mit seiner Handlung den anderen, die weiterleben wollen, einen Denkzettel verpassen möchte. Die anderen sollen für die mangelnd von ihnen erlebte Aufmerksamkeit und die Mißachtung seiner Bedürfnisse bestraft werden, wobei er allerdings die Wirkung seiner fatalen Handlung noch miterleben möchte.

## Selbstmord zur Ehrenrettung

In Japan war es Sitte der Samurai, dieser Krieger, Ritter und bewaffneten Begleiter des Adels, sich zur Ehrenrettung selbst den Tod – durch Bauchaufschlitzen – zu geben (Mauer, 1981). Der Kult der Selbstentleibung diente nun nicht etwa einem Todestrieb, sondern stellte für den Samurai den Höhepunkt der Selbstbeherrschung (im Leben) dar. Der Selbstmord zur Ehrenrettung weist deutlich auf das Lebens- und Gesellschaftsbezogene des Suizids hin. Von den Europäern und Amerikanern wird diese Art des Selbstmords fälschlicherweise Harakiri genannt. Die japanische Bezeichnung lautet: „Hara-wo-kiri" oder „Seppuku". „Hara" bedeutet der Bauch und „kiri" schneiden, aufschneiden, durchtrennen. Die Zwischensilbe „wo" stellt den das Objekt bezeichnenden Partikel dar. Die chinesische Bezeichnung setzt sich aus „Buku" (der Bauch) und „Seton" (schneiden), also Setsabuku, sprich Seppulen, zusammen.

Die Ehrenrettung durch den Selbstmord ist aber nicht etwa nur eine japanische Angelegenheit, sondern sie motiviert auch viele im westlichen Kulturkreis für diese Tat, wenn sie im geschäftlichen oder sonstigen bürgerlichen Leben, wie sie meinen, zur Schande für die Familie oder sonstige Angehörigen geworden sind. Der frühere französische Ministerpräsident Pierre Bérégovoy (1992/93) erlebte sich offenbar durch falsche Anschuldigungen nicht nur schwer gekränkt, sondern auch der Schande ausgesetzt, so daß er den Mitmenschen nicht weiter in die Augen blicken wollte und Hand an sich legte. Bei einem Politiker, der sich umbringt, kommt oft hinzu, daß er damit mehr oder weniger bewußt die anderen als Schuldige stempeln und sie entsprechenden, qualvollen Gefühlen aussetzen möchte. Zweifellos hofft er dabei, daß eine breitere Öffentlichkeit, die sich vorher nie zu Worte gemeldet hat, für ihn Stellung nimmt und ihn damit rehabilitieren wird. Auf diese Weise dokumentiert er, daß er seinen Suizid nicht als endgültigen Abschied von dieser Welt auffaßt, sondern sich irgendwie vorstellt, an der Nachwelt noch teilzuhaben.

Bekannt ist auch, daß Menschen, die im Spiel in Monte Carlo ihr Hab und Gut verloren haben, sich in der Nähe des Spielcasinos in suizidaler Absicht ins Wasser stürzen, um sich und ihrer Familie weitere Schande zu ersparen. Wiederum kann gesagt werden, daß solche Suizide keineswegs einem Todesbedürfnis, sondern vielmehr dem Wunsch entsprechen, sich der Qual der Ächtung durch andere zu entziehen.

Selbst wenn eine so bedeutende Persönlichkeit wie ein ehemaliger französischer Ministerpräsident sich umbringt, so geschieht es also nicht, weil er nicht mehr am Leben teilhaben möchte. Sein Selbstmord erfolgte, da er offenbar die durch sein außerordentlich strenges Gewissen, sein Über-Ich – und nicht durch objektive Gegebenheiten – hervorgerufenen Schuldgefühle nicht mehr auszuhalten vermochte. Viele Depressive, die sich mit dem Suizid als vermeintlichem Ausweg aus ihrer Not befassen, sprechen zum Beispiel davon, daß sie ihre, von ihnen als unermeßlich große Aufgabe erlebten Pflichten nicht zu bewältigen vermochten und auf immer versagt hätten. Auch erklären sie jeweils, daß niemand für sie ihre diesbezüglichen Angelegenheiten ordnen könne. Sie lassen damit – allerdings negative – Größenideen erkennen. Unterhält man sich mit vom Suizid geretteten Menschen, so entsteht, wie erwähnt, der Eindruck, daß sie im Tod jene Fusion mit einem allmächtigen Objekt erwarteten, die sie für immer von Leid und Leiden befreien könnte, ihnen aber doch ermöglichte, in einem veränderten Dasein am Leben teilzuhaben. Vielleicht ist dieser Wunsch, im Tode mit einem „Allmächtigen" vereinigt zu sein, ein allgemeinmenschliches Bedürfnis und, wie bereits angeführt, im Gottesbild mitenthalten. Der Mensch birgt in seinem Unbewußten eine archetypische Gottesvorstellung, die die Phantasie der Erlösung vom irdischen Dasein, für gewisse Leute vom „Jammertal" der Erde und eine totale Ruhe und Zufriedenheit, die Allmacht der Harmonie, mit sich bringen sollte.

# Zwang, ein Produkt des Todestriebes?

In unserer psychiatrischen Sprechstunde werden wir gelegentlich von Menschen aufgesucht, die unter als ichfremd erlebten Zwangsvorstellungen , -impulsen und -handlungen leiden. Sie kommen oft an die Grenzen des Aushaltbaren.

Eine Ladenangestellte, die es in ihrer Kindheit nie schön hatte, verlor durch einen Großbrand ihre geliebte Meisterin, weil diese noch ihr Kleinkind aus den Flammen geholt und dieses gerettet hat, aber selbst an einer Rauchvergiftung zugrunde ging. Später begann die erwähnte Verkäuferin an der repetitiv und zwangshaft auftretenden Phantasie zu leiden, Brandfackeln in Häuser werfen zu müssen. Die Patientin begab sich, um sich und die Umwelt vor sich zu schützen, freiwillig in eine psychiatrische Klinik. Sie hatte auch die Idee, Säuglinge umbringen zu müssen, wenn sie sie im Kinderwagen sah. Die Tochter der Lehrmeisterin, die von ihrer Mutter gerettet worden ist, war inzwischen 20 Jahre alt geworden. Im Erleben der Patientin hatte diese ihr ihre symbolische Mutter genommen. Die Aggressionen konnte sie nicht bewußt wahrnehmen. Wie sich in den beiden erwähnten Zwangsvorstellungen zeigte, müssen indes unbewußt Aggressionen, besonders gegen die Tochter der Lehrmeisterin, aber auch gegen Kinder ganz allgemein, die es in ihrer Kindheit schöner hatten als sie, bestanden haben. Sie mußte immer wieder kontrollieren, ob sie nicht Streichhölzer und Papier in den Händen hatte und zwangshaft Kinderwagen meiden, um, ihrer Ansicht nach, nicht Gefahr zu laufen, Feuer legen bzw. kleine Kinder umbringen zu müssen.

Die Patientin befürchtete die Gefährdung von Mitmenschen durch sie selbst, trug aber in Wirklichkeit durch die überichbedingte magische Abwehr der Aggression manches dazu bei, sich selbst in ihrem Aktionsradius so einzuschränken, daß ihr Leben zumindest gestört war. Eine Existenz unter dem Einfluß solcher Zwänge kann zwar als eine gesicherte erfahren werden, doch häufig wird sie als so schmerzlich und ichfremd erlebt, daß das Dasein verdüstert ist. Es ist damit ein autodestruktives Denken und Gebaren verbunden, das zwar nicht zur Intention hat, die Betroffenen umzubringen, sondern vielmehr, sich selbst mittels des Zwanges zu sichern. Sie schränken jedoch damit ihren Lebensbereich in einem solchen Ausmasse ein, daß sich der Zwang nolens volens autodestruktiv auswirken muß. Der Zwang kann bis zur masochistischen Quälerei, aber auch bis zum selbstquälerischen Triumph ausarten, indem dadurch nicht nur dem Betroffenen selbst, sondern auch aller Welt einerseits die vermeintliche eigene Verwerflichkeit, andererseits die Selbstbestrafung demonstriert werden soll.

Das erwähnte Beispiel läßt deutlich werden, wie sehr ein Zwang zur lebensbeengenden Selbstquälerei werden kann. Man muß sich dabei schon fragen, inwiefern solche Zwangshandlungen nicht einem Destruktions- und Todestrieb entsprechen. Befassen wir uns aber intensiv mit diesen Kranken, so merken wir, daß hinter diesem Zwang Lebensregungen stecken, die die Patienten entweder aus äußeren Gründen nie zu verwirklichen vermochten oder wegen eines harten, fordernden Gewissens, eines urtümlichen, unintegrierten Über-Ichs, sich nicht zu leben gestatten konnten. Alles in diesen Menschen drängt nach Trieb- und Lebensverwirklichung, nicht etwa nur im sexuellen Bereich, sondern auch in anderen Belangen. Doch sie ängstigen sich unter der Einwirkung ihres archaischen Über-Ichs davor und halten sich mit Hilfe ihres Zwangssystems in Schranken. Damit sind sie scheinbar befreit von ihren tiefgründigen Lebenswünschen, doch führen die Zwangsphänomene dazu, daß diese Menschen höchstens noch ein Leben auf Sparflamme zu führen vermögen. Ein Todestrieb ist indes auch bei ihnen nicht zu erkennen. Sie möchten leben, können sich aber aus Angst vor der Überwältigung durch eigene Triebregungen oder vor Schuldgefühlen keine Lebensdynamik gestatten.

## Zwang und Anomie

Wenn wir in der gegenwärtigen Gesellschaft immer mehr Regulierungen ausgesetzt sind und wir beispielsweise an die Gesetzesflut denken, mit der ein als frei erlebtes Dasein auch in Demokratien kaum mehr denkbar ist, so erkennen wir, daß ein Zwangssystem ein weitverbreitetes Mittel ist, das Leben in Schranken zu halten. Der Zwang der offiziellen und inoffiziellen Gesetze und Regeln entfremdet die Menschen sich selbst und dem Leben als solchem. Die menschliche Existenz wird von außen her mehr und mehr normiert, so daß Abweichende es immer schwerer haben, ein befriedigendes Leben zu führen. Menschen, die nicht in eine Norm hineinpassen und sich in einer Stellung der Anomie (Durkheim, 1898) befinden, haben es in der Gegenwart schwerer als vor einigen Jahrzehnten, in denen Originale geachtet und beliebt waren, so zu leben, wie es ihnen paßt.

Immer wird davon gesprochen, daß die modernen Sozietäten pluralistische seien, es wird dabei aber vergessen, daß allein schon die Massenmedien und die standardisierten Datenverarbeitungsmaschinen ein Diktat der Normen darstellen, wie das noch vor wenigen Jahren kaum vorstellbar gewesen ist. Zwar sind damit die Kommunikationsmöglichkeiten zwischen den Menschen in vorher ungeahntem Masse verbessert, und es ist damit ein unermeßlicher Gewinn an Kenntnissen verbunden, doch finden von der Norm Abweichende oft kaum mehr einen Lebensplatz, geschweige denn eine Arbeit.

## Körpereigene Wirkstoffe gegen den eigenen Leib

Die Immunitätslage des Körpers spielt bekanntlich eine wichtige Rolle bei der Abwehr von bakteriellen und viralen Infekten. Sie ist auch sehr wichtig für die Verhütung oder Entstehung der Karzinome. So können beispielsweise außerordentlich belastende und das Selbstwertgefühl der Betroffenen beeinträchtigende Situationen einen solchen Distreß (Selye, 1956) mit sich bringen, daß die Abwehr des Körpers beeinträchtigt wird, und vorher gehemmte Krebszellen zu wachsen beginnen können. Auch bei Depressionen ist die Körperabwehr beeinträchtigt. Solomon (1981) führt an, daß zur Entstehung einer Krankheit Persönlichkeitsmerkmale, Lebensereignisse (life events), die psychologische Abwehr und die Gefühlslage mit beitragen. Dieser Liste können wir beifügen die kognitiven (erkennenden) Vorgänge und die körperlichen Abwehrprozesse. Auch stellt die genetische Prädisposition einen nicht zu vernachlässigenden Faktor dar. Dieser ist wohl besonders bei der „Organwahl" entscheidend.

Nun kennen wir aber auch Prozesse, bei denen die körperliche Abwehr überschießend ist und sogar eigene Organe bzw. Organsysteme angreift. Es sind dies u.a. die primär chronische Arthritis (rheumatoide Arthritis), die Thyroiditis, der systemische Lupus erythematodes, die Myasthenia gravis, die Polyarteriitis nodosa, die Multiple Sklerose. Für das Entstehen von Autoimmunerkrankungen, scheint, wie neuere Befunde ergeben haben, ein

Mangel an Suppressor-T-Zellfunktionen verantwortlich, welche die Immunprozesse regulieren. Da es an der Überwachungsfunktion der T-Lymphozyten fehlt, werden nun eigene Körpersubstanzen durch Antikörper angegriffen.

Durch Distreß ist also nicht nur ein Zusammenbrechen der Immunabwehr möglich, sondern auch ein Wegfallen der Hemmfunktionen der erwähnten T-Lymphozyten, die die Immunprozesse auf das Notwendige eindämmen.

Knight (1985) erwähnt, daß die Schizophrenie möglicherweise eine Autoimmunkrankheit darstelle. Für die bei den Schizophrenen bekannte Übersensibilität der dopaminergen Rezeptoren in einigen Gehirnzentren sei wohl ein stimulierender Autoantikörper verantwortlich. Nach Solomon (1985) weist der Umstand, daß Schizophrenien nicht von Psychosen zu unterscheiden sind, welche mit der Autoimmunkrankheit „systemischer Lupus erythematodes" verbunden sind, darauf hin, daß die Schizophrenie eine Autoimmunkrankheit darstellt. Auch andere Autoren stützen etwa mit Hilfe von weiteren Untersuchungsresultaten die Hypothese, daß bei der Schizophrenie eine Autoimmunerkrankung vorliege.

Ebenso wurden bei Depressionen Autoimmunprozesse vermutet. Schon rein psychologisch betrachtet sind die Depressionen autoaggressive Leiden, da bei diesen Erkrankungen stets ein Mangel im Bereiche des Narzißmus, des Selbstwerterlebens, besteht, damit das eigene Ich nicht mehr lustvoll erlebt werden kann und daher Aggressionen auf sich zieht.

Müssen wir nun beim Zusammenbrechen der Immunabwehr oder bei den Autoimmunprozessen einen Todestrieb im Sinne von Freud (1920) annehmen? Selbst wenn in den Körperzellen, z.B. im höchsten Alter, deren schließlicher Zerfall vorprogrammiert ist, kann dahinter nicht ein Todestrieb des Menschen vermutet werden, denn das würde heißen, daß der Mensch aktiv das Ende seines Daseins suchte. Das ist aber selbst bei Suizidalen oder Kranken im höchsten Alter nicht der Fall, denn auch dann noch schwebt den Betreffenden ein Nachher, etwa in einer „anderen Welt", vor Augen.

## Selbstaufgabe, Masochismus und Sadismus

Die Selbstaufgabe wird nicht nur autodestruktiv gesucht, sondern auch im Liebesglück. Der Mensch ist dann bereit, in der Partnerin/im Partner aufzugehen. Das Individuum wäre in diesem Moment gar zu sterben bereit. Ja sogar beim Anblick einer schönen Landschaft oder einer entsprechenden Stadt wird an dieses glückselige Sterben gedacht. So hieß es beispielsweise: „Siehe Neapel und stirb". Die vorgestellte Auflösung des eigenen Ich oder der leib-seelischen Existenz erfolgt dann nicht etwa aus einem Todestriebe heraus, sondern um diesen Höhepunkt des Liebens und Schauens ewig zu kosten.

Es sind uns indes Menschen bekannt, die nur dann eine Sexuallust erleben, wenn sie geschlagen oder anderweitig gequält werden oder andere zum Leiden bringen. Auch die sogenannten Masochisten und Sadisten wollen nicht die Selbstzerstörung und ebenso nicht die Destruktion eines anderen Menschen, sondern den Höhepunkt eines Liebes- und Lebensgenusses. Selbst der Mord dürfte letztlich nicht zum Ziel haben, einen Menschen umzubringen. Hier dürfte mitspielen, daß zum Beispiel ein Täter die Frau, das Kind, das er vergewaltigt hat, deshalb aus dem Leben schafft, weil er das Objekt, an dem er, wie er es erlebt, in Schande gefallen ist, beseitigen möchte. Für einen solchen, meist schwer in seiner Persönlichkeit gestörten Menschen ist dann mit der Beseitigung eines solchen Menschen auch die Tat ausgelöscht. Er ist gewöhnlich einem magischen Denken verfallen, das Wünsche schon Wirklichkeit werden läßt. Daß er mit seiner Tat einem Menschen dabei endgültig das Leben nimmt, ist ihm wohl nicht bewußt, da besonders auch ein solcher Mensch das Endgültige des Todes nicht zu erfassen vermag. Bei den Mördern einen Todestrieb annehmen zu wollen, das heißt ein zielgerichtetes Bedürfnis, jemanden umbringen zu wollen und für endgültig aus dem Leben zu schaffen, scheint mir deshalb fragwürdig.

In diesem Zusammenhang müssen wir uns allerdings fragen, wie es dazu kommen konnte, daß in der *Hitlerzeit* Millionen von Menschen von einer Kulturnation vergast oder anderweitig umgebracht werden konnten. Eine Antwort darauf zu finden, ist schwer, da das menschliche Vorstellungsvermögen dazu kaum ausreicht. Es war ja Hitlers ausgesprochenes Ziel, die Juden der Endlösung, d.h. der Vernichtung zuzuführen. Bei diesem Beispiel denkt man daran, daß Sigmund Freud (1920) mit der Annahme seines Todestriebes doch recht behalten könnte. Der Herrenmenschenwahn und das Einschätzen anderer menschlicher Leben als nicht lebenswert, zeugt von einem ungeheuren Destruktionspotential, das auch im modernen Menschen hintergründig vorhanden ist. Selbst dieser Genozid und Massenmord geschah aber noch im Dienste eines, allerdings pervertierten Lebenstriebes, wobei sich die Mörder daran erfreuen wollten, daß andere gequält und getötet wurden. Diese Perversion des Lebenstriebes ist jedem Menschen latent eigen, kam aber in der Nazizeit, angestachelt durch ein gegenseitiges Sichaufladen von Volk und Führer, aber auch später bei den Massenmorden in Ex-Jugoslawien, zur dominanten Geltung. Gebildete Psychologen und Psychiater wie C.G. Jung (Stein, 1991) waren nicht frei von der Faszination der Herrschaft der Nazi-Mörder, in denen er so etwas wie das Dominantwerden von Wotan wähnte. Ebenso hat der *Psychiater und Psychotherapeut Karadcic* vor kurzem bedenken- und rücksichtslos an den Mord- und Vergewaltigungsorgien von Serben teilgenommen.

Selbst höchste Bildung macht also nicht frei von urtümlichen Aggressionen, die als fremd Erlebten oder Deklarierten gelten. Es hat sich in diesem Sinn am Menschen seit archaischen Zeiten nichts geändert. Erich Fromm (1973) spricht u.a. im Zusammenhang mit der Aggression von Nekrophilie, also dem libidinösen Ausgerichtetsein auf den Tod. Die Menschen sind in dieser Sicht Aasgeiern zu vergleichen, die sich an Aasen sättigen. Ob es aber berechtigt ist, in diesem Zusammenhang von einem Todestrieb zu sprechen, muß zumindest in Zweifel gezogen werden. Es geht diesen Menschen ja vor allem darum, das Leben, allerdings in der Konfrontation mit dem Toten, zu erfahren. Wiederum möchte ich eher von einem pervertierten Lebenstrieb als von einem Todestrieb sprechen, der sich allerdings nur dann erfahren kann, wenn das Liebesobjekt entweder dem Tode geweiht oder tot ist. Die Nekrophilie gewisser, in ihrer Persönlichkeit schwer gestörter Menschen, die extrem kommunikationsgeschädigt sind, ist in diesem Sinne Zeugnis des Erfahrenwollens des Lebens angesichts eines oder einer Toten.

Betrachten wir das Leben auch des sogenannten normalen Menschen, so können wir sagen, daß in allen das Motiv besteht, angesichts der allzeitigen Todesimmanenz, dem Leben soviel wie möglich abgewinnen zu wollen. Der Tod als hintergründige Drohung begleitet den Menschen schon vorgeburtlich und verfolgt ihn zeit seiner Existenz, bis er schließlich obsiegt. So wird unser ganzes Leben, wie es in mittelalterlichen Darstellungen gezeichnet wurde, zu einer „danse macabre", einem „Totentanz". Der Schweizer Dichter Friedrich Dürrenmatt hat in seinem Drama „Der Meteor" (1964) dessen ganzes Leben auf dem Totenbett abspielen lassen. So versucht der homo sapiens also so lange als möglich mit der Todesbedrohung so umzugehen, daß er möglichst jeden ihm gegebenen Tag auskosten will, entsprechend dem lateinischen Sprichwort „carpe diem", am Leben ewig teilnehmen kann. Von einem Todestrieb zu sprechen, bei der Bedrohung, die der Mensch in der ständigen Konfrontation mit dem Tod erlebt, erscheint mir fragwürdig.

## Therapie

Menschen, die ihren autodestruktiven Tendenzen ausgesetzt sind und sie bewußt oder mehr unbewußt erleben, leiden meist so, daß sie der Behandlung bedürfen. Die Betroffenen sind, wie bereits dargelegt, alle im Bereich ihres Selbstwerterlebens zutiefst beeinträchtigt. Bei einem Teil von ihnen ist aber auch ihre Ichstruktur gestört, so daß destruktive Tendenzen nicht beherrscht zu werden vermögen. Unser therapeutisches Vorgehen ist aber unterschiedlich je nach dem die Betroffenen ein starkes oder aber nur ein fragmentationsbereites Ich aufweisen. Besteht der Eindruck, daß eine feste Ichstruktur vorliegt, und die Betreffenden in der Lage sind, motiviert mit einem Therapeuten zusammenzuarbeiten, so werden wir eine psychoanalytisch orientierte Psychotherapie mit ihnen durchführen. Reicht die Zeit dafür nicht aus und/oder ist die neurotische Problematik fokal abgrenzbar, so kommt eine Kurzanalyse in Betracht. Oder die Therapie kann im Rahmen einer Gruppenanalyse, eventuell auch, zumindest zu einem Teil, in einer Paar- bzw. Familientherapie durchgeführt werden. Besteht hingegen eine Ichpathologie, so würden wir auf der einen Seite dem Betroffenen immer wieder aufweisen müssen, was in der sozialen Realität, ohne Mitmenschen zu schädigen, gelebt werden kann, und auf der anderen Seite, ihm nahe bringen, was in irgendeiner Weise, die jeweils noch zu finden wäre, sublimiert werden muß. Wir werden diesen Menschen also die Masse der Realität beizubringen haben und ihnen helfen wollen, ihre Existenz zu strukturieren, sich Grenzen zu setzen. Diese in ihrer Ichstruktur Beeinträchtigten müssen aber den berechtigten Eindruck gewinnen können, daß der Therapeut sie unzerstörbar begleitet. Ich kann nicht sagen, daß die Behandlungen eines solchen Menschen völlig gefahrenfrei wären. Diese Individuen, die alle auch schwer narzißtisch beeinträchtigt sind, erleben den Therapeuten, wenn sie ihn als übereinstimmend mit ihnen erfahren, als gutes Objekt. Sobald sie aber bemerken, daß der Therapeut nicht immer mit ihnen einverstanden ist und auch eigene gedankliche Wege geht, so kann er für sie zum bösen Objekt werden, gegen das sie unter Umständen gefährlich werden können. Natürlich möchte ein solcher Mensch auch dann noch im Therapeuten ein unzerstörbares Objekt erfahren, doch kann etwa ein Arzt oder Psychologe bei diesen Menschen in einem gegebenen Moment seine therapeutischen Bemühungen nicht mehr durchhalten, wenn er sich  nicht in seinem Leben gefährden will.

Die Menschen, die wegen emotionaler Mangelerfahrungen in der Kindheit kein konsistentes Selbst zu entwickeln vermochten, aber ein starkes Ich aufweisen, können psychoanalytisch oder mittels einer Kurzanalyse behandelt werden. Nur in dem Hinblick wird die Therapie gegenüber dem üblichen Vorgehen eine Modifikation erfahren müssen, als diese Menschen, besonders zu Beginn einer Behandlung, eine bedingungslose Zuwendung erfahren müssen, die sie vom therapeutischen Engagement überzeugt. Sie suchen oft, wie das Kind, wenn es sich in den Augen der Mutter spiegelt, ein „mirroring" im Therapeuten, in der Therapeutin, und erleben die kleinste Unaufmerksamkeit des Arztes oder Psychologen bereits etwa als eine kränkende Unachtsamkeit. Es ist also auch bei diesen Individuen nicht leicht, den therapeutischen Kontakt stets komplikationslos aufrechtzuerhalten. Sie neigen dazu, den Therapeuten zwar zu idealisieren, doch in der Folge von ihm enttäuscht zu sein. Es ist also günstig, wenn der Behandelnde bereits über einige Jahre der beruflichen Erfahrung und damit über erfolgreich abgeschlossene Behandlungen verfügt, wenn er diese Patienten behandelt, die in irgendeiner Weise autodestruktive Gedanken pflegen oder aber sogar entsprechende Akte vollziehen, ohne eigentlich damit das Leben beenden zu wollen.

Der Therapeut hat beiden Arten von Patienten zu zeigen, daß hinter dem Autodestruktiven auch Positives steckt, nämlich der Wunsch, am Leben und vor allem an der mitmenschlichen Aufmerksamkeit und Liebe teilzuhaben. Sogar in der Selbsttötung erwarten die Betroffenen noch erlebbare posthume Zuwendung und liebendes Gedenken. Gelingt es uns, diese Menschen am Leben zu erhalten, so werden wir sie instand setzen wollen, aus den autodestruktiven Tendenzen positive Kräfte zu gestalten, die es ihnen gestatten, sich in einem mitmenschlichen Rahmen zu achten und zu verwirklichen.

Bei Menschen mit autoaggressiven Tendenzen können auch kognitive, auf das Erkennen und schließlich Bewältigen selbstzerstörerischer Einstellungen und Verhaltenweisen ausgerichtete Verfahren in Frage kommen (Hawton et al., 1989). Es wird damit also nicht eine grundlegende Wandlung der Persönlichkeit der Betroffenen angestrebt wie bei der Psychoanalyse, sondern vorwiegend nur die Eindämmung und Begrenzung der selbstzerstörerischen Symptome und das Erzielen angemessener Coping-Strategien, um eine bessere soziale Integration der Betroffenen zu erzielen (Battegay, 1989).

Kommt im großen Rahmen von Geschichte und Politik in scheinbar nationalen Bewegungen Autodestruktives oder Fremdzerstörerisches zum Ausdruck, so muß man sich bewußt sein, daß zwar das Bestehen eines Todestriebes unwahrscheinlich ist, der Lebenstrieb aber pervertieren und sich dann nur angesichts des durch Gewalt bedrohten oder erloschenen Lebens erfahren kann

## Zusammenfassung

Obschon sich der Mensch meist nichts sehnlicher wünscht, als am Leben teilzuhaben, kann er sich etwa erst in der Grenzsituation der extremen Lebensgefährdung oder gar angesichts des Todes des Lebens erfreuen. Gelegentlich mag der Wunsch mitspielen, die eigene Begrenzung zu überwinden und Teil des Alls oder Allmächtigen zu werden. Selbst wenn ein Suizid vollzogen wird, ist es, wie hinterlassene Briefe oder Bücher zeigen, nicht ein Todestrieb, wie er von Freud (1920) postuliert wurde, der diese Menschen bewegte, sondern die Verzweiflung am Leben und der unbewußte Wunsch, in ein besseres Jenseits zu gelangen, in dem noch eine Kommunikation mit der sozialen Umwelt gegeben wäre. Meist sind es in ihrem Selbst, ihrem Narzißmus Geschädigte oder Gekränkte, die kompensatorisch dieses Freiheitsgefühl im Abstreifen der üblichen Lebenskoordinaten erstreben.

Im Zwang wird das Leben derart beengt, daß man sich fragen könnte, ob nicht ein Todestrieb dahinter stecken könnte. Doch auch hierbei geht es nicht darum, den absoluten Stillstand des Lebens zu erzielen, sondern eine Ordnung, die den Betroffenen in ihrer Verängstigung das Leben erleichterte. Autoimmunprozesse im menschlichen Körper können Krankheiten erzeugen und eine Existenz gefährden. Aber auch dabei läßt sich erkennen, daß diese Prozesse nur überschießende Abwehrvorgänge sind, die eigentlich das Leben zu bewahren helfen sollten.

Der Lebenstrieb kann indes pervertieren. Die Nazigreuel und die Untaten im ehemaligen Jugoslawien haben es millionenfach bewiesen, daß sich gewisse Menschen erst beim Quälen anderer oder gar bei deren Hinmordung in einer Größenvorstellung am Leben erfreuen können. Im kleinen Rahmen der Therapie und im großen Rahmen der Politik werden wir in unablässigem Bemühen darauf hinzuweisen haben, daß der Mensch nicht nur eine positive Beziehung zur Existenz haben kann, sondern unter Umständen auch eine selbst- oder fremdzerstörerische, die zwar ebenfalls davon zeugt, daß er das Leben erfahren möchte, jedoch erst angesichts des Leidens oder des Todes anderer. Sind wir uns dessen bewußt, besteht die Chance, daß wir individuelle und kollektive Entwicklungen zur Vernichtigung und Vernichtung von Mitmenschen, zur Nekrophilie, im Keime erkennen und korrigierend eingreifen können.

## Literatur

Battegay R (1989) Das Ich – Abwehrmechanismen und Coping. Psychosom Med Psychoanal, 3, 220-240

Battegay R (1992) Grenzsituationen. Hans Huber, Bern/Stuttgart/Wien, 1981. Erweiterte Ausgabe im Fischer Taschenbuch Verlag, Frankfurt a.M.

Durkheim E (1938) Les règles de la méthode sociologique. Félix Alcan, Paris 1893, 9. Aufl.

Dürrenmatt F (1964) Der Meteor. Diogenes Verlag

Freud S (1940) Jenseits des Lustprinzips. Int. Psychoanalyt. Verlag, Leipzig/Wien/Zürich 1920, Gesammelte Werke Bd. XIII, 1-69, Imago, London

Fromm E (1973) Anatomie der menschlichen Destruktivität. Deutsche Verlagsanstalt, Stuttgart 1974. Übersetzung der amerikanischen Originalausgabe: „The Anatomy of Human Destructiveness". Holt, Rinehart and Winston, New York/Chicago/San Francisco

Haenel Th (1995) Stefan Zweig, Psychologie aus Leidenschaft, Leben und Werk aus der Sicht eines Psychiaters. Droste, Düsseldorf

Hawton K, Salkovskis PM, Kirk J & Clark DM (1989) Cognitive Behaviour Therapy for Psychiatric Problems. A Practical Guide. Oxford Medical Publications, Oxford Universities Press, Oxford/New York/Tokyo

Henseler H (1974) Narzißtische Krisen, Zur Psychodynamik des Selbstmords. Rowohlt, Reinbek bei Hamburg

Jaspers K (1965) Kleine Schule des philosophischen Denkens. Piper, München

Knight YG (1985) Possible Autoimmune Mechanisms in Schizophrenia. Integrative Psychiatry 3, 134-138

Mauer K (1981) Die Samurai. Vollständige Taschenbuchausgabe. Droemersche Verlagsanstalt Th. Knaur Nachf. München Nr. 3709, Linzenzausgabe mit Genehmigung des Econ-Verlags, Düsseldorf/Wien

Stein R, Maidenbaum A & Martin SA (1991) Lingering Shadows, Jungians, Freudians, and Anti-Semitism, pp. 89-116, Boston/London

Selye H (1956) The Stress of Life. McGraw Hill New York

Solomon GF (1981) Emotional and Personality Factors in the Onset and Course of Autoimmune Disease, Particularly Rheumatoid Arthritis. In: Ader R (Hrsg) Psychoneuroimmunologie, 159-1975, Academic Press, New York

Wolk-Wasserman Danuta (1968) Attempted Suicide – The Patient's Family, Social Network and Therapy. Kongl. Carolinska Medico Chirurgiska Institutet, Stockholm

Zweig S (1944) Die Welt von Gestern. Bermann-Fischer, Stockholm

# Die (therapeutische) Gruppe als Milieu der Selbstverwirklichung

Raymond Battegay

Zu seiner Selbstverwirklichung ist der Mensch auf Andere, mit ihm Wirkende und an ihm Beteiligte angewiesen. Aristoteles sprach vom Menschen als von einem „Zoon politikon", einem geselligen Wesen. Martin Buber (1936) führte an, daß der Mensch „am Du zum Ich" werde. Er meinte damit, daß sich das Individuum nur an den Reaktionen der Anderen erkenne und als wirksam erweise. Im Lichte der menschlichen Gruppenbezogenheit können wir sagen, daß der Mensch „am Wir zum Ich" wird. Er bedarf einerseits zur Angstbewältigung und Sicherung seines Lebens, andererseits zur Verlängerung seines Hebelarms und seiner Wirkung eines ihn begleitenden Wirs. Im Rahmen seiner Bezugsgruppen hat das menschliche Individuum Gelegenheit, Zeugnis seiner Schaffensmöglichkeiten, aber auch seines Denkens und Sprechens abzulegen. Im Gedenken der ihn überdauernden Gruppe(n) lebt er über sich hinaus weiter. So gebrauchen wir etwa sprachlich die Gegenwartsform, wenn wir Werke bedeutender Philosophen, Denker und Wissenschafter zitieren, die in früheren Jahrhunderten gelebt haben, da ihre Worte und die Resultate ihres Denkens und Forschens ihre Aktualität nicht eingebüßt haben. Bemüht sich der Mensch im täglichen Leben um seine Nächsten, seine Familie, seine Mitarbeiter, einen weiteren Menschenkreis, so geschieht es in dieser Sicht nicht nur, um ein bestimmtes, realitätsbezogenes Ziel zu erreichen, sondern auch, damit er sich in den Anderen verwirklichen und in ihnen weiterleben kann. Selbst die aus der Geschichte bekannten Einsiedler bedurften zumindest einer von ihrem Schicksal mitwissenden Gruppe.

# Religion und Gruppe

Die Religionen und Religionsstifter wissen um die Tatsache der Gruppenbe-zogenheit des Menschen. An und für sich kann und könnte jeder Mensch für sich alleine Gottesdienst abhalten. Zweifellos wird mancher auch gerne für sich alleine beten. Doch zeigen beispielsweise die monotheistischen Reli-gionen sehr deutlich auf, daß das Gebet, in einer Kirche, Moschee, Synago-ge oder Betsaal gesprochen, in denen gleichzeitig andere Menschen in ihren Gefühlen und Gedanken ebenso auf die Transzendenz ausgerichtet sind, unter Umständen mehr Selbsterhebung, mehr Einsicht in zeitlose Vorgänge vermittelt als ein allein gesprochenes Gebet. Es führt die gleichzeitige An-wesenheit mehrerer oder gar vieler anderer zu einer Ergriffenheit, die dem Einzelnen das Gefühl zu geben vermag, über das eigene Selbst hinaus in göttliche Dimensionen hineinzuwachsen. Im Judentum ist es gar so, daß gewisse Gebete nur dann ausgesprochen werden dürfen, wenn mindestens 10 Männer anwesend sind.

In gewissen religiösen Gruppierungen kann indes die Gruppe der Zuge-hörigen durch Leitende etwa mißbraucht und zu einer blinden Gefolgschaft umgewandelt werden, die nur noch bedenkenlos befolgt, was der Führende von ihr erwartet. So kann es beispielsweise zum kollektiven Suizid von Sektenmitgliedern kommen (Battegay, 1996), wie es bei der „Volkstempelsekte" um Jim Jones 1978 in Guyana, den „Branch Davidians" um David Koresh 1993 in den USA, dem Sonnentempelorden um Luc Jou-ret und Joseph Di Mambro im Oktober 1994 in der Schweiz und in Kanada, im Dezember 1995 in Frankreich und im März 1997 wieder in Kanada so-wie der „Heaven's Gate"-(Himmelspforten-) Sekte um Herff Applewhite im März 1997 der Fall war. Dabei kann eine Ermordung der Mitglieder oder eines Teiles davon, angeblich im Namen einer höheren Idee, oft aber aus irgendwelchen dunkeln Machenschaften heraus, nie ganz ausgeschloßen werden. Die Macht der – in der Regel in ihrer Persönlichkeit gestörten – Führer über ihre Gefolgschaft ist dann derart, daß sie in Situationen, in de-nen sie sich und in ihrer fusionären Sicht auch ihre Sektenmitglieder als bedroht erleben, über deren Leben oder Tod entscheiden.

## Wechselwirkung von Individuum und Gruppe

Die Verstärkerwirkung der Gruppe auf die Gefühle und die Erkenntisvorgänge, die Kognitionen, bringen es mit sich, daß der Mensch in diesem Rahmen an Selbstgewissheit und Selbstwahrnehmung gewinnen kann. Vorherige Ängste und/oder gewissensbedingte Hemmnisse können durch die mitbewegte Gruppe in Wegfall kommen, so daß sich der Mensch in seinem Selbstwerterleben verstärkt fühlen kann. Die „Feedbacks", die das Individuum in einer Gruppe erfährt, führen, besonders auf diesem, durch deren Verstärkerwirkung auf die Gefühle erhöhten emotionalen Niveau, zum Erkennen eigener Haltungs- und Verhaltensbesonderheiten. An den Reaktionen der Übrigen ist es dem Einzelnen möglich, ein klareres Bild über sich selbst, in der Sprache der Psychoanalyse ausgedrückt, eine realitätsgerechtere Selbstrepräsentanz zu entwickeln. Je wirklichkeitsgerechter das Selbstbild ist, desto mehr wird ein Individuum im Rahmen einer Gruppe oder im erweiterten sozialen Rahmen der Gesellschaft Gelegenheit finden, sich in seinem So-Sein zu verwirklichen. Ein eventuell durch elterliche Idealerwartungen erzeugtes Fehlbild, ein falsches Selbst, kann in einem solchen Milieu korrigiert und ein Real-Selbst, das den tatsächlichen Besonderheiten eines Individuums entspricht, entfaltet werden (Karen Horney, 1939; Winnicott, 1969). Verkennt ein Mensch dauerhaft seine wahren Möglichkeiten, sieht er sich stets gemäß einem falschen Selbst, wird er mehr Mühe haben, durch seine mitmenschliche Umgebung akzeptiert zu werden und dementsprechend umso weniger die Chance haben, sich im Rahmen eines gegebenen Kreises durchzusetzen. Das Selbstbild entscheidet demnach wesentlich über das Fortkommen eines Individuums im Rahmen einer Gruppe und in der Gesellschaft.

Doch ist es nicht nur die anlagemäßig und durch Lebenserfahrung geformte Persönlichkeit eines Menschen, die seinen Werdegang bestimmt, sondern auch die Struktur und die Zusammensetzung der Familie, einer Gruppe, einer Gesellschaft, in die er hineinwächst. Die Selbstverwirklichung des Menschen ist das Ergebnis einer Resultante von Wirkkräften, die einerseits im menschlichen Ich und in der den Menschen ausmachenden leibseelischen Ganzheit, andererseits in den Bedingungen des engeren und weiteren sozialen Umfeldes und des Kulturkreises begründet sind. Ist die kulturelle Umgebung sehr normorientiert, so ist die Entfaltung eines eigenständigen Ichs naturgemäß eher behindert als in einer Umwelt, die der Entwicklung der Individualität förderlich ist. Ist das Umfeld gar durch ein politisches Diktatursystem eingeengt oder durch Terror gekennzeichnet, so können sich bei unter diesen Bedingungen Aufwachsenden nur Kümmerentwicklungen ergeben.

## „Interplay" zwischen Mutter und Kind auch gruppenabhängig

Es wäre falsch anzunehmen, daß nur die Einwirkung der Mütter und Väter wie auch der übrigen Familienmitglieder bzw. der Mitglieder einer Gruppe bestimmend für die Selbstverwirklichung eines kleinen Menschenkindes und schließlich des erwachsenen Menschen sind. Sogar im intimen Rahmen des Elternhauses sind es nie allein die Erzieher, die das Kind bestimmen. Schon der Säugling versucht, wie Beobachtungen von Daniel Stern (1985) ergeben haben, mittels mimischer und pantomimischer Bewegungen und Ausdrucksweisen – man könnte auch von einem Flirten des Säuglings sprechen – die Mütter und Väter zu einem aufmunternden Lächeln oder Lachen zu bewegen. Wenn eine Mutter depressiv ist und keine mimischen Bewegungen erkennen läßt, hört das Kind nach ca. 3 Minuten auf, die sie umwerbenden Bewegungen zu vollziehen (Paulina Kernberg, 1982). Daniel Stern spricht deshalb im Normalfall von einem „Interplay", einem Wechselspiel zwischen Mutter und Kind. Die Erziehung ist mit anderen Worten nicht nur das Werk der Eltern und sonstiger Pädagogen, sondern auch dasjenige des Säuglings, Kindes und Jugendlichen selbst. Dabei ist die „Begabung", die Mütter zu einem Augenleuchten, einem liebevollen Kopfnicken, zu den entsprechenden Mund- und Gesichtsbewegungen sowie zu einer für den Säugling bestimmten infantilen Sprache zu bewegen, ihm weitgehend angeboren. Es liegt demnach auch in der genetischen Prädisposition begründet, ob ein Kind die Mutter zur Zuwendung, zu einem „Response" zu motivieren und später, als Erwachsener, sich durchzusetzen und selbst zu verwirklichen vermag.

Daß vonseiten der Mutter diese warmherzige Beziehung zu ihrem Säugling aufgenommen und konstant aufrechterhalten werden kann, hat unter anderem zur Voraussetzung, daß sie sich durch eine Bezugsgruppe, sei es die Familie, sei es einen Ersatzkreis, getragen fühlt. Die Fähigkeit der Mutter zur Emphatie ist demgemäß nicht nur genetisch und als Folge der Erziehung in ihr begründet, sondern weitgehend auch abhängig von der Gruppe, meist der Familie, in der sie lebt. Eine Frau kann sich nur dann auch in ihrer Mütterlichkeit voll und ganz selbst verwirklichen, wenn sie sich in einer Gruppen- bzw. Familienstruktur gesichert weiß. Alleinerziehende Mütter – oder allenfalls auch Väter – werden Mühe haben, vollkommen isoliert ein Kind oder Kinder aufzuziehen, denn sie bedürfen nicht nur der materiellen Sicherung, sondern auch der inneren Selbstgewißheit, die nur dann zu entstehen vermag, wenn sie um sich zumindest einiger naher Bezugspersonen gewiß sind.

## Ich-Kultur/Wir-Kultur

Es kommen die die Interdependenz zwischen Gruppe und Selbstverwirklichung beeinflußenden kulturspezifischen Momente hinzu. In einer vorwiegend Wir-zentrierten Kultur wie in Ostasien, in der noch vor wenigen Jahrzehnten das Wort „Ich" kaum bekannt war, kann es niemals wie in der euroamerikanischen darum gehen, die Selbstverwirklichung im Rahmen der Gruppe als vorwiegend individuelles Geschehen zu betrachten. In den ostasiatischen Kulturen geht es vielmehr darum, die Selbstverwirklichung als Teil eines Ganzen zu vollziehen, um zur ersehnten Anerkennung zu gelangen. Der Einzelne ist in diesen Wir-Kulturen viel mehr eingespannt in das Kollektiv als in den Ich-Kulturen Europas oder der Vereinigten Staaten von Amerika. Ein Individuum wird zum Beispiel in Japan niemals eine bindende Antwort geben können, bevor es die Gruppe konsultiert hat. Das führt dazu, daß der Einzelne keine Verantwortung zu tragen vermag ohne die Billigung des Kollektivs oder, daß er sich umbringt, wenn er gegen die Ehre der Gemeinschaft verstoßen hat. In diesen Wir-Kulturen ist die Bindung zu den nahen Angehörigen vorwiegend eine narzißtisch-fusionäre, die es bedingt, daß die Beteiligten in den Anderen identische Gedanken und Phantasievorgänge vermuten. Der Vater ist in einer solchen Kultur der Exponent, der

Wortführer der Gruppe, während die Mutter die warmherzig zusammenhaltende Integrationsfigur darstellt.

Die narzißtisch-fusionären Beziehungen sind indes, wie bereits erwähnt, auch in unserem Kulturkreis die Basisrelationen eines Menschen zu den Mitmenschen. Sie haben in der frühesten Kindheit in der Mutter-Kind-Symbiose ihren Ursprung. Den Menschen steht offenbar bei der Beziehungsaufnahme kein anderes Mittel zur Verfügung, als sich primär vorzustellen, es gehe in den anderen ähnliches vor wie in ihnen. Ein Mensch wird sich auch in Europa oder Nordamerika kaum zu einer Gruppe gesellen, von der er annimmt, daß sie nicht bis zu einem gewißen Grade übereinstimmende Auffassungen und Ansichten hegt wie er. Es kommt in jedem Einzelnen einer Gruppe zu einem „narzißtischen Gruppenselbst", einem um die anderen Mitglieder erweiterten Selbst. Dieses Gruppenbild ist aber bei den verschiedenen Beteiligten unterschiedlich, d.h. individuell strukturiert und gefärbt. Da aber bei jedem die anderen in das um die Gruppe erweiterte Selbstbild miteinbezogen sind, kommt es – weitgehend aus unbewußtem Antrieb – zu einer Kohäsion zwischen den Gruppenmitgliedern.

Bei der Gruppenpsychotherapie wie auch bei sozialen Gruppierungen kann man unabhängig vom Kulturkreis beobachten, daß nach Sitzungen oder Zusammenkünften, in denen ein Maximum an Gruppenzugehörigkeitsgefühl herrscht, solche folgen, in denen sich die Beteiligten abweisend gegeneinander verhalten. Es hat sich bei den Beteiligten in der Zwischenzeit eine projektive Identifikation (Melanie Klein, 1946) ergeben, bei der feindselige Ich-Anteile auf die als nahe erlebten Bezugspersonen projiziert werden und hierauf eine Identifikation mit den scheinbar aggressiven Absichten und Verhaltensweisen der anderen erfolgt, so daß den Betreffenden in ihrer Sicht nichts anderes übrig bleibt, als sich von den Anderen zurückzuziehen, vor ihnen zu fliehen oder aber sie zu attackieren. Das von Bion (1961) beschriebene Grundmuster in den Gruppen von „fight and flight" ist unter diesem Aspekt das Produkt der projektiven Identifikation, die eine archaische Ebene der aktiven Ich-Leistungen darstellt.

Auf dieser urtümlichen Ebene der Objektbeziehungen bauen sich dann, je nach Kultur in unterschiedlicher Ausprägung, die ebenfalls bereits erwähnten komplexeren Verbindungen zu den Mitmenschen auf, die auf reiferen Ich-Leistungen verschiedener Art wie auch auf dem freien Entscheid für oder gegen die Aufnahme oder die Aufrechterhaltung einer Beziehung beruhen (Battegay, 1991).

## Verfehlte Individuation

Verharrt ein Kollektiv auf der narzißtisch-fusionären Beziehungsstufe, kann die Individuation der Beteiligten aus mehreren Gründen nicht vonstatten gehen. E r s t e n s ist ein Gruppenmitglied in einem solchen Status so abhängig von den übrigen, daß ihm eine eigenständige Entfaltung nicht möglich ist, z w e i t e n s kann in einer solchen Verbindung keine Selbstverantwortung getragen werden, da die narzißtisch-fusionäre Beziehung weitgehend eine unbewußte ist, d r i t t e n s zieht eine dauerhaft erstrebte fusionsbedingte Nähe zu Anderen – zumindest temporär – immer eine projektive Identifikation entweder gegenüber den Mitgliedern der eigenen Gruppe oder einer Fremdgruppe oder gegenüber einzelnen Außenstehenden nach sich, so daß dann jegliche anderweitigen aktiven Ich-Leistungen oder gar ein freier Entscheid für oder gegen den Verbleib in einer Gruppe unmöglich werden.

Ich erinnere mich an eine therapeutische Gruppe von Alkoholkranken, die während zehn Jahren allwöchentlich in der Psychiatrischen Universitätsklinik zusammenkam. Es wurden ihnen Süßmost und Stumpen offeriert. Dabei entwickelte sich regelmäßig eine Art warmherzige Wirtshausatmosphäre, in der gewiße Beteiligte den Alkohol priesen, obwohl sie zuvor etwa beteuert hatten, nie mehr zu trinken, grobe Sprüche von sich gaben und vor allem die Verantwortung für ihren Alkoholabusus ausschließlich bei ihren Gattinnen sahen. Als ich diese Frauen einmal zusammenrief, bemerkte ich, wie aufopfernd sie, die nicht selten älter als ihre Männer waren, sich verhielten. Zwischen den alkoholkranken Patienten ergab sich immer wieder eine starke narzißtisch-fusionäre Bindung und gegenüber ihren Partnerinnen eine Neigung zur projektiven Identifikation, die es bedingte, daß sie die Schuld für ihr übermäßiges Trinken ihren Frauen zuschoben. Der Therapeut mußte dann etwa sagen: „Ich sehe, an Ihrem Trinken sind nur Ihre Frauen schuld." Dem Einen oder dem Anderen dämmerte es dann, daß es so nicht sein könne. Der Therapeut versuchte also dazu beizutragen, daß die Patienten zu reiferen Ich-Leistungen, wie z.B. zur Betätigung ihres Verstandes, zu kreativen Verhaltensweisen, zu einer Abgrenzungsfähigkeit von den Objekten und nicht zuletzt auch zu echteren und reiferen Formen von Identifikation und Projektion kamen. Doch traten immer wieder Regressionen auf die narzißtisch-fusionäre Ebene auf, bei der die Beteiligten die Gruppe als Ganzes als eine „Große Mutter" erlebten, der sie alle Verantwortung zu übergeben trachteten (Neumann, 1956).

In anderen Gruppen, z.B. in einer Selbsterfahrungsgruppe mit Studenten verschiedener Fakultäten, sahen wir aber, daß sich nach einigen Sitzungen mehr und mehr Beziehungen auf einer reiferen Ich-Leistungsebene ergaben, unter anderen auch jene multiplen und multidimensionalen Übertragungen, wie sie Slavson (1950) beschrieben hat. In den Selbsterfahrungsgruppen mit Studierenden wurde in der Regel auf den älteren der beiden Therapeuten der Vater, den jüngeren/die jüngere ein bereits arrivierter Bruder/eine bereits arrivierte Schwester übertragen. Die Studenten in der Gruppe kommen etwa in Geschwisterrivalitäten (Battegay, 1966) hinein. Die Gruppe als Ganzes wurde gelegentlich auch durch die Studierenden als Mutter (W. Schindler, 1966) erlebt, bei der man sich meist als geborgen erlebte, die gelegentlich aber auch als verschlingend-bedrohlich erfahren wurde.

Schließlich kam es dann zum freien Entscheid, ob man im neuen Semester wieder in der Gruppe mitwirken möchte oder nicht. Durchschnittlich beteiligten sich die Studentinnen und Studenten ca. 2 bis 3 Semester an einer solchen Gruppe, wobei die Sitzungen in den Semesterferien ausfielen. Die beginnende Selbstverwirklichung im Rahmen dieser Gruppen ließ sich jeweils u.a. darin erkennen, daß die Betroffenen nach und nach freier über ihre Probleme sprechen konnten, einander ernst nahmen und bei den Anderen eine gewiße Geltung erlangten. Es beginnt sich bei ihnen damit eine Individuation bemerkbar zu machen, die es ihnen ermöglicht, eine klare Selbstidentität zu entfalten und an innerer Reife zu gewinnen.

Die Selbstverwirklichung in einer Gruppe spielt sich demnach auf verschiedenen Ebenen ab. Wir beobachten in allen Gruppen, nicht nur den therapeutischen und den der Selbsterfahrung dienenden, sondern auch den sozialen, daß mehr oder weniger regelmäßige Schwankungen im Zusammenhalt der Gruppenmitglieder auftreten. Vor allem die narzißtisch-fusionären Bindungen erfahren, wie erwähnt, jeweils durch projektive Identifikation wieder eine Lockerung. Doch nach einer gewißen Zeit können die Beteiligten, bei längerem Bestand der Gruppe, wieder eine gegenseitige Nähe nicht nur auf der narzißtisch-fusionären, sondern auch auf der Ebene der reiferen aktiven Ich-Leistungen, zum Beispiel durch gegenseitige Identifikation, erleben. Die Objektbeziehungen oszillieren also zwischen den verschiedenen Niveaus, wobei die Dauer des Bestehens einer Gruppe und die extragruppalen Beziehungen naturgemäß die intragruppalen Bindungen mitbeeinflussen.

## Gesunde Abwehr

Zur Selbstverwirklichung gehört indes nicht nur die Integration in eine Gruppe, sondern auch das Bestehenkönnen ohne direkte Stützung durch die Anderen oder gar, in gewißen Momenten, gegen die Anderen. In der Gegenwart wird zwar ein Mitarbeiter oder ein Bürger, der sich nicht gemäß den allgemein akzeptierten Normen verhält, oft als lästig oder gar als störend empfunden, doch sind in einer demokratisch aufgebauten Gruppe oder Gesellschaft Individuen nötig, die bereit sind, für eine menschliche Haltung, ein soziales Ziel oder/und eine Minderheitengruppe einzustehen. Wir müssen die Heranwachsenden dahingehend erziehen und orientieren, daß sie sich nicht poikilotherm (wechselwarm) an jedes Gruppenmilieu anpassen, sondern sich, falls für ihre und der anderen Weiterentfaltung erforderlich, auch durchzusetzen bemühen.

In einer Arbeit aus der University of Maryland beschreibt Frau Zipora Shechtman (1994), wie sie an einer Schule Gruppenberatungen und Gruppentherapie verwendet, um bei Kindern der Präadoleszenz Freundschaften auch unter Gleichgeschlechtlichen zu erzielen und ihnen zu helfen, in ihrer Selbstentwicklung voranzukommen. Zweifellos ist, wie auch die Erfahrungen der Autorin zeigen, ein (therapeutisches) Gruppenmilieu geeignet, den Beteiligten ein Training in sozialen Verhaltensweisen und Fähigkeiten (social skills training) zu ermöglichen, doch fehlt in den Ausführungen von Frau Shechtman, wie im allgemeinen in der Literatur über Gruppentherapie, die Erwähnung von Situationen, in denen man den Betroffenen helfen muß, sich, wenn nötig, gegen ein Kollektiv durchsezten bzw. sich zumindest einen gewißen Freiraum zu verschaffen. In solchen Berichten idealisieren die Autoren oft die Integrationskraft der Gruppe, ohne zu bedenken, daß das Gruppenmilieu auch geeignet ist, die Durchsetzungsfähigkeit und - bereitschaft junger Menschen zu fördern. Wir werden also den Beteiligten auch helfen wollen, ihre ich-Grenzen und ihr Selbstbewußtsein zu stärken, damit sie unter Umständen einem Gruppendruck standzuhalten vermögen. Louis R. Ormont (1994) betont, daß es keine bessere Arena als die Gruppe gebe, um den Patienten zu einer, wie er sagt, „emotionalen Verinselung" zu verhelfen. Man müsse Individuen, die sich nicht gegen ihre Umwelt zu wehren vermöchten, mit Hilfe der Gruppentherapie beistehen, Abwehrvorgänge und -strukturen zu entwickeln, die sie instand setzten, in einer Gruppe unbeschadet zu bestehen, also sich auf eine rettende Insel zurückzuziehen. So sehr es im allgemeinen therapeutisch indiziert ist, die vielfältigen Abwehrvorgänge der Patienten in der Gruppe und der gemeinsamen Abwehr der Gruppenmitglieder durchzuarbeiten (Cohen, 1997), ebensosehr kann es – bei ichschwachen – Gruppenmitgliedern, z.B. in einer Schizophrenengruppe, notwendig sein, die Abwehrfähigkeit eines Patienten zu unterstützen.

## Coping

Es gilt also, die an einer therapeutischen Gruppe Beteiligten auch instandzusetzen, sich einen Freiraum zu verschaffen, der es ihnen, bei aller Berücksichtigung der Anderen, gestattet, die ihnen innewohnenden kreativen Möglichkeiten zu entfalten. Ein Gruppenpsychotherapeut und Leiter eines solchen Kreises sollte nicht einfach ein harmonisch ablaufendes Geschehen erwarten, sondern ebenso bereit sein, Mitglieder innerlich zu akzeptieren, die Widerstände ihm und den anderen Gruppenmitgliedern gegenüber manifestieren. Die Abwehr von – grenzenloser – Anpassungserwartung ist nicht etwa ein neurotisches Phänomen, sondern ein Anzeichen dafür, daß es den Betreffenden mit ihrem Ich gelingt, sich den notwendigen Freiraum zu bewahren. Eine solche Abwehr entspricht damit einem Bewältigungsmuster, einem Coping, das dazu dient, die Selbstentfaltung zu fördern (Lazarus, 1966, Battegay, 1989).

Die Gruppenpsychotherapeuten müßten aber ebenso bereit sein, die von Anna Freud (1946) als Abwehrmechanismen des Ich geschilderten Vorgänge als aktive Ich-Leistungen zu sehen, die nicht nur der Abwehr vorwiegend von unbewußten Regungen dienende, sondern auch schöpferische Kräfte beinhalten, die den Menschen in Gruppen helfen, sich aktiv einen Platz zu verschaffen und ihn zu halten. Heinz Hartmann (1960) hat in den 20er Jahren, neben den Abwehrmechanismen, eine „konfliktfreie Zone" des Ichs beschrieben. Ich nehme an, daß er bemerkte, wie sehr das Ich nicht nur die Abwehr, sondern auch, wie er sagt, die Anpassung an die Gruppe und, wie ich feststellen möchte, die freie Integration in die Gruppe anzielt. Wir dürfen heute noch weiter als Hartmann gehen und, wie bereits erwähnt, sagen, daß das Ich zu aktiven Ich-Leistungen imstande ist, die das eine Mal der Abwehr, ein anderes Mal dem kreativen Aufbau oder der Abgrenzung von Anderen dienen können. Das Wort „Abwehr" ist in dieser Sicht ein zu enger Begriff. Wird dieser aber benützt, so muß man wissen, daß ein Mensch zwar ohne Abwehr, aber auch ohne aktive Ich-Leistungen kreativer Art, in einer Gruppe nicht zu existieren vermöchte.

Wir sehen etwa, daß junge Schizophrene in einer Familie – die auch eine Gruppe darstellt – sehr behutsam und schonungsvoll behandelt werden. Die Kranken haben dann etwa kaum Gelegenheit zum Kontakt mit der äußeren Realität. Sie leben in einer „sozialen Nische" und sind gezwungen, sich so zu verhalten, wie die anderen Familienmitglieder es von ihnen erwarten. Bei diesen Patienten ist das Ich so fragmentiert, daß keine Abwehr wie auch keine gezielte Kreativität eingesetzt werden könnte, um sich einen Freiraum in der Familiengruppe zu bewahren. Eine gesunde Abwehr gegen die Anderen ist eine das Individuum und die Individualität sichernde Form des Coping. Das blosse Einpassen in eine soziale Nische kann indes kaum als ein aktives Bewältigen einer familiären Situation verstanden werden, sondern nur als ein passives Sich-Anpassen in der schizophrenen Notlage der Ich-Schwäche.

## Gesellschaftliche und gruppenbezogene Normen und Selbstverwirklichung

In der gegenwärtigen strukturellen Umwandlung der westlichen Gesellschaft, die oft fälschlicherweise nur als ökonomische Krise angesehen wird, bangen viele Menschen um ihre Arbeitsstelle. Was früher mehrere Mitarbeiter erledigt haben, vermag heute eine Datenverarbeitungsmaschine mühelos zu erledigen. Was beispielsweise Bank- oder Postomat automatisch besorgen, wurde früher durch viele Angestellte bewältigt. Straßenbahn-, Bus- und Zugbillette können mühelos von Billetautomaten ausgegeben werden, wobei das Herausgeld dem Zahlenden automatisch richtig zurückgegeben wird. Essen und Getränke brauchen nicht mehr unbedingt bei einem Angestellten bestellt zu werden, sondern können mühelos und normiert aus einem Apparat herausgelassen werden. Bei der Autoherstellung leisten Roboter exaktere Arbeit als Menschenhand. Auch könnten für gewiße medizinische Abklärungen und entsprechende Beurteilungen, wie zum Beispiel für die übliche Bewertung eines Elektrokardiogramms, mühelos Computer statt Ärzte eingesetzt werden. Der Mensch macht sich mit den von ihm geschaffenen technischen Errungenschaften in vielen Bereichen überflüßig. Ist es da erstaunlich, daß sich zahlreiche Individuen, die in untergeordneten Positionen beschäftigt sind, davor ängstigen, durch Computer ersetzt zu werden? Auf diese Weise resignierte Menschen sind oft bereit, sich an jedwede Situation anzupassen, um noch arbeiten zu können oder Arbeit zu finden, ob sie dabei das Besondere ihrer Persönlichkeit verlieren oder nicht. Oder sie verschreiben sich dem Alkohol und/oder den Drogen, da sie keine Hoffnung mehr aufbringen, als Individuen erkannt zu werden.

Die modernen, normierten technischen Errungenschaften verlangen geradezu nach normgerechten Menschen, die, ohne zu widerstreben, bereit sind, neueingeführte Standards zu akzeptieren. Daß es dabei mit der Selbstgewißheit und einer Selbstverwirklichung im Rahmen einer Gruppe und der Gesellschaft, die sich nach den je besonderen Eigenschaften und Möglichkeiten eines Individuums richtete, oft nicht mehr weit her ist, liegt auf der Hand. Weicht ein Mitarbeiter irgendeines Betriebes in irgendeiner Weise von der allgemein akzeptierten Verhaltensnorm ab, so droht ihm, von den anderen abgelehnt zu werden und/oder durch „Mobbing" (Zuschlag, 1994) bzw. „Zusammenrottung" der Anderen gegen ihn vom Arbeitsplatz verdrängt zu werden. Dieses Mobbing kommt naturgemäß umso mehr vor, je schwieriger die Wirtschaftslage ist und je mehr die in einem Betrieb Angestellten um ihren Arbeitsplatz bangen. Sie hoffen irgendwie, auf diese Weise zu erreichen, daß es bei Stellenkürzungen die durch „Mobbing" Betroffenen und nicht sie trifft. In der Gruppenpsychotherapie sollte es allerdings nicht dazu kommen, daß jemand in eine solche Benachteiligten- oder Omegarolle kommt. Der oder, wenn zwei Therapeuten die Gruppe moderieren, die Gruppenleiter sollten stets darüber wachen, daß kein Gruppenmitglied über längere Zeit in einer solchen Rolle des Verstossenen bleibt.

## Qualitätssicherung und das Recht auf Behandlung

In der modernen Medizin wird zunehmend die Qualität der Leistungen normiert evaluiert. An der Jahresversammlung der American Group Psychotherapy Association, die vom 15.-19.2.1994 in Washington D.C. stattfand, hat der Psychiatrieprofessor Roy MacKenzie von Vancouver/Kanada anhand einer großen, von den amerikanischen Versicherungsinstitutionen zusammengestellten Statistik nachgewiesen, daß bei 80% der Patienten die Psychotherapie weniger als 8 Sitzungen dauerte. Weniger als 15% befanden sich nach 6 Monaten noch in Behandlung. Auf dieser Statisktik basierend, sollten neue Normen in bezug auf die anzustrebende Behandlungsdauer gesetzt werden. Es erhebt sich dabei die Frage, was mit den restlichen 15% der Patienten geschieht, die eine längere, eventuell lebenslängliche Stützung durch individuelle Psychotherapie und/oder durch eine tragende therapeutische Gruppe benötigen, um in der Gesellschaft zurande zu kommen und, so gut es geht, sich selbst zu verwirklichen. Sollten nur noch die ökonomischen Aspekte in einer vorwiegend privatwirtschaftlich organisierten Wirtschaft prädominieren und keine Verantwortung der wirtschaftlich Maßgeblichen mehr für die gesundheitlich dauerhaft Belasteten und Schwachen getragen werden, so stehen wir vor gefährlichen Zeiten. Befinden wir uns nicht im Anbruch einer Zeit, in der wieder davon gesprochen werden wird, ob ein Mensch noch behandelnswert ist oder nicht? Wird einem solchen Individuen nicht schon eigentlich das Leben abgesprochen, wenn die Versicherungsträger nicht bereit sind, auch zeitlich über die Norm hinausgehende Einzel- und Gruppenbehandlungen zu übernehmen? Sind wir denn, etwas über 50 Jahre nach dem Ende des Nationalsozialismus, wieder so weit, in lebenswert und lebensunwert zu unterscheiden?

Eine 85jährige Dame, Einwohnerin einer Universitätsstadt in der Schweiz, die sich einen Schenkelhals gebrochen hatte, telephonierte an einem Morgen früh zu mir nachhause. Ich war schon bei der Arbeit, und meine Frau nahm das Telephon ab. Die alte Dame erklärte, daß man sie im Spital angesichts ihres Alters nicht operieren wolle. Doch sie bestehe auf der Operation, selbst wenn sie daran sterben sollte, denn sie möchte, falls sie genesen sollte, wieder unabhängig bei sich zuhause in ihrer Zweizimmerwohnung leben können. Nachdem mich meine Gattin telephonisch orientiert hatte, rief ich jenes Universitätsspital an, und ich wollte den Chef sprechen. Er war unerreichbar. Auch mit dem Oberarzt konnte ich keine Verbindung herstellen. Ich sprach mit dem Assistenzarzt, offenbar einem warmherzigen jungen Mann, der sofort wußte, wer diese alte Dame war und um was es geht. Er sprach davon, daß man sie nicht operiere, weil das Elektrokardiogramm Zeichen einer Herzschädigung aufweise. Es waren indes keine Veranstaltungen getroffen worden, die bestehende Rhythmusstörung zu behandeln. Nach meiner Intervention wurde aber ein Medikament gefunden, das diese behob. Ich machte den Arzt darauf aufmerksam, daß diese Frau um das Risiko einer Operation wiße und nicht das Leben einer Invaliden führen wolle, wenn man ihren Schenkelhalsbruch doch operieren könne und sie unter Umständen dann in der Lage sein werde, in der eigenen Wohnung weiterzuleben. Es verstrichen einige Tage, bis der junge Arzt es erreichen konnte, daß die Chirurgen in eine Operation einwilligten. Der Faktor, der offenbar am meisten Gewicht hatte, war, daß ein Professor aus Basel das verlangte und mitteilen konnte, daß die Kinder und Großkinder dieser Frau, also die familiäre Großgruppe, der sie zugehörte, in die Entschlußfassung mitbeinbezogen war. Die Frau lebt heute wieder seit vier Jahren glücklich in ihrer Wohnung, spielt regelmäßig Bridge mit Damen unterschiedlichen Alters und besucht ihr bekannte Damen und Herren, die in Altersheime eintreten mußten. Sie und ihre Familie sind dankbar, daß die normierte Vorstellung, eine Frau dieses Alters, besonders wenn das Herz Rhythmusstörungen aufweist, nicht mehr zu operieren, überwunden werden konnte.

Es besteht also die Gefahr, daß die Ärzte nur noch nach durch Versicherungsträger festgelegten oder aber von ihnen selbst aufgestellten Normen handeln, auch um dem Risiko einer negativen Beurteilung auszuweichen. Wenn, wie bereits dargelegt, oft von Qualitätssicherung in der Medizin gesprochen wird, so ist damit nicht nur ein Zug zur Verbesserung der Medizin, sondern oft auch die bereits angeführte, vorwiegend von wirtschaftlichen Erwägungen geprägte gesellschaftliche Normierung betreffend die für eine Therapie erlaubte Zahl der Sitzungen und sogar für die Art der gestatteten Behandlung intendiert. Es wird auf diese Weise der Individualität des Patienten, aber auch des Therapeuten, zuwenig Rechnung getragen. Wenn immer mehr Standardisierung in der Therapie gefordert wird, muß man sich tatsächlich fragen, ob nicht ein Roboter besser in der Lage wäre, absolut normiert vorzugehen, als ein menschlicher Therapeut. Daß von diesen Apparaturen keine Emotionen vermittelt werden, dürfte den Krankenversicherungen recht sein, da damit, unter diesem Aspekt, keine unnötige Zeit vergeudet wird. Die stetige „Rationalisierung" berücksichtigt indes naturgemäß die Tatsache nicht, daß der Mensch als individuell Erlebender und von der ihn umgebenden Gruppe und Gesellschaft Getragener erfaßt werden möchte. Zwar hat schon C.G. Jung (1967) festgestellt, daß im Menschen kollektivtypische Erlebensbereiche vorhanden sind, doch hat er ebenso sehr auf die Individuation (1929) hingewiesen, die Selbstwerdung, die sich in jedem Menschen vollziehe.

Wenn wir uns nun fragen, was der geschilderte Umstand der gegenwärtigen Normierungstendenzen mit der Selbstverwirklichung in der Gruppe zu tun hat, so erkennen wir, daß Menschen, die nicht in die soziale Norm hineinpassen, wie die erwähnte alte Dame, aus der Bezugsgruppe, zum Beispiel der Patienten, die noch operiert werden, ausgeschlossen sind. Diese alte Frau hätte sich, wäre sie nicht mehr operiert worden und daher dauernd pflegebedürftig geblieben, nicht mehr in ihrem gewohnten Rahmen und im dauernden aktiven Kontakt mit ihrer Familiengruppe weiter selbst verwirklichen können.

Auch wenn die Krankenversicherungen in manchen Ländern nur eine festgelegte Zahl von Psychotherapiesitzungen gewähren, so beruht diese Terminierung nicht auf der Berücksichtigung eines individuellen Behandlungsbedarfs zum Erzielen einer erstmaligen oder erneuten Gruppen- und/oder Gesellschaftsfähigkeit, sondern auf einem statistischen Durchschnitt. Patienten, die eine längere Therapie benötigen, fallen dabei aus dem Rahmen. Wir kennen aber viele psychisch Kranke, die früher während Jahren oder Jahrzehnten in psychiatrischen Spitälern hospitalisiert geblieben waren, die in der Gegenwart mit psychotherapeutischer und gelegentlich auch psychopharmakologischer Dauerhilfe in der Gesellschaft zu leben vermögen. Es wird durch die Versicherungsträger jeweils zuwenig berücksichtigt, daß erneute Krankenhauseintritte und längere Spitalbehandlungen viel teurer zu stehen kämen. Auch wird zu wenig beachtet, daß ein Mensch, der in eine Klinik eingewiesen werden muß und über längere Zeit hospitalisiert bleibt, oft den Anschluß an seine Familie und andere Bezugsgruppen verliert. Heute wird dementsprechend langzeitig psychisch Kranken oft Gelegenheit geboten, sich im Rahmen von Wohngemeinschaften und Übergangsinstitutionen, d.h. im Milieu von therapeutischen Gruppen, zu rehabilitieren. Dabei benötigen sie meist gleichzeitig eine psychotherapeutische und psychopharmakologische Stützung.

Es ist zwar begreiflich, daß man die Kosten der Medizin und der Psychotherapie in den Griff bekommen möchte, doch sollten vor allem die Politiker und die Verantwortlichen der Krankenkassen und -versicherungen nicht die Sicht für jene Menschen verlieren, die nur mit therapeutischer Hilfe inmitten ihrer Bezugsgruppen oder nur in für sie neu geschaffenen Gruppierungen zu leben imstande sind.

## Gruppenpsychotherapie und Selbststützung

Die Gruppenpsychotherapie beruht nicht etwa auf einem normierten Menschenbild, das darin gipfelt, die an einer therapeutischen Gruppe Beteiligten als in gleichförmiger Weise Fühlende, Erkennende und Denkende zu betrachten. Vielmehr basiert diese Behandlungsart auf der Erkenntnis, daß sich in der therapeutischen Gruppe die besondere Individualität eines Menschen in den Interaktionen mit den anderen Beteiligten entfalten kann und die ausgetauschten Erfahrungen den Mitwirkenden helfen können, auf der einen Seite, sich in eine Gruppe und die Gesellschaft zu integrieren, und auf der anderen Seite, sich, wenn es nötig ist, durchzusetzen und für sich selbst einzustehen.

Bei meinen gruppenpsychotherapeutischen Erfahrungen mit Patienten seit 1953 und Selbsterfahrungsgruppen von Ärzten, Theologen, Psychologen und Studierenden seit 1960 habe ich beobachten können, daß die Einzelnen, haben sie nach der Exploration der anderen Beteiligten den Kontakt mit ihnen aufgenommen, ihr eigenes Selbst um die Anderen erweitert erleben, so daß das bereits erwähnte „narzißtische Gruppenselbst" entsteht. Diese Wir-Repräsentanz in jedem Einzelnen vermittelt den Mitgliedern eine Selbststärkung. Wenn später die Beteiligten auf einem archaischen Niveau der Ich-Leistungsebene sich unbewußt mittels projektiver Identifikation (Melanie Klein, 1946) gegen die Nähe der Anderen wehren, und dann, wenn die reiferen Ich-Leistungsformen zum Zuge kommen, sich reflektiert mit den Anderen identifizieren oder aber sich von ihnen abgrenzen, gewinnen sie an Selbststärke. Ich-schwache und/oder in ihrem Ich fragmentierte oder fragmentionsbereite Menschen wie Schizophrene bzw. Borderlinepersönlichkeiten kann, wenn die anderen Gruppenmitglieder als zu nahe erlebt werden, das Gefühl beschleichen, in diesem Milieu der Gefahr des Individualitäts- oder Ich-Verlustes ausgesetzt zu sein. Wir werden daher stets abwägen müssen, ob ein solches Individuum das Mitwirken in einer Gruppe erträgt. Besteht aber eine gewiße Konsistenz des Ichs mit der damit verbundenen Fähigkeit der Abwehr der Ängste, die mit der Nähe Anderer verbunden sind, so ist die Gruppenpsychotherapie mit diesen Patienten ein außerordentlich wertvolles Mittel, ihr Ich und ihr Selbstwertgefühl zu stärken und sie auf diese Weise für das Leben in der Gesellschaft besser auszurüsten. Für die Schizophrenen kann die Gruppenpsychotherapie geradezu die Behandlungsmethode der Wahl sein, da sie den Kranken die Möglichkeit gibt, sich in einem sozialen Milieu zu üben.

Eine solche Gruppe, die im Jahre 1963 in der Psychiatrischen Universitätsklinik Basel begonnen wurde, konnte im Jahre 1968, nach erfolgtem Übertritt des Gruppenleiters von der Klinik in die inmitten der Stadt befindliche Psychiatrische Universitätspoliklinik fortgesetzt werden. Es kamen nun alle zu diesen Sitzungen, die von diesem Moment an im Rahmen des Ambulatoriums stattfanden. Nach und nach traten die Mitglieder aus der Klinik aus. Sie konnten nun ambulant betreut werden und beteiligten sich wöchentlich an den therapeutischen Gruppensitzungen. Gemäß einer Untersuchung des Jahres 1983 (Battegay & von Marschall, 1987) hat sich unter der, zusätzlich zu den vorher schon angewendeten Neuroleptika, begonnenen Gruppenpsychotherapie nicht nur die Gesamthospitalisierungsdauer, sondern auch die Zahl der Spitaleintritte signifikant vermindert. Daneben haben die Kontaktfähigkeit und die Fähigkeit, Lebensfreude zu empfinden, bei den Beteiligten zugenommen. Während sich bei den Ersterhebungen 1976 und 1979 die Arbeitsfähigkeit der Mitglieder noch erheblich gesteigert hatte, war dies im Jahre 1983 nicht mehr der Fall, jedoch offensichtlich nicht, weil sie weniger in der Lage gewesen wären zu arbeiten, sondern weil sich die Situation auf dem Arbeitsmarkt verschlechtert hatte. In einer parallelen Gruppe wurden die Angehörigen allmonatlich zu einer gesonderten Sitzung einberufen. Dabei wurden deren Probleme mit den Patienten und ihre eigenen diskutiert. Meist gelang es, den Vätern, Müttern oder Ehepartnern ein adäquateres Bild ihrer kranken Angehörigen zu vermitteln und damit ein Verständnis für sie zu erzeugen, das es ihnen ermöglichte, einerseits mit mehr Selbstsicherheit, andererseits aber auch empfindsamer auf ihre kranken Familienmitglieder einzugehen und sie zu betreuen. Vor allem kam es dann weniger zu den „Expressed Emotions" (Leff & Vaughn, 1980), die die Patienten beunruhigen und die Angehörigen in Schuldgefühle stürzen. Die Gruppenpsychotherapie gestattete es aber auch, offen über die angewendeten Psychopharmaka zu sprechen und bei manchen Kranken dazu zu führen, daß sie selbst deren Dosierung einzustellen lernten. Sie gewannen damit eine Fähigkeit zur erhöhten Verantwortungsübernahme für sich selbst.

Bei einer Katamneseerhebung über die Jahre 1992-1996 (Battegay et al., 1997) hat sich gezeigt, daß die Kontinuität der Beteiligung der Gruppenmitglieder über die erfaßten Jahre sehr gut war. Bei 24 erfaßten Patienten, die über eine Zeitspanne von 60 Monaten an der Gruppe mehr oder weniger intensiv beteiligt waren, betrug die durchschnittliche Anwesenheit pro Sitzung 9.01, der Median 9. Die Teilnahmedauer in Monaten belief sich auf durchschnittlich 39.58 (Median 53) mit einer Schwankungsbreite von 1-60. Der Gruppe ferngeblieben sind 2 Patienten (8.3%), die weniger als 6 Monate daran teilnahmen.

Nachdem ich am 31.8.97 emeritiert worden war und eine Privatpraxis in der Stadt eröffnet hatte, kam der Großteil der Gruppe weiter, wie bisher, für eine Sitzung pro Woche zu mir. Es zeigte sich, daß die Gruppenkonstanz über Jahre ihnen half, äußere Belastungen und sogar Rückfälle in die Psychose zu überstehen, wobei sie temporär meist von selbst die Neuroleptikadosen erhöhten, wenn sie es zur Vorbeugung eines Rezidivs in die Psychose für nötig hielten. Die Angehörigen konnten indes nicht mehr zu Sitzungen in die Praxis kommen, da die Eltern oder anderweitigen Verwandten altershalber mehrheitlich zu gebrechlich oder aber bereits gestorben waren.

## Zusammenfassung

Der Mensch kann ohne ihn stützende, erweiternde und beschützende Gruppe nicht leben und nicht über seine Zeitlichkeit hinaus wirken. Die Religionen und Religionsstifter, auch die Sektengründer, wissen um die Tatsache der Gruppenbezogenheit des Menschen. Nicht nur die Grundpersönlichkeit eines Menschen bestimmt seinen Werdegang, sondern auch die Struktur einer Gruppe, einer Gesellschaft, in die er hineinwächst. Das Interplay zwischen Mutter und Kind ist auch gruppenabhängig, denn eine Mutter wird kaum die notwendige Ruhe und Empathie aufzubringen vermögen, wenn sie nicht durch eine Bezugsgruppe, sei es eine Familie oder einen Ersatzkreis, gestützt wird. Je nachdem, ob eine sogenannte Ich-Kultur oder eine Wir-Kultur gegeben ist, bedarf es in den sozialen und therapeutischen Gruppen für die Selbstverwirklichung auch Ich-fördernder Impulse oder der Gewißheit, in einer bergenden Gruppe voll eingebunden zu sein. Ohne daß ein Individuum Gelegenheit hätte, sein Selbst auf ihm Nahestehende oder -kommende auszudehnen, käme es (auf dieser Basis) auch nicht zu reiferen Objektbeziehungen. Bleibt eine Gruppe zu sehr auf der narzißtisch-fusionären Beziehungsstufe stehen, kann es zu keiner Abgrenzung von den Anderen und keiner Individuation sowie keiner individuellen Verantwortungsübernahme kommen. Zur Selbstverwirklichung gehört naturgemäß nicht nur die Integration in eine Gruppe, sondern auch das eigenständige Bestehenkönnen innerhalb oder außerhalb eines solchen Kreises. Die von Anna Freud als Abwehr geschilderten „Mechanismen" des Ich müßten vielmehr als Ich-Leistungen betrachtet werden, die einmal dem Coping, ein anderes Mal der Abwehr dienen. Die Normen einer Gruppe und der Gesellschaft dürfen nicht verabsolutiert werden, da sonst Intoleranz mit eventuell gefährlichen Konsequenzen droht. Die Gruppenpsychotherapie führt an die Patienten die soziale Dimension heran und vermag so Einsichten in die Abläufe realen Geschehens, aber auch ein soziales Übungsmilieu zu vermitteln, wie es in der Einzelpsychotherapie nicht der Fall sein kann.

# Literatur

Battegay R (1966) Geschwisterrelationen als Funktionsmuster der (therapeutischen) Gruppen. Psychother Psychosom 14, 251-263

Battegay R (1986) People in Groups: Dynamic and Therapeutic Aspects Group 10, 131-138

Battegay R (1989) Das Ich – Abwehrmechanismen und Coping. Psychosom Med Psychoanal 3, 22-240

Battegay R (1991) Narzißmus und Objektbeziehungen. Hans Huber, Bern/Stuttgart/Toronto 3. Aufl.

Battegay R (1996) Group Leaders: Charisma and Possible Dangers in Religious Congregations, Political Movements and Psychotherapy Schools. Internat J of Psychotherapy 1, 35-43

Battegay R, Lipp H, Miest V, Glauser Chr & Rauchfleisch U (1997) Gruppenpsychotherapie mit Adipösen. Gruppenpsychotherapie und Gruppendynamik 7, 163-172

Battegay R & v. Marschall R (1987) Results on Long-Term Group Psychotherapy with Schizophrenics and their Relatives, Psycho- and Sociodynamic Results. In: Huber Winfried (Hrsg) Progress in Psychotherapy Research, 2nd European Conference on Psychotherapy Research, Sept. 3-7, 1985 Louvain, Sten. 150-160, Presses Universitaires de Louvain, Louvain-la-Neuve

Bion WR (1961) Experiences in Groups. Tavistock Publications Limited, London

Buber M (1936) Ich und Du. Schocken, Berlin

Cohen SL (1997) Working with Resistance to Experiencing and Expressing Emotions in Group Therapy. Internat J of Group Psychotherapy 47, 443-458

Freud A (1946) Das Ich und die Abwehrmechanismen. Imago, London 1946, und Kindler Taschenbücher Nr. 2001, München

Hartmann H (1960) Ich-Psychologie und Anpassungsproblem. Klett, Stuttgart

Horney Karen (1939) New Ways in Psychoanalysis. W.W. Norton, New York

Jung CG (1929) Die Bedeutung von Konstitution und Vererbung für die Psychologie. Die medizinische Welt. Aerztliche Wochenschrift III/47, 1677-1679

Jung CG (1987) Gesammelte Werke, Bd. 8, 125-133, Walter-Verlag, Olten und Freiburg i.Br.

Kernberg P (1982) Criteria for Termination of Child Psychotherapy. Ref. 14.6.82 Psychiatrische Universitätspoliklinik für Kinder und Jugendliche Basel

Klein M (1948) Notes on Some Schizoid Mechanisms. 1946. Int. J. of Psycho-Analysis 27, 99-110. In: Rivière J (Hrag) Developments in Psycho-Analysis 1921-1945, 377-390, The Hogarth Press, London

Lazarus RS (1966) Psychological Stress and the Coping Process. McGraw-Hill

Leff Y & Vaughn C (1988) The Interaction of Life Events and Relatives' Expressed Emotion in Schizophrenia and Depressive Neurosis. British Journal of Psychiatry 136, 143-153

MacKenzie KR (1994) Where is Here and When is Now? The Adaptational Challenge of Mental Health Reform for Group Psychotherapy. Referat gehalten an der 51st Conference of the American Group Psychotherapy Association, Washington, 15.-19.2.1994. Internat J of Group Psychotherapy 44, 407-428

Neumann E (1956) Die Große Mutter. Rhein-Verlag, Zürich

Ormont LR (1994) Developing Emotional Insulation. Internat J of Group Psychotherapy 44, 361-375

Schindler W (1966) The Role of the Mother in Group Psychotherapy. Internat J Group Psychotherapy 16, 198-202

Shechtman Z (1994) Group Counseling/Psychotherapy as a School Intervention to Enhance Close Friendships in Preadolescence. Internat J of Group Psychotherapy 44, 377-391

Slavson SR (1950) Analytic Group Psychotherapy. Columbia University Press, New York

Stern D (1985) The Interpersonal World of the Infant. A View from Psychoanalysis and Developmental Psychology. Basic Books, New York

Winnicott DW (1969) Ego Distorsion in Terms of True and False Self. In: The Maturational Processes and Facilitating Environment. Studies in the Theory of Emotional Development. The Hogarth Press, London 1965. Deutsch: Reifungsprozesse und fördernde Umwelt. Kindler München 1974

Zuschlag B (1997) Mobbing-Schikane am Arbeitsplatz. Erfolgreiche Mobbing-Abwehr durch systematische Ursachenanalyse. Verlag für Angewandte Psychologie, Göttingen 1994, 2. Aufl.

# Selbstfürsorge durch Kreativität: Kunsttherapie und Psychotherapie

Brigitt Böni Wymann und Cordula Olshausen

Die im folgenden dargestellten Überlegungen kreisen um die Fragen, warum es sinnvoll sein kann, Menschen mit schwerwiegenden Beziehungsstörungen in einem Setting zu behandeln, das aus einem therapeutischen Team besteht und in dem auch kreative Ausdrucksverfahren zum Therapieangebot gehören. Am Beispiel der Zusammenarbeit zwischen analytischer Einzeltherapie und Kunst- und Ausdruckstherapie soll verdeutlicht werden, wie die Bearbeitung von destruktiven Phantasien bei einer jungen Patientin in diesem Setting möglich wurde und die Überwindung von starkem selbstverletzendem Verhalten und destruktivem Agieren gelang.

Die Zusammenarbeit fand in der Psychotherapeutischen Tagesklinik PTK statt. Wir behandelten eine Patientin über längere Zeit und tauschten uns viel über sie aus. Von diesem Austauschprozeß soll hier die Rede sein. In der Psychotherapeutischen Tagesklinik werden zehn Patientinnen und Patienten auf der Grundlage eines psychoanalytischen Behandlungsmodells behandelt. Neben zwei Stunden Einzel- und drei Stunden Gruppentherapie werden Musik- und Kunsttherapie angeboten. Die kreativen Therapieangebote finden in Gruppen und im Einzelsetting statt. Die Patientinnen kommen jeden Morgen in die Klinik und verlassen diese am Abend. Mit diesem alltagsnahen Rahmen verbunden ist die tägliche Anforderung, sich vom schützenden Milieu der Station zu trennen und sich mit den Gefühlen der Trennung und des alleine Seins auseinanderzusetzen. In den Therapien kommen diese Themen auch sehr häufig zur Sprache (Küchenhoff 1998).

Im ersten Teil werden theoretische Überlegungen aus der Sicht der analytischen Einzeltherapie dargelegt, die während der Behandlung als Orientierung leitend waren. Im zweiten Teil wird aus der Sicht der Kunsttherapeutin dargelegt, mit welchen Grundkonzepten sie arbeitet. Im letzten Teil wird anhand einer Fallvignette die gemeinsame Arbeit dargestellt. Die Behandlung der Patientin gelang, weil sie uns auf besondere Art anregte, über sie zu sprechen und uns über sie Gedanken zu machen. Die Zusammenarbeit zwischen der Kunst- und der Einzeltherapeutin war bei dieser Behandlung von exemplarischen Wert, was uns dazu führte, diese Zusammenarbeit zu beschreiben.

Wir sind uns bewußt, daß die Präsentation von Fallmaterial nicht unproblematisch ist, haben uns aber, in Absprache mit den Patientinnen, dafür entschieden. Sie haben auch ihr Einverständnis für die Veröffentlichung der Bilder ihrer Werke gegeben.

## 1. Symbolisierung, Beziehungsfähigkeit und potentieller Raum

Anlaß zu folgenden Überlegungen war diese klinische Situation: Eine Patientin kam eines Abends, bevor sie die Klinik verlassen mußte, um nach Hause zu gehen, zur Einzeltherapeutin zu einem zusätzlichen Gespräch. Sie war in höchster Not, in Verzweiflung und von existentiellen Ängsten gequält. Sie sagte, sie getraue sich nicht nach Hause, sie könne nicht alleine sein, sie befürchte auseinanderzubrechen, alles gehe kaputt. Sie berichtet einen Traum, der jetzt noch ganz wirklich nachwirke. Ihr Brustbereich mit allen Rippen sei nach vorne geklappt, es klaffe ein großes Loch in ihrem Oberkörper, es blute aber nicht, aber alles sei kaputt. Sie habe versucht, sich wieder zu flicken, aber sie habe die einzelnen Rippen und Körperteile falsch zusammengesetzt, so daß noch eine Rippe aus dem Körper herausschaue. Sie sei deswegen sehr besorgt gewesen und habe einen Arzt angerufen, der habe aber keine Zeit gehabt. – Soweit der Traum. Die Patientin erlebte die bevorstehende Trennung am Abend konkret-körperlich als bedrohliches Auseinanderbrechen. Sie konnte in diesem Moment kaum mehr einen Unterschied zwischen Phantasie und Realität machen. Es stellt sich die Frage, welche psychische Funktion die Patientin in diesem Moment nicht mehr zur Verfügung hatte und wie dies auf dem Hintergrund der psychoanalytischen Theorie zu verstehen ist.

## 1.1 Ausgangsthese

Die Ausgangsthese lautet: Die Fähigkeit zur Symbolisierung heißt, kreativ sein zu können. Sind wir kreativ, können wir Symbole gebrauchen, können wir selbstfürsorglich mit uns und anderen umgehen, weil wir in Beziehung treten und gleichzeitig wir selbst sein können. Die Grundvoraussetzung dafür ist die Möglichkeit, einen potentiellen, drei-dimensionalen Raum aufzuspannen. Dieser Raum ist immer ein Beziehungsraum zwischen dem Ich, dem Du und etwas Drittem. Diese Überlegungen stützen sich auf zwei Autorinnen und Autoren, auf Hanna Segal (1995), die sich mit der Entwicklung der Symbolisierungsfähigkeit auseinander gesetzt hat, und auf diejenigen von Thomas Ogden (1997), der auf das Konzept von D. Winnicott (1995) über den „potential space" zurückgreift. H. Segal schlägt vor, eine *Entwicklungslinie der Symbolisierung* zu postulieren: vom primitiven Gebrauch der Symbole, der sogenannten *symbolischen Gleichsetzung*, zum reifen Gebrauch von Symbolen, den eigentlichen Symbolen, die sich in Selbstdarstellungen, Kommunikation und kreativer Schöpfung zeigen. Daneben gibt es eine parallele Entwicklung, nämlich die *Entwicklungslinie der Objektbeziehungen*, d.h. der Ausbildung von Selbst- und Objektbildern innerhalb der psychischen Struktur. Diese beiden Entwicklungslinien sind eng miteinander verknüpft. Gleichzeitig geben sie Anstöße zu einer Theorie über das Denken. Die Fähigkeit über reife Objektbeziehungen zu verfügen, ermöglicht es über sich und andere nachzudenken und sich in Position zu anderen zu setzen, ein *Selbst-Bewußtein* zu erlangen. Der Gebrauch von Symbolen erlaubt es, die Sprache und damit das Denken zu benutzen und Worte zu gebrauchen. Denken und reden kann man nur, wenn man Symbole als Symbole benutzen kann, wenn es einen Unterschied gibt zwischen dem, was zu symbolisieren ist, und dem Symbol an sich.

M. Klein spricht in ihrer Theorie von zwei Positionen, von der *paranoid-schizoiden* und der *depressiven* Position. Die letztere ist die „reifere" Position. Beide Positionen sind aber flexible Ausgestaltungen von Beziehungswelten, die auch im Erwachsenenalter nicht einfach fest und unverrückbar sind. In der paranoid-schizoiden Position besteht noch keine hinreichende Trennung von Ich und Objekt, der andere droht immer wieder verloren zu gehen, ist also im Ich noch nicht fest verankert. Das heißt, die *Objektkon-*

*stanz* ist noch nicht gegeben. In der depressiven Position dagegen gibt es eine gute Trennung und Differenzierung von Ich und Objekt, von Ich und Anderem, die Anerkennung von ambivalenten Gefühlen und die Fähigkeit zur Trauer und Verlustverarbeitung.

Zur *paranoid-schizoiden Position* gehört der primitive Gebrauch von Symbolen, die symbolische Gleichsetzung. Die Erzeugung von Symbolen ist eine Leistung des Ichs. Bei der symbolischen Gleichsetzung wird das Symbol mit dem Objekt in solchem Grade vermischt, daß das Symbol zum Objekt wird. Wenn es keine hinreichende Trennung von Ich und Objekt gibt, dann wird ein Teil des Ichs mit dem Objekt vertauscht und dann mit dem Symbol verwechselt. Dieses Funktionsniveau wird als konkretistischer Gebrauch von Symbolen und damit als konkretistisches Denken bezeichnet. Im eingangs erwähnten Beispiel müssen wir annehmen, daß die Patientin ihren Traum, in dem sie in ihrem Körper zerbrochen ist, konkret erlebt hat und nicht mehr in der Lage war, diesen Traum als Symbol zu sehen, der ihre Angst vor der Trennung abbilden und symbolisieren würde. Sie erlebte und dachte ganz konkretistisch.

Zur *depressiven Position* gehören triadische Beziehung und damit die eigentliche Fähigkeit zur Symbolbildung. Die Symbolbildung ist eine Aktivität des Ichs, das versucht, mit den Ängsten umzugehen, die von seiner Beziehung zum Objekt wachgerufen werden. Vor allem geht es dabei darum, die Angst vor Verlust oder Unerreichbarkeit der Objekte zu bannen. Störungen der Beziehung des Ichs zu seinen Objekten spiegeln sich in Störungen der Symbolbildung wider. Wenn wir die Symbolik als eine triadische Beziehung betrachten, müssen Probleme der Symbolbildung immer in der *Beziehung des Ichs zu seinen Objekten* verstanden werden. Nicht allein der tatsächliche Inhalt des Symbols, sondern gerade die Art und Weise, in der Symbole gebildet und benutzt werden, scheint einen Entwicklungsstand des Ichs und seiner Art, mit seinen Beziehungen umzugehen, sehr genau widerzuspiegeln.

Die andere *Entwicklungslinie, diejenige der Objektbeziehungen*, führt zur Frage nach der Fähigkeit zur Kreativität und damit der Selbstfürsorge. In der Psychotherapeutischen Tagesklinik haben wir es mit Patientinnen zu tun, die nicht primär unter einem innerpsychischen Konflikt leiden, sondern einen Konflikt mit der Selbst-Objekt-Differenzierung haben. In dieser Form der

Beziehungsaufnahme geht es um Sein oder Nicht sein, Ich oder der Andere, Überleben oder Untergehen in einem ganz engen und direkten Sinne. Entweder überlebe ich oder ich gehe kaputt, entweder überlebt der Andere oder er geht kaputt. Ein *Zwischenraum*, ein „sowohl-als-auch", existiert oft nur in Ansätzen und droht immer wieder verloren zu gehen. Diesen Zwischenraum aufzuspannen ist Ziel einer Psychotherapie mit diesen Patientinnen. Diesen psychischen Zwischenraum kann man sich als geometrische Figur vorstellen. In einer dualen Beziehung gibt es keine Fläche, nur eine Verbindung, einen eindimensionalen Strich; im Dreieck (in der triadischen Beziehung) entsteht eine Fläche, die gefüllt werden kann. Winnicott entwickelte das Konzept des potentiellen Raumes, des „potential space". Es ist der Oberbegriff für einen Zwischenbereich der Erfahrung zwischen Phantasie und Realität. In diesem Zwischenbereich des Erlebens wird nicht die Frage gestellt, ob etwas zur inneren oder zu äußeren Realität gehört. Es ist der Raum der Illusion, des Spiels, der Bereich der Übergangsobjekte und der Übergangsphänomene, es ist der Bereich der analytischen Situation, es ist der Bereich der kulturellen Erfahrung und der Kreativität.

Wir können diesen Zwischenraum als Zustand auffassen, der sich durch dialektisch miteinander verbundene Pole definiert. Mögliche Pole sind die der Realität und der Phantasie, von Ich und Nicht-Ich, von Bewußtem und Unbewußtem, von Symbol und Symbolisiertem (Objekt). Das Erlangen der Fähigkeit, einen potentiellen Raum zu bilden, ist primär ein Entwicklungsschritt, den das Kleinkind in seinem Verhältnis zur Mutter leistet. Im Erwachsenenalter wird es zur *eigenständigen Fähigkeit*, sich potentiellen Raum zu erschaffen, es ist ein Modus psychischer Aktivität. – In diesen Bereich fließt die Subjektivität ein. Subjektivität ist die Widerspiegelung der Differenz zwischen Symbol, dem Symbolisierten (Objekt) und dem Subjekt (Ich). Erst die Entstehung der Subjektivität ermöglicht es uns, Wünsche zu erleben und zu äußern. Das Ich-Sein wird erst durch den Anderen möglich, der uns Bedeutung zukommen läßt. In einem homogenen Bereich (duale Beziehung) gibt es keine Bedeutung. Das Aufspannen des potentiellen Raumes als eigenständige psychische Leistung ermöglicht das dynamische Zusammenspiel einer triadischen Beziehungskonstellation: das sind Symbol (der Gedanke), das Symbolisierte (worüber nachgedacht wird) und das interpretierende Subjekt (die Denkende). Die Differenzierung von Symbol,

Symbolisiertem und deutendem Subjekt schafft die Möglichkeit der Triangulierung, innerhalb derer Raum geschaffen wird. Dieser Raum zwischen Symbol und Symbolisiertem, der eben durch das Subjekt vermittelt und interpretiert wird, ist der Raum, in dem Kreativität möglich wird, in dem wir als menschliches Wesen lebendig sind und selbstfürsorglich miteinander umgehen können.

Was ist aber dann, wenn diese Funktion der Triangulierung nicht verfügbar ist? Es entstehen viele psychopathologische Symptome, die uns aus der Klinik wohlbekannt sind. Eine spezifische Form des Scheiterns dieser Funktion ist es, wenn sich Realität und Phantasie vermischen. Die Dialektik von Realitätspol und Phantasiepol ist nicht mehr in einem ausgewogenen, dynamischen Zusammenspiel, sondern zu Gunsten des Phantasiepols gekippt, der Realitätspol ist zusammengebrochen. (Realität meint hier alles, was nicht durch Phantasietätigkeit veränderbar ist, außerhalb der phantasierten Omnipotenz liegt). Die psychische Innenwelt schrumpft nun auf eine eindimensionale Welt zusammen. Das Ich kerkert sich ein. Eine Halluzination tönt nicht nur *wie* ein Stimme, es *ist* eine verhöhnende Stimme. Der Partner benimmt sich nicht nur kühl, er *ist* Eis. Die Therapeutin ist nicht wie die Mutter, sie *ist* die verletzende Mutter. Hier steht das eine für das andere, die Dinge sind, was sie sind. Die Symbole werden konkretistisch gebraucht.


## 1.2 Ein Beispiel


In einer bestimmten Phase der Therapie wollte eine andere Patientin unbedingt auf dem Boden des Therapiezimmers im Schneidersitz sitzen und nicht wie gewöhnlich auf dem Stuhl. Ich (C.O.) überlegte mir, was die Patientin mit diesem Wunsch ausdrücken möchte und was das für ihre inneren Beziehungsphantasien heißt. Ich unterstützte sie deshalb zunächst nicht in ihrer Handlung (auf dem Boden sitzen), sondern fragte, ob wir nicht zusammen verstehen wollten, warum dieser Wunsch gerade jetzt auftauche. Da wurde die Patientin sehr wütend. Sie redete sich in große Aufregung und Empörung. Sie meinte, ich schränke sie in ihrer Bewegungsfreiheit ein, anderen Patienten würde ich das sicherlich erlauben, ich würde ja nur herummeckern und nichts von ihr gelten lassen. So könne sie auf keinen Fall weiter mit mir zusammenarbeiten. Sie stand auf und ging hinaus.

Hier war es nicht mehr möglich, über das Erlebte gemeinsam nachzudenken, d.h. Symbole zu gebrauchen. In diesem Moment waren für die Patientin Gefühle und Gestimmtheiten wie *Tatsachen*, nach denen sie handeln mußte, *nicht* emotionale Reaktionen, die man verstehen könnte. Es gab *keinen* Raum zwischen dem Symbolisierten (dem Wunsch auf dem Boden zu sitzen) und dem Symbol (die emotional gefärbte Repräsentanz der Therapeutin in der Patientin). In diesem Moment erhielt die Übertragung einen tödlichen Ernst, eine sehr beengende Qualität. Später berichtete mir die Patientin, sie habe nicht anders gekonnt, als wegzulaufen, es sei ihr immer enger geworden, sie habe sich wie in einer Folterkammer gefühlt und sich in eine Situation zurückversetzt gefühlt, die sie immer wieder mit ihrer Mutter erlebt hatte. Der eigenen Erfahrung eine Bedeutung zu geben, ist nur möglich, wenn eine Sache *für* eine andere steht, *ohne* diese andere zu sein. Darin besteht das Erreichen der Fähigkeit der eigentlichen Symbolbildung. Sie befreit aus der Enge der Dinge an sich, des Konkreten und gibt den Übergang frei zum Spiel, zur Kreativität und zu Selbstfürsorge.

## 2. Fürsorge und Zerstörung in der Kunst- und Ausdruckstherapie[1]

Künstlerisches Gestalten spielt sich im Spannungsfeld von Phantasie und Realität, von Innenwelt und Außenwelt ab. Ich (B.B.W.) werde im folgenden dieses Spannungsfeld näher beleuchten und danach seine Möglichkeiten für die Kunst- und Ausdruckstherapie im allgemeinen und für den Umgang mit fürsorglichen und zerstörerischen Impulsen im speziellen aufzeigen.

### 2.1. Imagination und künstlerisches Schaffen

Imagination zeigt sich im menschlichen Leben in unterschiedlicher Weise. Das untenstehende Kontinuum vom TRaum über den TagTRaum und den KunsTRaum zum AlltagsRaum – zeigt die verschiedenen Bewußtseinsräume, in denen Imagination wirkt.

TRaumTagTRaum**KunsTRaum**AlltagsRaum

---

[1] Kunst- und Ausdruckstherapie ist eine kunsttherapeutische Richtung, bei der verschiedene künstlerische Disziplinen wie bildnerisches Gestalten, Poesie, Musik, Tanz und szenisches Spiel eingesetzt werden. Das Umgiessen von einer Kunstform in eine andere dient der Vertiefung und Verdeutlichung des sich in einer ersten Gestaltung Andeutenden. Die Suche nach der Bedeutung eines Werks basiert auf einer phänomenologischen Grundhaltung. Die Kunst- und Ausdruckstherapie gründet auf den Traditionen der Künste, welche schon immer für Seelenpflege (Psychohygiene, Prävention) und Heilung eingesetzt wurden, und lehnt sich an das tiefenpsychologisch-daseinsanalytische Welt- und Menschenbild an. Begründet und geprägt wurde diese Methode durch Paolo Knill (1979), Shaun McNiff (1992) und andere an der Lesley College Graduate School in Cambridge, MA, USA, und am ISIS, Institut für selbständige interdisziplinäre Studiengänge, Zürich, Schweiz.

Die beiden Pole sind der TRaum und der AlltagsRaum: Im Traum kann sich die Imagination frei entfalten, sie entzieht sich unserer Kontrolle und „besetzt" den ganzen Raum; im Alltagsraum bleibt der Imagination nur wenig Raum, weil er von der Realität dominiert wird. Im TagTRaum ist die Imagination sehr aktiv. Sie bewegt sich, wie im Traum, nur in der Vorstellungswelt, ist aber durch unser Wachbewußtsein beeinflußbar. Im KunsTRaum ist Raum sowohl für Imagination (Traum) wie auch für Realität vorhanden: Innere Bilder treffen auf konkretes Material, wirken darauf ein, manifestieren sich, und gleichzeitig wirkt das entstehende Werk auf sie zurück. Imagination im Kunstraum ist in einer ständigen Begegnung mit der Realität von Material und Technik.

Kunst- und Ausdruckstherapie spielt sich hauptsächlich im *KunsTRaum* ab. Patientinnen setzen sich mit verschiedenen künstlerischen Materialien und Techniken auseinander: Sie bearbeiten Ton; sie schreiben ein Gedicht; sie wirken mit Farbe und Pinsel auf ein Blatt Papier ein. Sie haben im Material ein konkret faß- und formbares Gegenüber und in der künstlerischen Technik den Rahmen, innerhalb dessen sie sich ausdrücken können. Beim Gestalten begegnet ihre innere Welt der Bilder, Phantasien und Gefühle der Welt der Kunstdisziplin – Imagination trifft auf die Gesetzmäßigkeiten von Material und Technik, Phantasie auf die Realität des Handelns und Formens. Und wie in jeder Begegnung be-wirken sich beide Seiten gegenseitig: Die Patientin beginnt, aus einem inneren Bild oder Gefühl heraus zu gestalten; die entstehende Form, das werdende Werk wiederum wirkt auf die Patientin und ihr inneres Bild zurück, so daß ein ständiger Dialog zwischen ihrem Inneren und dem im Außen Geschaffenen entsteht. Wenn sie sich auf eine solche Begegnung einläßt, bleibt sie nicht bei der Illustration des Gefühls stehen, sondern läßt dessen Wandlung zu. Gleichzeitig öffnet sie sich für Unerwartetes, Ungeplantes – für die oft so treffenden Überraschungen.

Jedes Werk hat einen Ausdruck und eine Wirkung: Es erschreckt, erfreut, erschüttert. Ein gestalterischer Prozeß schafft ein (neues) Erlebnis. Ein aus der Imagination geschaffenes Werk hat neben seiner dinglichen Realität eine *Wirkungsrealität:* Die Patientin erlebt reale Gefühle bei der Entstehung oder Betrachtung desselben, ohne daß sie die Gefühle auch in der dinglichen Realität umsetzt (Knill 1995). Sie kann in der Gestaltung z.B. eine Figur umbringen, die ihre Mutter repräsentiert, und die damit verbundenen Gefühle erleben, ohne daß sie ihre Mutter real verletzt.


## 2.2 Das Begegnungsdreieck in der Kunst- und Ausdruckstherapie

Die künstlerische Gestaltung macht Innenwelt sichtbar und mit anderen Menschen teilbar. Im therapeutischen Rahmen der Kunst- und Ausdruckstherapie wirkt nicht nur die Begegnung zwischen Patientin und Werk, sondern auch diejenige zwischen Patientin und Therapeutin. Eigentlich ist ein Begegnungsdreieck wirksam: Patientin – Werk; Patientin – Therapeutin; Therapeutin – Werk.

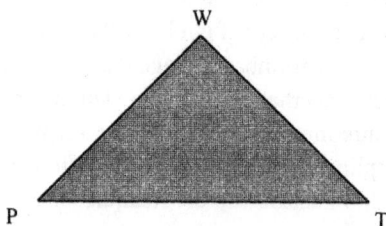

Die Patientin bringt sich an oder mit dem Material zum Ausdruck. Ihr Gegenüber, das Werk, ist dinglich, läßt sich formen – *muß* geformt werden, um ein Werk zu werden. Die Patientin kann unterschiedliche Gefühle gegenüber dem Werk erleben.

In der Beziehung zwischen Patientin und Therapeutin bilden das Werk und dessen Entstehung eine Erlebnisgrundlage. Beide erleben, von unterschiedlicher Warte aus, den Entstehungsprozeß mit, beide haben am Schluß dasselbe Werk vor sich, beide werden davon be-wirkt. Die Anwesenheit des Werks prägt die Begegnung zwischen Patientin und Therapeutin. Die Patientin kann sich z.B. die Therapeutin als „neutrale" Begleitperson bewahren, während sie sich auf heftige Gefühle gegenüber dem Werk einläßt. Die Therapeutin ihrerseits kann auch werkbezogen intervenieren und nicht nur bezüglich der Person und ihrer Probleme. Die Kunst- und Ausdruckstherapie bietet also neben der Beziehung zwischen Patientin und Therapeutin Material bzw. eine künstlerische Handlung als Aktionsfeld an, was eine Art „begleitetes Erleben" ermöglicht.

## 2.3 Fürsorge und Zerstörung in der Kunst- und Ausdruckstherapie

Damit möchte ich den Bogen spannen zum Thema der Selbstfürsorge und Selbstzerstörung in der Kunst- und Ausdruckstherapie. Der therapeutische Rahmen – Präsenz und Interventionen der Therapeutin, Material, Zeit, Raum und Gruppe – soll es der Patientin ermöglichen, ihr kreatives Handeln in einem für sie hilfreichen Sinne zu nutzen. Er zielt darauf hin, im Spannungsfeld von Selbstfürsorge und Selbstzerstörung ersteren Aspekt zu stärken bzw. für destruktive Impulse geeignete Gefäße zu schaffen.

Gestalterisches Schaffen bewegt sich im Spannungsfeld zwischen Zerstörung und Neuschaffung. Zerstörung ist immanenter Teil jeglicher Kreativität – immer werden alte Formen zerstört, wenn neue entstehen. Z.B. geht das Weiß des Papiers verloren, sobald Farbe aufgetragen wird. Zerstörung findet also immer statt, wenn eine alte Form zugunsten einer neuen aufgegeben wird. Vielleicht müßte man im Zusammenhang mit den Künsten eher von destrukturierenden als von destruktiven Handlungen sprechen (vgl. Knill 1995).

Zerstörung – ein aggressiver Akt – ermöglicht Veränderung und muß daher nicht zwingend negativ sein. Ob eine Handlung oder eine Darstellung in der Kunst- und Ausdruckstherapie ein Akt der Selbstfürsorge oder ein Akt der Selbstzerstörung ist, hat mit deren Wirkungsrealität zu tun: Es kommt weniger darauf an, *was* die Patientin macht, als vielmehr *wie* sie es tut, was sie dabei erlebt und was es für sie bedeutet. Das gemalte Bild eines traumatischen Erlebnisses zu zerreißen kann ein wichtiger Akt der Selbstfürsorge sein.

Kunstformen können ein adäquates Gefäß anbieten, innerhalb dessen Destruktives ausgedrückt und in seiner Wirkungsrealität erlebt werden kann, ohne daß es in buchstäbliche Realität umgesetzt werden muß. Eine ästhetische Darstellung findet ein Ende, Voll-Endung in der stimmigen Form. Diese Begrenzung ermöglicht oft erst die Auseinandersetzung mit Themen, die in ihrer Heftigkeit die Patientin innerlich zu überfluten drohen. Zerstörung bildlich dargestellt ermöglicht meist ein Distanzieren des Erleben, wohingegen die destruktive Handlung am Werk (oder im szenischen Spiel verkörpert) unmittelbareres Erleben bewirkt.

Werden zerstörerische Kräfte bildlich dargestellt, so werden sie damit in eine Form eingebunden, sowie nach außen und in ein Gegenüber gebracht. Ein Beispiel: Eine Patientin malte ein aggressives, schwer bewaffnetes Monster, halb Mensch halb Tier. War sie zu Beginn beim Malen noch sehr angespannt, fügte sie mit der Zeit fast genüßlich möglichst grausame Details hinzu und ließ das Monster eine sie bedrängende innere Stimme, welche sie als menschliche Figur gezeichnet hatte, in seinen Krallen zerquetschen.

Zerstörerische Impulse können in der Kunst- und Ausdruckstherapie auch in der Handlung erlebt werden, z.B. indem ein geschaffenes Werk zerstört wird. Dabei gibt es unterschiedlich kontrollierte Handlungen: Ein Patient schlug mit einem einzigen, kurzen, unerwarteten Faustschlag seine Tonskulptur in Brüche – aus Enttäuschung über sich und das Werk. Eine Patientin übermalte ein Bild zuerst schwarz und zerknüllte und zerriß es danach. Ihre anfängliche Wut mischte sich mit Trauer um verpaßte Möglichkeiten, und die Schnipsel bekamen plötzlich eine neue Bedeutung. Eine weitere Patientin wollte schon gar nichts Bleibendes schaffen und zog es vor, im Sandkasten Mandalas zu zeichnen, welche sie immer wieder verwischen konnte.

Auch wenn ein Werk in der Kunst- und Ausdruckstherapie zerstört werden kann, so bleiben doch meist die Trümmer und damit wieder die Frage, was nun damit geschehen soll, wie sie entsorgt werden bzw. ob aus ihnen wieder etwas neues wächst. Das Material löst sich in der Regel nicht einfach auf und fordert die Gestalterin heraus, dranzubleiben. Eine Patientin z.B. verarbeitete eine bei einem Wutanfall in Brüche gegangene Glasscheibe zu einem neuen Kunstwerk. Sich mit den Scherben auf der konkreten Ebene zu befassen und etwas Neues daraus zu formen half ihr, das Erlebte auch innerpsychisch zu verarbeiten. Es war ihr dabei ein Anliegen, daß die Skulptur mit Spitzen und scharfen Kanten ein erhebliches Verletzungspotential behielt. Ein Patient warf alle seine in der PTK-Zeit geschaffenen Werke in den Mülleimer – an diese schwierige Zeit wollte er nicht mehr erinnert werden.

Die Menschen, mit denen wir in der Psychotherapeutischen Tagesklinik zu tun haben, leiden oft unter heftigsten destruktiven Phantasien und können ihre Impulse nur schwer kontrollieren. Viele neigen zu selbstverletzendem Verhalten, um sich von den inneren Spannungszuständen zu entlasten oder auch, um sich wieder zu spüren. Da kann die Kunst- und Ausdruckstherapie ein Ort sein, an dem aggressive Gefühle einen Ausdruck finden können, ohne daß sie gerade als vernichtende Kraft gegen sich selber oder gegen die Therapeutin gerichtet werden müssen. So hat eine Patientin z.B. jeweils gehämmert und verschiedene stachelig-spitze Wesen geschaffen, wenn sie den Impuls verspürte, sich selbst zu schneiden. Wir werden im dritten Teil dieses Artikels dazu eine Fallvignette präsentieren.

Ob bei der Darstellung aggressiver Impulse, beim effektiven Zerstören eines Werks oder bei der Frage der Weiterverarbeitung von Zerstörtem – das kunsttherapeutische Beziehungsdreieck kommt auch hier zum Tragen. Gemeinsam gilt es herauszufinden, was der Patientin und ihrem Entwicklungsprozeß dienlich sind, was das Werk braucht und wie destruktive Impulse in selbstfürsorgliche Weise genutzt werden können.

## 3. Das Zusammenwirken von Kunsttherapie und Psychotherapie

Ziel unserer therapeutischen Arbeit ist es, einen Spielraum, einen Möglichkeitsraum oder auch einen kreativen Raum, eine trianguläre Beziehungsstruktur aufzuspannen und die Patientinnen beim „Aufspannen" dieses Raumes zu unterstützen. Im ambulanten Setting gibt es gewöhnlich wenig oder kaum Austausch zwischen verschiedenen Behandlergruppen. Gerade dies ist der Vorteil eines interdisziplinären therapeutischen Teams. Wir wollen zeigen, wie dieser Austausch nutzbar gemacht werden kann.

## 3.1 Fallvignette

Frau B. hat in ihrer Biographie erfahren, daß sie sich auf andere nicht verlassen kann. Entweder wurde sie mißbraucht, ausgenutzt oder als Schutzschild in den Kämpfen der Eltern benutzt; sie sorgte für eine jüngere Schwester, weil die Mutter trank; der Vater prügelte seine Frau; in der Schule war Frau B. wegen ihrer Renitenz eine Außenseiterin, sie wurde zu einer Pflegefamilie gebracht, auch dort erfuhr sie ähnliches. Einziger Lichtblick war eine gute Beziehung zur Großmutter.

Aus dieser kurzen Skizze wird ersichtlich, daß Frau B. keine haltenden und stützenden inneren Selbst- und Objektbilder aufbauen konnte. Die Bindungsfähigkeit war beeinträchtigt, Spaltungsmechanismen und Fragmentierungen schwächten ihre Ich-Funktionen, es kam zu vielfältigen und wechselnden Störungsbildern. Neben der Eßstörung, die von Hungerphasen, aber auch von Freßanfällen geprägt war, litt sie unter starken Stimmungsschwankungen, die von „überdreht lustig" bis „tief traurig" reichten, sie hatte lange Schlafattacken, dann wieder Einschlafstörungen, sie klagte über unklares Denken und Verwirrungen, manchmal auch über Zustände, in denen sie wie neben sich stand und keine Gefühle mehr empfand. Sie litt darunter, ihre Impulse nicht steuern zu können, sie schlug den Kopf gegen die Wand oder schnitt sich mit Glasscherben in die Beine. Manchmal schluckte sie alle ihr erreichbaren Medikamente, nur um endlich Ruhe zu haben. Dabei war Frau B. eine sehr ansprechende, kontaktfreudige, wache, humorvolle und interessierte Person. Diese Seiten ihrer Person halfen ihr über vieles hinweg und sicherten ihr trotz allem die Sympathie anderer Menschen.

Frau B. suchte erstmals ambulante therapeutische Hilfe auf, als sie eine Beziehung zu einem Mann einging und immer mehr mit ihren widerstreitenden Gefühlen in Schwierigkeiten geriet. Die Therapie dauerte mehrere Jahre, bis zum Eintritt in unsere Tagesklinik. Frau B. wurde in dieser Zeit auch stationär wegen akuter Suizidalität behandelt; das ambulante Arbeitsbündnis wurde arg beansprucht. Die Therapeutin „überlebte" aber die Angriffe und ermöglichte der Patientin neue Erfahrungen zu sammeln und langsam zuverlässige Objektbilder in sich zu verankern.

Als Frau B. in unsere Tagesklinik kam, war sie von der Entwicklung ihrer Objektbeziehungen her in einer Übergangsphase zwischen paranoidschizoider und depressiver Position. Wie Steiner (1998) dies anschaulich beschreibt, wechselte sie zwischen diesen Positionen hin und her und benutzte die paranoid-schizoide Position als „Rückzug", wenn ihr die eigenen ambivalenten Gefühle Angst machten. Sie wagte sich dennoch vermehrt in eine depressive Position, in der sie sich besser als getrennt erlebte und sich Gefühlen von Trauer und Verlust näherte. Frau B. hatte schon einige gute Objekte verinnerlicht und konnte sich immer mehr Ambivalenzen aussetzen. Dennoch traten weiterhin deutliche Spaltungsmechanismen auf. Die Spaltung diente jetzt hauptsächlich dazu, das gute Objekt vor eigenen aggressiven Angriffen, destruktiven Phantasien und gieriger Vereinnahmung zu schützen.

In dieser Phase der Behandlung bestand der Schwerpunkt in der Bearbeitung dieser destruktiven Phantasien, die von der Patientin abgespalten werden mußten, um die guten Objekte (das hilfreiche Milieu der Tagesklinik) zu schützen. Wir gingen davon aus, daß es sich gerade hier als besonders hilfreich erweisen könnte, daß sich nicht der ganze therapeutische Prozeß allein auf die Einzeltherapie konzentrierte, sondern daß Frau B. einen anderen Raum hatte, die Kunsttherapie, um sich mit ihren eigenen destruktiven Phantasien zu beschäftigen. Die Schaffung von Symbolen (hier die Schaffung von Werken in der Kunsttherapie) ermöglichte die Verschiebung der Aggression vom ursprünglichen Objekt und verringerte auf diese Weise die Schuldgefühle und die Angst vor Verlust, mit dem Ziel, das gute Objekt zu schützen. In dieser Phase war es der Patientin nicht möglich, in der Einzeltherapie ihre destruktiven Phantasien in die Beziehung einzubringen, das wäre zu bedrohlich geworden. In der Kunsttherapie war sie damit aber ununterbrochen beschäftigt. Weil sich die Kunsttherapeutin und die Einzeltherapeutin im Rahmen des therapeutischen Teams über die Patientin aussprachen und Frau B. auch immer genau wußte, daß wir uns austauschen, brachten zunächst *wir* Erfahrungsbereiche zusammen, die die Patientin noch strikt trennen mußte: mit unserem Sprechen und unserem Nachdenken erschufen wir einen triangulären Raum.

Frau B. litt immer wieder unter dem Versagen der psychischen Funktion, einen triangulären Raum aufzuspannen. Der Zusammenbruch erfolgte meist dann, wenn zu starke Ängste auftraten, z.B. als sich die Behandlung dem Ende näherte. Wir wußten, daß ihr die Trennung von der PTK sehr schwer fallen würde. Ihr innerster Beziehungswunsch ließe sich etwa so formulieren: „Ich möchte mich nie mehr trennen, ich sehne mich so sehr nach einem guten Menschen, dann werde ich selber auch gut und wäre von meinen bösen, destruktiven Seiten geheilt. Ich möchte ein kleines Küken sein, daß unter die warmen Federn der Henne schlüpfen kann und nie mehr fort muß." Trennungssituationen lösten bei der Patientin sehr starke Ängste aus. Sie hatte die innere Überzeugung, die sich aus ihrer traumatischen Biographie ergab, daß Trennungen immer mit „kaputt gehen" und damit mit Destruktion verbunden sind und das gute Objekt vernichtet wird.

Wir machten uns um die Patientin Sorgen, weil sie über diese Erfahrungen nicht sprechen und sie auch in der Einzeltherapie nicht in Worte fassen konnte. Es war nicht möglich, mit ihr Symbole für die destruktiven Phantasien zu finden. Der trianguläre Raum war in der Einzeltherapie dann kollabiert und auf eine duale Beziehungsform reduziert. Wie schon ausgeführt hat in einer dualen Beziehungsform die Destruktion so großes Gewicht, weil es um Sein oder Nicht-Sein geht. Die Patientin hatte in der Einzeltherapie nicht die Möglichkeit zu sprechen, weil sie befürchtete, die Therapeutin zu zerstören. Sie wollte die gute Beziehung zu ihr nicht aufs Spiel setzen. Die Patientin zeigte in dieser Phase viele unspezifische, aber unübersehbare Symptome: sie fühlte sich schlapp, war freudlos und deprimiert, sie war gereizt und hatte passive Sterbewünsche. Mit der Einzeltherapeutin über die bevorstehende Trennung zu sprechen gelang nicht.

### 3.2 Die Zusammenarbeit

In der Kunsttherapie war die Patientin hingegen äußerst aktiv. Sie machte eine Hand aus Gips, die sie mit einem Messer durchstieß und blutrot bemalte (Abb. 1). Sie zerstückelte eine weibliche Tonfigur; einer anderen kleinen Tonfigur, die Teil einer „heile Welt"-Gestaltung war, brach der Kopf ab (Abb. 2). Die Patientin drückte ihre Phantasien bildhaft in konkreten Symbolen aus. Die Therapeutin half ihr, die destruktiven Phantasien zu halten und in eine passende Form zu bringen. Zeitweise übernahm sie die fürsorgliche Funktion, indem sie sich für die Werke einsetzte: Diese erforderten sorgfältige Handhabung und gute technische Lösungen. Sie besprach mit der

Patientin den Unfall der Tonfigur, der der Kopf abgebrochen war, und unterstützte sie in ihrem Bemühen, nicht aufzugeben. Wir waren beruhigt, daß die Patientin in der Kunsttherapie ihre Kreativität erhalten und etwas von ihrem inneren Erleben zum Ausdruck bringen konnte.

In den letzten Einzelstunden vor Austritt begann die Patientin der Therapeutin Briefe vorzulesen, die sie in Trennungsmomenten, am Abend und am Wochenende, geschrieben hatte und in denen die ganze Enttäuschung, Wut und heftigster Zorn über das Verlassenwerden zum Ausdruck kamen. Mit dem Schreiben der Briefe war es ihr möglich, auch in der Einzeltherapie wieder etwas „Drittes" einzuführen, ein wenig den triangulären Raum zu öffnen und über diese Mittel zu kommunizieren.

Zur gleichen Zeit suchte die Patientin in der Kunsttherapie nach Gestaltungsformen, die im Bereich *zwischen* den Extremen von totaler Zerstörung und heiler Welt lagen: Eine schwer kranke Patientin entstand, die nicht ganz, sondern nur teilweise zerstört war, dafür umsorgt und gepflegt wurde (Abb. 3). Diese Figur „starb" nach einer Meinungsverschiedenheit mit der Einzeltherapeutin. Über mehrere Tage befaßten sich Patientin und Kunsttherapeutin dann mit der Frage, was mit dieser Ton-Leiche geschehen sollte. Es war neu für die Patientin, nicht einfach impulsiv zur nächstbesten Lösung zu greifen und damit die innere Spannung sofort zu entschärfen, sondern diese ungewisse Situation auszuhalten, bis sie eine passende Handlung gefunden hatte – eine Art symbolisches Begräbnis. Die Patientin suchte anschließend nach einer neuen Form eines „Mittelwegs" zwischen „schlecht" und „gut" und fand zu einem Bild, bei dem leuchtende Farben dank ihrer eigenen Handabdrücke durch einen grauen Schleier durchscheinen konnten (Abb.4).

Abbildung 1

Abbildung 2

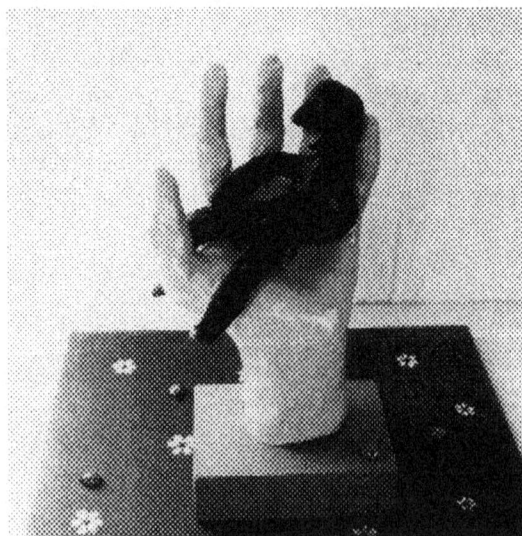

Abbildung 3

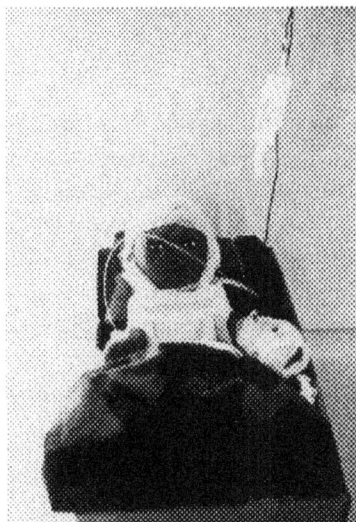

Abbildung 4

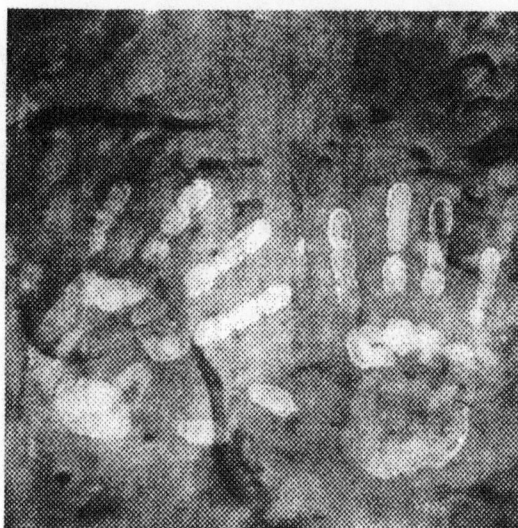

## 4. Schluß

Das Wichtigste dieser Behandlung war, daß beide Therapeutinnen immer wieder zusammen gesprochen haben und ihre eigenen Gefühle, Wahrnehmungen, Empfindungen, die oft sehr heftig waren, zum Ausdruck bringen konnten. Nicht so sehr das Inhaltliche war von Bedeutung, sondern daß mit diesen Gesprächen und dem gemeinsamen Austausch ein neuer triangulärer Raum aufspannt werden konnte. Mit den Gesprächen, die wir über die Patientin geführt hatten und von denen die Patientin wußte, stellten wir einen Übergangsraum her, den wir der Patientin zur Verfügung stellen konnten und den sie im Laufe der therapeutischen Arbeit verinnerlichen und unabhängig von uns nutzen konnte.

## Literatur

Knill PJ, Barba Nienhaus H & Fuchs MN (1993) Minstrels of Soul – Intermodal Expressive Therapy. Toronto: Palmerston Press

Knill PJ (1979) Ausdruckstherapie – Künstlerischer Ausdruck in Therapie und Erziehung als intermediale Methode. Lilienthal, Bremen: Eres Verlag

Küchenhoff J (1998) Teilstationäre Psychotherapie. Stuttgart: Schattauer

McNiff S (1992) Art as Medecine – Creating a Therapy of the Imagination. Boston, London: Shambala

Ogden TH (1997) Über den potentiellen Raum. In: Forum der Psychoanalyse. 13. 1-18

Segal H (1995) Bemerkungen zur Symbolbildung. In: Bott Spillius (Hrsg). Melanie Klein Heute. Band 1. Stuttgart: Verlag Internationale Psychoanalyse 2. Aufl.

Steiner J (1998) Die paranoid-schizoide und die depressive Position. In: Orte des seelischen Rückzugs. Pathologische Organisationen bei psychotischen, neurotischen und Borderline-Patienten. Stuttgart: Klett-Cotta, 49 -68

Trimborn W (1994) Analytiker und Rahmen als Garant des therapeutischen Prozesses. In. Psychotherapeut, 39: 94-103

Winnicott DW (1995) Übergangsobjekte und Übergangsphänomene. In: Vom Spiel zur Kreativität. Stuttgart: Klett-Cotta 8. Aufl.

# Zum therapeutischen Umgang mit Selbstzerstörung und Selbstfürsorge

Udo Rauchfleisch

## Einleitung

Wir befinden uns in einer eigentlich paradoxen Situation, indem wir in unserer Welt einerseits eine Fülle von selbstzerstörerischem Verhalten wahrnehmen, angefangen von der Zerstörung unserer Umwelt mit den katastrophalen Folgen, über gesellschaftliche Verhältnisse, die sich zerstörerisch auf uns auswirken, bis hin zu den vielfältigen Manifestationen der Selbstdestruktion in der psychischen Erkrankung. Andererseits aber gehen wir wie selbstverständlich davon aus, daß es beim Menschen auch eine tief in ihm verwurzelte Tendenz zur Selbstfürsorge gebe. Gerade im Umgang mit Menschen, die unter schweren psychischen Erkrankungen leiden, erleben wir in der Therapie aus nächster Nähe das Ringen dieser beiden Kräfte, und leicht drängt sich dabei der Eindruck auf, es handle sich um ein triebhaftes Geschehen, wie Freud es (1920, 1930) als Kampf zwischen Selbsterhaltungs- und Selbstzerstörungstrieben, zwischen Eros und Thanatos, beschrieben hat, wobei oft genug das zerstörerische Moment die Oberhand behält.

Ich möchte an dieser Stelle nicht ausführlich auf die theoretisch interessante, innerhalb der Psychoanalyse kontrovers diskutierte Frage eingehen, ob es sich bei der Aggression um einen primär zerstörerischen Trieb handelt (wie Freud, 1920, ihn mit dem Todestriebkonzept postulierte), oder ob wir mit Winnicott (1976), Greenacre (1960), Spitz (1974), Parens (1979, 1989) und anderen annehmen müssen, daß es im Aggressionstrieb von Beginn an zwei Aspekte gibt, die miteinander koexistieren: einen *konstruktiven*, der sich in Neugier, Exploration, Wahrnehmung, Selbstabgrenzung und Selbstbewahrung äußert, und einen *destruktiven*, der sich in zerstörerischer Weise gegen andere Menschen und/oder gegen die eigene Person richtet.

Die Befunde der modernen Säuglingsforschung (Lichtenberg, 1989; Stechler, 1987) scheinen eher darauf hinzuweisen, daß es an der Zeit ist, überhaupt Abschied zu nehmen von der Triebtheorie der Aggression und davon auszugehen, daß wir es mit zwei voneinander *unabhängigen Motivationssystemen* zu tun haben: einerseits mit einem *selbstbehauptenden* (assertiven) System, das sich etwa in Neugier und in den explorativen Aktivitäten des Säuglings äußert, und andererseits mit einem *aversiven* (Lichtenberg) oder *aggressiven* (Stechler) System, einer reaktiven Form destruktiver Aggression als Antwort auf eine tatsächliche oder vermeintliche Bedrohung.

Unabhängig von dieser theoretischen Diskussion stellt sich uns im therapeutischen Umgang mit Patientinnen und Patienten die Frage, welche Dynamik hinter den direkten oder indirekten selbstzerstörerischen Manifestationen steht und wie wir in der Behandlung mit ihnen umgehen können. Das bedeutet zugleich auch: wie wir die Kräfte der Selbstfürsorge fördern können. Dabei gehe ich davon aus, daß wir zwar von *Selbst*zerstörung sprechen, daß sich diese aber stets in einem *interaktionellen Feld* abspielt, das heißt sich zwar gegen die eigene Person wendet, dabei aber immer auch auf signifikante Bezugspersonen gerichtet ist. Daraus folgt, daß wir auch im psychotherapeutischen Prozeß Selbstfürsorge und Selbstzerstörung nicht allein als Merkmale der Patienten ansehen dürfen, sondern das entsprechende Verhalten auch aus der Interaktion zwischen Therapeuten und Patienten verstehen müssen.

Im folgenden soll der therapeutische Umgang mit Selbstzerstörung und Selbstfürsorge an drei Themenbereichen behandelt werden:

- anhand der negativen therapeutischen Reaktion,
- anhand von agierendem, selbstdestruktivem Verhalten im engeren Sinne und dem therapeutischen Umgang damit,
- an der Frage, wie das selbstfürsorgliche Verhalten gefördert und gestärkt werden kann.

Dabei gehe ich von der These aus, daß im selbstdestruktiven Verhalten immer auch der - wenn auch zum Teil extrem verzerrte, kaum noch von außen wahrnehmbare - Versuch der Selbstfürsorge liegt, und daß es in der Therapie gilt, diese Dimension zu entdecken und zu fördern.

## Negative therapeutische Reaktionen in der Psychotherapie

Das Phänomen der negativen therapeutischen Reaktion ist erstmals von Freud (1923) folgendermaßen beschrieben worden: „Es gibt Personen, die sich in der analytischen Arbeit ganz sonderbar benehmen. Wenn man ihnen Hoffnung gibt und ihnen Zufriedenheit mit dem Stand der Behandlung zeigt, scheinen sie unbefriedigt und verschlechtern regelmäßig ihr Befinden. (...) Jede Partiallösung, die eine Besserung oder zeitweiliges Aussetzen der Symptome zur Folge haben sollte und bei anderen auch hat, ruft bei ihnen eine momentane Verstärkung ihres Leidens hervor, sie verschlimmern sich, (...) anstatt sich zu bessern" (Freud, 1923:279). Es ist dies eine Reaktionsform, die wir in den Behandlungen von Menschen mit schweren Persönlichkeitsstörungen fast regelhaft finden (Rauchfleisch, 1996, 1999). Dahinter stehen nicht nur, wie Freud ursprünglich annahm, unbewußte Schuldgefühle mit dem daraus resultierenden unbewußten Strafbedürfnis, sondern vielfältige Ursachen.

Nicht selten äußert sich die negative therapeutische Reaktion in einem ausgesprochen selbstdestruktiven Verhalten. Oft geht es psychodynamisch dabei um einen massiven *Neid auf den Therapeuten*, der in der Behandlung für den Patienten zu einer wichtigen Person geworden ist, wobei der Patient nicht erträgt, daß diese Person ihm etwas zu geben vermag, was für ihn subjektiv von großer Bedeutung ist (M. Klein, 1957; Kernberg, 1979). Ferner kann es zu einer negativen therapeutischen Reaktion aufgrund massiver *Ängste vor dem Zerreißen des „symbiotischen Bandes"* kommen, das der Patient zwischen sich und dem ihm so wichtigen Therapeuten geknüpft hat und von dem er fürchtet, daß es abreißen werde, wenn er Fortschritte in der Therapie mache (Nacht & Racamier, 1960/61). Diese Dynamik spielt vor allem bei Patientinnen und Patienten eine Rolle, die unter Autonomieproblemen leiden. Auch *Grandiositätsvorstellungen* und das Ausagieren eines

229

pathologischen Größenselbst können Ursachen für negative therapeutische Reaktionen sein. In diesem Falle ertragen es Patientinnen und Patienten nicht, daß die Therapeutinnen und Therapeuten „mächtiger" sind als sie selbst, und sie versuchen ihnen durch eine Verschlechterung ihres Befindens und mitunter dramatische selbstdestruktive Aktionen zu „beweisen", daß die Therapeutinnen und Therapeuten letztlich machtlos sind. Besonders verhängnisvoll sind Situationen, in denen die Selbstdestruktivität mit narzißtischen Komponenten gekoppelt wird im Sinne eines *masochistischen Triumphs* und einer *Idealisierung der Selbstdestruktivität*.

Dies sind nur einige Funktionen, die die Selbstdestruktivität bei negativen therapeutischen Reaktionen für die Patientinnen und Patienten spielt. Letztlich geht es dabei immer um *verzweifelte Versuche des Selbstschutzes und der Selbstfürsorge*, indem die narzißtische Homöostase und die innerpsychische Balance gerettet werden sollen und die negative therapeutische Reaktion die Funktion hat, Schutz vor einer Dekompensation zu bieten.

Im therapeutischen Umgang mit solchen Phänomenen werden wir auf der einen Seite vor allem die Selbstdestruktivität deuten, die in solchen Reaktionen liegt, und auf der anderen Seite die mitunter bis zur Unkenntlichkeit verzerrten Versuche des Selbstschutzes und der Selbstfürsorge thematisieren und zu fördern versuchen. Dabei ist es nach meiner Erfahrung wichtig, daß wir als Therapeutinnen und Therapeuten diese hochambivalente Dynamik spüren und erkennen und darauf im Sinne des „fördernden Dialogs" (*Leber*, 1988) in einer konstruktiven, für den Patienten neuen Weise reagieren.

## Agierendes selbstdestruktives Verhalten im engeren Sinne

Zunächst erscheint es mir wichtig, sich darüber klar zu sein, daß auch das selbstdestruktive „Agieren", so lästig und zum Teil auch gefährlich es sein mag und auf etliche Therapeutinnen und Therapeuten eher abschreckend wirkt, ein Erhaltungsmechanismus im Sinne M. Mahlers (1972) ist, der den Patientinnen und Patienten in schwierigsten lebensgeschichtlichen Situationen als Überlebensstrategie gedient hat. Insofern scheint es mir angemessener und weniger negativ konnotierend, wenn wir bei einem derartigen Verhalten von einem „Inszenieren innerer Konflikte in der Aussenwelt"

(Rauchfleisch, 1999) sprechen, das vielfältige Schutz-, Ausdrucks- und Kompensationsfunktionen für den betreffenden Menschen erfüllt.

Oft stellt das agierende, selbstdestruktive Verhalten eine „Sonderform der Kommunikations- und Äußerungsweise" (Sandler et al., 1973; Becker & Lüdecke, 1978) dar und kann eine wichtige Informationsquelle für den Therapeuten sein. In dem in der äusseren Realität inszenierten Verhalten spiegelt sich etwas von dem erbitterten Kampf wider, der in den Patienten selber vor sich geht. Oft stellt das handlungsmäßige Inszenieren innerseelischer Konflikte in der Aussenwelt auch den Versuch dar, einer auf andere Art nicht zu bewältigenden Gefahr psychischer Desintegration zu begegnen. In einer solchen Situation unternimmt das Ich Anstrengungen, „um in der Aussenwelt Hilfe zu finden oder sie zu zwingen, ihm in seinem hoffnungslosen Kampf mit den Triebdrohungen beizustehen" (Jacobson, 1967). Den Menschen der Umgebung werden auf diese Weise Funktionen zugewiesen, welche die innere Struktur der Patienten entweder nicht übernehmen kann oder die diese Struktur soweit entlasten, daß ihre Integration gewährleistet bleibt (Rohde-Dachser, 1995).

Das impulsive Handeln hat oft auch die Funktion, den betreffenden Menschen zur Validierung seiner Projektionen zu dienen (Brodey, 1965), etwa indem er auf diese Weise Partner oder auch den Therapeuten dahingehend zu manipulieren versucht, daß diese tatsächlich die Rolle eines sadistischen Über-Ich-Anteils übernehmen. In diesem Falle „stimmt die Welt wieder" für den Patienten, dessen negative Identität ihn immer wieder in der Rolle des ohnmächtigen Opfers sehen möchte. Hinter agierendem, selbstdestruktivem Verhalten steht in vielen Fällen das Gefühl extremer Hilflosigkeit, das geradezu reflexhaft zu einer Art „Bewegungssturm", zu einer „Flucht nach vorne" in die Aktivität hinein führt. Man kann diese Dynamik als eine „Deckabwehr" im Sinne Greensons (1958) verstehen, wobei der zugrundeliegende Angstaffekt und das als vernichtend erlebte Gefühl der Ohnmacht und des Alleingelassenwerdens durch den Wutaffekt und die nach außen sich entladende Aggression überdeckt werden. Vielfach stellt das destruktive Handeln solcher Patienten auch eine Reinszenierung der als enttäuschend erlebten frühkindlichen Situation dar. Besonders kraß finden wir diese Situation bei Menschen mit schweren Selbstverletzungen, die an ihrem eigenen Körper die traumatischen Erfahrungen der Vergangenheit reinszenieren.

Bei all den negativen Aspekten selbstdestruktiven Verhaltens, wie ich sie bisher geschildert habe, ist jedoch zu bedenken, daß bei diesem agierenden Wiederholen stets auch die heimliche Hoffnung der Patienten mitschwingt, nun endlich doch den „idealen", empathisch ihre Bedürfnisse wahrnehmenden und sie erfüllenden Partner zu finden. Das Problem für diese Patientinnen und Patienten liegt dabei aber in der Tatsache, daß sie eben eine solche „ideale" Beziehung nicht positiv erleben können, sondern daß in ihnen dadurch heftigste Ambivalenzkonflikte ausgelöst werden. Insofern liegt im impulsiven Handeln einerseits eine geradezu zwanghafte Züge annehmende Wiederholung. Andererseits stellt das „prägenitale Agieren" aber auch den verzweifelten Versuch dar, selbständig zu werden und sich aus den alten Verstrickungen zu lösen, das heißt letztlich die eigene Autonomie zu retten (Grütter, 1968).

## Therapeutische Konsequenzen

Selbstdestruktives Verhalten stellt in der Therapie große Probleme, ergeben sich daraus doch mitunter ausgesprochen selbst- wie fremdgefährliche Aktionen, insbesondere wenn sich Agier- und Suizidtendenzen in unheilvoller Weise miteinander verbinden. Ein großes Problem sehe ich darin, daß durch ein derartiges Verhalten in den Behandelnden *negative Gegenübertragungsgefühle* ausgelöst werden. Fatalerweise greifen dann die unbewußten Manipulationstendenzen der Patientinnen und Patienten (z.B. resultierend aus ihrer negativen Selbstidentität und dem daraus folgenden Wunsch, sich immer wieder in der Rolle des Opfers zu erleben) und die ablehnenden Reaktionen der Therapeuten (die sich durch die Zurückweisung und die Schwierigkeiten seitens der Patienten narzißtisch gekränkt und ohnmächtig fühlen) wie Schloß und Schlüssel ineinander. Wollen wir das selbstdestruktive Verhaltensmuster unserer Patienten nicht weiter verfestigen, so gilt es, uns gerade vor einer solchen sadomasochistischen Übertragungs-Gegenübertragungs-Konstellation zu hüten. Dies ist sicherlich kein leicht zu erreichendes Ziel. Doch gelingt es nach meine Erfahrung am ehesten, wenn man die beiden folgenden Gesichtspunkte beachtet:

- Es hat sich für mich als hilfreich erwiesen, selbst die provokativsten Formen agierenden Verhaltens als ein „Inszenieren innerer Konflikte in der Außenwelt" aufzufassen. Unter Zuhilfenahme des von Lorenzer (1983) beschriebenen Modells des szenischen Verstehens versuche ich, die im Agieren liegende Botschaft zu entschlüsseln und darauf im Sinne des „fördernden Dialogs" (Leber, 1988) mit einer konstruktiven therapeutischen Antwort zu reagieren. Das Wichtige dabei ist, nicht auf das vordergründige Verhalten zu reagieren, sondern das unbewußte Anliegen der Patientinnen und Patienten in verbaler oder handelnder Form zu beantworten. Manches auch sehr destruktive Verhalten wird von den Patientinnen und Patienten wohl vor allem deshalb so repetitiv und provokativ eingesetzt, weil es uns noch nicht gelungen ist, die eigentlich darin liegende Botschaft zu entschlüsseln.

- Wenn die Situation einigermaßen geklärt ist, ist uns eigentlich erst damit die Möglichkeit gegeben, zu entscheiden, ob ein bestimmtes Verhalten wirklich im Letzten selbst- oder fremddestruktiv ist. Wenn tatsächlich eine manifeste Gefahr für die Patientinnen und Patienten selbst oder für Drittpersonen besteht, hat für mich der Schutz dieser Personen Vorrang vor allen anderen Maßnahmen. Ausserdem gilt es, den Therapieraum zu schützen.

Wichtig ist in all diesen Fällen das Setzen von Grenzen. Dabei bedeutet *Grenzsetzung* im Rahmen einer psychoanalytisch orientierten Psychotherapie für mich nicht, daß ich einschneidende Maßnahmen anordne und der Patient sich dabei in der ohnmächtigen Position des zu einem bestimmten Verhalten gezwungenen Opfers fühlt. Ein solches Vorgehen erscheint mir gerade bei den in ihrer Autonomieentwicklung gestörten Patienten kontraindiziert, weil es ihre ohnehin brüchige Autonomie noch weiter unterhöhlte und eine neue Verletzung dieser narzißtisch schwerstbeeinträchtigen Patienten bedeutete. Außerdem würden drastische „Strafmaßnahmen" die Gefahr einer sadomasochistischen Übertragungs-Gegenübertragungs-Konstellation massiv erhöhen und die negative Selbstidentität der Patienten noch verfestigen. Aus diesen Überlegungen resultiert für mich, Grenzset-

zungen *als strukturierende Maßnahmen* zu planen und durchzuführen, wobei ich besonderen Wert darauf lege, diesen Aspekt der Struktur und Orientierung den Patienten einsichtig und verstehbar zu machen. Akzeptanz läßt
sich nach meiner Erfahrung am ehesten erreichen, wenn die Patienten bei
der Formulierung der Grenzen und bei der Erarbeitung der einzusetzenden
Strukturierungsmaßnahmen direkt beteiligt sind. Sie übernehmen damit ein
Stück an Selbstverantwortung, und es besteht eine geringere Gefahr, daß es
zu negativen Übertragungsentwicklungen kommt. Dabei ist stets die aktuelle
Angst- und Spannungstoleranz der Patientinnen und Patienten zu beachten,
um sie mit den zu setzenden Grenzen nicht zu überfordern.

Ein wesentliches Moment in der Psychotherapie von Menschen mit schwerer Selbstdestruktivität ist für mich, den Patientinnen und Patienten durch
die *unerschütterliche therapeutische Haltung* zu zeigen, daß Abmachungen
Verbindlichkeit besitzen und wir alles in unserer Macht Stehende tun, um
den Fortgang der Therapie zu gewährleisten und der Destruktivität im Inneren des Patienten entgegenzutreten. Gerade heftige Konfrontationen in solchen Situationen stellen wichtige Erfahrung für die Patienten dar, da sie
durch unsere starke emotionale Beteiligung spüren, daß wir bereit sind, uns
mit großem Engagement auf sie einzulassen und mit ihren destruktiven Seiten zu ringen. Wir externalisieren und dualisieren damit den im Inneren der
Patienten tobenden Kampf zwischen Liebe und Haß, zwischen „guten" und
„bösen" Introjekten, und schlagen uns dezidiert auf die Seite der konstruktiven Kräfte. Grenzsetzung wird dann zu einem Ausdruck *unserer Sorge* um
die Patienten. Auf diese Weise werden selbst Grenzsetzungen, die die Patientinnen und Patienten als empfindliche Einschränkungen erleben, für sie zu
einer wichtigen konstruktiven Erfahrung.

# Entwicklung und Förderung von Selbstfürsorge

Ich gehe davon aus, daß destruktives Verhalten letztlich immer den verzweifelten und mitunter bis zur Unkenntlichkeit verzerrten Versuch der Patienten darstellt, sich vor unerträglich negativen Gefühlen und Impulsen zu schützen. Insofern kann man selbst das destruktive Verhalten als eine Form von Selbstfürsorge betrachten. Wir übernehmen als Therapeutinnen und Therapeuten bei diesen Patienten mitunter über längere Zeit durch Grenzsetzung und konsequente Deutung der Selbstdestruktion stellvertretend für die Patienten die Fürsorgefunktion, bis es ihnen schließlich gelingt, diese Funktion selber zu übernehmen. In diesem Prozeß wirken sich verschiedene Faktoren aus:

- Von nicht zu vernachlässigender Bedeutung ist die „korrektive emotionale Erfahrung", wie Franz Alexander (1930) sie beschrieben hat. Es ist der Beziehungsaspekt, der in der modernen Psychoanalyse zunehmend betont wird. Im Sinne der klassischen psychoanalytischen Theorie kann man sagen, daß durch die konsequente Deutung der Selbstdestruktivität, der Abwehr, des Widerstands und der negativen Übertragung die diesem Verhalten zugrundeliegende Dynamik bearbeitet wird und dadurch der Realitätsbezug sich verbessern läßt. Daraus resultiert eine Stärkung der adaptiven Ich-Funktionen. Durch eine solche Ich-Stärkung wird es dem Ich möglich, mehr und mehr neutralisierte Energie zur Bewältigung seiner Aufgaben einzusetzen. Im Sinne der Konzepte von Lichtenberg und Stechler kann man auch sagen, daß das selbstbehauptende, assertive Motivationssystem auf diese Weise gestärkt wird.
- Gemäß der kognitiven Lerntheorie (Bandura, 1979) erfolgt in diesem Prozeß ein Stückweit auch ein „Lernen am Modell". Allein durch die intensive, emotional engagierte Auseinandersetzung des Therapeuten mit dem Patienten und seinem Verhalten lernt der Patient eine andere Art des Umgehens mit sich kennen und verinnerlicht zunehmend diese Verhaltensstile.
- Im Sinne der Narzißmustheorie kann man auch davon sprechen, daß der Patient in der Therapie Wertschätzung und narzißtische Gratifikation um

seiner selbst willen erfährt, eine Form der Beziehung, die er bisher in seinem Leben niemals erlebt hat.

Aus diesen Prozessen ergibt sich, daß im Verlaufe der Psychotherapie Schritt um Schritt die alten „Notfallfunktionen" und die pathologischen, die Adaptation an die Realität störenden und die innerpsychische Integration beeinträchtigenden selbstzerstörerischen Mechanismen nach und nach ersetzt werden durch konstruktive Strategien, die sich als Selbstfürsorge manifestieren. In diesem *Transformationsprozeß* ist es nach meiner Erfahrung für die Gegenübertragung hilfreich, wenn wir uns als Therapeutinnen und Therapeuten stets der Tatsache bewußt sind, daß selbst das destruktivste Verhalten für die Patienten letztlich eine Schutzfunktion erfüllt. Obwohl wir mit den destruktiven Kräften der Patienten ringen müssen, geht es nicht um einen Kampf „gegen" diese Mechanismen, sondern um deren schrittweise Veränderung. Dabei ist es nach meiner Erfahrung sinnvoll, dies mitunter auch in einer verbalen Intervention auszudrücken, zum Beispiel daß das selbstdestruktive Verhalten bisher - vor allem in der Kindheit - eine hilfreiche Funktion erfüllt hat und bei aller Destruktivität einen positiven Kern besitzt, sich heute aber zugleich auch als negativ und selbstschädigend auswirkt. Auf diese Weise kann es zu einer Positivierung des Symptoms (Benedetti, 1987) kommen, wie wir sie gerade in der Psychotherapie von schweren psychischen Störungen sinnvollerweise einsetzen.

Wir legen somit in der Therapie langsam den positiven Kern frei und stärken die Kräfte der Selbstfürsorge, indem wir zugleich die Macht der selbstzerstörerischen Impulse verringern. Letzteres ist notwendig, da die destruktiven Impulse zum Teil auch die Funktion haben, die Kerne „guter" Beziehungserfahrungen und positiver Introjekte vor der Überflutung mit Haß zu schützen.

# Literatur

Alexander F(1930) The neurotic character. Int J Psycho-Anal 11, 292-311

Bandura A (1979) Sozial-kognitive Lerntheorie. Klett, Stuttgart

Becker H & Lüdecke H (1978) Erfahrungen mit der stationären Anwendung psychoanalytischer Therapie. Psyche 32, 1-20

Benedetti G (1987) Todeslandschaften der Seele. Vandenhoeck & Ruprecht, Göttingen

Brodey W (1965) On the dynamics of narcissism I. Externalization and early ego development. Psychoanal. Study Child 20, 165-193

Freud S (1920) Jenseits des Lustprinzips. G.W. XIII

Freud S (1923) Das Ich und das Es. G.W. XIII

Freud S (1930) Das Unbehagen in der Kultur. G.W. XIV

Greenacre P (1971) Considerations regarding the parent-infant relationship. 1960. In: Greenacre P: Emotional Growth. Vol. 1, 199-224. Internat Univ Press, New York

Greenson RR (1958) On screen defense, screen hunger, and screen identity. J Amer Psychoanal Ass 6, 242-262

Grütter E (1968) Zur Theorie des Agierens. Psyche 22, 582-603

Jacobson E (1967) Psychotischer Konflikt und Realität. Fischer, Frankfurt/M

Kernberg OF (1979) Borderline-Störungen und pathologischer Narzißmus. Suhrkamp, Frankfurt/M

Klein M (1957) Envy and Gratitude. Basic Books, New York

Leber A (1988) Zur Begründung des fördernden Dialogs in der psychoanalytischen Heilpädagogik. In: Iben G (Hrsg) Das Dialogische in der Heilpädagogik. 41-61. Matthias Grünewald, Mainz

Lichtenberg J (1989) Psychoanalysis and Motivation. The Analytic Press, Hillsdale & London

Lorenzer A (1983) Sprache, Lebenspraxis und szenisches Verstehen in der psychoanalytischen Therapie. Psyche 37, 97-115

Mahler MS (1972) Symbiose und Individuation. Bd. 1. Psychosen im frühen Kindesalter. Klett, Stuttgart

Nacht Signifikant & Racamier PC (1960/61) Die depressiven Zustände. Psyche 14, 651-677

Parens H (1979) The Development of Aggression in Early Childhood. Aronson, New York

Parens H (1989) Toward a Reformulation of the Psychoanalytic Theory of Aggression. In: Greenspan Signifikant & Pollock G (Hrsg) The Course of Life. Vol 2, 83-127. Internat Univ Press, New York

Rauchfleisch U (1996) Menschen in psychosozialer Not. Beratung, Betreuung, Psychotherapie. Vandenhoeck & Ruprecht, Göttingen

Rauchfleisch U (1999) Außenseiter der Gesellschaft. Psychodynamik und Möglichkeiten zur Psychotherapie Straffälliger. Vandenhoeck & Ruprecht, Göttingen

Rohde-Dachser C (1995) Das Borderline-Syndrom. 5. Aufl. Huber, Bern/Stuttgart/Wien

Sandler J, Dare C & Holder A (1973) Die Grundbegriffe der psychoanalytischen Therapie. Klett, Stuttgart

Spitz R (1974) Vom Säugling zum Kleinkind. Klett, Stuttgart

Stechler G (1987) Clinical implications of a psychoanalytic systems model of assertion and aggression. Psychoanal. Inquiry 7, 348-363

Winnicott D (1976) Die Beziehung zwischen Aggression und Gefühlsentwicklung. In: Winnicott D (Hrsg) Von der Kinderheilkunde zur Psychoanalyse. 89-109. Kindler, München

# Drogenkonsum als Form der Selbstfürsorge

Michael Fithal

Die Darstellung zu dem Thema wird in zwei Teilen erfolgen:
- Im ersten Teil wird dargestellt werden, daß die suchtkranken Menschen eine für die Gesellschaft wichtige Aufgabe im Sinne der Selbstfürsorge übernommen haben.
- Im zweiten Teil wird versucht aufzuzeigen, daß das Suchtverhalten und die Einnahme von Suchtstoffen Sinn macht und einen Akt der Selbstfürsorge für die Drogenabhängigen darstellt.

Aus wissenschaftlicher Sicht sei hier die Suchtdefinition der WHO angeführt. Diese beschreibt Sucht als:
- Den übermächtigen Wunsch nach Beschaffung des Suchtmittels
- Die Tendenz zur Dosissteigerung (also Toleranzentwicklung)
- Das Auftreten eines Entzugssyndroms bei Absetzen des Suchtmittels
    Diese Definition enthält nichts, was auf Ursachen der Suchtentstehung schließen lassen könnte.
    Charles Baudelaire, Aldous Huxley, Timothy Leary, Tomas de Quincey, William Attenboroughs, Hans Fallada, Gottfried Benn, all diesen mehr oder weniger bekannten Schriftstellern war zu eigen, daß sie Drogenerfahrung hatten, drogenabhängig waren oder Drogen verherrlichten. Diese Personen können wir heute als historische Größen unverkrampfter betrachten.
    Doch auch in der Gegenwart gibt es genug Persönlichkeiten in hohen Positionen bzw. des öffentlichen Lebens, die Drogenprobleme haben. Zum Beispiel wurde vor wenigen Wochen in Zürich ein hoher Polizeibeamter vom Dienst suspendiert, da er sich aus den sichergestellten Drogen zum Eigenbedarf bediente. Der Beamte soll sich mittlerweile in einer Therapie befinden.

Markus Schnyder, Leiter der Koordinations- und Informationsabteilung beim Schweizerischen Bundesamt für Gesundheitswesen von 1978 – 84 wurde heroinabhängig und befindet sich nach einem Rückfall erneut in der Wildnis von Kanada, um clean zu werden. Escobar, Chef des Medellinkartells, hat der Regierung von Kolumbien bereits vor mehr als zehn Jahren angeboten, die gesamten Auslandsschulden des Landes zu übernehmen, falls die Regierung im Gegenzug bereit sei, den Drogenhandel zu legalisieren. Die Auslandsschulden betrugen zum damaligen Zeitpunkt 800 Millionen Dollar.

Im August 1994 eskalierte die Situation auf dem Letten in Zürich, es kam gehäuft zu Schießereien unter den Dealern im Kampf um die Vorherrschaft im Drogenhandel. Der Gipfel der Auseinandersetzung war, als die damals überwiegend libanesischen Dealer in einen Streik traten und kein Heroin mehr verkauften, und gleichzeitig die Regierung des Kantons Zürich mit einer Bombendrohung unter Druck setzten, damit ein inhaftierter Libanese freikomme. Der damalige Stadtpräsident Estermann stellte fest, daß das weitaus gefährlichere Problem die Drogenhändler seien, nicht die Drogenkonsumenten. Bezeichnenderweise wurde auf diesen Vorfall dann erstmals nach zwei Jahren der aufgelassene Bahnhof Letten unter starkem Polizeischutz gesäubert.

In einem Bericht von 1998 wurde geschätzt, daß 98 % der arbeitenden kolumbianischen Bevölkerung beruflich abhängig vom Drogenanbau und Drogenhandel seien.

Laut Angaben 1997 der WHO/UNO erreichte der Anteil des Drogenanbaus bzw. Drogenhandels mittlerweile 10 % am Weltbruttosozialprodukt. Die Milliarden und Abermilliarden Dollar, die aus dem Drogengeschäft resultieren, liegen natürlich nicht irgendwo faul auf einem Nummernkonto in der Schweiz, Luxemburg, auf den Bahamas oder Keyman Islands herum oder an was für Orten man sein Geld sonst noch unauffällig parkieren kann. Dieses Geld wird wieder investiert, allerdings nicht in den Anbau und Handel mit Drogen, sondern in ganz legale Unternehmungen, und wird damit via wirtschaftlicher Macht auch zu einer politischen Macht, wie das in den letzten Monaten im Zusammenhang mit dem Schlagwort "Shareholder Value" für jedermann gut sichtbar wurde. In einem Bericht der Weltwoche vom April 1998 über die Wirtschaftssituation in Thailand geht es um die

Rückwanderung von arbeitslosen Menschen in ihre ländliche Heimat. Ich zitiere: "Nur in den abgelegenen Berggebieten gäbe es noch einen Verdienst, dort würden jetzt viele Bauernsöhne Opium anbauen". Die Drogensyndikate bereiten sich auf eine Rekordernte vor. 2000 Tonnen Rohopium, trotz schlechter Witterungsbedingungen 15 % mehr als im Vorjahr, genug, um daraus 250 Tonnen Heroin herzustellen. (Bei einem Reinheitsgrad von 10% entspricht dies 2500 Millionen Gramm.)

Nach diesen Beispielen werden Sie mit Recht fragen, was denn die sucht-kranken Menschen für eine Aufgabe im Sinne der Selbstfürsorge für die Gesellschaft übernommen haben sollen, wenn nur die Rede ist von Mord und Totschlag und versuchter politischer Einflußnahme durch Drogenhänd-ler.

Die bisher geschilderte Seite ist die eine Seite der Medaille der Drogen, eine Seite, über die wenig zu hören und zu lesen ist, die auch von Politikern nicht aufgeworfen wird, weil dann tatsächlich die Frage gestellt werden müßte, wer hat eigentlich wo und wie seine Finger im Drogenhandel.

Allein die Frage, woher denn die Unmengen an verschiedensten Chemi-kalien kommen, die für die aufwendige Umwandlung von Rohopium zu Heroin notwendig sind, würde in Deutschland bei der Firma Merck erhebli-che Probleme verursachen, auch wenn heute bereits China als der größte Lieferant der benötigten Chemikalien gilt. Neben dem Klassiker von Gün-ther Amendt „Sucht Profit Sucht", der erstmals 1972 erschienen ist und nichts an Aktualität verloren hat, beschäftigen sich heute neben Kriminolo-gen auffallend viele Ökonomen mit der Drogenproblematik. Dabei fällt auf, daß die Ökonomen ausnahmslos, egal welcher politischen und ökonomi-schen Richtung sie auch angehören, einig sind, daß das Problem nur über die wirtschaftliche Achse zu lösen sei, da die enormen Profite mit keiner ande-ren Ware erzielt werden können.

Alles bisher Dargestellte ist immer noch keine Antwort auf die Behauptung, daß die drogenkranken Menschen Gutes für die Gesellschaft tun im Sinne der Selbstfürsorge. Bevor weiter auf die Frage eingegangen wird, sei ein Ausflug in einen uns allen viel näher liegenden Bereich der Sucht erlaubt. In Deutschland gibt es ca. 2,5 Millionen alkoholkranke Menschen. Deutschland liegt weltweit bezüglich des pro Kopf Konsums an reinem Alkohol mit 11,4 Litern an erster Stelle, die Schweiz liegt mit 10,0 Litern reinem Alkohol pro Kopf an 7.Stelle. An alkoholbezogenen Steuern wurden 1994 in Deutschland 7,8 Milliarden DM eingenommen, im Vergleich dazu die Tabaksteuer in Höhe von 20,3 Milliarden DM. Anzumerken ist, daß weder in Deutschland noch in der Schweiz bzw. Griechenland, Italien, Luxemburg, Oesterreich, Portugal und Spanien eine Weinsteuer erhoben wird, da in Deutschland und in der Schweiz Wein als Nahrungsmittel gilt.

51 % der männlichen Jugendlichen zwischen 12 und 25 Jahren trinken mindestens einmal in der Woche Bier, bei den weiblichen Jugendlichen der gleichen Altersgruppe sind es lediglich 12 %. 20 % der Männer in Westdeutschland bzw. 9 % in Ostdeutschland und 43 % der Frauen in Westdeutschland bzw. 37 % der Frauen in Ostdeutschland trinken überhaupt keinen Alkohol. Bei diesen Zahlen wird klar, daß die Leute, die Alkohol trinken, erheblich mehr trinken als die vorhin angegebenen 11,5 bzw. 10,0 Liter reinen Alkohols pro Kopf in Deutschland bzw. in der Schweiz. Beim Vergleich des Zeitraumes von 1980 bis 1993 findet sich für Deutschland ein Rückgang von 8 % des Konsums pro Kopf, für die Schweiz kam es im selben Zeitraum zu einem Rückgang von 7,4 %. Im selben Zeitraum legte Südafrika mit einer Steigerung des Akoholkonsums von sage und schreibe 32,4 % zu, Japan legte 22,2 % zu, die Türkei 14,3 %, Dänemark plus 9,9 %, Finnland plus 7,9 %[1]. Interessanterweise befinden sich mit Dänemark und Finnland zwei Länder mit sehr respektiver Politik unter den Top five.

Die Kommission für soziale Sicherheit und Gesundheit des Nationalrates hat sich für die Einführung einer Weinsteuer ausgesprochen; diese würde jährlich 300 Millionen Franken einbringen. Diese Summe war von der Eidgenössischen Alkoholverwaltung für 1995 ausgerechnet worden. Gleichzeitig wurde mitgeteilt, daß die sozialen Kosten des Alkoholkonsums in der Schweiz jährlich mindestens zwei Milliarden Franken ausmachen. Andere Schätzungen gehen von erheblich höheren Zahlen aus, je nachdem, was man unter dem dehnbaren Begriff „soziale Kosten" versteht.

Allein in der Klientel der Basler Drogenabgabestelle ist der Prozentsatz der Klienten, bei denen mindestens ein Elternteil Alkoholprobleme hatte,

---

[1] Genauere Literatur beim Verfasser.

extrem hoch. Man könnte also sagen, daß ein Teil der drogenkranken Menschen auch unter dem Begriff „soziale Kosten des Alkoholmißbrauchs" zu subsumieren sei. Eine skandinavische Studie hat vor ca. 18 Jahren errechnet, daß unter Einbezug aller alkoholassoziierten Kosten der Liter trinkbarer Alkohol mit 45 Vol. % DM 800.-- kosten müßte. Erwartungsgemäß würden die Kosten heute um ein Vielfaches höher liegen. In der Realität wird in der Schweiz von den Alkoholkonsumenten jedoch nur ein Drittel der Kosten in Höhe von 2 Milliarden selbst gedeckt, der Rest geht zu Lasten des Steuerzahlers, der Kranken- und Unfallversicherungen. Hinzu kommt, daß in der Schweiz am häufigsten Wein getrunken wird, nämlich 50 % des gesamten Alkoholkonsums, die Weintrinker aber nicht gemäß des Verursacherprinzips zur Kasse gebeten werden. Nebenbei bemerkt wurde der Vorschlag zur Einführung der Weinsteuer im Mai 1996 vom Bundesrat zur Kenntnis genommen, und lag bis anfangs April im Dornröschenschlaf. Frau Gonseth (Grüne, Basel-Land) legte dem Nationalrat im April 1998 eine parlamentarische Initiative vor, die auch von der Kommission für soziale Sicherheit und Gesundheit gutgeheißen wurde. Man darf gespannt sein, wie lange der Schlaf wieder dauern kann, insbesondere, wenn sich die bekanntermaßen mächtige Agrarlobby quer legt, was sie sicherlich wird, mit dem Verweis auf Arbeitsplätze und wirtschaftliche Schwierigkeiten in den Weinbauregionen. Dabei ist die Rede von nur Fr. 1.-- Weinsteuer pro Liter Wein.

Gegenüber den geschätzten 3-5 % der Gesamtbevölkerung alkoholkranken Menschen in der Schweiz gibt es ebenfalls geschätzte 30-40000 drogenkranke Menschen. In Deutschland finden sich rund 6 Millionen behandlungsbedürftige Raucher, 2,5 Millionen alkoholkranke Menschen, 1,4 Millionen tablettenabhängige Menschen sowie geschätzte 450 000 Personen, die harte Drogen konsumieren.

Eine nicht Vollständigkeit beanspruchende Liste von Auswirkungen des Alkoholkonsums und Akoholmißbrauchs zeigt, daß:
*   ungefähr 40000 Todesfälle pro Jahr durch Alkohol verursacht werden, z. B. durch Leberzirrhose, Krebs (Kehlkopf), Unfälle und Selbstmorde,
*   50 % der Verkehrsunfälle in unmittelbarem Zusammenhang mit Alkoholkonsum stehen,

- alkoholbedingte Unfälle in der Arbeitswelt und der Freizeit sehr häufig sind,
- Gewalttaten in alkoholisiertem Zustand oft erschreckende Ausmaße annehmen,
- die alkoholbedingte Schädigung neugeborener Kinder durch den Alkoholkonsum der Mütter während der Schwangerschaft häufiger wird (die Kinder haben für den Rest ihres Lebens unter den Schädigungen zu leiden, da diese Schädigungen nicht reversibel sind),
- Alkoholismus erhebliche negative soziale Auswirkungen auf Familien, Angehörige und Gesellschaft hat und
- es zu einer außerordentlichen Belastung des Gesundheitswesens durch die alkoholbedingten Folgekosten kommt.

Im Unterschied zu den vorher genannten Zahlen und Fakten verdient der Staat nichts am Konsum illegaler Drogen, sondern muß komplett für die Kosten der Abhängigkeit und der daraus resultierenden Spätfolgen aufkommen. Es sollte aber nicht vergessen werden, daß es auch einige Wirtschaftsbereiche gibt, die ihre Existenz oder zumindest einen guten Teil ihres Profites den drogenkranken Menschen verdanken. Ich zum Beispiel verdanke meine Arbeitsstelle den drogenkranken Menschen, des weiteren einige Professoren und deren universitäre Institutionen, der gesamte Bereich der Suchtberatung und Suchttherapie, sei er ambulant oder stationär, zieht seine Existenzberechtigung aus der Abhängigkeit ihrer Patienten. Hier ist natürlich auch ein Fragezeichen insofern angebracht, als sich die Leute, die in den genannten Bereichen arbeiten, darüber klar sein sollten, daß sie desto arbeitsloser werden, je erfolgreicher sie arbeiten.

Auch die Pharmaindustrie verdient an der Polytoxikomanie der Abhängigen in mehrfacher Weise. Zum einen durch die – wie auch immer auf die Drogenszene gelangenden – Medikamente wie Valium und Rohypnol. Die in der Drogenszene vorhandenen Mengen machen es mehr als unwahrscheinlich, daß diese lediglich von willfährigen Ärzten bzw. aus Apothekeneinbrüchen stammen sollen. Zum anderen verdient die Pharmaindustrie an den Abhängigen erneut, wenn diese stationär entzogen werden, und zwar an den Medikamenten, die zur Linderung der Entzugserscheinungen eingesetzt werden. Die weitere Möglichkeit eines Verdienstes, an dem auch intensiv geforscht wird, sind die sog. Anticraving-Substanzen, die an Abhängigen auf biologisch-biochemischem Wege den Suchtdruck, d. h. das Verlangen nach dem Suchtstoff nehmen sollen.

Ich denke, daß dies eher Nebenschauplätze sind, in Wirklichkeit sollten wir den drogenkranken Menschen aus einem ganz anderen Grunde dankbar sein. Drogenkranke bieten uns Normalen die Chance, uns als normal zu definieren, da normal ein Begriff ist, der von einer Majorität geprägt wird, aber so relativ ist, wie es das Sprichwort, „daß der Einäugige König unter den Blinden ist" trefflich auszudrücken weiß. Gleichzeitig kommt uns die Drogenkrankheit gelegen als Projektionsfläche von Wünschen und Ängsten, die wir anders nicht ausleben können oder wollen. Diese Funktionen hatten im Laufe der Geschichte immer wieder einzelne Bevölkerungsgruppen oder Menschen mit speziellen Eigenschaften, die modernen Hexen sind heute die Drogenabhängigen. Keine Bevölkerungsgruppe schafft es, die Gesellschaft so zu polarisieren und mit Beschlag zu belegen, wie die drogenkranken Menschen. Das nach meiner Meinung wichtigste Moment ist aber, daß die drogenkranken Menschen es uns ermöglichen, daß wir uns nicht mit uns bzw. unseren Suchtanteilen auseinandersetzen müssen. Vor ein paar Jahren arbeitete ich mit einer Kollegin auf einer Station für die Entgiftung von drogenkranken Menschen, wo wir pro Jahr über 700 Aufnahmen hatten. Parallel zu meiner Station gab es eine Station für alkohol- und tablettensüchtige Menschen, die aber nicht über einen eigenen Isolationsraum für schwer intoxikierte Patienten verfügte. Diese durchwegs schwer alkoholkranken Menschen kamen also auf die Entzugsstation für Drogenabhängige, die aus mir bis heute unbekannten Gründen ihre Zellen behalten hatten. Es war für mich beeindruckend zu beobachten, wie es zu einer massiven Polarisierung und gegenseitiger Entwertung dieser beiden Patientengruppen kam, wobei die alkoholkranken Menschen, auch wenn sie bereits massive Abbauerscheinungen zeigten, immer davon überzeugt waren, daß sie die besseren Suchtkranken seien. Wenn man ihre Anpassungsfähigkeit als Maßstab genommen hätte, wäre dem auch so gewesen. Die drogenkranken Menschen hatten anderseits kein Verständnis für die alkoholkranken Menschen, da sie der Meinung waren, daß sie sich durch ihren Drogenkonsum nur selbst schädigen würden, im Gegensatz zu den Alkoholkranken. Bei deren langem Verbleib in der Familie hatte diese teilweise über Jahre und Jahrzehnte unter den

Auswirkungen des Alkoholismus des Familienmitgliedes zu leiden. Der alkoholkranke Mensch wird oftmals über Jahre gedeckt, sei es im Privatleben oder im Beruf. Bei drogenkranken Menschen ist dies, von vergleichsweise wenigen finanziell gut gestellten Menschen abgesehen, nicht der Fall. Allein durch die Anzahl der Orte, an denen das Suchtmittel gekauft werden kann, ist es viel wahrscheinlicher, daß ein Mensch auffällt und kriminalisiert wird. Oder haben Sie schon jemals gehört, daß vor einem Spirituosenladen eine Personenkontrolle durchgeführt wurde, um festzustellen, ob jemand alkoholkrank sei?

Daß der Begriff der Selbstfürsorge ohne den Begriff der Fremdfürsorge nicht denkbar und auch nicht durchführbar ist, heißt, daß die drogenkranken Menschen neben der Selbstfürsorge durch Drogenkonsum, auf den ich als nächstes kommen werde, auch eine Fremdfürsorge zugunsten der Gesellschaft betreiben, da sie es uns wie gezeigt ermöglichen, das Problem des Alkoholismus als sekundär zu bezeichnen, dieses erst dann angegangen werden soll, wenn das Drogenproblem geklärt sei. Meine Prognose diesbezüglich ist allerdings eher düster. Ich gehe davon aus, daß, bevor der Alkohol als gesellschaftliches Problem wirklich thematisiert wird, es zu einer weiteren Problematisierung des Tabakkonsums kommen wird, der sich geradezu anbietet, um nicht auf die Alkoholproblematik einzusteigen.

Wenn man davon ausgeht, daß Sucht einen Sinn macht, gilt dies nicht nur für drogenkranke Menschen. Die eigentlich viel spannendere Frage ist, welche wichtigen Funktionen haben dann die um ein Vielfaches häufigeren alkoholkranken Menschen in unserer Gesellschaft, was für einen gesellschaftlichen Sinn macht dann deren Abhängigkeit, was müßten wir uns ansehen, wenn wir hinter die Fassade der Alkoholkrankheit schauen würden.

Dem zweiten Teil des Beitrages sei ein Gedicht einer damals 19jährigen drogenabhängigen Gymnasiastin vorangestellt.

HEROIN, LIEBES, KLEINES
SCHWESTERCHEN

LIEBES, KLEINES SCHWESTERCHEN,
DU PRINZESSIN AUF DER ERBSE,
KOSTBARSTE KÖNIGIN
ICH LIEBE DICH,

UND NUR DICH –
DU MACHST MICH UNABHÄNGIG,
SCHMERZ UNEMPFINDLICH,
WAS SOLLEN
DIE MENSCHEN MIR NOCH?
DEINE WÄRME
DURCHDRINGT MICH MEHR,
HÜLLT MICH GANZ EIN,
IN DEINEN FLUTEN
FÜHLE ICH MICH GESCHÜTZT
VOR KÄLTE UND
EISERNEN ECKEN,
EINGEHÜLLT IN EIN HÄUTCHEN
DÜNN,ELASTISCH UND ZÄH,
WIE DAS DES EIES,
GLEITE ICH AUF DEINEN WELLEN
DEM ENTGEGEN,
NACHDEM ICH MICH SEHNE:
DER RUHE,
DIE NUR DU GEBEN KANNST.
IN MEINEN ADERN
BLÜHT DEIN FEUER AUF,
DURCHGLÜHT MEINE EINGEWEIDE,
OHNE SIE ZU VERBRENNEN,
ENTSPANNT MEINE VERKLEMMTE
SEELE,
BEFRIEDIGT DIE SEHNSÜCHTE
MEINES HERZENS.
AUF DEINEN SCHWINGEN
GLEITE ICH
IN DIE ABGRÜNDE MEINES GEISTES,
SEINES GEISTES HINEIN,
IM HINTERGRUND MUSIK...

Gedicht von Jenny G., 19, süchtig, Gymnasiastin

Meines Erachtens wird in diesem Gedicht genau das ausgedrückt, was die Droge Heroin vermitteln kann. Gleichzeitig zeigt es auch das Problem der zur Sucht führenden Defizite der betreffenden Person auf. Den Wunsch nach alleiniger Liebe, Unabhängigkeit, Stärke, Schmerzlosigkeit und Schutz vor der Welt. Anderseits ist im öffentlichen Bewußtsein hauptsächlich die Seite der Verelendung, die gesellschaftliche Stigmatisierung verankert, so daß auf den ersten Blick nicht einsichtig ist, wieso ein offensichtlich selbstschädigendes Verhalten im Grunde Selbstfürsorge sein soll. Ich denke, daß es sich hier um ein Artefakt handelt, bzw. um eine sehr einseitige Berichterstattung der Medien mit dem Schwerpunkt auf den negativen Auswirkungen des Drogenkonsums. Eine Verherrlichung der Droge wie z. B. in dem vorher zitierten Gedicht findet sich sonst nur noch in den Songs der Rock- und Popmusik.

Ich halte eine Würdigung der als positiv und angenehm empfundenen Wirkungen der Drogen für wichtig, da dies von den PatientInnen oft jahrelang, in ihrem Bewußtsein erfolgreich praktiziert wurde. Aus therapeutischer Sicht halte ich es für einen Kunstfehler, in die von den PatientInnen oft angebotene Verdammung der Drogen einzusteigen, und dies gar für einen therapeutischen Fortschritt zu halten. Abschied zu nehmen von den als unangenehm empfundenen Aspekten des Drogenkonsums ist kein Kunststück, wohl aber der Abschied von den positiv erlebten Aspekten.

Jede der psychiatrischen und psychotherapeutischen Schulen hat eine Theorie, wie es zur Suchtentstehung, bzw. Aufrechterhaltung der Sucht kommt, bzw. wie diese zu überwinden sei.

Wolf Detlev Rost z. B., ein Therapeut mit analytischem Hintergrund, hat bezogen auf die Alkoholkrankheit drei Gruppen von Abhängigen gefunden. Ich möchte in Anlehnung daran die Patienten in vier Gruppen unterteilen:

### 1. Neurose und Drogenabhängigkeit

Aus analytischer Sicht handelt es sich hier um "normale" Menschen, die sich in der Lösung ihrer Konflikte als relativ weiche, auf ödipalem Niveau entwickelte Persönlichkeiten darstellen. Es besteht jedoch die Möglichkeit, daß die aus neurotischen Konflikten entspringenden massiven Schuldgefühle zu Drogenabhängigkeit führen können. Oft findet sich bei diesen Personen eine unerfüllte Liebe zu einem Elternteil, die im Rausch als nicht mehr belastend empfunden wird. Laut Rost (1992) nehmen diese Patienten in der Therapie rasch eine Helferrolle ein und werden unter Umständen selbst Suchtkrankenhelfer. Von meinen PatientInnen würde ich mit Vorbehalt behaupten, daß nur eine in diese Gruppe gehört. Selbstverständlich gilt wie für alle Einteilungen, daß die reinen, akademisch gefundenen oder definierten Formen in der Wirklichkeit so gut wie nie zu finden sind.

Wie bei allen folgenden Patienten, die ich erwähnen werde, habe ich die Daten so ausgewählt und teilweise verändert, daß die inhaltlichen Angaben zwar stimmen, aber eine Identifikation nicht möglich sein sollte.

Die Eltern der Patientin kommen ursprünglich aus einem südeuropäischen Land, die Patientin wurde hier geboren. Bis zu ihrem 6. Lebensjahr lebte sie in der Schweiz, wurde dann bis zum 12. Lebensjahr in die Heimat der Eltern zum Schulbesuch geschickt. Sie berichtete mir, daß der Vater sie insbesondere an den Wochenenden verwöhnt habe. So habe er ihr morgens immer ihr Lieblingsessen gemacht, viel mit ihr unternommen und sie auch zum Fischen mitgenommen. Während des Aufenthaltes in der Heimat der Eltern verbrachte sie die Tage entweder in der Schule, bzw. bei einer Tante, abends wurde sie dann zu den Großeltern gebracht. Das Verhältnis zur erwähnten Tante war äußerst problematisch, diese wurde angeblich wegen Migräne ein Jahr hospitalisiert. Zum Großvater konnte sie ein gutes Verhältnis entwickeln, er sei auch heute noch der Einzige, der sie wirklich verstehen würde. Ihrer jüngeren Schwester sei der Schulbesuch in der Heimat der Eltern erspart worden, da sie an einer Erkrankung des Bronchialsystems gelitten habe. Da die Situation aufgrund des Verhaltens der Patientin in der Heimat der Eltern nicht mehr tragbar gewesen sei, habe sie ab dem 12. Lebensjahr wieder in der Schweiz bei den Eltern leben dürfen und die Schule besuchen können, welche sie auch erfolgreich absolvierte. Sie wisse jedoch bis heute nicht, wo sie hin gehöre, ganz im Gegensatz zu ihrer Schwester, welche die Heimat ihrer Eltern als Urlaubsland betrachte, dort jedoch nicht leben wolle. Seitdem sie vom Vater getrennt worden sei, habe sie nie wieder einen guten Kontakt zu ihm bekommen. Schließlich lernte die Patientin einen jungen Mann gleicher Nationalität kennen, dieser sei der erste Mensch gewesen, der sie und ihre Probleme verstanden habe, da er ein sehr ähnliches Schicksal mit Trennung von der Familie erlebt habe. Dieser habe ihr geschildert, daß er bei der Einnahme von Heroin seinen Frieden finde, was sie dann veranlaßt habe, es auszuprobieren und bestätigt zu finden.

Die Patientin hat mittlerweile die Arbeitsstelle gewechselt, um neben ihrer Teilzeittätigkeit eine berufsbegleitende Ausbildung im pflegerischen Bereich machen zu können.

Die Patientin hat sich während des Aufenthaltes im Heimatland der Eltern eine Wunschfamilie regelrecht zusammengebastelt. Ihrer Beschreibung nach habe sie einen Katalog genommen, der in etwa das Pendant zum Quelle-Katalog darstellte, habe sich dort einen Vater, bzw. Mutter und Schwester ausgesucht, die entsprechende Wohnungseinrichtung, die sie haben wolle und diese Figuren, bzw. Teile, die ihr gefallen haben, ausgeschnitten und in ein Album geklebt.

## 2. Drogenkonsum als Selbstheilungsversuch

Bei diesen Menschen findet sich eine geringe Affekttoleranz, die gleichzeitig mit einer ungenügenden Affektdifferenzierung verbunden ist. Diese Patienten schildern, daß sie sich bedroht und unsicher fühlen, das heißt, daß sie sich von den auftauchenden Gefühlen bedroht fühlen. Zusätzlich ist meist auch eine geringe Frustrationstoleranz vorhanden und eine eingeschränkte Fähigkeit zur Realitätsüberprüfung sowie geringe Wahlmöglichkeiten zur Bewältigung der Streßsituationen. Heroin wirkt bei diesen Menschen beruhigend, die bedrohlich empfundenen Affekte werden gedämpft, das Heroin vermittelt das Gefühl von Sicherheit und Autonomie. Bei diesen Patienten tritt unter der Therapie oft eine Suchtverlagerung zu dem gesellschaftlich besser akzeptierten und weniger stigmatisierenden Alkohol auf, oder sie schaffen es, sich mittels zwanghafter Rituale oder Ersatzbildung, wie z. B. einer Arbeitssucht, soweit zu stabilisieren, daß sie nicht rückfällig werden. Viele dieser Patienten schildern zum Beispiel ihre Zeiten im Gefängnis als für sie sehr entlastend, da ihnen die Verantwortung und Wahlmöglichkeiten weitgehend entzogen wurden, der Ablauf monoton und vorhersehbar gewesen sei, so daß unbekannte Situationen und Gefühle, die bedrohlich werden könnten, nicht aufgetaucht seien. Diese Veränderungen ermöglichen den Patienten oft ein sozial angepaßteres Leben, stellen aber keine Veränderungen bezüglich der Ich-Schwäche des Patienten dar.

Es findet sich oft eine Fixierung in der oralen Phase, verbunden mit der Unfähigkeit, orale Triebbedürfnisse aufzuschieben, da die PatientInnen als Kind nicht gelernt haben, mit Enttäuschungen angemessen umzugehen, zum Beispiel, um ein als höher bewertetes Ziel zu erreichen.

Einer meiner Patienten, der in den ihn überfordernden Situationen oft aggressiv reagiert, berichtete mir, daß er sich während der Zeiten in der Armee immer sehr wohl gefühlt habe und froh gewesen sei, daß er vom „gemeinen Soldaten" habe aufsteigen können und so auch häufiger eingezogen werde, was ihm ganz recht sei, dann habe er eine Aufgabe und brauche keine Drogen.

## 3. Drogenkonsum als Selbstzerstörung

Diese Patienten präsentieren oft schon im ersten Gespräch eine katastrophale Biographie, die von Anfang an eine Traumatisierung nach der anderen nach sich zieht, gefolgt von einem Unglück nach dem anderen. Exemplarisch möchte ich hier zwei Patienten vorstellen:

Von einem Kollegen übernahm ich eine nicht ganz 40jährige, in der Schweiz geborene und aufgewachsene Patientin. Diese Patientin fiel mir dadurch auf, daß sie auf schon zwanghafte Art und Weise bei jedem Gespräch dasselbe wieder vorbrachte, nämlich, daß sie, aufgrund des unfairen Verhaltens von KollegInnen ihre Arbeitsstelle verloren hätte. Da die anamnestischen Angaben relativ spärlich waren, versuchte ich über diese Schiene ein etwas anderes Thema in unsere Gespräch zu bringen. Dabei berichtete mir die Patientin, daß ihre Mutter ihr immer wieder gesagt habe, es wäre doch besser gewesen, wenn sie abgetrieben hätte, ihr Arzt hätte ihr damals gesagt, wenn sie etwas eher gekommen wäre, hätte man etwas machen können. Der Vater sei von ihr als sehr freundlich und liebenswert empfunden worden, lediglich in den letzen Jahren seines Lebens habe es wegen dessen Alkoholismus Probleme gegeben. Zur Mutter habe sie nie ein für sie befriedigendes Verhältnis herstellen können, auch heute sei es noch so, daß die Mutter nur anrufen würde, um sich bei ihr zu beklagen, sich jedoch nie darum kümmere, was mit der Patientin los sei. Nach meiner Einschätzung ist die Patientin latent suizidal. Solange sie ihre Arbeitsstelle hatte, war sie in der Lage, sich über die Arbeit zu stabilisieren. Als ihr diese Option verlorenging, begann sie Heroin zu konsumieren, welches ihr vorübergehend eine

Entlastung ermöglichte. Mittlerweile ist dies für sie kein Thema mehr, da sie wieder in den alten Beruf, am besten in dieselbe Situation zurück möchte. Gleichzeitig ist es der Patientin bewußt, daß dies real nicht mehr möglich ist, da die früher von ihr ausgeübte Tätigkeit heute von Computern erledigt wird. Aus ihrem Verhalten der letzten Stunden ist damit zu rechnen, daß sie sich suizidieren wird. Nach eigenen Angaben sei lediglich ihre Katze das einzige, was sie davon abhalte, sobald sie für diese ein gutes Plätzchen gefunden habe, sehe sie keinen Grund mehr, am Leben zu bleiben.

Ein ebenfalls fast 40-jähriger Patient, der ursprünglich aus einem südosteuropäischen Land stammt, jedoch in der Schweiz geboren wurde, verlor im Alter von 4 Jahren bei einem Verkehrsunfall seine Mutter und den älteren Bruder. Der Vater, seine Schwester und er überlebten das Unglück unverletzt. Der Vater war nach diesem Unfall nicht in der Lage, für seine Kinder zu sorgen, warum dem so war, ist mir nicht bekannt. Die Geschwister wurden voneinander getrennt und in verschiedene Pflegefamilien gegeben. Obwohl diese Pflegefamilien nur wenige Kilometer voneinander entfernt waren, wurde den Geschwistern der Kontakt nicht erlaubt. In der sehr fordernden und Über-Ich-strukturierten Pflegefamilie bekam der Patient während seiner Pubertät dermaßen Probleme, daß er die Pflegefamilie verließ. Obwohl sich seitdem der Kontakt massiv verschlechtert hatte, wurde er an seinem 18. Geburtstag von der Pflegefamilie adoptiert. Nachdem sich der Patient von der Pflegefamilie getrennt hatte, war es ihm möglich, zu seiner Schwester gelegentlich Kontakt zu haben. Nach seinen Schilderungen hat es seine Schwester mit ihren selbstzerstörerischen Tendenzen geschafft, daß sie neben dem Drogenkonsum eine dermaßen schwere Lungenentzündung entwickelte, die sie wider besseres Wissen und Aufforderung von seiten des Patienten nicht behandeln ließ, so daß sie schlußendlich verstarb. Zum leiblichen Vater bestehen überhaupt keine Kontakte. Durch die Drogensucht erwarb der Patient nicht nur eine Infektion mit einer mittlerweile chronischen Hepatitis C, sondern auch eine HIV-Infektion. Beide Infektionen waren anamnestisch bekannt, es beanspruchte jedoch ein Jahr geduldiger Arbeit, bis der Patient bereit war, einen aktuellen Status erheben zu lassen. Die Ergebnisse hat er nicht wissen wollen. Bezüglich seiner HIV-Erkrankung, gegen die er nicht bereit ist, therapeutisch etwas zu unternehmen, ist als einziges positiv zu vermerken, daß er wohl zur seltenen Gruppe der nicht progressiv Erkrankten, aber positiven Patienten gehört.

Diese Patienten, die ich schilderte, haben im Grunde eigentlich keinen Grund zu leben, sie glauben auch nicht, daß sie leben dürfen und im Erzählen ihrer Lebensgeschichte fühlt sich der Therapeut mit der existentiellen Frage nach Sein oder Nichtsein konfrontiert. Aus analytischer Sicht fehlen hier die guten inneren Objekte, Heroin wird zwar als Objekt eingesetzt, in der Hoffnung, es kontrollieren zu können, statt wie sonst kontrolliert zu werden. Daß sich dies auf Dauer als Illusion herausstellt und zu einer erneuten Enttäuschung und Wiederbestätigung der schon vorhandenen Traumatisierung führt, liegt auf der Hand.

Auch diese protrahierte Form des Suizids, wie ich das Verhalten dieser Menschen nennen möchte, kann als Form der Selbstfürsorge gesehen werden, wenn als Ziel der endgültige Suizid steht, mit Erlösung aus dem als unerträglich empfundenen Leben.

Daß diese Menschen sich selbst nicht als wertvolle Individuen beschreiben können, liegt genauso auf der Hand, wie es für sie nicht vorstellbar ist, sich in eine Auseinandersetzung begeben zu können, ohne Angst haben zu müssen, zerstört zu werden. In dieser Patientengruppe findet man auch ein hoch risikobehaftetes Konsummuster, meist i.v.-Konsum, wobei die Patienten nach ihren Schilderungen das Risiko eingehen, den gekauften Stoff einfach zu injizieren, ohne vorher zu probieren. Eine andere Variante ist das sogenannte „Triathlon", wo es darum geht, daß sich eine kleinere Gruppe von drogenkranken Menschen trifft, die es sich zum Ziel gesetzt hat, herauszufinden, wer am meisten verträgt. Triathlon deshalb, weil hier abwechselnd Heroin, Kokain, bzw. Rohypnol gespritzt werden, so lange, bis tatsächlich nichts mehr geht.

### 4. Psychose und Drogenkonsum

Diese Gruppe existiert in dem Rost'schen Modell nicht, hat aber in den letzten Jahren zunehmend an Bedeutung gewonnen, wobei etwas sarkastisch festzustellen ist, daß die doppelte Diagnose gleichbedeutend ist mit halber Hilfe, da diese Gruppe der drogenkranken Menschen den Therapeuten mit zwei völlig unterschiedlichen Krankheitsbildern zur gleichen Zeit konfrontiert. Vor der Ära der Neuroleptika gab es eine Zeit, in der Opiate zur Behandlung von Psychosen eingesetzt wurden. In diesem Sinne ist der Drogenkonsum als Selbstfürsorge, bzw. als Versuch der Selbstmedikation zu verstehen. Anderseits konfrontieren die Patienten den Therapeuten wie gesagt mit ihren psychotischen Verhaltensweisen, was die Versuche der psychoedukativen Behandlung aufgrund des Drogenkonsums erheblich erschwert. Gleichzeitig sind diese Patienten durch die Kenntnisse der unterschiedlichen Drogen sehr gut in der Lage, ihre Psychose zu „triggern". Viele der Patienten reagieren äußerst sensibel auf Cannabis, Kokain und Amphetamine, bzw. LSD, die ein hohes Potential haben, eine Psychose hervorzurufen.

Unabhängig von den geschilderten Gruppen von drogenkranken Menschen gibt es nach meiner Beobachtung drei Phasen der Sucht, wobei nicht alle Phasen bei allen Patienten klar und deutlich unterscheidbar sein müssen. In den Aufnahmegesprächen schildern die Patienten immer wieder, wann und wie sie mit Heroin erstmals in Kontakt kamen, und wie das anfängliche Konsummuster aussah. Häufig wird einmaliger Konsum beschrieben, danach bis zu mehreren Jahren Pause, bzw. monatlicher oder Wochenendkonsum, dies teilweise über Jahre. Dazwischen liegen oft abstinente Phasen, die wiederum Monate und Jahre dauern können. In dieser Phase findet man anamnestisch oft auch die versteckte Schilderung des Bedürfnisses, der Erwartungshaltung der Gruppe zu entsprechen, auch dazu zu gehören, und als cool, stark und toll zu gelten, der alles voll im Griff habe. In dieser Phase wäre ein endgültiges Ende des Konsums möglich, wenn die illusionäre Vorstellung hinterfragt, bzw. aufgegeben werden könnte. Zum Beispiel dadurch, daß das Selbstbildnis im Zusammenhang mit Autonomie und Selbstbestimmung anders bewertet wird. Damit verbunden wäre die Fähigkeit, etwas zu erleiden, um künftig etwas Höheres zu erreichen oder als höher Bewertetes zu erreichen, als die durch Heroin vermittelten Erlebnisse bezüglich der eigenen Person. Zu dieser Zeit pendelt der Konsument zwischen zwei Welten und erfüllt die dort jeweils geforderten Gruppennormen. Wenn dies auf Dauer zu anstrengend wird, bzw. der Bedeutungsgehalt der Drogen konsumierenden Bezugsgruppe als höher eingestuft wird, kommt es zu einem Abbruch sozialer Beziehungen und zu einer Veränderung in der Bewertung des Drogenerlebnisses. In dieser zweiten Phase wird der Drogenkonsum zum positiv besetzten Inhalt des Lebens. Während dieser Zeit ist der Patient sich seiner Abhängigkeit noch nicht bewußt. Mit zunehmender Dauer des Konsums kommt es aber zu einer Entfremdung von der ursprünglich als besser und ehrlicher idealisierten Gruppe der Drogenkonsumenten, bis der Drogenkonsument erleben muß, daß er in der Szene zwar nicht allein ist, aber trotzdem einsam. In dieser Situation wird meist auch die Abhängigkeit bewußt und die Frage taucht auf, wie es weitergehen solle. In dieser dritten Phase fällt die Entscheidung, ob die Autonomie als erstrebenswert erlebt wird oder nicht. Für den Fall, daß die Frage positiv im Sinne der Autonomie beantwortet wird, kann die Rolle der Sucht als Nachreifung betrachtet werden, innerhalb derer der Mensch dann lernen muß, das Maß der aushaltbaren Frustration zu erhöhen und die Fähigkeit zu erlangen, lustvoll besetzten Impulsen nicht sofort und um jeden Preis nachgeben zu müssen. Daß heißt, der Patient steckt in dem Dilemma, daß er aus Erfahrung weiß, daß die Einnahme einer Droge einen von ihm erwünschten positiven Effekt hat, daß es aber auch ein Akt der Selbstfürsorge ist, oder zumindest sein kann, wenn er einem spontanen Impuls nicht nachgibt, sondern die Erfüllung zugunsten eines anderen, als höher bewerteten Ziels aufgeschoben wird.

Wenn die Vorstellung von Autonomie als nicht erstrebenswert oder als nicht erreichbar bewertet wird, muß der drogenkranke Mensch einen Weg finden, den unerbittlichen Forderungen der Droge, dem ursprünglich als kontrollierbar geglaubten Objekt gerecht zu werden. Diese Erkenntnis bedeutet natürlich, daß es letztlich zu einer Retraumatisierung kommt. Was diese Menschen mehr oder weniger erfolgreich vermeiden, ist die Aufnahme einer Beziehung. Da diese seelische Anpassung erfordert, wird sie aber als zu bedrohlich erlebt. Diese dritte Phase, mit der Aufteilung in die beiden Gruppen, ist zumindest für die letzte Gruppe nichts Unwiderrufliches, da dies keine endgültige Entscheidung sein muß, sondern sich jeder drogenkranke Mensch immer wieder die Frage stellen kann, ob er nicht doch wieder ein höheres Maß an Autonomie erreichen möchte.

In meiner Arbeit gehe ich allerdings von einer anderen Voraussetzung aus, die mir bei allen beschriebenen Gruppen von drogenkranken Menschen gegeben zu sein scheint, letztlich auch unabhängig von den therapeutischen Schulen. Die Voraussetzungen, von denen ich ausgehe, ist der Affekt, da ich immer wieder feststellen mußte, daß bei allen Patienten ein hohes Maß an

Angst vorhanden ist. Anderseits mußte ich auch feststellen, daß im Grunde genommen alle drogenkranken Menschen sehr genau wissen, daß sie sich körperlich mit ihrer Sucht auf die Dauer schädigen. Diese rationale Erkenntnis ist jedoch genauso wie bei Rauchern und alkoholkranken Menschen in den seltensten Fällen ein ausreichender Grund, um das Verhalten zu ändern. Diese Diskrepanz zwischen Ratio und Emotio versuche ich immer wieder zu thematisieren. Das heißt für mich, mich tatsächlich auf den Patienten einzulassen, ihm eine Beziehung anzubieten, ihn in seiner Angst ernst zu nehmen, ihn aber auch immer wieder darin zu bestärken, bzw., ihm anhand von realen Vorkommnissen zu zeigen, daß diese Angst aushaltbar ist, daß diese Angst nicht zur Vernichtung führt. Dies bedeutet aus therapeutischer Sicht allerdings auch, daß es in dem Augenblick, wo ich mich auf einen Patienten einlasse, keinen Sinn mehr hat, sich gemäß den Forderungen nach analytischer Therapie zu verhalten, genausowenig wie es Sinn macht, jedenfalls nach meiner Meinung, sich strikte an eine wie auch immer geartete therapeutische Schule zu halten. Letztlich geht es mir darum, den Menschen zu helfen und nicht eine Schulrichtung zu vertreten, so daß sich für mich bewährt hat, für den einzelnen Patienten ganz individuelle und auch von Stunde zu Stunde differierende therapeutische Interventionen zu machen. Dies kann durchaus bedeuten, daß ich immer wieder Patienten habe, bei denen ich mich sehr analytisch und abstinent verhalten kann, dies jedoch nicht durchgängig, daß es in der nächsten Stunde durchaus so sein kann, daß ich evtl. sehr direktive Weisungen oder Forderungen formuliere. Immer wieder erlebe ich, daß in dem Augenblick, wo ich mich tatsächlich authentisch verhalte, dies auf der Gegenseite ankommt, auch wenn der Patient letztlich etwas anderes macht, ich im Gegenteil immer wieder feststellen muß, daß selbst bei berechtigten und klaren Handlungsanweisungen die Klienten über so viel Kreativität verfügen, daß sie das ihnen Adäquate machen.

## Literatur

Amendt G (1972) Sucht Profit Sucht. Verlag Zweitausendeins. Frankfurt a.M.

Rost W (1992) Psychoanalyse des Alkoholismus. 4. Auflage, Klett-Cotta

# Läßt sich der Suizid ethisch rechtfertigen?

## Annemarie Pieper

Hat die menschliche Freiheit Grenzen? Oder gibt es eine Freiheit auch zum Tode? Ist der Suizid überhaupt ein Freiheitsakt? Diese Fragen haben bei den Dichtern und Denkern unterschiedliche Antworten erfahren. Gerade die Dichter leben vom Freiheitspathos und gestehen ihren Helden das Recht zu, sich das Leben zu nehmen, wenn widrige Umstände es ihnen verwehren, ein selbstbestimmtes Leben zu führen. Sie ziehen den Tod einem Leben vor, das sie für menschenunwürdig erachten, insofern es nicht ihren Vorstellungen von einem geglückten Dasein entspricht. Aber die Dichter und Schriftsteller gestehen das Recht, sich zu töten, nicht nur ihren Protagonisten in ausweglose Lage zu, sondern nehmen es auch für sich selbst in Anspruch. Heinrich von Kleist, Georg Trakl, Stefan Zweig, Walter Benjamin, Kurt Tucholsky, Cesare Pavese, Klaus Mann, Ernest Hemingway – lauter Autoren, die Hand an sich selbst gelegt haben, wenn auch aus höchst verschiedenen Gründen.

Unter den Philosophen hingegen gibt es nur wenige, die für den Suizid plädieren. Zu nennen sind hier exemplarisch Seneca und Nietzsche. Der Stoiker Seneca vertritt die These, daß nicht das Leben an sich ein Gut sei, sondern nur das moralische Leben, und wo ein solches aus Gründen, die außerhalb der Macht des Handelnden liegen, nicht mehr geführt werden kann, hat er die Freiheit, sein Leben zu beenden, um sich Schande, einen schweren oder elenden Tod zu ersparen.

Nichts steht im Wege, auszubrechen und wegzugehen, wenn man will: in offenem Gefängnis bewacht uns die Natur. Wem es seine Situation gestattet, sehe sich nach einem sanften Ende um; wem mehr zur Hand ist, sich damit in Freiheit zu setzen, der wähle und überlege, wie er sich am besten befreie: wer schwer Gelegenheit findet, der ergreife gerade die nächste Gelegenheit anstelle der besten, sei sie unerhört, sei sie noch nie dagewesen. [...] die

Vernunft [...] lehrt uns: Verschiedenartig ist der Zugang zum Schicksal, das Ende dasselbe, nichts aber macht es aus, wo beginnt, was kommt. Diese selbe Vernunft lehrt, du sollst selbstverständlich sterben, wie du kannst, und was immer sich bietet, dir Gewalt anzutun, sollst du nutzen (Briefe an Lucilius, 70; 24, 27f.).

Seneca beruft sich also auf die Vernunft, die den einzelnen nicht nur grundsätzlich zum Freitod ermächtigt, sondern ihm auch noch die jeweils besten Mittel zur Durchführung des Suizids empfiehlt. Wo heute nur im Geheimen Gebrauchsanweisungen zur effektiven Selbsttötung erhältlich sind, konnte Seneca noch ganz unbefangen auf unzählige Möglichkeiten hinweisen, wie man sein Leben beenden kann:

Törichter Mann, was beklagst du und fürchtest du? Wohin du auch blickst, ist ein Ende der Leiden. Siehst du den gähnenden Abgrund? Er führt in die Freiheit. Siehst du den Strom, den Fluß, den Brunnen? In ihnen wohnt Freiheit. Siehst du den verkrüppelten, vertrockneten und erbärmlichen Baum? Von jedem Ast hängt die Freiheit. Dein Hals, deine Kehle, dein Herz sind ebenso viele Wege, der Slaverei zu entfliehen. [...] Fragst du nach der Straße zur Freiheit? In jeder Ader deines Leibes wirst du sie finden (De providentia XXX).

Ganz ähnlich wie Seneca sieht auch Nietzsche im Selbstmord einen Sieg der Vernunft, der im Greisenalter geradezu geboten ist und den zu verhindern ein Akt der Grausamkeit wäre. Selbstmord ist für Nietzsche ein Menschenrecht und Menschenvorrecht, von dem Gebrauch zu machen jedem aufgegeben ist. Allerdings gilt es den richtigen Zeitpunkt dafür zu bestimmen: „Stirb zur rechten Zeit!" fordert Zarathustra in seiner Rede „Vom freien Tode" (Werke 4, 93-96). Es handelt sich um einen „vollbringenden Tod", der ein kraftlos gewordenes Leben durch eigene Hand beendet. „Frei zum Tode und frei im Tode, ein heiliger Neinsager, wenn es nicht Zeit mehr ist zum Ja: also versteht er sich auf Tod und Leben."

Die meisten Philosophen verwerfen jedoch, wie erwähnt, den Freitod. Eine der frühesten Quellen hierfür ist Platons Dialog *Phaidon*. Sokrates, zum Tode verurteilt, versucht seine trauernden Schüler damit zu trösten, daß er nun in eine andere, bessere Welt gehe, auf die er sich sein Leben lang vorbereitet habe. Er vertritt dann die berühmte These, Philosophieren heiße nichts anderes als sterben zu lernen, Einübung in den Tod bereits zu Lebzeiten. Da die Seele nach dem Tod vom Leib getrennt sei, gelte es schon im hiesigen Leben, alles Streben nach sinnlich-leiblich-materieller Erfüllung auf ein Minimum zu reduzieren, um die Seele auf ihre spätere, rein geistige Existenz vorzubereiten. Kebes, einer der Gesprächspartner des Sokrates, richtet dann an diesen die Frage, ob es erlaubt sei, sich selbst zu töten, um möglichst rasch in den Genuß eines geistigen Lebens zu gelangen. Sokrates verneint dies und begründet seine Antwort dahingehend,

> daß wir Menschen wie in einer Feste sind und man sich aus dieser nicht selbst losmachen und davongehen dürfe; [...] daß die Götter unsere Hüter und wir Menschen eine von den Herden der Götter sind. [...] Also auch du würdest gewiß, wenn ein Stück aus deiner Herde sich selbst tötete, ohne daß du angedeutet hättest, daß du wolltest, es solle sterben, diesem zürnen, und wenn du noch eine Strafe wüßtest, es bestrafen? [...] Auf diese Weise nun wäre es also wohl nicht unvernünftig, daß man nicht eher sich selbst töten dürfe, als bis der Gott irgendeine Notwendigkeit dazu verfügt hat, wie die uns jetzt gewordene (*Phaidon*, 62b-c).

Diese Argumentation des Sokrates besagt also: Wenn das Leben im Leibe eine von den Göttern verhängte Strafe ist, dann steht es dem Menschen nicht frei, sein Gefängnis zu verlassen, wann es ihm beliebt; er muß vielmehr diese Strafe auf sich nehmen und in seinem Körper ausharren, bis seine Seele durch den Tod erlöst wird. Zeit seines Lebens steht der Mensch in der Obhut der Götter, denen er zu gehorchen hat, so wie die Herde dem Hirten folgen muß – was durchaus vernünftig ist, da der Gott weiß, was für den Menschen am besten ist. Nur dann – und dies ist im Sinne einer Ausnahme zu verstehen–, wenn der Gott eine Situation herbeiführt, in welcher der Tod als sinnvoll erscheint, ist es dem Menschen erlaubt, vorzeitig zu sterben. Sokrates nimmt diese Ausnahme für sich in Anspruch, um zu rechtfertigen, daß er das vom Athener Gericht verhängte Todesurteil an sich vollstrecken läßt. Denn er hätte die Möglichkeit gehabt, sich der Todesstrafe durch Flucht zu entziehen. Doch diese Möglichkeit hat er nicht ergriffen, um zu demonstrieren, daß er die Gesetze Athens anerkennt und – obwohl unschuldig – bereit ist, die Strafe um der Gerechtigkeit willen auf sich zu nehmen.

Nun könnte allerdings jemand behaupten, Sokrates begehe auf eine sublime Weise doch Selbstmord, indem er zwar nicht selbst Hand an sich lege, es aber zulasse, daß der Staat ihn töte und er auf diese Weise vor seinem natürlichen Ende die von ihm ein Leben lang ersehnte Befreiung der Seele vom Leib erreiche. Um diesen Einwand zu entkräften, beruft sich Sokrates auf eine Notwendigkeit, durch die ihm der Gott signalisiert habe, es sei gut, daß er jetzt sterbe. Er opfert sein Leben um der Sittlichkeit willen, so daß es letztendlich eine unsittliche Handlung wäre, dem Tod auszuweichen, da dem Staat dadurch großer Schaden zugefügt werde, indem man seine Gesetze nicht respektiere. Dies ist der Grund, aus dem Sokrates für sich persönlich die Erlaubnis ableitet, die gewaltsame Beendigung seines Lebens durch den Giftbecher einem natürlichen Tod im Exil, fern von der Heimat und der Stätte seines Wirkens vorzuziehen.

Wir sehen, sowohl diejenigen, die den Suizid als zulässig deklarieren, als auch diejenigen, die ihn ablehnen, berufen sich in ihren Argumenten auf die Vernunft, speziell auf die ethisch-praktische Vernunft. Dies scheint ein Widerspruch zu sein. Doch bevor wir die Frage nach der ethischen Erlaubtheit des Suizids weiter verfolgen, sollen noch andere Autoren, insbesondere aus dem 20. Jahrhundert zu Wort kommen, um das Für und Wider noch stärker zu konstrastieren. Dazu stelle ich zwei kontroverse Argumentationsweisen einander gegenüber, die insofern vergleichbar sind, als sie beide auf dem Boden der Existenzphilosophie im Zusammenhang mit einer Art Todeslogik vorgetragen werden – und zwar ohne Rückgriff auf einen Gottesbegriff. Vertreter der Pro-Argumente ist Jean Améry, ein essayistischer Schriftsteller, der sich vor allem Jean-Paul Sartre verpflichtet wußte und 1977 Selbstmord begangen hat. Vertreter der Contra-Argumente ist Albert Camus, zur gleichen Generation wie Améry gehörig, aber schon 1960 bei einem Autounfall tödlich verunglückt.

Améry geht in seiner Apologie des Selbstmords, wie er sie in *Hand an sich legen. Diskurs über den Freitod* (Améry, 1981) dargelegt hat, davon aus, daß der Freitod ein „Privileg des Humanen ist" (1981, 52); das heißt also: nur ein vernünftiges Lebewesen vermag Hand an sich selbst zu legen. Nur ein Wesen, das sich von sich selbst distanzieren und aus dem so gewonnenen Abstand kritisch beurteilen kann, ist überhaupt in der Lage, sich eine Alternative zu einem bloß natural ablaufenden Lebensprozeß als wünschenswer*ter* vorzustellen. Und nur ein solches Wesen kann die Frage stellen, die Améry stellt: „*Muß man leben?* Muß man da sein, nur weil man einmal da ist?" (1981, 24) Anders gefragt: Kann man aus dem bloßen Vorhandensein, aus der Faktizität des Existierens schließen, daß man verpflichtet ist zu existieren, daß man existieren *soll?* Améry verneint dies vehement, indem er behauptet: „Was gilt, ist die Option des Subjekts" (1981, 154) und nicht die objektive Faktizität. Sein Argument lautet verkürzt: Wenn es eine Grundtatsache ist, daß der Mensch sich wesentlich selbst gehört (1981, 105), er mithin berechtigt ist, über sich selbst als seinen ureigensten Besitz zu verfügen, dann hat er auch das Recht, dieses sein Eigentum zu zerstören – vorausgesetzt er hat dazu einen guten Grund, zum Beispiel den, „einem Leben ohne Würde, Menschlichkeit und Freiheit" zu entrinnen (1981, 154). Diese Flucht aus der Absurdität eines sinnlos gewordenen Daseins in die Absurdität des Nichts (1981, 55) aus Ekel am Leben (1981, 56) ist nach Améry ein Akt, der sowohl eine Verneinung als auch eine Bejahung enthält. „Was ist der Suizid als natürlicher Tod? Das schmetternde Nein zum schmetternden, zerschmetternden échec des Daseins." (1981, 69) Das Prinzip Nihil tritt an die Stelle des Prinzips Hoffnung (1981, 61) und erteilt einem sinnentleerten Leben eine radikale Absage. Aber der Freitod ist für Améry „viel mehr als der pure Akt der Selbstabschaffung" (1981, 83) oder einer „privaten Endlösung" (Alvarez 1980, 92). Im Protest gegen ein unerträgliches Leben ohne Sinn steckt auch ein Ja: ein Ja zur Idee eines Lebens ohne Einsamkeit, ohne Schmerzen, ohne Feindseligkeit und ohne Zwänge, eines Lebens in Freiheit und Frieden. Ein Stück von dieser im Leben nicht möglichen Freiheit realisiert nach Améry derjenige, der den Freitod bewußt wählt, so daß diese extremste Handlungsmöglichkeit des Menschen, die eigentlich eine äußerste Form von Mißhandlung ist, nicht nur ein Akt vollständiger Destruktion ist, sondern als ein Akt der Befreiung auch ein positives Moment impliziert. Améry veranschaulicht dies durch eine Analogie. „So bleibt ein Stück Holz nicht mehr es selber unter schnitzenden Händen. Es wird zur Negation des Nur-Holzes. Und da Befreiung Zerstörung ist, findet sie ihre äußerste mögliche Bekräftigung im Freitod" (130).

Diese Ambivalenz des Freitodes als Tat eines Selbst, das „sein Selbst selber entselbstet" (39), wie Améry sich ausdrückt, stellt sich aus der Sicht des Subjekts einerseits als *horror vacui* und andererseits als höchstes Glück dar.

Wir sind allemal vor dem Suizid das ohren- und herzzerreißend quäkende Ferkel, das man zur Schlachtbank zerrt. Gurgelndes Wasser, in dem wir ertrinken. Der Griff mit der Linken, die Kehle zu spannen, während die Rechte das Rasiermesser ansetzt. Aufschmettern des Kopfes auf dem Asphalt. Würgen des Stricks um unseren Hals. Brennen und Detonation des Schusses an unserer Schläfe. Was aber wieder nicht heißt, es könnte nicht zugleich, wenn wir Hand an uns legen, wenn unser Ich sich im Selbstauslöschen verliert und sich – vielleicht zum erstenmal – total verwirklicht, ein nie zuvor gekanntes Glücksgefühl da sein (79).

Selbstmord als letzte Konsequenz einer Freiheit zum Tode, damit verbunden das Recht, einen sinnlosen Prozeß endgültig und irreversibel abzubrechen? Albert Camus kommt, ausgehend von den gleichen Prämissen wie Jean Améry, zum entgegengesetzten Resultat. Es ist vielleicht nicht uninteressant zu erwähnen, daß Camus 1957 gemeinsam mit Arthur Koestler ein Plädoyer gegen die Todesstrafe verfaßt hat. Was den staatlich im Namen des Rechts verordneten Tod anbelangt, waren sich Camus und Koestler in ihrer Ablehnung einig, während sie in bezug auf den Tod von eigener Hand verschiedener Meinung waren. Koestler war der Verfasser des Vorworts zu der Broschüre *A Guide to Self Deliverance,* die *Exit London* seinen Mitgliedern drei Monate nach ihrem Beitritt zukommen ließ. Und Koestler hat 1983 zusammen mit seiner Frau den Freitod gewählt.

Camus geht in seinem Essay *Der Mythos von Sisyphos* ebenso wie Améry von der Absurdität der Welt und der Sinnlosgkeit menschlichen Daseins aus. Diese Sinnlosigkeit veranschaulicht er bekanntlich am Beispiel des Sisyphos. Welche menschliche Tätigkeit könnte unnützer, ja widersinniger sein als die seine? Von den Göttern dazu verurteilt, in alle Ewigkeit einen schweren Felsbrocken einen Berg hinaufzuwälzen, muß er – erschöpft auf dem Gipfel angekommen – jedesmal ohnmächtig zusehen, wie der Stein wieder in die Tiefe hinabrollt. Das ständige Auf und Ab dieses sinnlosen Kreislaufs ist für Camus Symbol für das vergebliche Bemühen des Menschen, dem Dasein einen Sinn abzugewinnen. Camus definiert den Menschen aber gerade als das nach Sinn auslangende Wesen, dessen Anspruch auf unbedingte Erfüllung jedoch von der Welt zurückgewiesen wird. Der Fels bleibt nicht auf dem Gipfel liegen; das Auslangen nach Sinn schlägt leer in sich zurück. Diese verzweifelte Situation des Menschen, der sich über seine ausweglose Lage im Klaren ist, ist Camus' Ausgangspunkt.

Es gibt nur ein wirklich ernstes philosophisches Problem: den Selbstmord. Die Entscheidung, ob das Leben sich lohne oder nicht, beantwortet die Grundfrage der Philosophie. Alles andere – ob die Welt drei Dimensionen und der Geist neun oder zwölf Kategorien habe [...] Ob die Erde sich um die Sonne dreht oder die Sonne um die Erde – das ist im Grunde gleichgültig. Um es genau zu sagen: das ist eine nichtige Frage. Dagegen sehe ich viele Leute sterben, weil sie das Leben nicht für lebenswert halten. Andere wiederum lassen sich paradoxerweise für die Ideen oder Illusionen umbringen, die ihnen einen Grund zum Leben bedeuteten (was man einen Grund zum Leben nennt, das ist gleichzeitig ein ausgezeichneter Grund zum Sterben) (*Mythos,* 9).

Camus' Argumentation, die ihm zu einem Plädoyer für das Leben, gegen den Selbstmord gerät, verläuft kurz gefaßt, folgendermaßen. Die Welt ist zwar sinnlos, aber es gibt in der Welt etwas, das Sinn fordert: den Menschen, der nur kraft seines Sinnanspruchs sich als Mensch verstehen kann. Da diesem unbedingten Sinnanspruch in einer sinnlosen Welt keine Erfüllung zuteil wird, kann der einzige Sinn des Lebens nur darin liegen, diesen Sinnanspruch zu verteidigen, ihn nicht aufzugeben, sondern immer wieder geltend zu machen, und zwar im permanenten Protest gegen die bestehende Sinnlosigkeit. Wer hingegen Selbstmord begeht, bestätigt eben dadurch noch einmal die Sinnlosigkeit der Welt und trägt damit noch bei zu ihrer Absurdität, anstatt unaufhörlich seine Empörung über die Unmenschlichkeit der *conditio humana* in die Welt zu schreien, die „vernunftwidrig schweigt" (Mythos 29). Angesichts des Absurden ist der Selbstmord nach Camus gerade nicht zu rechtfertigen. Es gilt im Gegenteil, zu leben, und zwar so lange wie möglich zu leben, um durch Auflehnung und Revolte sich und seinen Mitmenschen wenigstens den Anspruch auf Sinn zu erhalten und dadurch der Absurdität des Daseins die Würde des Menschlichen entgegenzusetzen, freilich ohne Aussicht auf Erfolg. Selbstmord hingegen bedeutet Verzicht auf Sinn und zugleich eine Schwächung der menschlichen Solidargemeinschaft, die jedes Mitglied braucht, um eine Stimme mehr im Chor der Protestierenden zu haben.

Sein Leben, seine Auflehnung und seine Freiheit so stark wie möglich empfinden – das heißt: so intensiv wie möglich leben. Wo die Klarheit regiert, wird die Wertskala nutzlos. Seien wir noch einfacher. Sagen wir: das einzige Hindernis, der ewige „Mangel an Gewinn" liegt im vorzeitigen Tod (Mythos 56).

Mit Améry und Camus stehen sich erneut zwei Kontrahenten gegenüber, die die Frage nach der Rechtfertigung des Selbstmords unterschiedlich beantworten. Gibt es so etwas wie ein Recht auf Suizid, oder ist der Suizid in jedem Fall ein Unrecht? Wie soll man aus ethischer Sicht die vorgetragenen Argumente pro und contra den Selbstmord beurteilen? Zunächst ist darauf hinzuweisen, daß auch unter den Moralphilosophen keine Einhelligkeit hinsichtlich der Beurteilung dieses Problems besteht. Ich kann daher für die These, die ich im folgenden vertreten möchte, nicht beanspruchen, daß sie einen Konsens unter den Ethikern widerspiegelt. Dennoch denke ich, gute Gründe zu ihrer Stützung anführen zu können. Meine These lautet: Der Mensch hat – ethisch betrachtet – kein moralisches *Recht* auf Selbstmord; sehr wohl aber hat er die moralische *Erlaubnis,* sich selbst zu töten. Obwohl es auf den ersten Blick vielleicht spitzfindig klingen mag, beinhaltet diese These, derzufolge der Selbstmord eine erlaubte Handlung ist, daß man sich bei der Ausführung dieser Handlung zwar nicht auf ein Recht berufen kann, es aber auch keinen Grund gibt, sie als Unrecht zu deklarieren.

Zur Erläuterung dieser These bedarf es eines kurzen Exkurses. Die Ethik hat eine eigene Disziplin der Logik ausgebildet, die sogenannte deontische oder Normenlogik, die sich im Sinne einer ethischen Modallogik mit der Struktur von Sollensaussagen befaßt. In Analogie zu den Operatoren der Modallogik: *möglich, unmöglich, notwendig* heißen die Operatoren der Normenlogik: *erlaubt, verboten, geboten.* Danach ist eine Handlung dann erlaubt, wenn sie weder verboten noch geboten ist. Ich möchte nun zum einen zeigen, daß der Selbstmord zur Klasse der moralisch erlaubten Handlungen gehört, und zum anderen was daraus für die Beurteilung des Selbstmords folgt. Dazu bedarf es in einem ersten Schritt des Nachweises, daß der Selbstmord ethisch weder geboten noch verboten werden kann. In einem zweiten Schritt soll dann versucht werden, den Erlaubnis-Begriff im Hinblick auf den Selbstmord in sich selber zu präzisieren und gegen den Begriff des moralischen Rechts abzugrenzen.

Der Selbstmord kann aus dem Blickwinkel der Ethik weder geboten noch verboten werden. Ich betone: aus dem Blickwinkel der Ethik. Denn *de facto* gab und gibt es sowohl Moralkodizes, in denen der Selbstmord ausdrücklich geboten wird, als auch solche, in denen er strikt verboten ist. So enthielt z.B. die alte Eskimo-Moral die Norm der Selbsttötung für gebrechliche Leute, die nicht mehr in der Lage waren, selbst für ihren Lebensunterhalt zu sorgen. Diese Norm hatte ihre Rechtfertigung darin, daß bei knappsten Ressourcen und begrenzter Arbeitskraft nur auf diese Weise das Überleben der Gruppe sichergestellt werden konnte. Das Analoge gilt für rituelle oder religiöse Selbstaufopferungen, die der Sicherung des Allgemeinwohls dienten oder aus Gehorsam gegenüber einem göttlichen Willen erfolgten und deshalb als geboten anerkannt waren. Andere Moralkodizes, wie z.B. der Dekalog, untersagen mit dem Tötungsverbot auch den Selbstmord – mit der Begründung, daß der Mensch damit gegen den Willen Gottes verstoße.

Was jedoch innerhalb einer bestimmten Gruppe oder Gemeinschaft als moralische Norm anerkannt und praktiziert wird, ist nicht dadurch auch schon für die Ethik eine *gültige* moralische Norm. Die faktische Anerkennung der Gültigkeit bestimmter Normen ist aus ethischer Sicht kein hinreichender Grund für deren Moralität; vielmehr muß das, was für eine Gruppe von Menschen gilt und innerhalb der Handlungsgemeinschaft, die diese Gruppe bildet, durchaus berechtigt und sinnvoll sein mag, verallgemeinerbar sein, um als unbedingt gültig ausgewiesen zu sein. Verallgemeinert man aber das Gebot bzw. das Verbot des Selbstmords, indem man sagt: Immer wenn der Fall X eintritt, ist der Selbstmord für jedes Individuum geboten, bzw. der Selbstmord ist immer und unter allen Umständen für jedes Individuum verboten, so springt das Unmenschliche einer solchen Norm sofort ins Auge. Man kann keine allgemein verbindliche Norm aufstellen, die jeden Menschen verpflichtet, sich in einer bestimmten Situation umzubringen; ebensowenig kann man umgekehrt den Selbstmord schlechthin verbieten, denn ein solches Gebot würde positiv formuliert lauten: Jeder Mensch ist verpflichtet, unter allen Umständen zu leben, solange er lebt. Mir scheint, sowohl die eine wie die andere Forderung ist inhuman, insofern das Gebot ebenso wie das Verbot des Selbstmords die menschliche Freiheit in einer unerträglichen Weise restringiert.

Diese Überlegungen bedürfen noch der Präzisierung. Es muß gezeigt werden, daß unter ethischem Gesichtspunkt nicht das Leben, sondern die Freiheit das höchste menschliche Gut ist. Unter Freiheit ist hier nicht subjektive Willkürfreiheit zu verstehen in dem Sinn, daß man nach Belieben tun und lassen kann, was einem gefällt, sondern es geht um moralische Freiheit:

Freiheit also, die sich selbstverantwortlich immer schon auf andere Freiheit bezieht und sich um der Freiheit aller willen an der Freiheit der Mitmenschen begrenzt. Solche sich selbst begrenzende und dadurch Freiheit ermöglichende Freiheit ist letzter normativer Maßstab menschlicher Handlungen und Handlungsregeln schlechthin – im Kontext einer Interaktionsgemeinschaft, deren Mitglieder einander als gleiche respektieren. Der Mensch ist mithin nicht schon dadurch Mensch, daß er lebt, denn in rein naturaler, biologischer Hinsicht leben auch andere Organismen: Pflanzen und Tiere. Leben ist eine notwendige, aber keine hinreichende Bedingung für das Sein als Mensch. Die hinreichende Bedingung dafür, daß der Mensch als Mensch, d.h. menschenwürdig existiert, ist Freiheit. Nur als Lebewesen, das von seiner Freiheit einen selbstverantwortlichen Gebrauch macht, ist der Mensch ganz Mensch – auch dort, wo eine Behinderung es ihm verwehrt, diese Freiheit vollständig auszuschöpfen und andere in seinem mutmaßlichen Interesse für ihn handeln.

Was folgt nun aus dieser anthropologisch-ethischen Bestimmung des Menschen als eines sich Freiheit zuschreibenden Wesens für das Problem des Selbstmords? Wenn der Sinn menschlichen Lebens nicht darin besteht, zu leben, sondern als Mensch, also nach Maßgabe seiner Freiheit zu leben, dann ist er in erster Linie nicht um des Lebens willen da, sondern um Freiheit zu verwirklichen. Aber schließt der Freiheitsvollzug, durch den der Mensch Mensch ist, auch die Möglichkeit ein, dem Leben von eigener Hand ein Ende zu setzen, den Tod durch eine Handlung selbst aktiv herbeizuführen, anstatt abzuwarten, bis er dem einzelnen ohne eigenes Zutun „von Natur" widerfährt?

Diese Möglichkeit möchte ich, wenn auch als eine Grenzmöglichkeit menschlicher Praxis, bejahen, indem ich behaupte, der Selbstmord sei eine *erlaubte* Handlung, die als solche eine moralisch *mögliche* Handlung – keine moralisch *notwendige* und keine moralisch *unmögliche* Handlung ist. Eine moralisch weder gebotene noch verbotene Handlung erhält ihren Zwischenstatus des Erlaubtseins daher, daß sie das Freiheitsprinzip nicht verletzt (wie die verbotenenen Handlungen), es aber auch nicht bestätigt (wie die gebotenen Handlungen, die Freiheit in einem unbedingten Sinn eröffnen). Der Selbstmord, sofern er als eine nicht-pathologische, wohlüberlegte Tat aufgefaßt wird, ist gleichwohl eine Handlung, die um der Freiheit willen ausgeführt wird. Sie eröffnet zwar keine neue Freiheit für den Selbstmörder, sondern schließt für ihn diese Form menschlicher Selbstverwirklichung ein für allemal ab, aber sie gibt doch zugleich zu erkennen, daß sie die Gültigkeit des Freiheitsprinzips nicht außer Kraft gesetzt wissen will, sondern daß sie genau umgekehrt das Freiheitsprinzip anerkennt und weil sie es anerkennt, den Tod einem unfreien und damit nicht mehr menschenwürdigen Leben vorzieht. Ein Leben, das nur noch um den Preis der Selbstachtung geführt werden kann, ist weniger, ist menschenunwürdiger als das bloße Nichtsein.

Das über die ethischen Modalkategorien „geboten", „verboten", „erlaubt" Dargelegte möchte ich mit Hilfe der von Immanuel Kant in der *Metaphysik der Sitten* verwendeten Terminologie noch einmal zusammenfassen, um daran anschließend auf die Konsequenzen des Suizids als einer prinzipiell erlaubten Handlung einzugehen. Die Formel, die Kant für *gebotene* qua verbindliche Handlungen aufstellt, lautet: „Verbindlichkeit ist die Notwendigkeit einer freien Handlung unter einem kategorischen Imperativ der Vernunft" (Werke IV, 327). Das heißt mit anderen Worten: Unbedingt gefordert, mithin moralisch geboten werden kann nur eine Handlung, deren Maxime gemäß dem kategorischen Imperativ sich so verallgemeinern läßt, daß sie den Status eines ausnahmslos für jeden Menschen gültigen Gesetzes erhält. Das Sittengesetz als oberstes Gesetz der Freiheit macht es jedem Individuum zur Pflicht, das Freiheitsprinzip immer und überall unbedingt zu respektieren. Im Unterschied dazu gilt eine Handlung als *verboten*, die gegen das Gesetz der Freiheit verstößt oder gar das Prinzip der Freiheit durch das Prinzip Unfreiheit zu ersetzen strebt. *Erlaubt* ist nach Kant hingegen eine Handlung, „die der Verbindlichkeit nicht entgegen ist; und diese Freiheit, die durch keinen entgegengesetzten Imperativ eingeschränkt ist, heißt die Befugnis (facultas moralis)" (IV, 328). Kant fährt fort:

> Eine Handlung, die weder geboten noch verboten ist, ist bloß *erlaubt,* weil es in Ansehung ihrer gar kein die Freiheit einschränkendes Gesetz und also auch keine Pflicht gibt. Eine solche Handlung heißt sittlich-gleichgültig (indifferens, adiaphoron, res merae facultatis). Man kann fragen: ob es dergleichen gebe (IV, 329).

Dieser Zweifel, ob es erlaubte Handlungen qua sittlich gleichgültige überhaupt gebe, hat dazu geführt, daß Kant in seiner Religionsschrift diese Kategorie von Handlungen ausdrücklich bestreitet, da es zwischen Gut und Böse nichts Mittleres gebe, so daß alle moralischen Handlungen entweder gebotene oder verbotene Handlungen seien. Entsprechend hat er den Suizid ethisch verworfen. Nun läßt sich dagegen einwenden, daß die Rubrizierung menschlicher Handlungen unter die Kategorien „geboten" und „verboten" die gesamte Praxis von Menschen unzulässig moralisiert. Mir scheint, daß es durchaus eine große Klasse von Handlungen gibt, die weder zwecklos oder beliebig noch unmoralisch sind und doch Freiheit dokumentieren, obwohl sie nicht direkt dem Sittengesetz unterstellt sind. Diese umfangreiche Klasse der moralisch freigestellten oder erlaubten Handlungen umfaßt ganz unterschiedliche Typen von Handlungen, z.B. alle Arten von Spielen, alle ästhetischen Genüsse, aber auch die Wahl eines Kleidungsstücks, eines Ferienortes oder eines Freundes. Diese weniger rigide reglementierten – da weder gebotenen noch verbotenen – Handlungen unterstehen auch dem Freiheitsprinzip als letztverbindlicher Instanz, verletzen aber kein moralisches Gebot oder Verbot. Sie bilden eine eigenständige Klasse von Handlungen, zu denen ich als Grenzfall auch den Selbstmord rechne.

Was bedeutet dies nun genau, daß eine Handlung erlaubt ist? Im Unterschied zu einer gebotenen Handlung, deren Gebot mir sagt, daß ich, um meine Pflicht zu tun, unbedingt handeln *muß,* besagt eine Handlungserlaubnis, daß ich handeln *darf,* aber nicht muß. Auf den Suizid als erlaubte Handlung bezogen folgt daraus: Ich darf ein für mich sinnlos gewordenes Leben, das nicht mehr menschenwürdig ist, selbst beenden, aber ich bin nicht dazu verpflichtet, es zu tun; ebensowenig wie ich dazu verpflichtet bin, es um jeden Preis weiterzuführen. Ich kann mich so oder so entscheiden – da wie bei allen erlaubten Handlungen –, beide Seiten der Alternative gleich gültig sind, d.h. hier ist nicht ein Ja *oder* Nein, sondern ein Ja *und* Nein zulässig. Erlaubte Handlungen sind moralisch indifferente, unentschiedene Handlungen; über sie ist nicht durch Bezugnahme auf das Sittengesetz bereits eine Vorentscheidung getroffen, der gemäß entweder das Ja geboten und das Nein verboten ist oder umgekehrt. Wählt also jemand in freier Entscheidung den Tod, so überschreitet er damit bildlich gesprochen nicht die

Grenze der Moral, sondern macht vor dieser Grenze Halt – allerdings in einer unwiderruflichen, endgültigen Weise.

Wer Selbstmord begeht, handelt nicht unmoralisch. Doch daraus läßt sich nicht schließen, daß er ein Recht auf Selbstmord hat, wie dies Jean Améry vehement postuliert hat: „Solange nicht [...] eine Bewegung ins Leben gerufen wird, deren Ziel die bündige Anerkennung der Freiheit zum Freitod als unveräußerliches Menschenrecht dringlich fordert, werden die Dinge bleiben, wie sie sind" (1981, 62). Mir scheint, wer für den Suizid ein Recht geltend macht, für das die Dignität eines Menschenrechts beansprucht wird, der übersieht, daß Recht aus ethischer Sicht immer die Kehrseite von Pflicht ist, d.h. nur denjenigen Handlungen, zu denen jeder Mensch verpflichtet ist, den gebotenen Handlungen also, entspricht ein Recht. Oder andersherum gesagt: Man hat nur auf das ein Recht, wozu man verpflichtet ist. So verpflichten die Menschenrechte jedes Individuum zur Respektierung anderer Freiheit, zur physischen und psychischen Integrität, der Menschenwürde. Beim Recht auf Leben muß man hingegen differenzieren; denn niemand hat ein Recht auf Leben in dem Sinn, daß er einen unbedingten Anspruch darauf hat, gezeugt zu werden. So bemerkt denn auch Wilhelm Kamlah, der für sich den Freitod gewählt hat, in seiner *Meditatio mortis:* „Man hat mich nicht gefragt, als ich zur Welt kam, so daß ich nicht gezwungen werden kann, in der Welt zu bleiben, wenn mein Leben mir und anderen zur Last geworden ist" (1976, 19). Daraus folgt, daß der Mensch Verantwortung in einem letzten Sinn nur für etwas übernehmen kann, das er frei gewählt und als verbindlich anerkannt hat. Nur sofern Menschen existieren, haben sie ein Recht darauf, als Menschen zu existieren, eben: menschenwürdig zu leben. Diesem Recht entspricht die Pflicht, alles daran zu setzen, daß ein menschenwürdiges Dasein auch tatsächlich geführt werden kann. Wo ein solches Leben aus Gründen, die der einzelne nicht zu vertreten hat, unmöglich geworden ist, und das damit verbundene Recht auch langfristig gesehen nicht mehr wahrgenommen werden kann, erlischt durch das Nichtwahrnehmenkönnen des Rechtsanspruchs auch die Pflicht, zu leben.

Die damit in den Blick rückende Alternative: trotzdem weiterzuleben oder sich das Leben zu nehmen, nennt zwei ethisch gleichwertige Möglichkeiten, da die beiden Seiten dieser Alternative nicht mehr auf der Ebene der Rechte und Pflichten einander gegenüberstehen, wo sie sich ausschließen, sondern unter die Kategorie der Erlaubnis fallen, die den Selbstmord als eine moralisch zulässige Handlung bestimmt, ohne damit – ich wiederhole es – ein *Recht* auf Selbstmord einzuräumen.

Wenn es zutrifft, daß der Selbstmord unter ethischem Aspekt erlaubt ist, ohne daß daraus ein Rechtsanspruch ableitbar ist, dann ergeben sich daraus vor allem zwei wichtige Konsequenzen. Die erste Konsequenz betrifft diejenigen, die den Selbstmord für sich persönlich ablehnen und diese Ablehnung verallgemeinern. Es steht niemandem zu, einen Selbstmörder moralisch zu diffamieren, weder wenn er pathologisch ist – dann ist er ohnehin nicht verantwortlich für sein Tun – noch wenn er aus freien Stücken seinem Leben ein Ende setzt, denn in dem Fall führt er eine prinzipiell erlaubte Handlung aus; und wo kein Recht, sondern nur eine Erlaubnis ist, da ist auch kein Richter. Die zweite Konsequenz betrifft diejenigen, die den Selbstmord befürworten: Es gibt kein Recht auf Selbstmord, und die bloße Erlaubnis ist nicht hinreichend, um den Suizid in irgendeiner Form zu reglementieren bzw. zu institutionalisieren.

Jo Roman, eine amerikanische Journalistin, die vor ihrem Freitod ein Buch mit dem Titel *Freiwillig aus dem Leben* (1981) publiziert hat, plädiert für die Einrichtung von *Exit Houses,* Sterbehäusern für Menschen, die aus dem Leben scheiden wollen. Doch wecken ihre Beschreibungen ein Unbehagen, das die Grenze des Zumutbaren anzeigt. Der Versuch, etwas institutionell zu regeln, das sich einer solchen Regelung entzieht und entziehen muß, da es sich um eine Erlaubnis, nicht aber um ein Recht handelt, scheint mir bedenklich, zumal sich manches in Jo Romans Buch fast wie Propaganda für den Selbstmord ausnimmt, wenn sie etwa schreibt, eine „Bundeskommission für Tod aufgrund eigener Entscheidung" solle im Sinne von Rahmenrichtlinien „ein Modell für einen würdigen Tod durch Suizid oder Euthanasie entwickeln" (1981, 211). Dieses Modell für die Einrichtung von Exit-Häusern reglementiert so ziemlich alles, angefangen von der Innenausstattung der Sterberäume und der Kleidung des Personals über die Vorbereitung auf die letzten Augenblicke der Lebensüberdrüssigen und die Methoden zur schmerzlosen Beendigung ihres Lebens bis hin zur Freitodbescheinigung durch eine Exit-House-Urkunde und der Leichenbestattung, die sinnigerweise als Recycling bezeichnet wird. „Überlegter Freitod ist nach meiner Auffassung eine vernünftige und potentiell kreative Weise des Recyclings eines Körpers – den man bereit ist zu verlassen – in den universalen Kreislauf" (Ebd.). Jo Roman will 18-Jährigen eine Bedenkzeit von vier Wochen, 30-Jährigen eine Woche einräumen. Bei Menschen ab 40 Jahren sollte ihrem Gesuch auf Freitod binnen 24 Stunden entsprochen werden (1981, 175). Noch fataler hört es sich an, wenn Jo Roman für den Suizid als einen „rationalen, verantwortungsbewußten Akt", den es sorgfältig zu planen gelte, geradezu Werbung betreibt, indem sie an jeden Menschen als potentiellen Selbstmörder appelliert und ein „Pro-Freitod-Glaubenssystem" aufstellt (1981, 158).

Je früher Sie einen Termin festlegen, desto besser vorbereitet werden Sie natürlich sein. Wenn immer Sie damit beginnen mögen, die Entscheidung darüber bleibt natürlich immer Ihnen überlassen, und Sie haben immer die Freiheit, einen neuen Termin neuen Umständen anzupassen. Meiner Ansicht nach können Sie nicht früh genug damit anfangen, einen ersten Termin festzulegen. [...] Wenn Fettleibigkeit Gier nach Essen ist, dann ist vielleicht Senilität Gier nach Leben (1981, 168, 171).

Es ist sicher zu begrüßen, daß man sich zur Vermeidung eines falschen Pathos einer möglichst sachlichen und nüchternen Ausdrucksweise bedient, aber gerade die Verwendung einer Art Amtssprache zur Formulierung von Vorschriften und Verordnungen zur Regelung des Selbstmords als eines Aktes der Selbstentsorgung macht das Unangemessene des Projekts Exit-House von Jo Roman besonders deutlich. Reglementierungen dieser Art sind dort angebracht, wo es um die Sicherung von Rechten und die Definition der entsprechenden Pflichten geht. Was jedoch gemäß der Erlaubniskategorie der persönlichen Entscheidung des Individuums überlassen bleiben muß, sollte auch auf privater Ebene und durch Privatinitiative geregelt werden. Dies schließt natürlich nicht aus, daß sich Selbsthilfeorganisationen bilden – Ärzte, Psychologen, Sozialberater, Seelsorger etc. mit eingeschlossen –, die ihr Hilfsangebot nicht nur im Sinne einer Selbstmordverhütung, sondern gegebenenfalls auch im Sinne einer Sterbehilfe verstehen. Aber auch hier sollten nicht irgendwelche Vorschriften oder Reglementierungen, sondern allein das persönliche Engagement und das Ethos des Helfenwollens ausschlaggebend sein. Dieses Ethos gebietet in erster Linie, alles Menschenmögliche daran zu setzen, die Bedingungen und Lebensumstände zu ändern, die der Grund dafür sind, daß jemand eine unzumutbare, menschenunwürdige Zukunft vor sich hat. Nur wo dieses Bemühen zum Scheitern verurteilt ist, kann meines Erachtens die Hilfe auch in einer Beihilfe zu einem humanen Sterben bestehen.

Ich schließe mit einem Wort des Suizid-Experten Herbert Pohlmeier: „Anfang und Ende des Angebotes an Hilfe, auf erwünschte Hilfe, ist Unaufdringlichkeit. Diese muß so weit gehen, daß nicht mit allen Mitteln und unter allen Umständen jemand am Leben erhalten werden soll, sondern daß man auch in Ruhe jemanden seinen Tod sterben lassen kann, so weit, daß zwei Menschen miteinander reden und ihre Entscheidung für sich selber finden und einander respektieren." (1978, 48)

## Literatur

Alvarez A (1980) Der grausame Gott. Eine Studie über den Selbstmord. Hamburg

Améry J (1976) Hand an sich legen. Diskurs über den Freitod. Stuttgart

Baechler J (1981) Tod durch eigene Hand. Eine wissenschaftliche Untersuchung über den Selbstmord. Frankfurt a.M.

Bronisch T (1995) Der Suizid. Ursachen - Warnsignale - Prävention. München

Camus A (1980) Der Mythos von Sisyphos. Ein Versuch über das Absurde. Reinbek

Guillon C & Le Bonniec Y (1983) Gebrauchsanleitung zum Selbstmord. Eine Streitschrift für das Recht auf einen frei bestimmten Tod. Frankfurt a.M.

Haenel T (1989) Suizidhandlungen. Neue Aspekte der Suizidologie. Berlin

Holderegger A (1993) Die Verantwortung vor dem eigenen Leben: Das Problem des Suizids. In: Handbuch der christlichen Ethik, Bd. 3, 256-279. Freiburg

Kamlah W (1976) Meditatio mortis. Kann man den Tod „verstehen", und gibt es ein „Recht auf den eigenen Tod"? Stuttgart

Kant I (1983) Metaphysik der Sitten. In: Weischedel W (Hrsg) Werke in sechs Bänden. Bd. IV Darmstadt

Kuitert HM (1990) Darf ich mir das Leben nehmen? Gütersloh

Nietzsche F (1980) Also sprach Zarathustra. In: Sämtliche Werke. Kritische Studienausgabe. 15 Bde. München. Bd. 4

Pieper A (1985) Ethische Argumente für die Erlaubtheit der Selbsttötung. In: Concilium 21, 192-198

Platon (1958) Phaidon. In: Sämtliche Werke, 6 Bde., Reinbek. Bd. 3

Pohlmeier H (1978) Selbstmordverhütung. Anmaßung oder Verpflichtung. Bonn 1978

Roman J (1981) Freiwillig aus dem Leben. München

Seneca LA: An Lucilius. Briefe über Ethik, 2 Bde. lat-deutsch, Darmstadt 1980; De providentia – Über die Vorsehung. In: Philosophische Schriften, 2 Bde., Hamburg 1983

# „Selbstsorge" – ein zentraler Begriff der Antike und sein heutiger Stellenwert in Pädagogik und Philosophie

Anton Hügli

## 1. Selbstsorge als Zentralbegriff der antiken Philosophie

Daß jedes Wesen sich selbst liebt und sich selber zu erhalten versucht, gilt seit je als selbstverständliche Wahrheit. Auf den ersten Blick scheint es darum paradox oder zumindest befremdlich, daß wir uns selbst und andere zur Selbstsorge und mithin auch zur Selbstliebe glauben anhalten und ermahnen zu müssen. Dieses Paradox hängt allerdings mit der paradoxen Existenz des Menschen selbst zusammen, der – als Freigelassener vom „Gängelwagen des Instincts" (Kant, A.-A. VIII, S. 115) – nicht einmal mehr für sich selber sorgen kann, es sei denn, er habe es erlernt. Vernunft und Reflexion sollen nun wettmachen, was beim Tier der Instinkt von selbst besorgt. Wo Reflexion ist, da ist aber auch Entzweiung, und wo Entzweiung ist, stellt sich die Frage, wer denn eigentlich dieses Selbst ist, für das gesorgt werden soll, und welches das Selbst ist, das sorgt. Mit dieser Frage sind aber auch schon die weiteren Unterscheidungen da: die Unterscheidung etwa zwischen dem in mir selbst, was mir nur zugehört und was nicht ich selbst bin, und jenem Teil, der mein eigentliches Selbst, eben mein besorgendes Selbst ausmacht, die Unterscheidung, in traditionellen Begriffen ausgedrückt, zwischen Leib und Seele und dem, was angeblich beides ist. Dieser Entzweiungsvorgang tritt exemplarisch dort in Erscheinung, wo die reflexive Rückwendung in die Philosophie erstmals zum Thema wird und für dieses besondere Verhältnis des Menschen zu sich selbst auch ein neues Wort geschaffen wird:

*epiméleia*, *cura sui*, wie es dann die Lateiner nennen, *Selbstsorge* oder *Selbstfürsorge*. [1]

Daß man sich um sich selbst sorgen soll, ist die ständige Mahnung, die Sokrates in der „Apologie" an seine Mitbürger richtet. Und nicht nur um ihrer selbst willen sollten sie sich um sich selbst kümmern, sondern auch um der *polis*, der staatlich verfassten Gemeinschaft willen. Warum aber soll Selbstsorge uns selbst und erst noch der *polis* dienlich sein? Die Selbstsorge, zu der Sokrates seine Mitbürger, junge wie alte, überreden möchte, soll gerade nicht dem gelten, woran alle an erster Stelle denken: Ruhm und Ehre, unserem Leib und unserem Vermögen; sie soll sich vielmehr auf die Seele selbst richten: daß diese, wie Schleiermacher übersetzt, „aufs Beste gedeihe, zeigend, wie nicht aus dem Reichtum die Tugend entsteht, sondern aus der Tugend der Reichtum und alle anderen menschlichen Güter insgesamt, eigentümliche und gemeinschaftliche" (Apologie 30 b 1ff. ). Die *arete*, diese spezifische Weise der Tüchtigkeit der Seele, ist, mit anderen Worten, nicht nur das, was den Einzelnen selbst bereichert, sondern auch das, was das Gemeinwesen zusammenhält. Daß er für seine eigene Seele sorgen kann, ist darum auch Grundvoraussetzung für jeden Politiker; denn nur wer für sich selber zu sorgen weiß, kann auch maßvoll Macht über andere ausüben (Alkibiades I, 133 e). Eher früh als spät soll man daher mit der Selbstsorge beginnen, denn mit fünfzig Jahren werde es schwer fallen, noch Sorgfalt auf uns zu verwenden (Alkibiades, 127 d/e).

Die Forderung, sich um sich selbst zu kümmern, ist in der Folge eines der Grundthemen der Sokrates-Dialoge Platons, und sie wird zum zentralen Gegenstand der nachsokratischen antiken Philosophie überhaupt.

Daß man sich in erster Linie um die Seele sorgen soll, heißt allerdings nicht – auch bei Platon nicht -, daß man nicht auch für den Leib sorgen muß (Staat 498 b): Es ist nicht gleichgültig, was man ißt und trinkt, ob man Gymnastik treibt und wie man sich abhärtet, sich mit Aphrodisien pflegt und wie man diätetisch mit seinen Lüsten umgeht. Medizinisches und philosophisches Denken fliessen dabei ineinander – bis hin zu den Metaphern. Wie im körperlichen Bereich geht es im seelischen um die Herstellung des

---

[1]   Das klassische Beispiel für das Aufbrechen der besagten Unterscheidungen ist der lange Zeit als pseudo-platonisch geltende Dialog „Alkibiades I".

Gleichgewichts der Kräfte. Der Inbegriff des Krankhaften sowohl im Körperlichen wie im Seelischen ist *pathos*, das sich im Körperlichen als Störung des Säftegleichgewichts zeigt und im Seelischen als Leidenschaft, als unfreiwillige Regung der Seele (vgl. dazu und für das Folgende Foucault 1989, S. 75ff.).

Die medizinischen Metaphern werden auch verwendet, um die Maßnahmen zu bezeichnen, deren die Seele zu ihrer Pflege bedarf und die der Verbesserung der Seele, der *paideia*, dienen: das Skalpell an eine Wunde legen, ein Geschwür öffnen, amputieren, überflüssige Säfte ablassen, Arzneien verordnen, bittere, beruhigende oder stärkende Medizin verschreiben. Philosophen – Epiktet z.B. – pflegen ihre Schulen als „Ambulanz der Seele", als „Arztpraxis" (*iatreion*), zu bezeichnen: „Wenn man hinausgeht, soll man nicht genossen, sondern gelitten haben" (Gespräche II, 21, 12-22). Die Schüler sollen ihre Befindlichkeit als pathologischen Zustand auffassen, sie sollen als Kranke auftreten, so als hätte einer eine verrenkte Schulter, der andere ein Geschwür, der dritte eine Fistel, jener da Kopfschmerzen.

Umgekehrt hält sich ein Arzt wie Galen für kompetent, nicht nur große Verwirrungen des Geistes (etwa den Liebeswahn) zu heilen, sondern auch die Leidenschaften, d.h. die fehlgeleiteten Leidenschaften, die sich wider die Vernunft erheben, und die Irrtümer, die aus einer falschen Meinung erwachsen.

Die Unterschiede zwischen den Philosophenschulen zeigen sich einzig – wie bei den Ärzten – in den unterschiedlichen Diagnosen der menschlichen Krankheiten und entsprechend auch in den unterschiedlichen Therapien. Einig ist man sich allerdings darin, daß es die Leidenschaften und übertriebenen Ängste sind, die uns daran hindern, wirklich zu leben. Jede Philosophie ist darum Therapie gegen die Leidenschaften: Sie lehrt uns, uns nicht um die falschen, sondern um die richtigen Dinge zu sorgen, und ist darum stets mit einer tief greifenden Umwandlung der Denk- und Seinsweise des Individuums verbunden.

Für Epikur und seine Schüler liegt das Grundübel darin, daß man Dinge fürchtet, die man nicht zu fürchten braucht, und Dinge begehrt, die man gar nicht nötig hat. Wenn man den Menschen zeigen kann, daß ihre Ängste unbegründet sind und daß es nur wenige Dinge sind, die sie wirklich brauchen, können sie auch das Einzige, das zählt, das individuelle Glück in Form der Freude am Dasein, zurückgewinnen.

Nach Auffassung der Stoiker rührt das Unglück der Menschen eher daher, daß sie versuchen, Dinge zu erlangen oder zu bewahren, die man nur schwer erlangen und leicht verlieren kann, oder daß sie versuchen, Übel zu vermeiden, die unvermeidlich sind. Ihre Philosophie erzieht daher den Menschen dazu, nur das erreichen zu wollen, was er erlangen kann, und nicht das vermeiden zu wollen, was unvermeidlich ist, kurz – nichts anderes zu wollen als das, was in unserer Macht steht. In der Macht des Menschen steht aber einzig das moralisch Gute und das moralisch Schlechte. Alles andere ist eine notwendige Verkettung von Ursachen und Wirkungen und darum etwas, was wir hinnehmen müssen, wie es kommt.

Gemeinsames Ziel aller Philosophenschulen ist es, wegzukommen von der ängstlichen Besorgnis um den eigenen Vorteil oder Nutzen für sich selbst und sich zu bemühen um die „kluge Sorge" (*cura sui*) um sich selbst. Und diese bezieht sich vor allem auf die Seele, die es zu formen gilt und die auch leicht die gewünschte Gestalt annimmt (Seneca, Epist. ad Luc. 50, 6).

Diesem gemeinsamen Ziel einer radikalen Änderung der menschlichen Sehweise dienen auch die verschiedenen philosophischen Disziplinen: Logik (Kanonik bei den Epikureern), Physik und Ethik. Denn es geht letztlich immer um drei Dinge: die Dinge richtig zu sehen und sich nicht zu falschen Urteilen hinreißen zu lassen, die Dinge in ihrem Zusammenhang mit dem Weltganzen zu sehen und die eigenen Bestrebungen auf das richtige Ziel hin zu lenken. Wer so lebt, liegt nicht mit sich und der Welt im Streit, lebt nach einem einzigen *logos*, läßt sich vom gemeinsamen Gesetz leiten, das die vielen besonderen Naturen zu einem harmonischen Gefüge verbindet.

Damit die Philosophie wirksam werden konnte, mußte sie jedoch „in Fleisch und Blut" übergehen, und ihre Maximen und Sentenzen hatten ständig „griffbereit" zu sein. Zu diesem Zweck wurden eine Reihe von Übungen und Prozeduren, geistige Exerzitien entwickelt, die Teil des traditionellen mündlichen Unterrichts und des täglichen Lebens waren. Zu ihren gehörten bei den Stoikern etwa: die ständige Wachsamkeit und Kontrolle der eigenen Gedanken, der morgendliche Vorsatz und die abendliche Prüfung, Meditation, Lektüre philosophischer Schriften, Memorieren von Sentenzen, Gespräche, Briefe schreiben, um sich wechselseitig Rat zu geben, Übung in Selbstbeherrschung, Konzentration nur auf Eines, Wissen, welche Dinge gleichgültig sind, Vorbereitung auf den Tod, Ausüben der Pflichten, Gleichgültigkeit gegenüber gleichgültigen Dingen und nicht zuletzt auch Sorge tragen für den eigenen Körper (vgl. dazu Hadot 1991, S. 13-47; 69-98).

Wenn man die verschiedenen Momente der Selbstsorge etwas systematisiert, lassen sich folgende Aspekte unterscheiden (Schmid 1995, Sp. 529f.):

*1. Das Moment der Selbstwahrnehmung, der Selbstreflexion:*
Sich selber Aufmerksamkeit schenken bis in die kleinsten Dinge des täglichen Lebens, verbunden mit einer Rechenschaftslegung und Prüfung, häufig mit Hilfe des Blicks eines Anderen von außen auf das Selbst.

*2. Der Aspekt der Selbstveränderung und Selbsterzeugung:*
Das Selbst ist nicht einfach gegeben, sondern wird hergestellt, wird zum Werk einer regierenden Instanz, aber nicht um seiner selbst willen, sondern im Sinne einer Verbeßerung auf dem Weg zur Vortrefflichkeit, bis hin zur Vollendung.

*3. Der therapeutische Aspekt:*
Die wunde und verletzte Seele ist zu pflegen und zu heilen, um das Selbst, das nun mehr als zuvor auf sich selbst gestellt ist, zu stärken; die Affekte und Leidenschaften sind im Zaum zu halten. Dies allerdings ist nur durch ständige Übung (*melete*) und Askesis zu erreichen, zu der die aufgezählten täglichen Maßnahmen wie Lektüre, Schrift, das Denken an den Tod, das Wappnen gegen Entbehrungen gehören.

*4. Der prospektive Aspekt:*
Die Sorge richtet sich auf Künftiges, sie besteht darin, das, was kommen kann, vorweg zu bedenken, insbesondere Schicksal und Tod, und sie besteht darin, rechtzeitig Vorsorge zu treffen, Prävention also nach medizinischem Modell.

Schließlich gibt es auch *den pädagogischen* und *politischen Aspekt.*

5. Unsere Sorge soll nicht bloß uns selbst, sondern auch den Anderen dienen, sie sind anzuleiten zur Sorge um sich selbst, und diese Fähigkeit zur Sorge um sich selbst ist schließlich Voraussetzung dafür, andere und eine ganze *polis* zu regieren.

Die christlichen Autoren des 2. Jahrhunderts, die so genannten Apologeten (Justinus, Tatian, Clemens von Alexandrien u.a.) haben nicht gezögert, das Christentum als eine Philosophie zu bezeichnen. Zur Abgrenzung von der griechischen Philosophie sprachen sie allerdings von *„unserer* Philosophie", und diese zeichnete sich gegenüber der „Philosophie der Barbaren" dadurch aus, daß sie, die Christen, den Logos nicht nur in Bruchstücken, sondern den in Jesu Fleisch gewordenen Logos selbst besitzen (vgl. Hadot 1991, S. 50).

Diese Gleichsetzung des Christentums mit Philosophie hat es ermöglicht, daß die Exerzitien und geistigen Übungen der griechischen und römischen Philosophie Eingang auch in das christliche Mönchstum gefunden haben, um dort mit dem gleichen Ziel weiter betrieben zu werden: der totalen Umwandlung des inneren Lebens und der radikalen Veränderung der Sicht aller Dinge: unter Vernachlässigung und Verachtung des Leibes allerdings und auf ein Glück im Jenseits gerichtet (zum Ganzen vgl. Rabbow 1954; Hadot 1991, S. 48-65).

Der entscheidende Wandel aber: Die philosophische Selbstsorge, die tatsächlich eine Selbstsorge war und sich allenfalls freiwillig einem Custos, einem Wächter und Aufseher über sich selbst, unterzog, wird nun zur Seelsorge durch den Priester, dem, als Vorsteher der Kirche, die Sorge um die Herde Christi auferlegt ist. Allerdings muß auch der Priester, wenn er den Zustand der Seelen durchschauen will, selbst eine außerordentliche Seelenstärke mitbringen, die den Leidenschaften widersteht. Zu seinem Amt gehört darum auch, daß er sich selber ständig prüft. Der Begriff der Selbstsorge jedoch kommt endgültig außer Gebrauch; vorübergehend belebt wird er einzig in der Renaissance noch einmal mit der erneuten Zuwendung zu den antiken Texten, bei Michel de Montaigne etwa oder Lipsius (vgl. Schmid 1995, Sp. 531f.).

Selbst bei Kant noch kann man allerdings letzte Spuren der Selbstsorge finden – in Form des Begriffs der „Pflichten gegen sich selbst": Zu dieser Besorgung seiner selbst gehört nach Kant die „Vervollkommnung seiner
selbst", die Bildung „seiner Geistes-, Seelen- und Leibeskräfte", und die
„ethische Gymnastik", die den Menschen, im Gegensatz zur
„Mönchsascetic", nicht „Abscheu an sich selbst" lehrt, sondern ihm dazu
verhilft, das rechte Maß zu finden und vor allem, sich selbst zu führen (A.-
A., Bd. 6, S. 419, 444, 485).

Sich selbst führen aber kann der Einzelne nur, wenn sein Wille durch die
Vernunft bestimmt wird und die Vernunft ihm seinen Zweck vorgibt und es
ihm ermöglicht, „der Vorstellung gewisser Gesetze gemäß sich selbst zum
Handeln zu bestimmen" (A.-A., Bd. 4, S. 427). Das Hauptziel jedes
menschlichen Lebens ist darum, in eine Kurzformel gefaßt, vernünftige
Selbstbestimmung, und die Philosophie ist der Weg zu diesem Ziel.


## 2. Die Verdrängung des Themas „Selbstsorge" in der Philoso-
phie der Neuzeit

Im 19. Jahrhundert scheint die Selbstsorge kein Thema mehr zu sein – jedenfalls nicht innerhalb der Philosophie, und im 20. Jahrhundert wird sie bis
in die achtziger Jahre hinein vollends obsolet. Dies hängt nicht zuletzt mit
einem entscheidenden Paradigmenwechsel innerhalb der philosophischen
Ethik zusammen, den Kant, trotz seiner vielen Anleihen in der antiken Tradition – maßgeblich mit initiiert hat.

Die antike ethische Theorie stand, wie wir gesehen haben, im Zeichen der
einen, alles umfassenden Frage: Was für ein Leben sollen wir führen, wenn
wir ein gutes und sich erfüllendes Leben, ein Leben im Sinne der *eudaimo-
nia*, leben möchten? Sie war, mit einem Wort, eine Strebens- oder Willen-
sethik, aus der heraus dann auch das Konzept der Selbstsorge erwachsen ist.

Die moralische Frage nach dem *kalón*, nach dem was sich in bezug auf
den jeweils anderen geziemt, gehört dabei zwar mit ins Spiel, aber stets unter der Prämisse, daß moralisches Verhalten gegenüber den andern letztlich
immer auch glücksförderlich und darum im wohlverstandenen Eigeninteres-
se sei.

Im Unterschied zur antiken Ethik ist die neuzeitliche Ethik jedoch – jedenfalls in der maßgeblichen Kantischen und utilitaristischen Ausprägung – eine reine Sollensethik, für die das Verhältnis zum jeweils anderen im Mittelpunkt steht. Die Frage dagegen, die für die Antike die primäre war, die Frage nach dem wahren Glück, ist keine philosophiefähige Frage mehr. Dies kann man explizit für Kant zeigen, aber es gilt ebenso auch für den Utilitarismus.

Aus Kants Sicht kann man sowohl subjektiv wie objektiv nach dem Glück fragen: in bezug auf unser subjektives Glücksgefühl nämlich oder dann im Hinblick auf mehr oder weniger objektive Kriterien einer glücklichen Verfassung des Menschen. Aber eine solche objektive Bestimmung des Glücks im Sinne der Vollkommenheit ist nach Kant letztlich leer, unbestimmt und zirkulär (Kant, A.-A., Bd. 4, S. 443) – indem man stillschweigend jene Verfassung als gut erklärt, die man ohnehin schon anstrebt, und das angestrebte Gute de facto allein danach beurteilt, wie weit es uns subjektives Glücksgefühl verschafft. Mit anderen Worten: Es gibt gar kein objektives Kriterium für Glück; es bleibt nur das subjektive Kriterium des Glücksgefühls, und dies bedeutet: Jeder muß selber sehen, ob das, was er will, ihn glücklich macht. Eine objektive, allgemeingültige Begründung gibt es hier – ganz anders als bei den moralischen Sollensurteilen – nicht. Für Kant gilt darum dasselbe wie für den Benthamschen Utilitarismus: Es läßt sich inhaltlich nicht unterscheiden zwischen den höheren und wahren und den so genannten niedrigen Freuden. Glück kann alles sein, was uns eher Lust als Leid verschafft.

Die neuzeitlichen liberalistischen Rechtskonzeptionen haben dieser These noch eine zusätzliche normative Wendung gegeben: Jeder soll seines eigenen Glückes Schmied sein und sein Leben so gestalten können, wie er will. Philosophie und Politik können darum nicht nur nicht, sondern sollen auch nicht zuständig sein in Fragen des Glücks.

Das Umdenken setzt in der Philosophie erst Mitte der Siebzigerjahre ein: Mit der sogenannten Rehabilitierung der praktischen Philosophie wurde auch die antike Frage nach dem „guten Leben" wieder zu einem diskussionswürdigen Gegenstand der Philosophen. Verstummt ist diese Frage freilich nie. Unter dem Deckmantel verschiedenster Begriffe und in unterschiedlichen Kontexten hat sie sich – mit wachsender Intensität – erneut

wieder zu Wort gemeldet: bei Kierkegaard, Nietzsche und in der Existenzphilosophie, in der Psychoanalyse, der humanistischen Psychologie und im
Marxismus, in zentralen Begriffen und Schlagwörtern der Nachkriegszeit,
den Begriffen des Selbstseins (vgl. Hügli 1995) und der Selbstwahl etwa,
der Selbstverwirklichung (vgl. Gerhard 1995) oder der Gesundheit im Sinne
der neuen Definition der *World Health Organisation* –„Health as a state of
complete physical, mental and social well-being" – und nicht zuletzt unter
dem Schlagwort der „Lebensqualität" – so unter Präsident Johnson in den
USA, Willy Brandt in Deutschland – in der Politik und schließlich – über J.
W. Forrester (Forrester 1969; ders. 1971) und den ersten Bericht des *Club of
Rome* (Meadows u.a. 1972) – weltweit auch in der politischen Ökonomie.
Zurzeit feiert das Thema „Glück und gutes Leben", wie die wachsende Zahl
der Publikationen und Symposien beweist, auch in der Philosophie Kon-
junktur.[2]

Im Zuge dieser neueren Diskussionen über „Glück" und „gutes Leben" ist
auch die Einsicht gewachsen, daß eine Sollensethik ohne Ergänzung durch
eine entsprechende Strebens- oder Klugheitsethik (je nach Aspekt kann man
auch von Güter-, Glücks- oder Selbstethik sprechen) nicht bestehen kann
und daß eine diesen komplementären Ansprüchen genügende Ethik – Hans
Krämer hat dies mit seinem gleichnamigen Buch auf den Punkt gebracht –
nur eine „integrative Ethik" sein kann.

Philosophie-Historiker wie Pierre Hadot und Paul Rabbow haben die antike Kultur der Selbstsorge der Vergessenheit wieder entrißen, und Michel
Foucault hat in seinen jüngsten Büchern die Kultur der Selbstsorge zu einem
generellen Thema der aktuellen philosophischen Diskussion gemacht.

Wie aber kann man, unter heutigen Bedingungen, an diese antike Tradition wieder anknüpfen?

---

[2]  Aus der Fülle der Titel vgl. etwa Bien 1978; Nozick 1989; Krämer 1992; E.F. Paul/M
Paul 1992; Annas 1993; Forschner 1993; Seel 1995; Wolf 1996; Hügli 1997[b]; Schummer
Steinfath 1998. – Ein besonders bemerkenswertes Dokument ist die Studie des „World In
of Development Economics Research" (Nussbaum/Sen 1993).

## 3. Kontroverse Versuche zur Wiederbelegung der Selbstsorge in der gegenwärtigen Philosophie

Selbstsorge wird, wie schon in der Antike, nicht betrieben werden können, ohne eine Theorie darüber, worin denn eigentlich das Glück besteht, das durch die richtige Sorge seiner selbst erreicht werden kann. Das aufgezeigte verwirrende Geflecht von höchst unterschiedlichen Diskussionssträngen, die in der Gegenwart zusammenlaufen, wirft die berechtigte Frage auf, ob das, was am Ende gesucht wird, das gute Leben schlechthin, sich überhaupt auf einen Begriff und in ein Konzept bringen läßt. Es gibt in der Tat mindestens drei Theorien des Glücks oder des guten Lebens, die sich das Feld streitig machen. Ich werde sie im Folgenden als die *hedonistische Theorie*, die *Wunscherfüllungstheorie* und die *Theorie des objektiv Guten* bezeichnen.

Nach der hedonistischen Theorie besteht das einzige Kriterium für „gutes Leben" darin, wie wir dieses Leben subjektiv erfahren, ob wir die mentalen Zustände, in denen wir uns befinden, als lustvoll oder leidvoll, als beglückend oder unerträglich etc. empfinden. Gut lebt, wer sich „glücklich" fühlt.

Für die Wunscherfüllungstheorie ist das Kriterium des „guten Lebens" nicht, wie die betreffende Person sich fühlt, sondern ob und inwieweit die Wünsche (oder zumindest die meisten und wichtigsten), welche die Person zum jeweiligen Zeitpunkt hat, tatsächlich auch erfüllt sind, d.h. inwieweit Wunsch und Wirklichkeit miteinander übereinstimmen. Gutes Leben also als der Zustand einer Person, der es, im Sinne der kantischen Definition des Glücks, im Ganzen ihres Daseins nach Wunsch und Willen geht.

Die Theorie des „objektiv Guten" geht davon aus, daß ein gutes Leben aus mehr besteht als aus erfüllten Wünschen oder Glücksgefühlen. Es müßte ein Leben von der Art sein, daß es, nach der Ansicht des Urteilenden, in sich selber gut ist oder zumindest gut als Mittel für Dinge, die in sich selbst gut sind. Zu solchen „objektiv guten" Dingen zählen etwa gewisse Güter oder gewisse Fähigkeiten oder Freiheiten, von denen angenommen werden kann, daß alle Personen, wenn sie hinreichend informiert und hinreichend rational wären, sie für sich erstreben würden.

Von welcher dieser Theorien soll man sich auf der Suche nach dem „guten Leben" leiten lassen? In der gegenwärtigen philosophischen Diskussion scheint, wie wir gesehen haben, das Pendel eher wieder zugunsten der –

in der neuzeitlichen Tradition verpönten – Theorie des „objektiv Guten" auszuschlagen.[3] In pädagogischer Hinsicht bedenkenswert dürften jedoch die offensichtlichen Defekte sowohl der Theorie 1, der hedonistischen Theorie, wie auch der Theorie 2, der Wunscherfüllungstheorie, sein. Ihre an sich durchaus löbliche Voraussetzung besteht zwar darin, in einem gut liberalistischen Sinn das Individuum selbst zum höchsten Bezugspunkt seines Glücks zu machen. Glücksförderung bestünde dann nur noch darin, dafür zu sorgen, daß die vom Einzelnen gewünschten Glückserlebnisse (gemäß Theorie 1) oder eine seinen Wünschen entsprechende Welt (gemäß Theorie 2) geschaffen werden, sei es direkt – durch die „Fürsorge" der anderen – oder indirekt, durch Bereitstellung der nötigen Mittel zur „Selbstsorge". Das notorische Problem dieser Theorien bleibt: Es mag Glücksdispositionen oder -präferenzen geben, bei denen es schwer fällt, sie unbesehen hinzunehmen und der Erfüllung zuzuführen, sadistische Dispositionen z.B., xenophobe oder sexistische Wünsche usw.. Sie stellen uns vor die schwierige Frage, ob es nicht besser wäre, moralisch besser und vielleicht auch für den Einzelnen besser, diese Wünsche oder Dispositionen nicht zu haben, und eher auf ihre Veränderung hinzuwirken als auf ihre Erfüllung. Sich einzulassen auf einen solchen Prozeß der Wunsch- und Dispositionsveränderung, der Selbstveränderung schlechthin, ist jedoch nichts anderes als das, was man als Bildung zu bezeichnen pflegt. Die grundlegende Bildungs-Frage lautet daher nicht: 'Wie bekomme ich das, was ich will (oder was mir Lust verschafft)?', sondern vielmehr: 'Was soll ich überhaupt wollen?' ('Woraus soll ich überhaupt meine Lust ziehen?'). Mit dieser Frage aber sind Theorie 1 und 2 hoffnungslos überfordert; denn Veränderung von Wünschen und Dispositionen kann wohl kaum als eine Form von Wunscherfüllung angesehen werden. Andernfalls wäre beispielsweise das von der Theorie 2 angestrebte Glück, die Übereinstimmung von Wunsch und Realität, auf höchst einfachem Wege herzustellen: indem man dort, wo diese Übereinstimmung nicht besteht, nicht die Welt den Wünschen, sondern die Wünsche der Welt anpaßt, d.h. indem man sich dazu bringt, nur noch das zu wollen, was man ohnehin schon hat und was ohnehin schon der Fall ist – nach dem Beispiel

---

[3]   Vgl. dazu etwa, neben den Beiträgen der Herausgeber, die Artikel von G. A. Cohen, D. Brock und Th. Scanlon in: Nussbaum/Sen 1993, S. 9-29, 95-132, 185-200.

jenes Generals etwa, der mit dem Ruf: „Laßt meine Seite siegen!" zur sieg-
reichen Seite überlief.

Ist dies alles jedoch schon ein hinreichender Grund, irgendeine Version
von These 3 zu wählen? Auf welchem Weg denn sollen die objektiven Be-
stimmungen gewonnen werden, und in welchem Sinn, wenn überhaupt, sind
sie „objektiv" zu nennen? Müssen wir unterstellen, daß es so etwas wie eine
gleich bleibende Natur des Menschen und eine kulturunabhängige Bedeutung des „guten Lebens" gibt? Oder ist das Ideal des „guten Lebens" abhängig von den jeweils vorherrschenden kulturellen und sozialen Vorstellungen? Wo aber bleibt dann die „Objektivität"?

Daß Lebensideale sich unterscheiden und keines sich als das objektiv
Richtige auszeichnen läßt, wird sich wohl kaum bestreiten lassen. Ein möglicher anderer Weg bestünde jedoch darin, nicht nach den inhaltlichen Kriterien eines guten Lebens zu suchen, sondern der Frage nachzugehen, ob es
nicht, welcher Konzeption des guten Lebens man sich auch verschreiben
mag, bestimmte grundlegende Voraussetzungen braucht, um überhaupt eine
solche Konzeption des guten Lebens bilden und sie auch realisieren zu können. Wie fruchtbar dieser Ansatz sein könnte, hat sich in jüngster Zeit in einem ganz anderen Kontext, in dem der Wohlfahrtsökonomie, gezeigt.

Auf der Suche nach einer Antwort auf die Frage, was man denn eigentlich
verteilen müsse, wenn man Gerechtigkeit herstellen wolle: ob es hier tatsächlich um Verteilung von Wohlfahrt und Wohlbefinden gehe, oder um eine Verteilung von Gütern oder von Chancen, sich Güter zu erwerben, hat
der indische Ökonom Amartya Sen (1980, 1985) den Vorschlag unterbreitet,
die sogenannte *capability*, die ich frei mit Glücksfähigkeit übersetzen
möchte, zur entscheidenden Größe zu erheben.

Glücksfähigkeit umfaßt nach Sen sowohl die Mittel als auch die Fähigkeit oder das Vermögen einer Person, grundlegende Dinge so zu tun, daß die
von ihr gewünschten positiven Zustände realisiert werden können. Elementare Bestandteile der Glücksfähigkeit sind die sogenannten „functionings",
die nicht unbedingt nur in einem Tun, sondern auch in einem Sein bestehen
können, von guter Ernährung und guter Gesundheit über die Fähigkeit zu lesen und zu schreiben, bis hin zur sozialen Integration und zur Erhaltung der
Selbstachtung.

Ihren Wert erlangen diese Fähigkeiten und *functionings* nicht aufgrund der von ihnen tatsächlich erreichten Zustände, sondern aufgrund dessen, daß eine Person diese Zustände selber, aus eigener Kraft herbeiführen kann. Das Gewicht auf die Fähigkeit und nicht auf die erreichten Zustände zu legen, hat insbesondere auch den Vorteil, daß wir uns um das freiwillige Fasten des Reichen nicht zu kümmern brauchen, sondern nur um den nicht frei gewählten Hunger des Armen (vgl. Sen in: Nussbaum / Sen 1993, S. 30-53).

Unterschiedliche soziale, ökonomische und politische Bedingungen mögen jeweils anderen Fähigkeiten besonderes Gewicht und besonderen Wert geben; aber entscheidend ist, daß die Lebensqualität nicht primär über Wohlbefinden und mentale Zustände definiert wird, sondern mit Hilfe der Dinge, die es Personen – objektiv gesehen – ermöglichen, selber zu wählen, welche Ziele sie sich setzen und welches Leben sie für lebenswert ansehen wollen. Es geht, wie Sen dies prägnant ausdrückt, nicht um „well being achievement", sondern um „well being freedom" (Nussbaum / Sen 1993, S. 43).

In der Wohlfahrtsökonomie wurde dieser Vorschlag von Sen mit breiter Zustimmung aufgenommen. Welche Bedeutung er in unserem Zusammenhang hat, ist offensichtlich: Was Sen *capability* nennt, ist im Grunde genommen nichts Anderes als das, was man als „Fähigkeit zur Selbstsorge" bezeichnen müßte. Worin aber besteht diese Fähigkeit? Falls man diese Frage auf der Ebene der Vermögenspsychologie abhandelt, wird man bei unterschiedlichen, willkürlich aufgesammelten psychischen „functionings" und bei irgendwelchen Einzelvermögen enden. Falls man sie jedoch in ihrem Kern erfassen will, dann ist es – so jedenfalls meine These – genau die Fähigkeit, die schon die Stoiker zu entwickeln suchten und die dann Kant zur grundlegenden Fähigkeit erhoben hat: die formale Fähigkeit, sich mit sich selbst in Einklang zu bringen.

Worin diese Fähigkeit besteht und warum sie von derart zentraler Bedeutung ist, soll zunächst – ohne historische Rückgriffe – in den Termini und psychologischen Vorstellungen des 20. Jahrhunderts dargelegt werden: anhand des Seelenmodells des späten Freud.

## 4. Freud – eine Fortsetzung des klassischen Programms der Selbstsorge unter anderen Begriffen

Im Verlauf seines Studiums der „psychischen Persönlichkeit" gelangt Freud bekanntlich zur Auffassung, daß jede Handlung aus einem Kräftespiel von drei grundsätzlich verschiedenen „psychischen Provinzen oder Instanzen" hervorgeht (Freud 1972, S. 9). Diese Bereiche der Psyche sind das „Es", das „Über-Ich" und das „Ich". Das Es steht für jene innerpsychische Instanz, die gleichsam den Wesenskern des Menschen bildet und die vor allem „die aus der Körperorganisation stammenden Triebe" einschließt (ebd.). Es ist laut Freud „der dunkle, unzugängliche Teil unserer Persönlichkeit" (1978, S. 63). Die zweite Instanz des menschlichen Seelenlebens ist das „Über-Ich". Als eine Art Gegenspieler des Es repräsentiert es eine normative Instanz, die sich in der Psyche eines Kindes aufgrund von dessen Verinnerlichung der elterlichen oder einer anderen Autorität herausgebildet hat und die sich im Verlaufe des Lebens immer mehr von den ursprünglichen Vorbildern ablöst und zu einer überpersönlichen Vertreterin des Moralitätsanspruchs schlechthin wird (Freud 1978, S. 56). Die dritte Instanz schließlich, die Freud unterscheidet, ist die für uns entscheidende: das Ich. Diese Instanz bildet sich im Gange der Ontogenese „unter dem Einfluß der uns umgebenden realen Außenwelt" direkt aus jenen Teilen des Es heraus, welche die Funktion haben, das Es selber zu schützen (Freud 1972, S. 9). Mit zunehmender Abspaltung und zunehmender Selbständigkeit übernimmt das Ich die spezifische Aufgabe, die „Forderung jener drei Herren" (Freud 1978, S. 66) – nämlich des Es, des Über-Ich und der Außenwelt – zu erfüllen und, wenn sich diese nicht gleichzeitig erfüllen lassen, zwischen den sich widerstreitenden Ansprüchen zu vermitteln. Das Ich als „das Zentrum der Person" repräsentiert, wie Freud in Anlehnung an die „populäre" Ausdrucksweise sagt, „Vernunft und Besonnenheit", das Es die unvernünftigen „ungezähmten Leidenschaften" (Freud 1978, S. 65). Das Ich erfüllt offensichtlich genau die Funktion, die man traditionellerweise der praktischen Vernunft zugesprochen hat: die Ansprüche des natürlichen Begehrens zu befriedigen, gleichzeitig auf die Anforderungen der Wirklichkeit einzugehen und dabei die Einwände und Einsprüche des Gewissens gebührend zu berücksichtigen. Wie in den traditionellen Modellen, so ist auch bei Freud eine Handlung in jenen Fällen geglückt, wo es der Instanz des Ich, beziehungsweise der praktischen Vernunft gelungen ist, eine Einigung zwischen sämtlichen Forderungen, die gegenüber dem Ich vorgebracht worden sind, zu erzielen oder – anders gesagt – ein Gleichgewicht zwischen allen Ansprüchen und Wünschen herzustellen. Mit den Worten Freuds ausgedrückt: „Eine Handlung des Ichs ist dann korrekt, wenn sie gleichzeitig den Anforderungen des Es, des Über-Ichs und der Realität genügt, also deren Ansprüche miteinander zu versöhnen weiß" (Freud 1972, S. 10). Wo dies der Fall ist, gelingt es auch, seinem eigenen Leben eine umfassende Struktur zu geben, beziehungsweise eine durchgehende Ordnung herzustellen [4].

Wie aber kommt es zu diesem einheitlichen Willen und zu dieser Lebensganzheit? Es müssen vor allem zwei Bedingungen erfüllt sein:

1. Damit die Entscheidungen über die Zeit hinweg kohärent sein können, dürfen sie nicht bloß situativ und ad hoc erfolgen – gleichsam als Ergebnis des gerade vorherrschenden Kräftespiels -, die Entscheidungen müssen vielmehr in die Form eines Grundsatzes, einer *Maxime*, wie Kant sagen würde, gebracht werden können. Solche Maximen wären etwa Regeln wie die, sich nicht im Zorn hinreißen zu lassen, immer pünktlich zu sein, Versprechen zu halten usw..

2. Damit die Einstimmigkeit auch zwischen diesen Grundsätzen gegeben ist, dürfen sie sich selber nicht widersprechen, sondern müssen miteinander in Einklang gebracht werden können.

Freud selber hat weder über diese Bedingungen nachgedacht, noch darüber, wie sie realisierbar sein könnten. Wenn wir eine Lösung für dieses Problem haben wollen, müssen wir zur Philosophie zurückkehren, denn es ist genau dieses Problem, das beispielsweise die Stoiker vor Augen hatten mit ihrer These, daß der Mensch nur glücklich sei, wenn er im Einklang mit der Natur, beziehungsweise dem Logos und der Vernunft lebe: indem er stets das-

---

[4] Diese Parallelität zwischen der Funktion des Freudschen Ich und der Funktion der praktischen Vernunft gut herausgearbeitet hat U. Thurnherr 1994, S. 79ff.

selbe wolle und dasselbe nicht wolle. Die wohl konsequenteste Interpretation dessen, was es heißt, immer dasselbe zu wollen, hat dann aber Immanuel Kant gegeben: in Form des kategorischen Imperativs, der nichts anderes darstellt, als das Prinzip für die Bildung von Maximen. Und dieses Prinzip muß allen Maximen vorweggehen, denn nur dann ist es möglich, daß sie von vornherein und nicht erst nachträglich in einen widerspruchsfreien Zusammenhang gebracht werden können. Wie aber sollen wir uns dies vorstellen?

## 5. Die formalen Bestimmungen eines stimmigen Lebens und die Frage nach ihrer Bedeutung für die konkreten Lebensentwürfe

Wir können uns die Wirkungsweise des kategorischen Imperativs durch eine Analogie klarmachen[5]: Aussagesätze lassen sich nur bilden mit Hilfe der Kopula „ist", aber dieses „ist" sagt, für sich genommen, noch nichts aus, bringt nichts inhaltlich Neues über den Gegenstand des Urteils bei. „Sein ist", wie Kant sagt, „kein reales Prädikat" (Kritik der reinen Vernunft A 598). Man kann aber, wie man dies im Platonismus getan hat, den Blick auch umwenden, und im Begriff des Seins nicht den inhaltsärmsten, sondern den inhaltsreichsten Begriff sehen, von dem ausgehend man, in absteigender Skala, durch immer weitere Differenzierungen und Spezifizierungen, zu allen übrigen Begriffen gelangen kann. Im höchsten Begriff des Seins sind dann alle anderen Begriffe eingeschlossen, das Sein ist der „Urbegriff", „Inbegriff aller möglichen Prädikate", oder, wie Kant auch sagt, „das Wesen aller Wesen (*ens entium*)" (Kritik der reinen Vernunft A 573).

Genauso wie mit dem Begriff des Seins im Bereich der Aussagesätze verhält es sich auf dem Gebiet der praktischen Vernunft mit der obersten Maxime, in der gleichsam als oberstem Sollenssatz alle übrigen Maximen des handelnden Subjekts enthalten sein können. Es ist ein Prinzip, das nichts Bestimmtes unmittelbar vorschreibt, und in diesem Sinn rein formal, aber es sichert die Verträglichkeit der Handlungsregeln, es gibt ihnen systematischen Zusammenhang.

---

[5]  Den Hinweis auf diese Analogie verdanke ich M. Sommer 1987, S. 44ff.

In der allgemeinsten seiner Formulierungen lautet dieses Prinzip: „Handle nur nach derjenigen Maxime, durch die du zugleich wollen kannst, daß sie ein allgemeines Gesetz werde" (Grundlegung, A.-A. IV, S. 421). Kategorisch ist dieses Prinzip, weil es nicht Rücksicht nimmt auf das, was der Einzelne jeweils will, sondern ihm unbedingt abfordert, daß er diesen Universalisierungstest vornehmen soll. Alle Maximen, die aufgrund dieses Tests gebildet werden, bilden ein rationales System der „mit sich selbst allgemein einstimmigen Freiheit", und das einzig Gute, das es, nach Kant, gibt, der „gute" oder „reine" Wille, der immer dasselbe will, ist ein Wille, der sich dieses System guter Maximen zu eigen gemacht hat.

Wer moralisch „gut" handelt, verfolgt also wenigstens zwei Maximen zugleich: die unterste, besondere, die als Prinzip gerade dieser Handlung hier ihre Einheit gibt – Du sollst immer Dein Versprechen halten – und die oberste, die allen Handlungen unter ihr als Prinzip dient, somit auch dieser hier. Das bedeutet zum einen: Wer so handelt, tut, bei aller Verschiedenheit dessen, was er tut, immer dasselbe; denn immer sind alle seine Handlungen, dank dieses obersten synthetischen Prinzips, das, was sie sind.

Mit der einen, nach dem kategorischen Imperativ gebildeten Handlungsmaxime sind darum im Prinzip die unendlich vielen auch noch möglichen, mit diesem Imperativ zusammenstimmenden Maximen vorgebildet. Das Ganze ist nicht ohne dieses Einzelne und das Einzelne nicht ohne dieses umfassende Ganze. Es liegt darum nahe, wie Kant dies auch tut, dieses System der guten Maximen zu vergleichen mit einem organischen Körper, der von einem einzigen Prinzip des Lebens beseelt ist (Opus Postumum, Bd. 22, S. 506f.).

Der kategorische Imperativ steht hier jedoch nicht als die letzte Wahrheit in Fragen der Moral, sondern als das wohl bekannteste Beispiel für die Leistung, die im Grunde jede neuzeitliche Moraltheorie anstrebt, vom Utilitarismus bis hin zur Diskursethik von Apel und Habermas: die Entscheidungskriterien zu nennen, die es ermöglichen würden, seine eigenen Handlungen und Handlungsregeln mit den Handlungen und Handlungsregeln aller anderen in Einklang zu bringen. Die Hauptmerkmale des kategorischen Imperativs sind darum auch prototypisch für alle übrigen Universalisierungstests: Diese Tests sind rein formal, d.h. sie helfen uns nicht, die Regeln und Maximen zu finden, nach denen wir leben wollen, sondern bloß, die

Regeln auszuschließen, die uns mit uns selbst in bringen. Die Moral kann darum nicht das erste, sondern nur das letzte Wort haben – wie die elterliche Instanz bei den Kindern, die am Ende auch die Erlaubnis geben muß, ob das Kind das tun darf, was es gerne tun möchte. Wir werden dadurch vor dem Schlimmsten bewahrt: daß wir mit uns selbst und mit anderen in Konflikt geraten. Die Grundfrage aber, auf die wir eine Antwort suchen: wofür zu leben und zu sorgen sich lohnt, bleibt weiterhin unbeantwortet. Kant war darum auch – im Unterschied zu den Stoikern – konsequent genug, sich von der Moral nicht mehr zu versprechen, als sie geben kann: sie garantiert nach seiner These kein Glück, sondern verschafft uns höchstens die Würdigkeit, glücklich sein zu können.

Wie aber soll dann die Frage nach dem zu lebenden guten Leben beantwortet werden? Diese Frage braucht gar nicht beantwortet zu werden, lautet die jüngste und gängigste Replik, die uns ein Kommunitarist wie MacIntyre (1981) oder ein Phänomenologe wie Paul Ricoeur (1996) nahelegen, denn wo sich die Frage stelle, sei die Antwort auch schon gegeben. Ich muß mich nicht erst erfinden, ich finde mich immer schon vor – als diese Person, mit diesen Neigungen, Gewohnheiten und Eigenschaften, mit dieser Herkunft und dieser Lebensgeschichte. Die Frage, wer ich sein soll, kann ich darum nur beantworten, wenn ich sagen kann, wer ich schon bin. Und dies wiederum kann ich nur, wenn ich die Bildungsgeschichte meiner Person, das Zufällige, aufgrund dessen ich bin, mir vergegenwärtige und im Lichte dieser Vergangenheit darüber entscheide, welche Person ich für die Zukunft sein möchte. Diese Selbstvergegenwärtigung und Selbstprüfung jedoch ist nur möglich im Horizont der Lebensform, die ich mit anderen teile und die den Kontext für meinen Lebensentwurf bildet. Die einzig adäquate Form der Selbstsorge wäre demnach, meine Geschichte weitererzählen zu können, sie zu einem guten Ende zu bringen. Und gut zu Ende gebracht ist sie dann, wenn ich der, der ich bin, auch bleiben kann.

Sein Leben erzählen heißt in gewisser Hinsicht immer: sein Leben schaffen; denn was ich bin, ist nicht unabhängig davon, wie ich mich selbst verstehe: was ich zu erleben oder zu fühlen glaube, das erlebe und fühle ich auch; die Art und Weise, wie ich meine Zukunft sehe, bestimmt auch mein Bild der Vergangenheit und umgekehrt. Indem ich mich von der Richtigkeit der klinischen Deutung meines Kindheitskonfliktes überzeugen lasse, habe ich mir diese Deutung auch schon zu eigen gemacht. Diese permanente Selbstschaffung und Selbstdeutung mag auch der tiefere Sinn der Formel von Charles Taylor sein: der Mensch sei ein „self-interpreting animal" (1985, Bd. 1, S. 45). Was aber ist dann der Maßstab, an dem ich die Richtigkeit oder Falschheit meiner Selbstinterpretation bemesse?

Als einziger Maßstab für diese selbstinterpretative Selbstsorge bliebe die Authentizität: daß ich mich selbst in der Tat auch sehe als derjenige, den ich zu sein vorgebe, daß ich auch fühle, was ich zu fühlen behaupte, daß ich meine, was ich sage.

Aber kann dies schon alles gewesen sein? Allein schon das formale Kriterium der Übereinstimmung mit sich selbst ist einschneidender als dies zunächst erscheinen mag. Es schließt aus: alle Konzepte des guten Lebens, die der Selbstbestimmung aus Vernunft im Wege stehen und den Einzelnen der Vormundschaft heteronomer Mächte unterstellen. Es richtet sich aber auch gegen alle Verhältnisse, die den Einzelnen daran hindern, Einheit in sich selber herzustellen, d.h. sich seiner selbst mächtig zu sein. Und meiner selbst mächtig bin ich nur, wenn ich mich so verhalten und so leben kann, wie ich – aus freiem Willen – leben und mich verhalten will. Dies gilt sowohl in physischer Hinsicht – mit einem Körper, der mir zu willen ist – als auch in psychischer Hinsicht: in bezug auf die Fähigkeit, auch wollen zu können, was ich will, und nicht zwangshaft und automatisch wie zum Beispiel im Fall der Sucht, mein Verhalten wiederholen zu müssen, ohne Rücksicht auf die Situation und die möglichen Folgen. Das Kriterium gilt nicht zuletzt in sozialer Hinsicht. Sozial selbstmächtig bin nur, wenn ich zu anderen Menschen auf die Weise in Kontakt treten kann, wie ich mir dies wünsche. Das „über-sich-selbst-verfügen-können", mit einem Wort, ist das übergreifende Ziel, auf das es in meinem Leben ankommt und an dem alle konkreten Lebensentwürfe als mögliche Formen des unfreien und „falschen" Lebens kritisch zu messen sind.

Was dies in Konkreto heißt und wie es sich ins Inhaltliche übersetzen läßt: dies allerdings ist immer noch ein weites, offenes Feld. Eines dürfte aber jetzt schon gewiß sein: die Frage, welches Leben zu leben sich lohnt, ist mehr als eine historisch-kontingente, individuelle Frage, sie betrifft uns Menschen als Menschen in unserer menschlichen Existenz: daß wir einen

Leib und daß wir Sinne haben, daß wir von Leid, Tod und Endlichkeit bedroht sind, daß unser Glück fragil ist und daß selbst unsere moralische Sicherheit in tragischen Konflikten zu zerbrechen droht.

Diese Themen rufen geradezu nach einer Wiedergeburt einer Philosophie als Lebenskunst, die ja in der Tat, wenn auch nicht unter diesem Titel, sondern unter dem der Existenzphilosophie oder des Existenzialismus' – die philosophische Diskussion im 20. Jahrhundert über weite Strecken beherrscht hat.

Daß diese Wiedergeburt erneut wieder erfolgt ist, verrät, neben der gegenwärtig boomenden Literatur zur Frage des guten Lebens (vgl. etwa Schmid 1998; Schummer 1998), das ubiquitäre Bedürfnis nach philosophischer Orientierung, das in Einrichtungen wie den „café-philos" in Frankreich und den Philosophischen Praxen in Deutschland, Österreich und der Schweiz zum Ausdruck kommt.

Gelegenheit zur Anknüpfung bietet sich aber unmittelbar auch in der Pädagogik: zumindest die geläufigen pädagogischen Leitideen und Parolen wie „Erziehung zur Mündigkeit", „Emanzipation" und „Autonomie" könnten ohne weiteres übersetzt werden in eine Sprache der Selbstsorge: wie befähige ich den Einzelnen, ein Verhältnis zu sich selbst und zur Welt zu gewinnen, das ihm ein selbstbestimmtes und gutes Leben ermöglicht?

Nicht weniger ausgreifend sind die Leitideen, unter denen man neuerdings, unter Berufung auf die WHO-Formel der Gesundheit, Gesundheitsförderung propagiert: denn wenn die Pädagogik dazu verhelfen soll, den Heranwachsenden zu befähigen, jenen Zustand des vollständigen physischen, geistigen und sozialen Wohlbefindens zu erreichen, den Gesundheit ausmacht, dann geraten wir bereits wieder in jene Domäne, die nur noch im metaphorischen Sinn mit Medizin zu tun hat: in die Domäne der Philosophie nämlich, wie sie die Antike verstanden hat: als *medicina mentis*, als Medizin der Seele (vgl. Hügli 1997).

Angesichts des gegenwärtigen Standes der philosophischen Diskussion ist allerdings fraglich, ob diese großen Scheine auch nur annähernd gedeckt sind. Und wie man diese Scheine umsetzt in die harte Währung der schulischen Praxis; dies ist nochmals eine andere, beinahe ebenso offene Frage. Von der Entwicklung einer Selbstkultur, die mit der der Antike vergleichbar wäre, sind wir jedenfalls noch weit entfernt. Aber zumindest das Bewußtsein ist geschaffen – und eine Vorlesungsreihe wie diese hilft vielleicht noch etwas nach.

## 6. Zusammenfassung

*Erste These:*
Selbstsorge hieß für die antiken Philosophen in der Nachfolge von Sokrates: das zu finden und das zu lieben, für das zu leben sich lohnt: den besseren Zustand unserer Seele und das damit verbundene Glück.

*Zweite These:*
Was den Blick für den wahren Gegenstand der Sorge trübt, sind die Leidenschaften und falschen Ängste. Philosophie ist darum – Therapie gegen die Leidenschaften. Als Heilmittel wurden die verschiedensten Exerzitien, Übungen und Techniken entwickelt: von der Selbstprüfung und Meditation über Lektüre und Schrift bis hin zur ständigen Wachsamkeit auch in alltäglichen Dingen. Philosophie ist, in diesem Sinn, keine Lehre, sondern eine Lebensform (vgl. Pierre Hadot: Philosophie als Lebensform, Berlin 1991; Michel Foucault: Die Sorge um sich selbst, Sexualität und Wahrheit, Bd. 3, Frankfurt/M. 1986).

*Dritte These*
Die christlichen Autoren des 2. Jahrhunderts, die sogenannten Apologeten (Justinus, Tatian, Clemens von Alexandrien u.a.), haben das Christentum als „ihre Philosophie" bezeichnet. Dies ermöglichte es ihnen, die Exerzitien und geistigen Übungen der griechischen und römischen Philosophen in das christliche Mönchstum einzuführen. Selbstsorge wurde nun allerdings zur „Seelsorge" des Kirchenvorstands.

*Vierte These:*
Mit der Rückwendung auf die klassische Antike erlebt auch der Begriff „Selbstsorge" eine kleine Renaissance (Montaigne, J. Lipsius u.a.). Kant spricht von „Pflichten gegen sich selbst", welche die Bildung der Geistes-,

Seelen- und Leibeskräfte als „Besorgung" an sich selbst zur Aufgabe machen und dem Menschen auferlegen, „sich selbst zu führen".

*Fünfte These:*
Aufgrund eines Paradigmenwechsels in der Ethik der Neuzeit von einer Strebensethik hin zu einer Sollens-ethik ist „Selbstsorge" im 19. Und 20. Jahrhundert in der Philosophie kein Thema mehr. Sie wird es erst Ende der achtziger Jahre wieder aufgrund einer erneuten Rückbesinnung auf die antike Ethik.

*Sechste These:*
Falls wir weiterhin davon ausgehen dürfen, daß „Selbstsorge" im Dienste eines guten oder glücklichen Lebens steht, wird der erste, philosophische Schritt hin zur „Selbstsorge" notwendigerweise darin bestehen, die Frage nach dem Glück wieder aufzunehmen.

*Siebte These:*
Es gibt zur Zeit drei mögliche Theorien des Glücks, die sich das Feld streitig machen:

a)  *die „hedonistische Theorie":*
    Glücklich ist, wer sich glücklich fühlt.

b)  *die „Wunscherfüllungstheorie":*
    Glücklich ist, wem es (im Ganzen seines Daseins) nach Wunsch und Willen geht.

c)  *die „objektive Theorie":*
    Glücklich ist, wer ein Leben leben kann, das objektiv „gut" ist.

*Achte These:*
Angesichts der Mängel der „hedonistischen Theorie" und der „Wunscherfüllungstheorie" steht zur Zeit die „objektive Theorie" – zu Recht – im Vordergrund. Der interessanteste Vorschlag einer objektiven

Bestimmung des „guten" Lebens stammt von A. Sen: Das Maß des guten Lebens ist die „Glücksfähigkeit" (capability) des Menschen.

*Neunte These:*

„Glücksfähigkeit" ist in ihrem Kern nichts anderes als das, was man als „Fähigkeit zur Selbstsorge" bezeichnen könnte. Rein formal besteht diese Fähigkeit darin, jene „Freundschaft" mit sich selbst herzustellen, welche insbesondere die Stoiker gesucht haben und die Kant in der Neuzeit – mit seiner Formulierung des kategorischen Imperativs – am klarsten gefaßt hat.

*Zehnte These:*

Moral – unter den Auspizien des kategorischen Imperativs oder einer anderen universalistischen Formel – ist jedoch nur Rahmenbedingung und notwendige Voraussetzung für die gesuchte innere Einheit des Selbst. Die Frage, wer diese individuelle, ganz bestimmte Person ist, der meine Sorge gelten soll, bleibt weiterhin offen.

*Elfte These:*

Phänomenologen, Hermeneutiker und Kommunitaristen, aber auch Universalisten wie Habermas meinen: Auf die Frage, wer ich bin (und wer ich sein soll), gibt es nur eine individuelle Antwort: aufgrund meiner Lebensgeschichte und der historisch-kulturellen Lebensform als dem Kontext, aus dem heraus ich lebe.

*Zwölfte These:*

Diese Antwort berücksichtigt nicht, was die antiken Philosophen sehr wohl wußten und die Existenzphilosophie gleichsam dramatisiert hat: daß es menschliche Grundsituationen gibt (wie Leid, Tod, Schuld, Zufall usw.), mit denen der Mensch immer wieder konfrontiert ist und mit denen umgehen zu können mit zu seiner Glücksfähigkeit gehört.

*Dreizehnte These:*

Diese anthropologischen Momente wieder einzuholen, wird eine ebenso notwendige Aufgabe sein wie der Versuch, den Anschluß an jene pädagogischen Zielvorstellungen von Emanzipation, Mündigkeit und Selbststeuerung zu finden, die im Grunde nur andere Ausdrücke für die Fähigkeit zur Selbstsorge sind und die die ihnen entsprechende erzieherische und schulische Praxis erst noch suchen.

## Literatur

Annas J (1993) The Morality of Happiness. Oxford

Bien G (1978) Die Frage nach dem Glück. Stuttgart – Bad Cannstatt

Forrester JW (1969) Urban Dynamics. Cambridge/Mass

Forrester JW (1971) World Dynamics. Cambridge/Mass

Forschner M (1993) Über das Glück des Menschen. Darmstadt

Foucault M (1988) Technologies of the Self. Massachusetts (dt: Technologien des Selbst, Frankfurt/M. 1992)

Foucault M (1984) Le souci de soi. Histoire de la sexualité, Bd. 3. Paris (dt.: Die Sorge um sich. Sexualität und Wahrheit, Bd. 3, Frankfurt/M. 1989)

Frankfurt HG (1971) Freedom of the Will and the Concept of a Person. In: The Journal of Philosophy 68, 5-20

Freud S (1972) Abriß der Psychoanalyse. – Das Unbehagen in der Kultur. Frankfurt/M.

Freud S (1978) Neue Folge der Vorlesung zur Einführung in die Psychoanalyse. Frankfurt/M.

Gerhardt V (1995) Selbstbestimmung. In: Historisches Wörterbuch der Philosophie, Bd. 9 Sp. 335-346

Hadot P (1991) Philosophie als Lebensform. Geistige Übungen in der Antike. Berlin

Hügli A (1995) Selbstsein. In: Historisches Wörterbuch der Philosophie. Bd. 9 Sp. 520-528

Hügli A (1997) Mutmaßungen über den Ort des Glücks in der Ethik der Neuzeit. In: Studia Philosophica 56

Hügli A (1997) Gesundheitsförderung auf den Spuren Platons? Vorwort und Nachwort zu EDK-Dossier 46A: Gesundheitsförderung in der Grundausbildung. Bern

Kant I (1968) Kants Werke. Akademie-Ausgabe (A.-A.) (1902ff.). Berlin

Krämer H (1992) Integrative Ethik, Frankfurt/M.

MacIntyre A (1981) After Vertue, a Study in Moral Theory. Notredame/Ind. (dt.: Der Verlust der Tugend. Zur moralischen Krise der Gegenwart. Frankfurt/M. /New York 1987)

Meadows D et al. (1972) Die Grenzen des Wachstums. Bericht des Club of Rome zur Lage der Menschheit. Stuttgart

Nozick R (1989) The examined life. Philosophical Meditations. New York

Nussbaum M & Sen A (1993) The Quality of Life. Oxford

Nussbaum M (1993) Non-Relative Virtues: An Aristotelian Approach. In: Nussbaum M & Sen A (Hrsg) The Quality of Life. Oxford

Paul EF, Miller FD jr & Paul J (1992) The Good Life and the Human Good. Cambridge

Platon (1994) Sämtliche Werke. Reinbek

Rabbow P (1954) Seelenführung. Methodik und Exerzitien in der Antike. München

Ricoeur P (1990) Soi-même comme un autre. Paris 1990 (dt.: Ricoeur P (1996) Das Selbst als ein Anderer. München)

Schmid W (1995) Selbstsorge. In: Historisches Wörterbuch der Philosophie, Bd. 9 Sp. 528-535

Schmid W (1998) Philosophie der Lebenskunst – Eine Grundlegung. Frankfurt/M.

Schummer J (1998) Glück und Ethik. Würzburg

Sen A (1980) Equality of What? In: McMurrin S (1980) Tanner Lectures on Human Values. Cambridge

Sen A (1985) Commodities and Capabilities. Amsterdam

Sen A (1993) Capability and Well-Being. In: Nussbaum M & Sen A (Hrsg), The Quality of Life. Oxford

Sommer M (1988) Identität im Übergang: Kant. Frankfurt/M.

Steinfath H (1998) Was ist ein gutes Leben? Philosophische Reflexionen. Frankfurt/M.

Taylor C (1985) Philosophical Papers, 2 Bde. Cambridge

Thurnherr U (1994) Die Ästhetik der Existenz. Über den Begriff der Maxime und die Bildung von Maximen bei Kant. Tübingen / Basel

Wol U (1996) Die Suche nach dem guten Leben. Platons Frühdialoge. Reinbek b. Hamburg

# Todes- und Lebenskonzepte als Basis selbstzerstörerischer oder fürsorgerischer Akte bei Kindern und Jugendlichen

Dieter Bürgin

## 1. Einleitung: Anmerkungen zum Begriff der Aggression

Der Aggressionsbegriff ist oft recht unklar definiert. Dem lateinischen Verb „aggredi" kommen folgende Bedeutungen zu:
1. sich nähern, hinzugehen, jemanden mit Worten oder Bitten angehen, jemanden für sich zu gewinnen suchen;
2. in feindlichem Sinne angreifen, überfallen, und zwar planmäßig und mit Überlegung;
3. sich an etwas machen, etwas in Angriff nehmen, etwas unternehmen, beginnen, untersuchen.

Das Substantiv „aggressio" bedeutet Angriff oder erster Anlauf eines Redners. Das „Oxford Dictionary" definiert „Aggression" als unprovozierte Attacke oder als den Vollzug einer solchen. Laplanche et al. (1972) bezeichnen mit dem Begriff Aggression oder Aggressivität (englisch: aggressivity) Tendenzen, die sich in realen oder phantasierten Verhaltensweisen zeigen und darauf abzielen, den anderen zu schädigen, ihn zu vernichten, zu zwingen, zu demütigen. Jegliche Verhaltensweise kann also zu einer aggressiven werden.

Der Triebbegriff gehört zur Metapsychologie. Die Frage ist, wieweit ein solches Konzept nützlich oder unnütz für die Erhellung klinischer Erscheinungen ist. Obwohl ein Trieb selbst nie direkt zu beobachten ist, stellt sich die Frage, ob es nicht einen primär selbstdestruktiven Trieb gibt, bei dem die Aggression gegen das Objekt bereits eine sekundäre Erscheinung, nämlich die Folge einer Abwehr mittels Projektion vom Selbst auf das Objekt, ist. Die enorme Vielfalt aggressiver Manifestationen und Phänomene verlangt nach klaren beschreibenden oder erklärenden Konzepten, am besten solchen, die im Schnittpunkt von Klinik und Metapsychologie liegen. Vielfach werden aggressive Manifestationen auch als sekundäre Folgen von Frustrationen und nicht als primäre Triebgeschehnisse verstanden.

Zu Beginn des Lebens gehören Libido und Aggression, die voneinander nicht unterscheidbar sind, einer undifferenzierten gemeinsamen Matrix an. Als Quelle der Aggressionstriebe können der Wachstumsprozeß und die Mechanismen des Lebens überhaupt angesehen werden (Mahler, 1981). Infolge unterschiedlicher biologischer Fundierung besteht eine große kongenitale interindividuelle Variabilität in der „aggressiven Ausstattung". (Dies würde in gleicher Weise gelten, auch wenn die Aggressionen sekundäre Frustrationsfolgen wären). Das primäre Wachstumselement, der aggressive Impetus, kann nicht anders als Hindernisse aus dem Wege zu räumen oder sie zu durchstoßen. Nach dem Aufbau der frühen Bindungen zu den primären Betreuungspersonen in den ersten Lebensmonaten führen die libidinösen, zusammenführenden, auf Beziehungsaufbau gerichteten Kräfte das aggressionsgefüllte Wachstumsmoment an. Bald wird dieses in zunehmendem Maße auch durch „Objektpassage" neutralisiert. Nach der anfänglich diffusen Abfuhr werden somit aggressive Impulse zunehmend mit libidinösen vermischt und auf diese Weise an die libidinösen Bindungen angeheftet (Frijling-Schreuder, 1972). Die aggressiven Strebungen lehnen sich somit an die Entwicklungsstadien der Libido und an die Entwicklung der Objektbeziehungen an. Lusterlebnisse des Säuglings bei mütterlicher Zuwendung fördern die libidinöse Entwicklung. Massives Erleben von Unlust bei längerdauerndem Versagen des nötigen emotionalen Austausches stärkt die Aggression. Liebe, Sorge und Toleranz erleichtern die Vermischung der libidinösen und aggressiven Triebimpulse. Die fördernde Umwelt hilft also, die Triebimpulse zu modifizieren und zu integrieren.

So wird im günstigen Falle die Aggression zu einer Art, die Dinge zu tun, wird in den Dienst der Persönlichkeitsentwicklung gestellt, erfüllt Aufgaben der Lebenskräfte im Sinne von Ablösung und Distanzierung, ganz besonders im Hinblick auf die Separations- / Individuationsphase und später auf den Aufbau der persönlichen Identität.

Nach Ablauf der ersten Kindheitsperiode divergieren die Entwicklungslinien für die Libido und die Aggression weit voneinander. Die Vermeidung von Spannung, von Unlust bzw. die Etablierung von Zerstörungslust werden zu frischen Zielen der Aggression. Mit der Entwicklung der Denkprozesse werden aggressive Impulse vor allem durch magisches Denken und Phantasieren bewältigt. Erst in der ödipalen Phase organisieren sich die Gefühle in die größeren Kategorien von Liebe und Haß. Mit zunehmendem Alter wird die motorische Aggression (Schläge, Stöße) durch entsprechende Worte ersetzt (Frijling-Schreuder, 1972).

Die Aggressivität als Triebpotential für Aggression vermag, wenn sie durch das Ich neutralisiert und ent-aggressiviert werden kann, bei entsprechend begabten Individuen zu einer Quelle kreativer Leistungen zu werden (Heimann, 1972). Das bedeutet, daß Abkömmlinge aggressiver Triebe zu einem Teil der Ich-Struktur werden und damit adaptativen Zwecken dienen können. Zentral für die Entwicklung und Organisation des Ichs, der Selbst- und der Objektrepräsentanzen ist die integrierte Mischung von aggressiven mit libidinösen Triebanteilen. Bei geeigneter Verwendung bekommen aggressive Impulse somit einen organisierenden Wert für die Entwicklungsprozesse und können dazu dienen, traumatische Erfahrungen wie Tod, heftige Angst usw. konstruktiv und strukturierend anzugehen. Die Aggression gehört in solchen Momenten in die Kategorie der Lebenstriebe und manifestiert sich als Aktivität, im Gegensatz zum Todestrieb, der sich als Destruktivität und Passivität zeigt. Die Aggression ist auch deshalb ein konstruktiver Faktor, weil durch sie die Konstanz äußerer und innerer Objekte bei zerstörerischem Verhalten überprüft werden kann (wird einer Repräsentanz die Besetzung entzogen und sie dadurch gleichsam „vernichtet", so bewahren die Wahrnehmung und die Erinnerung die Strukturhülsen der äußeren und der inneren Objekte).

Aggression ist in dieser Sicht ein Ich-Produkt. Eng mit dem Funktionieren des Ich verkoppelt, hat sie etwas mit der Beherrschung, dem Aus-dem-Wege-Räumen und gegebenenfalls auch mit der Vernichtung einer Objektrepräsentanz oder eines Realobjektes zu tun. Die Beobachtung von Kleinkindern zeigt, daß „die Fähigkeit zum Angriff auf andere früher auftritt als die Fähigkeit zur Verteidigung der eigenen Person. Das mag heißen, daß der Angriff ein direkter Abkömmling des Aggressionstriebes ist, Aggression im Dienste der Verteidigung dagegen eine durch das Ich vermittelte, gelernte Reaktion" (Anna Freud, 1980). Für gewisse manifeste Erscheinungen postulieren wir unbewußte aggressive Impulse. Diese können in verkleideter Form auch in der Phantasie befriedigt werden. Konflikte dürften genau so häufig, wenn nicht noch häufiger, durch aggressive als durch libidinöse Triebanteile zustande kommen. Der Abwehrapparat scheint aber gegenüber libidinösen Triebimpulsen wirksamer zu sein als gegenüber aggressiven (Eissler, 1980). Es ist also zu unterscheiden zwischen direkter, triebhafter Aggression und aggressivem Verhalten als Ich- und Abwehrreaktion.

Die aggressive Qualität eines Geschehens ist somit weder durch bestimmte Verhaltensweisen noch durch spezielle Gefühlsqualitäten festgelegt, sondern durch bestimmte Motivationskomponenten, welche auf dem Hintergrund eines spezifischen Bedeutungskontextes erkennbar werden (Buie, 1983).

## 2. Zum Problem der Autoaggressivität

Obwohl noch recht wenig bekannt ist über die Formen, Stadien und Aufgaben des Aggressionstriebes in der Adoleszenz, läßt sich doch festhalten, daß Akte der bewußten oder unbewußten Attacken auf den eigenen Körper mit dem Ziel, ihn zu verletzen oder umzubringen, vor der Pubertät eher selten sind. Bei Patienten, die einen deutlichen Wunsch zu töten oder zu verstümmeln in sich tragen und ihn in die Tat umgesetzt haben, besteht eine fast totale Unfähigkeit, die frühinfantilen libidinösen Bindungen zur Mutter aufzugeben. Ablösung und Individuation sind für sie gleichbedeutend mit unerträglichem Verlust. Die Beziehung zur Mutter bleibt massiv ambivalent und narzißtisch. Von einem grausamen, archaischen Über-Ich wird die narzißtische Identifikation mit der internalisierten Mutter brutal und andauernd angegriffen. Den Körper umzubringen heißt damit auch, das Instrument zu zerstören, das den Wunsch, die Mutter umzubringen, ausführen könnte. Nur durch die Zerstörung des Körpers kann die Quelle so überwältigender Impulse eliminiert werden.

## 3. Soziale und antisoziale Tendenzen

Jedes menschliche Wesen kommt, auf Grund seiner Zugehörigkeit zu den Säugetieren, mit einer hereditär angelegten Bereitschaft für soziale Interaktionen und ihre Beendigung zur Welt, die für die Entwicklung der Fähigkeit zur Beziehungsentwicklung essentiell ist. Der Säugling besitzt eine bereits bei der Geburt vorhandene und sich schnell differenzierende, organisierte Fähigkeit, aktiv eine Interaktion mit einem anderen menschlichen Wesen anzufangen, sie aufrecht zu erhalten oder sie abzuschließen (Emde, 1988). Er tritt abwechslungsweise in einen sich selbst stimulierenden, interpersonalen, emotionalen Dialog mit kommunikativem Austausch ein und wechselt dann wieder in auf sich selbst bezogene Ruhephasen ohne stärkere Bezogenheit auf die Außenwelt bzw. ein Objekt. Dieses Verhalten ist Teil einer immer komplexer werdenden Interaktionsverschlaufung, die auf Grund angeborener Entwicklungsschritte und umgebungsabhängiger Erfahrungen prozeßhaft fortschreitet.

Als soziale Tendenz läßt sich ein angeborenes, mehr oder weniger triebhaftes Suchen nach dem Objekt bezeichnen. Es ist die triebhafte Bewegung auf einen Dialog hin, das Ausgerichtetsein auf einen Austausch. Soziale Tendenz beinhaltet somit ein Bezogensein, ist selbst aber noch nicht Beziehung, sondern vielmehr eine Art Urmotivation, in Beziehung zu treten. Sie kann damit auch als Überbrückungshilfe für frustrierende Erfahrungen, die die Beziehungsaufnahme erschweren oder blockieren, bezeichnet werden.

Der Terminus der antisozialen Tendenz bezeichnet ebenso eine angeborene, aber auf Rückzug und Abgrenzung ausgerichtete Besetzungsveränderung. Beide Tendenzen sind lebens- und überlebensnotwendig, richtungsweisend für die Entwicklung des Menschen. Die angeborene Ausrichtung auf die äußeren Objekte und dann auf die aus den Erfahrungen mit bedeutungsvollen Anderen gewonnenen und prototypisch ausgearbeiteten Repräsentanzen dieser, steht in einer Wechselwirkung und einem Gleichgewicht zu einer ebenso angeborenen Ausrichtung auf sich selbst (das heißt auf die Selbstrepräsentanz, bez. ihre Vorläufer), die man auch Selbstbehauptungstendenz nennen könnte. Sowohl die soziale als auch die antisoziale Tendenz dienen mit ihrem sich abwechselnden Vorherrschen dem Überleben. Die triebhafte Besetzung wie auch der Besetzungsabzug (das heißt die objektgerichtete Bewegung wie auch z.B. der Rückzug auf das Körperselbst im Schlaf), sind anfänglich libidinös-aggressiv gemischt und beziehen sich auf eine fürs erste nur wenig differenzierte, d.h. von einander abgegrenzte Selbst-Objekt-Repräsentanz. Beide Besetzungsvorgänge dienen anfänglich dem Ziel zu überleben. Mit fortschreitender Entwicklung aber ist diese Übereinstimmung zunehmend weniger erkennbar und nicht mehr in demselben Ausmaß gültig wie zu Beginn. Die soziale Tendenz kann, unter Zuhilfenahme von und in Wechselwirkung mit der antisozialen, somit als zentrales Movens für den Aufbau der Beziehungsfähigkeit – von der völligen Abhängigkeit bis zur genitalen Sexualität – angesehen werden.

Es gibt physiologische Phasen stärkerer antisozialer Tendenz (z.B. das Fremdeln, „Nein"- Sagen oder Trotzen, aber auch die Adoleszenz). Bei gesundem, d.h. gut integriertem Ich mit starker sozialer Tendenz treten sie gleichsam in den Dienst des Ichs, haben die Entdeckung von Neuem und die Funktionen der Abgrenzung, der Entwicklung einer gesunden Fähigkeit zur Kritik und der phasenentsprechenden Auflehnung und Ablösung zur Aufgabe. Man könnte sie als ich- und entwicklungssyntone Formen der antisozialen Tendenz bezeichnen.

Der antisozialen Tendenz kommt keine lebenserhaltende Funktion zu. Sie hat, wenn überwiegend, bei Säugetieren eher aberrative Entwicklungen zur Folge (z.B. Einzelgängertum mit geringen Überlebenschancen) und kann beim Menschen lebensbedrohlich wirken. Das überstarke Auftreten einer antisozialen Tendenz kommt nicht nur bei fehlender sozialer Tendenz zustande, sondern vielmehr dann, wenn einer sozialen Tendenz nicht mehr nachgegeben werden darf oder kann, da dies Angst oder Konflikte zur Folge hätte, die gehemmt, blockiert oder ins Gegenteil verkehrt werden müssen. Entwicklung bleibt dann zwar möglich, läuft aber unter veränderten Bedingungen ab. Eine übermäßig stark ausgebildete antisoziale Tendenz kann aber auch durch vordergründige Anpassung bzw. pseudosoziales Verhalten überdeckt oder cachiert werden.

Individuen mit fehlgeleiteter sozialer Tendenz bzw. starker antisozialer Tendenz sind unschlüssig, ambivalent und unsicher bezüglich der Erreichbarkeit und Wünschbarkeit ihrer sozialen Zielsetzungen, auch wenn sie diese lautstark proklamieren und gegebenenfalls rücksichtslos zu erreichen suchen. Sie sind konflikthaft auf ein Gegenüber bezogen und fixiert und suchen diese Tatsache gleichzeitig krampfhaft abzuwehren. Die soziale Tendenz und die Selbstbehauptungstendenz stehen für sie in grundsätzlichem Widerspruch, der dann aufbricht, wenn die Abwehr-, Anpassungs- oder Kompensationsmechanismen geschwächt werden oder versagen.

Die Abwehr-, Anpassungs- und Kompensationsmechanismen bestimmen weitgehend die Form, das zeitliche Vorherrschen und die Mischungsformen, mit denen sich die sozialen und antisozialen Tendenzen intrapsychisch und im Verhalten manifestieren. Sie werden aber auch selbst durch die Strebungen der sozialen und antisozialen Tendenz mitgeformt und entwickeln sich bei jedem Individuum, im Dienst der aus inneren oder äußeren Gründen geforderten sozialen Anpassung, in spezifischer Kombination. Anpassung selbst ist eine weitgehend durch die äußere Realität modifizierte, eigene, interpersonal ausgerichtete Tendenz, eine Berücksichtigung der vom Dialogpartner ausgehenden Wünsche und Zielsetzungen, weil dieser entweder mehr Macht ausübt oder der Adressat der sozialen und dialogischen Tendenzen des Subjektes ist. Anpassung wird erleichtert, wenn der bedeutungsvolle Andere der Garant der eigenen Sicherheit, der Verstärker der eigenen Selbstbehauptungstendenzen oder der Vermittler von Wohlgefühl ist. Die in den dialogischen Kontakten entstandenen Eindrücke hinterlassen Erinnerungsspuren, welche als Basis einer Normenentwicklung dienen können.

Von D.W. Winnicott (1969, 1973, 1974, 1988) wurde ein Konzept einer antisozialen Tendenz beschrieben, das im hier vorgestellten Modell gut zu integrieren ist, da es sich wie ein Teilbereich in ein größeres Ganzes einfügt. Er verstand unter dem Terminus der antisozialen Tendenz eine jedem Menschen innewohnende Neigung, die durch ein Verhaltenselement gekennzeichnet ist, das auf die Umwelt einwirkt und sie nötigt, Stellung zu beziehen. Sie zwingt den Anderen, sich des Subjektes anzunehmen, hat die Qualität eines Notsignals und ist charakterisiert durch Grenzüberscheitungen und Überbesetzung eigener Ansprüche auf Kosten Anderer.

Die Entwicklung einer (verstärkten) antisozialen Tendenz steht bei Winnicott im Zusammenhang mit einem spezifischen Versagen der Umwelt, mit einem mehr oder weniger vollständigen Verlust (Deprivation) früher, guter Erfahrungen, der erlitten wurde und nicht in erster Linie mit einem Manko (Privation). Eine durchschnittlich gute primäre Betreuungsperson befähigt ihren Säugling durch ihre Anpassung an seine Bedürfnisse in schöpferischer Weise, „Objekte" (im psychoanalytischen Sinne bzw. bedeutungsvolle andere Menschen) zu finden. Der Säugling „findet" so in einer spontanen (wahrscheinlich hereditär angelegten) Geste, was bereits vorhanden ist, erschafft sich auf diese Weise seine Welt. Wird dieser Vorgang unterbrochen, so erfährt das Kleinkind einen traumatischen Verlust, verliert im Extrem die Fähigkeit, etwas in schöpferischer Weise zu finden oder den Kontakt mit den Objekten zu erhalten. Dieser Verlust kann enorme Angst (z.B. zu fallen), Verwirrung, Desorientierung, oder auch den Verlust des Kontaktes zum eigenen Körper und die Desintegration des Ich bzw. Selbst nach sich ziehen, vermag zum schmerzlich traumatischen Erlebnis zu werden, das nachfolgend zu einer psychischen Neuausrichtung nötigt. Der Säugling muß hierbei wahrgenommen haben, daß der Grund für den Verlust, der als Katastrophe erlebt wurde, in der Außenwelt gelegen war. Der Zeitpunkt für eine tiefgehend traumatisierende Unterbrechung der guten Erfahrungen dürfte etwa in der zweiten Hälfte des 1. Lebensjahres liegen, in der Zeit, in welcher libidinöse und aggressive Impulse amalgamiert werden, in welcher das Bild einer integrierten, inneren Objektrepräsentanz entsteht. Die durch die Subdeprivation entstandene Unterbrechung des emotionalen Dialogs und des affektiven Austausches entspricht im Erleben des Säuglings einem im-Stich-gelassen-Werden und stellt die Entwicklung der Ich-Bedürfnisse vital in Frage.

Ob die aufgrund negativer Erfahrungen in dieser Phase sich entwickelnde, verstärkte antisoziale Tendenz mehr geprägt ist durch narzißtische Rage, d.h. eine Tendenz, das, was unsicher macht, zu zerstören, oder ob sie mehr gekoppelt ist mit appellativen Bemühungen, das Objekt, die Umwelt, doch noch dazu zu bringen, emotional klar Stellung zu beziehen, Orientierung zu vermitteln, hängt von den Primärerfahrungen des Kindes und von den Begleitumständen, unter denen es zu einer Fixierung dieser Art kam, ab. Die auferlegte Kränkung, der Entzug und das Manko bewirken häufig Haß und die Aktivierung aggressiver Triebimpulse. Solche reaktiven Impulse finden sich im ungebremsten Zugreifen und rücksichtslosen Grenzen-Überschreiten, der Gierigkeit und der Anspruchlichkeit, aber auch im chaotischen Verhalten, im zwanghaften Zerstören sowie im Provozieren. Sie rufen gleichsam nach Begrenzung und „Containment" durch ein Gegenüber.

Die antisoziale Tendenz ist nicht identisch mit Aggressivität. Diese steht aber manchmal in ihrem Dienst. Auf Grund ihres Entstehungszeitpunktes ist die antisoziale Tendenz durch Reaktionsweisen geprägt, die wir wegen der Nicht-Respektierung der Grenzen zwischen Subjekt und Objekt als aggressiv erleben. Das Individuum mit starker antisozialer Tendenz nimmt seine Grenzüberschreitungen als solche zwar wahr, erkennt aber den Anspruch auf einen Eigenbereich des Anderen nicht an, erlebt hingegen in Form der „Lex talionis", der Vergeltung mit dem Gleichen oder der Verkehrung ins Gegenteil, die eigenen Grenzüberschreitungen als Verfolgtwerden durch den Anderen.

Die antisoziale Tendenz kann im Leben eines Individuums überwertig werden, wenn die Entwicklung der sozialen Tendenz erschwert und belastet wird. Dann kann es auch zu der irrigen Vorstellung kommen, daß das Ausleben der antisozialen Tendenz für das Überleben wichtig wäre. Das Provozieren mittels Gewalt soll hervorrufen, soll wiederherstellen. Es richtet sich immer an eine anonyme Außenwelt, d.h. in sich ausweitenden Kreisen zuerst an den Körper der Mutter (manchmal auch an den eigenen Leib, der zuvor wie ein vom Ich abgetrenntes äußeres Gebilde erlebt wird), dann an die Eltern, die Familie, die Schule und schließlich an die lokale Bevölkerung inkl. Polizei, das Land und seine Gesetze. Die aggressiv-destruktiven Impulse suchen (gleichsam mit den libidinösen im Schlepptau) nach einer Umwelt, die stark genug ist, stellvertretend für das zu schwache Ich, dem Druck und Anstau der Triebimpulse standzuhalten, als Mitigatoren innerer Spannung zu dienen.

Meist besteht bei diesen Menschen ein infantiles Todeskonzept, das z.B. mit der Vorstellung, das Leben gehe nach dem Tode in besserer und friedvollerer Form weiter, verknüpft ist und das einer Fusion mit einer idealisierten guten Mutter entspricht. Der Tod wird bei einer solchen Konstellation zum Versuch, vor nicht zu steuernden Triebimpulsen, unerträglichen Phantasien, quälenden Gewissensbissen oder Störungen des narzißtischen Gleichgewichtes Ruhe zu haben. Die Konfrontation mit der Realität des Todes allerdings bewirkt zumeist eine panikartige Angst (Friedman et al., 1972).

Paradoxerweise finden diese Patienten den Tod im Leben und suchen das Leben im Tod (Maltsberger et al., 1980). Bei Spaltungen, die mehr im Selbst

307

liegen, kann es vorkommen, daß ein destruktiver Selbstanteil sich gegen einen libidinösen wendet, um das leidvolle Gefühl unerträglichen Neides nicht zu empfinden (Lussier, 1972). Das Selbst soll auf diese Weise gleichsam von schlechten Teilen gereinigt werden (Asch, 1980).

## 4. Beziehungsfähigkeit

Die Fähigkeit, Besorgnis zu empfinden (Winnicott, 1974), ist ein wichtiger Zug im sozialen Leben. Sie bezeichnet den Umstand, daß ein Individuum sich um etwas kümmert, daß ihm etwas ausmacht, daß es Verantwortung fühlt und übernimmt. Sie steckt hinter jedem konstruktiven Spielen und Arbeiten. Ihre Entwicklung ist von einer genügend guten Umwelt abhängig.

Der wahrscheinliche Ursprung dieser Fähigkeit darf wohl in der Beziehung zwischen Säugling und Mutter, d.h. in der Frühentwicklung des Kindes, gesucht werden. Damit sich die Fähigkeit, Besorgnis zu empfinden, entwickeln kann, bedarf es bereits einer verhältnismäßig komplexen Ich-Organisation. Sie beginnen sich dann zu entwickeln, wenn erotische und aggressive Triebe gegenüber dem gleichen Objekt und zur gleichen Zeit empfunden werden. Bei der frühesten Form einer Beziehung vermag der Liebesimpuls, wenn frustriert, auch Zerstörung zu bewirken. Mit der Zeit muß das Baby fähig werden, erotisches und aggressives Erleben, das mit *einem* Gegenüber verknüpft ist, zu kombinieren. Dies erfolgt etwa zur Zeit, in der die Repräsentanz des Gegenübers zunehmend klarer von der des eigenen Selbst unterscheidbar wird, d.h. ein kohärentes Bild eines ganzen Objektes entstanden ist. Das Kind muß sich vergewissern, daß die primäre Betreuungsperson durch seine in Besitz nehmenden Triebkräfte nicht zerstört wird, d.h. eine eigene Überlebensfähigkeit besitzt. Denn die Triebaktivitäten bewirken in der frühesten Entwicklung eine Art von bedenkenlosem Gebrauch eines Gegenübers. Wenn die primäre Betreuungsperson (bzw. ihre Repräsentanz) die Frustrationsattacken des Säuglings gleichsam nicht überlebt und für ihn wie zerstört wirkt, und wenn sich auch keine zuverlässige Gelegenheit zur Wiedergutmachung bietet, so kann sich die Fähigkeit zur Besorgnis nicht entwickeln oder sie geht wieder verloren.

Die Wahrnehmung eines eigenen Wiedergutmachungspotentials ist in diesem Zusammenhang von zentraler Bedeutung. Die Fähigkeit, Besorgnis zu empfinden, dokumentiert das Entstehen eines Bindegliedes zwischen den destruktiven Elementen in der Drittbeziehung zu bedeutungsvollen Anderen und den positiven Aspekten der Beziehungsaufnahme. Solche konstruktiven und kreativen Erfahrungen machen es dem Kind möglich, an das Erleben seiner Destruktivität heranzukommen. Schuldgefühle, die innerlich bewahrt, aber nicht als solche empfunden werden, sind etwa gleichbedeutend mit dem Terminus „Besorgnis". Wenn in den Anfangsstadien der Entwicklung eines Säuglings und Kleinkindes keine verläßliche primäre Beziehungsfigur da gewesen ist, um die Gesten der Wiedergutmachung aufzunehmen, so wird das Schuldgefühl unerträglich, und es kann keine Besorgnis empfunden werden.

Erst wenn die Fähigkeit, Besorgnis für Andere zu empfinden, ausgebildet worden ist, kann diese Haltung auch sich selbst gegenüber eingenommen werden. Sie entwickelt sich dann zuerst bezüglich der Funktionsweisen des eigenen Körpers, später erstreckt sie sich, im Sinne einer Selbstfürsorge, auch zunehmend auf den gesamten psychischen Bereich.

## 5. Entwicklung von Todes- und Lebenskonzepten beim Kind

Die Kenntnisse über den Tod sind nicht angeboren, sondern erworben und damit sozialer Herkunft. Die kindliche Neugierde erstreckt sich über die Phänomene des Sterbens und des Todes genauso wie über die Phänomene der Ungleichheit der Geschlechter, der Zeugung, der Schwangerschaft und der Geburt. Aufgrund der individuellen Erfahrungen lernt das Kind zunehmend mehr Fakten über diese so geheimnisvollen Dinge kennen. Todesvorstellungen, die durch das historische, sozio-kulturelle Milieu, vor allem die Familie, zur Verfügung gestellt werden, werden übernommen. Der übrigen psychischen Entwicklung des Kindes entsprechend gesellen sich altersgemäße Phantasien hinzu. *Das daraus resultierende Todeskonzept* ist schließlich ein Gemisch aus persönlichen Beobachtungen, der kindlichen Phantasiewelt und der von der sozialen Umwelt gelieferten Information.

Das 4jährige Kind hat noch recht vage Vorstellungen vom Tod. Es sind bei ihm keine besonderen Affekte mit dem Begriff Tod verbunden. „Tot" heißt: die Lebensfunktionen sind herabgesetzt. Totsein ist etwas Graduelles. Man kann zum Beispiel nur „ein bißchen tot sein".

Beim 5jährigen gestaltet sich das Todeskonzept bereits etwas detaillierter. Der Tod ist eine Form von Ende. Er ist aber zeitlich limitiert und reversibel, also nicht endgültig. „Tot" ist so etwas wie unbeweglich. Zur Exploration dieses Zustandes gehören Experimente mit Insekten wie auch Soldaten-, Indianer- und andere Spiele, bei denen getötet und wiederbelebt wird. Erste Vorstellungen davon, daß Tod und Alter zusammenhängen können, treten auf. Wirklich tote Dinge werden gemieden. Neben „Alter" wird auch erstmals „Krankheit" mit dem Tod verbunden. Tod ist Bestrafung, nichts Natürliches. Er ist die Folge von Feindlichkeit anderer. Die sogenannte Todesangst ist in diesem Lebensabschnitt vor allem eine Angst, verstümmelt oder umgebracht zu werden. Ein eigener Tod wird noch nicht in Betracht gezogen, höchstens bei äußerem Anlaß in der Phantasie gestreift. Bilder oder Geschichten toter Kinder oder auch sterbender Tiere wie auch Gedanken an Begräbnisse, Gräber usw. bedrücken das Kind.

Das 6jährige Kind vermag sich bereits mit Totem zu identifizieren. Sterben heißt umfallen, vergraben werden. Tod ist ein steigerungsfähiger Begriff: tot, töter, am tötesten.

In der Latenzzeit verändert sich das Todeskonzept weiterhin bis zur Präpubertät. Kennzeichen dieser Phase ist, daß der Tod zunehmend personifiziert wird. Er geht umher und versucht, Menschen zu fangen. Die Vorstellung, Tote könnten zu Säuglingen schrumpfen, zeigt, wie nahe Geburts- und Sterbevorstellungen zusammenliegen. Je älter das Kind wird, desto mehr finden sich Kenntnisse über die Veränderung physiologischer Funktionen: Ein Toter atmet nicht, sein Herz schlägt nicht, er bewegt sich nicht, er spürt nichts. Tod ist ewiger Schlaf und Alleinsein. Der personifizierte Tod lebt, da er sich ja bewegt. Das Kind beginnt, sich zunehmend für Todesursachen zu interessieren. Fragen, was nach dem Tode sei, werden mit besonderer Deutlichkeit gestellt.

Beim 7- bis 8-ährigen Kind heißt tot sein: schlafen, still liegen oder entfernt sein.

Das 9jährige Kind weiß um das eigene Sterben, zeigt aber kein besondere Interesse daran. Alle Zehnjährigen haben sich schon mit dem Tod beschäftigt, meist auch mit dem eigenen. Personifizierende Schilderungen vom Knochen- und Sensenmann wechseln mit realistischen Angaben über Beerdigung und Verwesung. Mit Eintritt des 14. Altersjahres ist das Todeskonzept der Erwachsenen annähernd voll ausgebildet.

Parallel zu den Vorstellungen über den Tod entwickeln sich diese über das, was „leben" bedeutet. Für das Kleinkind und seine magische Welt ist alles „lebend", was irgendeine Form von Aktivität besitzt, zum Beispiel auch ein Ofen, „denn er kocht ja". Vom 6. bis 8. Lebensjahr ist etwas „lebend", wenn es sich bewegt (z.B. Wasser, Wolken oder Velos). Leben kann von außen auf ein Objekt gebracht werden (z.B. durch den Fahrer auf das Velo).

Das Verbindende von Lebens- und Todeskonzepten in diesem präpubertären Zeitabschnitt ist das äußere Agens, das Leben oder Tod auf ein Objekt bringt, etwas leben oder sterben macht, etwas gehen oder halten läßt. In der Zeit vom 8. bis 11. Lebensjahr schreibt das Kind all dem Leben zu, was eine Eigenbewegung besitzt. Leben ist also ein innerer Prozeß.

Nach dem 11. Lebensjahr nähern sich die Konzepte über das Leben denen der Erwachsenen: Leben ist auf Pflanzen, Tiere und Menschen beschränkt. Mit der Pubertät gelingt es dem Kind, Leben und Tod als Vorgänge zu konzipieren, denen ein inneres Agens entspricht, bei denen also etwas vom Körperinneren für ihr Bestehen verantwortlich ist, etwas Inneres von selbst geht oder von selbst stoppt.

## 6. Selbstzerstörung und Selbstfürsorge

Der Suizid als Versuch, unerträgliche feindselige Impulse, die von innen stammen und einem inneren Feind zugeschrieben werden, loszuwerden, ist eigentlich ein Versuch, einen Teil von sich im Sinne einer pars pro toto loszuwerden. Das kann zur Selbstvernichtung führen. Diese ist in der Phantasie aber meist nicht die primäre Intention. Voraussetzung für ein solches Geschehen ist aber zumeist eine nicht genügend integrierte, latent oder manifest gespaltene Selbstrepräsentanz.

Der Angriff mit dem Ziel der Zerstörung einer inneren Präsenz weist auf eine Internalisierungsstörung hin. Es konnte aus hereditären Gründen oder wegen einer nicht durchschnittlich genügenden emotionalen Fürsorge in den ersten Lebensjahren keine genügend stabile Repräsentanz eines „guten" Gegenübers aufgebaut werden, das jederzeit als Angsthilfe zur Verfügung stünde.

Solche Zustände ungenügender Selbstfürsorge bis zur akuten oder chronischen Selbstzerstörung finden wir besonders häufig im Verlaufe der Adoleszenz, wenn die Triebintensität ansteigt und die Ich-Funktionen im Verhältnis dazu schwach sind. Zustände von anhaltendem Unglücklichsein, selbstschädigendes Verhalten wie z.B. sich Schneiden, Brennen oder Verätzen, die regelmäßige Einnahme von Suchtmitteln oder Medikamenten, depressive Selbsteinschränkungen und depressive Denkhemmungen, manische Verstimmungen, psychotische Regressionen, Suizidversuche und auch psychosomatische Krankheiten wie Magersucht weisen vielfach auf eine tiefgehende Störung hin, eigenes gestörtes körperliches oder seelisches Wohlbefinden wiederherzustellen.

Aber auch eine übermäßige Fürsorge für Personen der Außenwelt („pathologische Parentifikation") mit extremer Selbstaufopferung auf Grund massivster Loyalitätsverpflichtungen bringt selbstzerstörerische Impulse und eine ungenügende Selbstfürsorge zum Ausdruck.

Nicht selten werden auch Lösungen gesucht, die ein Gegenüber für die Stabilisierung der eigenen Person (miß-)brauchen. Dies sind sehr beziehungsfähige Individuen. Sie entwickeln aber Bindungsformen, die eine extreme Verletzlichkeit für Trennungen einschließen. Nur in Präsenz eines spezifischen Gegenübers können sie sich wohlfühlen, und sie opfern alles, um sich diese zu erhalten.

Werden unliebsame innere Befindlichkeiten mittels eines unbewußt ablaufenden Vorganges, den wir Projektion nennen, Personen der eigenen Umgebung zugesprochen, so mag dies zwar ein Akt der Selbstfürsorge sein, aber er belastet die relevanten Beziehungen in so hohem Maße, daß er gerade dadurch wieder selbstzerstörerisch wird.

Säuglinge, Kleinkinder und Jugendliche übernehmen somit weitgehend die ihnen von der für sie bedeutungsvollen Umwelt bzw. von den für sie relevanten Personen zur Verfügung gestellten Mechanismen einer adäquaten Selbstfürsorge und selbstzerstörerischer Impulse (Fähigkeit, Besorgnis zu empfinden und Wiedergutmachungsimpulse zuzulassen). Solche Übernahmen verlaufen als kontinuierliche Entwicklungsprozesse. Sie werden auch mitgestaltet durch die anlagemäßigen und erworbenen Formen des Umgangs mit aggressiven Impulsen des Individuums wie auch durch seine eigenen sozialen und antisozialen Tendenzen. Auch den jeweiligen Lebens- und Todeskonzepten kommt hierbei eine nicht geringe Mitgestaltung zu. Es gehört zu den vornehmsten Aufgaben einer „Erziehung", den sich in Entwicklung befindlichen Individuen im Dialog sowohl Methoden angemessener Selbstfürsorge (z.B. auch im Hinblick auf eine Wiederherstellung eines gestörten Selbstempfindens) aufzuzeigen als auch behilflich zu sein bei der Bearbeitung selbstzerstörerischer Impulse. Der größte Teil dieser Hilfeleistung besteht darin, Kinder in lebendiger zwischenmenschlicher Begegnung davor zu bewahren, sich selbst Schaden zuzufügen (Heimann,1989).

## Literaturverzeichnis

Asch SS (1980) Suicide and the hidden executioner. Int Rev Psychoanal 7, 51-60

Buie DH, Meissner, WW, Rizzuto, AM, Sashin JI (1983) Aggression in the psychoanalytic situation. Int Rev Psychoanal 10,159-170

Eissler KR (1980) Todestrieb, Ambivalenz, Narzißmus. Kindler Taschenbuch 2208. München

Emde R (1988) Development terminable and interminable, I und II. Int J Psychoanal 69/1, 23-42 und 69/2, 283-296

Friedman M, Glasser M, Laufer E, Laufer M, Wohl M (1972) Attempted suicide and self-mutilation in adolescence: some observations from a psychoanalytic research project. Int J psychoanal 53, 179-183

Frijling-Schreuder ECM (1972) Vicissitudes of aggression. Int J Psychoanal 53,185-190

Freud A (1972) Bemerkungen zur Aggression. In: Die Schriften der Anna Freud (1980) Bd. X, pag. 2773-27794. Kindler München

Heimann P (1989) About children and children no longer. Collected papers. Tavistock/Routledge London

Laplanche J, Pontalis JB (1972) Das Vokabular der Psychoanalyse. Suhrkamp Frankfurt

Lussier A (1972) Pannel on aggression. Int J Psychoanal 53, 13-19

Mahler M (1981) Aggression in the service of separation-individation. Psychoanal Quart 4,625-638

Maltsberger HAT, Buie DH (1980) The devices of suicide. Revenge, riddance and rebirth. Int Rev Psychoanal 7, 61-72

Winnicott DW (1969) Familie und Umwelt. Reinhardt München

Winnicott DW (1973) Von der Kinderheilkunde zur Psychoanalyse. Kindler München

Winnicott DW (1974) Reifungsprozesse und fördernde Umwelt. Kindler München

Winnicott DW (1974) Die Entwicklung der Fähigkeit zur Besorgnis (concern). In: Winnicott DW (1974) Reifungsprozesse und fördernde Umwelt. Kindler München

Winnicott DW (1988) Aggression. Klett-Cotta Stuttgart

# Autorinnen und Autoren

*Angehrn Emil*, Prof. Dr. phil., Ordinarius für Philosophie, Philosophisches Seminar Nadelberg 6-8, CH 4051 Basel

*Battegay Raymond*, Prof. Dr. med., em. Ordinarius für Psychiatrie, Delsbergerallee 65, CH 4053 Basel

*Böni Wymann Brigitt*, Kunsttherapeutin an der Psychotherapeutischen Tagesklinik der Psychiatrischen Universitätsklinik Basel, Socinstr.55a, CH 4051 Basel

*Bürgin Dieter*, Prof. Dr. med., Ordinarius für Kinder- und Jugendpsychiatrie, Universitätsklinik und -poliklinik, Schaffhauserrheinweg 55, CH 4058 Basel

*Fithal Michael*, Facharzt für Psychiatrie und Psychotherapie, Mitarbeiter der ambulanten Drogenberatungsstelle (BADAL), Güterstrasse 267, CH 4053 Basel

*Grözinger Albrecht*, Prof. Dr. theol., Ordinarius für Praktische Theologie, Theologisches Seminar, Nadelberg 10, CH 4051 Basel

*Hügli Anton*, Prof. Dr. phil., Professor für Philosophie der Erziehung, Pädagogisches Institut, Riehenstr.154, CH 4058 Basel

*Küchenhoff Joachim*, Prof. Dr. med., Professor für Psychosomatik und Psychotherapie, Abteilung Psychotherapie und Psychohygiene der Psychiatrischen Universitätsklinik, Socinstr.55a, CH 4051 Basel

*Mäder Ueli*, PD. Dr. phil., Privatdozent für Soziologie, Seminar für Soziologie, Petersgraben 27, CH 4051 Basel

*Olshausen Cordula*, lic. phil., Leitende Psychologin und Psychoanalytikerin i.A. an der Psychotherapeutischen Tagesklinik der Psychiatrischen Universitätsklinik Basel, Socinstr.55a, CH 4051 Basel

*Pestalozzi Karl*, Prof. Dr. phil., em. Ordinarius für Neuere Deutsche Literaturwissenschaft, Deutsches Seminar, Nadelberg 4, CH 4051 Basel

*Pieper Annemarie*, Prof. Dr. phil., Ordinaria für Philosophie, Philosophisches Seminar, Nadelberg 6-8, CH 4051 Basel

*Raguse Hartmut*, Prof. Dr. theol., Professor für Neues Testament und Hermeneutik, Seminar für Theologie, Nadelberg 10, CH 4051 Basel

*Rauchfleisch Udo*, Prof. Dr. rer. nat., Professor für Klinische Psychodiagnostik, Psychiatrische Universitäts-Poliklinik, Petersgraben 4, CH 4031 Basel

*Simon - Muscheid Katharina*, Dr. phil., Lehrbeauftragte für Geschichte des Mittelalters, Historisches Seminar, Hirschgässlein 21, CH 4051 Basel

*Stratenwerth Günter*, Prof. Dr. jur., em. Ordinarius für Strafrecht und Rechtsphilosophie, St.Alban-Vorstadt 92, CH 4052 Basel

*Visser Edzard*, PD. Dr. phil., Privatdozent für Klassische Philologie, Seminar für Klassische Philologie, Nadelberg 6, CH 4051 Basel

# Index

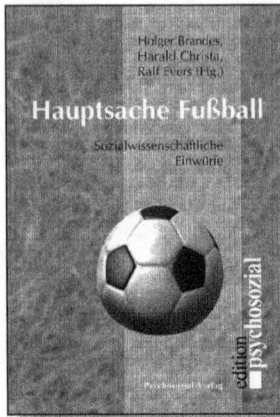

*März 2006 · ca. 290 Seiten · Broschur*
*EUR (D) 24,90 · SFr 43,–*
*ISBN 3-89806-496-4*

*Juni 2006 · ca. 200 Seiten · Broschur*
*EUR (D) 14,90 · SFr 34,90*
*ISBN 3-89806-512-X*

Sozialwissenschaftler untersuchen das Phänomen Fußball aus soziologischer, historischer, sportwissenschaftlicher, psychologischer, religionswissenschaftlicher und sozialpädagogischer Perspektive und greifen Fußball als Sport wie auch als Folie übergreifender Sinn- und Bedeutungskonstruktion auf. Dabei werden u.a. Vereinsentwicklung, Gruppendynamik, Teamentwicklung, Fankultur und sozialpädagogische Fanarbeit thematisiert.

»Wenn das Haus fertig ist, kommt der Tod.«
*(türk. Sprichwort)*

Das Haus verbinden wir mit Geborgenheit und Sicherheit. Es ist Teil unserer Sehnsuchtsliebe nach der idealisierten Kindheit im Elternhaus, und gleichzeitig symbolisiert es eigene Zukunftswünsche nach Selbständigkeit im eigenen Haus. Das eigene Haus bedeutet aber auch ein Festgelegtsein, ein Stück Unfreiheit: Individualität wird zur Konformität, Freiheit zur Festlegung, Sicherheit zur Abhängigkeit. Möchte man sich im Haus selbst eine mütterliche Hülle schaffen, entdeckt man über kurz oder lang mit unheimlichem Gefühl, dass es auch den Charakter des Grabes annehmen kann. So symbolisiert das Haus einen basalen ambivalenten Autonomie-Abhängigkeitskonflikts, dem Mathias Hirsch nachgeht: witzig und hintergründig – kulturwissenschaftlich und psychoanalytisch.

**P⬚V**
**Psychosozial-Verlag**

Goethestr. 29 · 35390 Gießen · Tel. 06 41/ 97 16903 · Fax 77742
bestellung@psychosozial-verlag.de
www.psychosozial-verlag.de

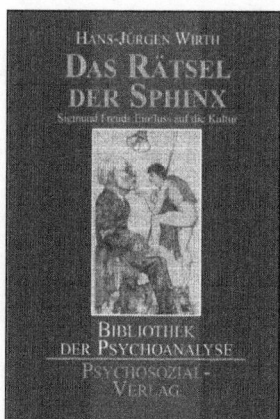

*Mai 2006 · ca. 250 Seiten · gebunden*
*EUR (D) 24,90 · SFr 43,–*
*ISBN 3-89806-457-3*

*April 2006 · ca. 180 Seiten · Broschur*
*EUR (D) 19,90 · SFr 34,90*
*ISBN 3-89806-497-2*

Die Psychoanalyse als etablierte Wissenschaft und weltweit anerkanntes therapeutisches Verfahren kann auf eine lange Erfolgsgeschichte zurückblicken, ist heute kaum noch wegzudenken. Sie steckt jedoch in einer tiefen Krise, wie z. B. die weltweit sinkende Zahl der Ausbildungskandidaten zeigt. Wirth arbeitet Freuds Bedeutung für das Bewusstsein der Moderne heraus und deutet die Identitätskrise der Psychoanalyse als Chance für den Entwurf eines modernen Menschenbildes, zu dem eine kulturkritisch versierte Psychoanalyse Entscheidendes beizutragen hat.

Eine kritische und anregende Würdigung zum 150. Geburtstag von Sigmund Freud! Gut und lebendig geschrieben liefert Wirth nicht nur eine aktuelle Bestandsaufnahme der Psychoanalyse, sondern auch für Interessierte einen verständlichen Einstieg.

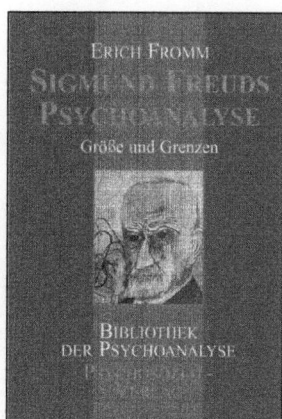

Fromm weist die seiner Meinung nach wichtigsten Entdeckungen Freuds im Einzelnen auf. Er zeigt, wo und in welcher Weise das für Freud charakteristische bürgerliche Denken seine Entdeckungen eingeschränkt und manchmal wieder verdeckt hat. Diese wissenschaftstheoretisch brisante Auseinandersetzung Fromms mit Freud zeigt die Tragweite der psychoanalytischen Entdeckungen und würdigt gerade darin die Psychoanalyse. Zugleich ist sie eine hervorragende Einführung in Fromms eigenes psychoanalytisches Denken.

P🔲V
**Psychosozial-Verlag**

Goethestr. 29 · 35390 Gießen · Tel. 06 41/ 97 16903 · Fax 77742
bestellung@psychosozial-verlag.de
www.psychosozial-verlag.de

Wolfgang Hantel-Quitmann

**Liebesaffären**

Zur Psychologie
leidenschaftlicher
Beziehungen

edition psychosozial

Psychosozial-Verlag

Andreas Jacke

**MARILYN MONROE**
UND
**DIE PSYCHOANALYSE**

IMAGO
Psychosozial-Verlag

2005 · 232 Seiten · Broschur
EUR (D) 19,90 · SFr 34,90
ISBN 3-89806-394-1

2005 · 200 Seiten · Broschur
EUR (D) 19,90 · SFr 34,90
ISBN 3-89806-398-4

Was ist Liebe? Was hat eine Affäre mit der eigenen Beziehung zu tun? Lohnt es sich zu kämpfen? Kann eine Therapie helfen? War die Beziehung nicht von Anfang an zum Scheitern verurteilt? Ist die Ehe gar der Friedhof jeder Liebe?

Wolfgang Hantel-Quitmann widmet sich diesen Fragen und kreiert daraus eine »Psychologie der Liebesaffären«, entwickelt an Beispielen aus der paartherapeutischen Praxis, großen Werken der Weltliteratur und den Liebesaffären berühmter Paare.

Für alle, die sich aus psychologischem, literarischem oder rein menschlichem Interesse mit dem Thema beschäftigen – bevor die nächste Liebesaffäre als Ende aller Liebe, moralisch verwerflich oder schicksalhaft missgedeutet werden könnte. Eine vergnügliche und erhellende Lektüre.

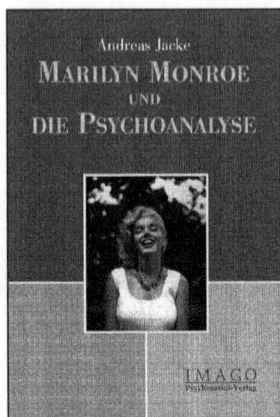

Marylin Monroe war die letzten acht Jahre ihres Lebens fast kontinuierlich in psychoanalytischer Behandlung. Andreas Jacke unternimmt ausgehend von den zu Lebzeiten vorgenommenen Diagnosen und mit Hilfe der Theorie des französischen Psychoanalytikers Jacques Lacan eine eingehende psychoanalytische Re-Konstruktion ihrer Persönlichkeit. Er untersucht und interpretiert dazu wichtige Stationen ihrer Kindheit und Jugend, die oft und gut dokumentiert worden sind, ebenso wie ihre langwierige psychische Problematik, die ihrem Selbstmord vorausging.

**P V**
**Psychosozial-Verlag**

Goethestr. 29 · 35390 Gießen · Tel. 0641/9716903 · Fax 77742
bestellung@psychosozial-verlag.de
www.psychosozial-verlag.de

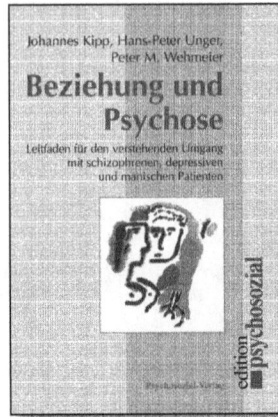

Mai 2006 · ca. 1100 Seiten · gebunden
EUR (D) 79,– · SFr 132,–
ISBN 3-89806-459-X

Mai 2006 · ca. 190 Seiten · Broschur
EUR (D) 19,90 · SFr 34,90
ISBN 3-89806-499-9

Siegried Zepf diskutiert die unterschiedlichen wissenschaftstheoretischen Bestimmungsversuche der Psychoanalyse, die verschiedenen Auffassungen ihrer theoretischen und behandlungstechnischen Begriffe sowie die Konzepte der psychoanalytischen Psychosomatik und der Sozialpsychologie und stellt diese erstmalig in einen systematischen Zusammenhang. Er zeigt dabei das aufklärerische Potenzial der Psychoanalyse und die emanzipatorischen Möglichkeiten, die ihr auch heute noch innewohnen, wenn man sie ihrer vielfältigen Ummantelungen entkleidet.

In diesem Leitfaden werden Entstehung, Symptomatik, Diagnose und Therapie schizophrener, depressiver und manischer Erkrankungen komprimiert vermittelt. Ziel ist es, ein tiefgreifendes Verständnis für den Umgang mit psychisch Kranken zu ermöglichen und konkrete Hilfestellungen für die Entwicklung einer produktiven therapeutischen Beziehung zu geben. Zudem werden Gefühlsprozesse und Beziehungserfahrungen an vielen Beispielen beschrieben, um so einen Weg zu weisen, wie mit schizophrenen, depressiven und manischen Menschen einfühlsam umgegangen werden kann. Das Buch wendet sich nicht nur an Ärzte und Psychologen, sondern an alle, die mit psychisch Kranken arbeiten und denen die Entwicklung eines verstehenden Umgangs und einer helfenden therapeutischen Beziehung am Herzen liegen.

**P🙂V**
**Psychosozial-Verlag**

Goethestr. 29 · 35390 Gießen · Tel. 06 41/9716903 · Fax 77742
bestellung@psychosozial-verlag.de
www.psychosozial-verlag.de